为霞正满天

北京市军队离休退休干部多彩生活巡礼

本书编委会 编

学习出版社

★★★ 本书编委会 ★★★

主　任　魏耀时
副主任　吕学宾　刘向军
成　员　洪　钧　武　进　张福康

序

一日为兵，一生做党的忠诚战士

在新中国成立七十华诞前夕，我们回顾近代以来波澜壮阔的奋斗历史，在中华民族革命、建设、改革的每一个关键时期，都能看到中国共产党铸造和领导的钢铁长城——伟大的人民解放军的不屈身影和组成这支军队的千千万万个军人的光辉形象！习近平总书记深刻指出："一个有希望的民族不能没有英雄，一个有前途的国家不能没有先锋。"党领导下的人民军队，正是这样一个无数先锋和英雄辈出的光荣群体！

在首都北京，有这样一个群体，分布在全市一百四十二个军休干部休养所和二百三十八个乡镇街道、近八万人。他们当中，有为新中国的独立和解放浴血奋战的老红军、老八路；有为国防和军队现代化建设无私奉献的科技人才；有默默无闻戍守边疆保家卫国的共和国卫士……他们曾把青春热血挥洒在军营疆场；但，他们脱下军装，继续保持和发扬人民军队的优良传统和作风，离休不离志，退休不褪色，继续奉献于社会，服务于人民，奔忙在新的人生战场；他们——就是移交政府安置的军队离休退休干部和无军籍退休退职职工。他们不忘初心，老有所为，牢记使命，继续前行！他们一日为兵，一生做党的忠诚战士！他们依然闪耀的英雄的本色、承载着先锋的职责！

在这本沉甸甸的书里，记载着他们当中的优秀代表：有不计得失、奉献社会的陈荣超、李旦生、王国巨、于铁山；有诚实守信、引领风尚的刘学博、阿日布杰、王延承、陈莘眉；有情操高尚、热心公益的任士荣、王才通、李幼松、李世铭、邱贤烈；有服务邻里、助人为乐的赫守云、张玉琴、孙月英、李景全、王晓红；有孝老爱亲、促进和谐的周国良、韩顺通、游凤才、刘雯清；有敬业乐群、健康向上的王禄珍、穆报春、刘光耀、李世辉；有发挥余热、回馈社会的包广贺、宋后军、邱乃庸、虞以新、王书林……

"对中华民族的英雄，要心怀崇敬，浓墨重彩记录英雄、塑造英雄，让英雄在文艺作品中得到传扬，引导人民树立正确的历史观、民族观、国家观、文化观……"，习近平总书记的讲话，掷地有声、令人振奋！

首都军休深入贯彻落实习近平总书记重要讲话精神，始终秉持以军休干部为中心，认真落实军休干部"两个待遇"，大力弘扬社会主义核心价值观，自觉践行"忠诚、奉献、和谐、首善"的首都军休核心理念，在全体军休人员中深入挖掘、广泛宣传英雄模范和先进典型，创新开展十大"北京军休榜样"评选，不断丰富首都军休"文化养老"内涵，充分调动和发挥军休干部的政治优势、经验优势、威望优势，传承"红色基因"，积极营造"让军人成为全社会尊崇的职业"的社会氛围，大大提升了首都军休的社会影响力，受到军地广泛赞誉，在全国军休系统发挥了积极的示范引领作用。

"莫道桑榆晚，为霞尚满天。"移交政府安置的军队离休退休干部是党和国家的宝贵财富，是建设中国特色社会主义的重要力量。他们——是战斗英雄、是时代楷模、是军休榜样……他们不忘初心，坚守平凡；牢记使命，创造不凡！他们信念坚定，开启追寻梦想的新起点！他们在绚丽的晚霞中描绘着接续奉献、接力奋斗的壮丽诗篇！

中国特色社会主义进入了新时代，中华民族伟大复兴开启了新征程，全国人民正朝着全面建设社会主义现代化强国的伟大目标砥砺前行！这是一个人人向往美好生活，同时又需要全国人民携手并肩、积极奉献的时代；这更是一个崇尚英雄、需要英雄并且一定能够产生英雄的时代！我们相信，在中华民族实现伟大复兴的丰碑上，那些一日为兵、一生做党的忠诚战士的军休老兵们的名字，一定会熠熠生辉、光芒永现！

——向"军休老兵"致敬！

编 者
2019 年 9 月 16 日

目　录

第一部分

东城区 ★★★★★

王如佩 02
乐在学而时习之
　　东城区安贞第一休养所

邓淑芳 04
有歌有爱有欢快
　　东城区安贞第一休养所

吴镜德 06
久病床前有贤夫
　　东城区安贞第二休养所

邵云升 08
情融休养所　共度幸福时
　　东城区安贞第二休养所

石金文 10
家庭和睦　邻里温馨
　　东城区安贞第二休养所

游凤才 12
出则学习雷锋　入则奉继母至孝
　　东城区安贞第三休养所

张桂芳 14
尽心持久做好事
　　东城区安贞第四休养所

关茂林 16
健康的八字秘诀
　　东城区蒋宅口休养所

薛淑锦 18
淑女锦绣　妙曲绕梁
　　东城区蒋宅口休养所

张全会 20
常将书香伴星月
　　东城区蒋宅口休养所

顾仕魁 22
弘扬历史文化　致力时代奉献
　　东城区仓南休养所

王明海 24
坚持学习　热心公益
　　东城区仓南休养所

周恩惠 26
退休学法律　造福后来人
　　东城区四块玉休养所

高学璠 28
热心"好老头"
　　东城区大红门休养所

王书林 30
哪里有困难　哪里就有我
　　东城区大红门休养所

郑勤安 32
休养所的红管家
　　东城区大红门休养所

01

汪孔周 34
在平凡中抒写美丽人生
　　东城区方庄休养所

严太平 36
青春翰墨香且久　白发丹心情益浓
　　东城区方庄休养所

李秀茹 38
乒乓球　让生活更精彩
　　东城区方庄休养所

李俊林 40
群众无小事　团结促服务
　　东城区小红门第一休养所

沈富国 42
我有手艺为大家
　　东城区小红门第一休养所

卓秋生 44
兼职理发员　多项服务生
　　东城区小红门第一休养所

栾建军 46
探讨打赢舆论战
　　东城区小红门第二休养所

张大礼 48
追梦创业不知倦　老骥伏枥自奋蹄
　　东城区东方嘉园休养所

西城区 ★★★★★

张英霞 50
忙碌的"退休劳模"
　　西城区第一休养所

吴宣义 52
用心学艺总不晚
　　西城区第二休养所

朱大钧 54
退休不甘虚度日　乐把技艺传他人
　　西城区第三休养所

王才通 56
利公助人　乐己修身
　　西城区第四休养所

何文成 58
服务先锋　甘愿奉献
　　西城区第四休养所

朱　安 60
继承传统　甘心服务
　　西城区第四休养所

张兆玉 62
发挥余热　倾心服务
　　西城区第五休养所

王志强 64
痴醉翰墨老益壮
　　西城区第六休养所

王治成 66
温暖人心的指挥棒
　　西城区第六休养所

张辉强 68
肩挑责任与信任
　　西城区第六休养所

王为平 70
助人是福　友邻为善
　　西城区第七休养所

朱富保　72
爱心不分大小　奉献总要向前
　　西城区第七休养所

李桂忠　74
慈心兴义举　热情助他人
　　西城区第八休养所

杨　政　76
怡情汉俳书佳句　快意人生写新篇
　　西城区第八休养所

谢　丽　78
我年轻　我来干
　　西城区第九休养所

王禄珍　80
胸中总似一团火
　　西城区第十休养所

张凤沼　82
情醉翰墨常新意　心暖社区总温情
　　西城区第十休养所

邢华琪　84
书写正能量佳作　唱响中国梦颂歌
　　西城区第十一休养所

朝阳区 ★★★★★

王占兴　86
不辞劳苦　热心服务
　　朝阳区第一休养所

赵文秀　88
热血沸腾搞宣传　克服困难为大家
　　朝阳区第二休养所

张维忠　90
眷恋故乡　自费办展
　　朝阳区第三休养所

侯殿方　92
激情翰墨　弘扬传统
　　朝阳区第三休养所

许锦荣　94
共产党员没有休息的那一天
　　朝阳区第四休养所

黄纪敦　96
尽心竭力　服务大家
　　朝阳区第五休养所

谌志中　98
笑对疾病　健康之星
　　朝阳区第五休养所

马明学　100
和谐幸福　真情纽带
　　朝阳区第六休养所

蒋本厚　102
规律健身　充实生活
　　朝阳区第六休养所

白致安　104
"任性"老党员　理发服务生
　　朝阳区第七休养所

李景全　106
尽心竭力为公　修齐治平爱妻
　　朝阳区第八休养所

贺济民　108
满怀激情撰美文　不遗余力为大家
　　朝阳区第九休养所

03

王庆顺　110
倾情写作　服务军休
　　朝阳区第九休养所

殷德江　112
挥毫泼墨写丹青　耕歌耘赋唱大风
　　朝阳区第十休养所

杜连水　114
休养所就是我的家
　　朝阳区第十休养所

刘玉洁　116
军休干部的知心人
　　朝阳区第十一休养所

高文锦　118
继续工作总有力　但能奉献即欣然
　　朝阳区第十一休养所

周绪银　120
豪情满怀　笔耕不辍
　　朝阳区第十二休养所

吴其生　122
倾情军休　温暖家乡
　　朝阳区第十三休养所

方耀华　124
服务无小事　尽孝有贤名
　　朝阳区第十三休养所

林洪基　126
气韵生动绘彩卷
　　朝阳区第十三休养所

张国明　128
竭诚奉献　倾心军休战友
　　朝阳区第十五休养所

马连海　130
太极拳运动的"领头雁"
　　朝阳区第十五休养所

杨红军　132
弘扬传统颂党恩
　　朝阳区第十五休养所

王保群　134
助力蓝天展翅　痴醉书报收藏
　　朝阳区第十六休养所

徐　岩　136
奉献爱心　快乐生活
　　朝阳区第十六休养所

齐结存　138
祖国育我　倾情回报
　　朝阳区第十七休养所

邵　伟　140
"粉红花园"中的天使
　　朝阳区第十七休养所

吴春荣　142
太极神韵在　福乐康宁存
　　朝阳区第十八休养所

海淀区 ★★★★★

胡学山　144
热心助人赢尊重　创新工作共前行
　　海淀区中关村休养所

李世辉　146
物我两忘为初心
　　海淀区万寿路休养所

邵秀香 148
歌唱是健康长寿的法宝
　　海淀区万寿路休养所

董文先 150
继续贡献永向前
　　海淀区四季青休养所

李有来 152
以人为本促服务
　　海淀区四季青休养所

阎荣泽 154
镜头纳喜乐　热心铸幸福
　　海淀区四季青休养所

孙月英 156
看不下孩子多受一天苦
　　海淀区二里庄南休养所

商正垣 158
舞蹈夫妇恩爱久　幸福干部欢乐多
　　海淀区二里庄南休养所

李玉英 160
丹心育未来　白发健枫林
　　海淀区二里庄南休养所

李幼松 162
热心肠的电大爷
　　海淀区玉泉路休养所

孟宪福 164
退休没退党　更应有梦想
　　海淀区玉泉路休养所

白继成 166
深情学艺总不晚　乐助他人心欢然
　　海淀区玉泉路休养所

马天培 168
老马识途　无私奉献
　　海淀区太平路休养所

张起燮 170
善念不竭护童稚　爱心常在助友邻
　　海淀区二里庄休养所

刘光耀 172
体验远征苦　欣然善事为
　　海淀区青龙桥休养所

王新科 174
倾心写作撰新篇
　　海淀区青龙桥休养所

白石亮 176
英雄未远　辉煌长存
　　海淀区青龙桥休养所

段　永 178
雷锋老段
　　海淀区马连洼休养所

吴锡明 180
倾情文体活动　不忘服务群众
　　海淀区西翠路休养所

任士荣 182
彩色音符的盲杖
　　海淀区永定路休养所

黄进琪 184
铺毫书贤者　妙笔记奇人
　　海淀区永定路休养所

李文刚 186
红蜡烛支书
　　海淀区田村路休养所

龙连模　188
尽心送温暖
　　海淀区田村路休养所

杨晓苏　190
热情似火　温暖助人
　　海淀区田村路休养所

杜孝元　192
"啰唆"书记　贴心公仆
　　海淀区八里庄休养所

沈友如　194
崇德向善　助人为乐
　　海淀区八里庄休养所

苗虎顺　196
乐于助人　甘当桥梁
　　海淀区八里庄休养所

周顺萍　198
幸福的歌声连成片
　　海淀区曙光休养所

张庆林　200
群众无小事　幸福为大家
　　海淀区厢红旗休养所

周国良　202
共送阳光献服务
　　海淀区五棵松休养所

刘淑敏　204
尽心竭力　服务大家
　　海淀区五棵松休养所

石发禄　206
热心助人喜　阳光温暖多
　　海淀区五棵松休养所

赵永全　208
温暖在细节　小事显深情
　　海淀区阜石路休养所

张贵和　210
扬帆新时代　书写新华章
　　海淀区韩家川休养所

张泽耀　212
紧紧跟党走　暖暖为军休
　　海淀区遗光寺休养所

石有彬　214
潜心书画　默默耕耘
　　海淀区西三旗休养所

周焕明　216
独自苦钻研　养生有心得
　　海淀区西三旗休养所

郭伴虎　218
浓墨书祥和　热心献人民
　　海淀区东翠路休养所

赵英奇　220
解甲不卸鞍　心驰翰墨间
　　海淀区东翠路休养所

孙桂秋　222
深情感恩　热情回报
　　海淀区东翠路休养所

傅道直　224
人生三阶段　撰文传美谈
　　海淀区金沟河休养所

温桂田　226
匠心独运做活动　温情细腻在其间
　　海淀区玲珑路休养所

杨世瑛　228
务实工作　坚定前行
　　海淀区闵航路休养所

刘学博　230
退而不休献余热
　　海淀区君安家园休养所

穆报春　232
甘化雨露润嘉禾
　　海淀区君安家园休养所

王纪朝　234
退休不退岗　小区发余热
　　海淀区君安家园休养所

张崇周　236
服务无小事　尽心做贡献
　　海淀区农大路休养所

阿日布杰　238
草原常青翠　歌喉永不老
　　海淀区远大休养所

李克诚　240
重续军营梦　再歌青春曲
　　海淀区远大休养所

仝临英　242
青春朝气依旧在　热心助人品德高
　　海淀区远大休养所

钟殿英　244
彩笔圆旧梦　丹青绘朝阳
　　海淀区翠微路休养所

陈福生　246
善意幸福生　努力学雷锋
　　海淀区翠微路休养所

张永金　248
书画墨香久　将军爱心存
　　海淀区翠微路休养所

李树兴　250
学习促服务　忠孝皆用心
　　海淀区紫竹院休养所

魏　荣　252
青竹依旧翠　彩练共持舞
　　海淀区紫竹院休养所

马昌奎　254
小家富贵如浮云　社会进步心所愿
　　海淀区紫竹院休养所

张苏宁　256
摄得彩影同沉醉
　　海淀区安宁庄休养所

吴凤鸣　258
感恩常在心　助人总不停
　　海淀区安宁庄休养所

魏利生　260
与人为善久　文化养老安
　　海淀区安宁庄休养所

刘克鑫　262
老兵新传奇　网宣频献技
　　海淀区田村山休养所

李照军　264
深情献服务　尽心建家园
　　海淀区采石路服务管理中心

徐继昌　266
牢记职责　努力奉献
　　海淀区采石路服务管理中心

崔伯颖 268
影纳时代气　拳健战友身
　　海淀区采石路服务管理中心

刘振华 270
奉岳母至孝的老兵
　　海淀区百望服务管理中心

赵淑敏 272
喜气洋洋做奉献
　　海淀区百望服务管理中心

朱淑琴 274
游历山川不觉老　跟紧时代常欢颜
　　海淀区魏公村服务管理中心

叶增禄 276
关爱社会春常在　温暖别人好事多
　　海淀区魏公村服务管理中心

丰台区 ★★★★★

张志高 278
红氍毹续写英雄志　奉慈母尽孝儿女心
　　丰台区第一休养所

高书林 280
保持本色发余热　尽己所能献力量
　　丰台区第二休养所

谢　玲 282
提升自己　服务社会
　　丰台区第三休养所

张民智 284
"五好"军休干部
　　丰台区第三休养所

贾长富 286
胸有全局谋大事　亲力亲为勤奉献
　　丰台区第四休养所

任起福 288
深情常记　热心助人
　　丰台区第五休养所

邵继清 290
注重实际　以所为家
　　丰台区第六休养所

杜桂林 292
"约法五条"的军休生活
　　丰台区第七休养所

于铁山 294
勇担困难　乐于助人
　　丰台区第八休养所

周　福 296
学习喜　笔耕乐
　　丰台区第八休养所

孔彩云 298
舞动自己　乐享众人
　　丰台区第九休养所

金凤浩 300
美丽心灵　快乐歌声
　　丰台区第九休养所

常婉莹 302
学习是加油站　助人为常青藤
　　丰台区第九休养所

潘传芬 304
一颗火热心　满腔关爱情
　　丰台区第十休养所

王锡麟　306
推己及人　奉献社会
　　丰台区第十休养所

张武英　308
三抓　三勤　三并举
　　丰台区第十休养所

张东行　310
九旬不老松　义务管理员
　　丰台区第十一休养所

周绳武　312
温情助战友　热心为大家
　　丰台区第十一休养所

宋一鸣　314
友爱珍细节　宣传求新意
　　丰台区第十一休养所

宋后军　316
传承文化竞风流
　　丰台区第十二休养所

吴守勤　318
夫妇恩爱久　热心助人长
　　丰台区第十二休养所

陈荣超　320
把一切献给人民
　　丰台区第十三休养所

王润国　322
理想有热度　品格赢人心
　　丰台区第十四休养所

李瀛洲　324
牢记初心志　永远跟党走
　　丰台区第十五休养所

李长铎　326
乐享摄影　热心助人
　　丰台区第十六休养所

刘兆海　328
家庭和谐喜　热心助人吉
　　丰台区第十七休养所

吴振杰　330
仁心有仁术　勇者无畏惧
　　丰台区第十七休养所

刘方银　332
尽心修路慰乡情
　　丰台区第十八休养所

刘汉杰　334
倾心尽力爱人民
　　丰台区第十九休养所

马炳礼　336
虎胆闯市场　慈爱敬家人
　　丰台区第二十休养所

任乃德　338
年老志不衰　手勤不懈怠
　　丰台区第二十休养所

符策云　340
丹心鸿雁　温情老兵
　　丰台区第二十二休养所

于业华　342
心存善念敬岳母　影拍奇兵颂英雄
　　丰台区第二十二休养所

董兴喜　344
精心收藏　传承雷锋精神
　　丰台区第二十二休养所

杨健民　346
关爱祖国未来　相助军休战友
　　丰台区第二十三休养所

骆小宁　348
情系老区捐学校　敬老爱老有义举
　　丰台区第二十四休养所

尉正言　350
三十六年如一日　患难与共情相依
　　丰台区第二十五休养所

张振强　352
文艺达人　"业余"主任
　　丰台区第二十六休养所

梁如英　354
热心人　喜　助人者　乐
　　丰台区第二十七休养所

申金仓　356
疾病何奈伟志　浓墨但书奇篇
　　丰台区第二十八休养所

邓玉文　358
偕贤妻照料同事　有疾病坚持服务
　　丰台区第二十八休养所

孟铜英　360
"银球"为媒贤伉俪　舞姿绰约谱新曲
　　丰台区第二十九休养所

虞以新　362
怀揣遗嘱搞科研
　　丰台区第二十九休养所

刘学理　364
爱妻子做伟丈夫　促和睦当好爷爷
　　丰台区第二十九休养所

马　辂　366
刻苦学习　笔耕不辍
　　丰台区第三十休养所

梅德宝　368
敬业服务温情暖　带病奉献感动多
　　丰台区第三十休养所

陈小龙　370
忙实事正事　暖军休战友
　　丰台区第三十一休养所

葛桂秀　372
欢乐的歌声唱起来
　　丰台区第三十二休养所

杨炳武　374
热心助人献温暖
　　丰台区第三十二休养所

高学生　376
干"小事"　追求人生大作为
　　丰台区第三十三休养所

孙运生　378
植绿荫共建幸福所院　行胜言培育良好家风
　　丰台区第三十四休养所

段学深　380
凝聚人心出良策　多方协调促和谐
　　丰台区第三十四休养所

陈金龙　382
默默无私奉献　持之以恒服务
　　丰台区第三十四休养所

石景山区 ★★★★★

沈廷来　384
丹心卫护社区　巧匠扮靓家园
　　石景山区第一休养所

马久义　386
处处阳光诗文　翩翩婀娜伉俪
　　石景山区第一休养所

李佩贤　388
年高弥坚英雄志　善心长存助人乐
　　石景山区第二休养所

常占文　390
暖心助人的老支书
　　石景山区第二休养所

高金海　392
传播正能量　晚霞翰墨香
　　石景山区第三休养所

赵　晶　394
多彩主持人　慈爱好祖父
　　石景山区第三休养所

冯玉林　396
养老有己见　健康重行动
　　石景山区第四休养所

菅孟周　398
不忘初心　良育青年
　　石景山区第四休养所

敬万合　400
万重山水七彩梦　合力共拍入佳境
　　石景山区第五休养所

万苏建　402
身怀特长　爱心绵绵
　　石景山区第五休养所

孙书林　404
先尽爱心　再伸援手
　　石景山区第六休养所

韩瑞芬　406
慈爱"兵妈妈"　社会好心人
　　石景山区第七休养所

张尔彬　408
平凡见伟大　坚持现真心
　　石景山区第八休养所

刘长胜　410
竹韵雅颂军休情
　　石景山区第八休养所

门头沟区 ★★★★★

刘河水　412
做事先做人　爱所胜爱家
　　门头沟区军队离休退休干部休养所

白万春　414
乐在门球助康健
　　门头沟区军队离休退休干部休养所

房山区 ★★★★★

王景春　416
国家门球一级教练趣话
　　房山区军队离休退休干部第一休养所

刘雯清　418
二十年的特殊临时工
　　房山区军队离休退休干部第二休养所

范玉民　420
社区热心人　军休好榜样
　　房山区军队离休退休干部第二休养所

崔文生　422
誓言总不忘　老骥自奋蹄
　　房山区军队离休退休干部第二休养所

大兴区 ★★★★★

杨振殿　424
温情如细雨　爱心总绵绵
　　大兴区军队离休退休干部休养所

李生雨　426
红色基因的传播者
　　大兴区军队离休退休干部休养所

通州区 ★★★★★

吕冀蜀　428
不忘初心　情系国防
　　通州区军队离休退休干部休养所

平谷区 ★★★★★

任友贵　430
平谷区休养所的大能人
　　平谷区军队离休退休干部休养所

顺义区 ★★★★★

韩顺通　432
永把人民放在第一位
　　顺义区军队离休退休干部休养所

张俊祥　434
休养所里的热心人
　　顺义区军队离休退休干部休养所

怀柔区 ★★★★★

李焕琦　436
无私奉献　永不褪色
　　怀柔区军队离休退休干部休养所

赫守云　438
大功老兵书新篇
　　怀柔区军队离休退休干部休养所

仇有臣　440
老有所为　永远奉献
　　怀柔区军队离休退休干部休养所

密云区 ★★★★★

王延承　442
生命不息　奉献不止
　　密云区军队离休退休干部休养所

昌平区 ★★★★★

李相华 444
勤奋笔耕编纂军事志
　　昌平区军队离休退休干部第一休养所

王国巨 446
种绿"北京国际友谊林"
　　昌平区军队离休退休干部第二休养所

邢羽豪 448
自觉当好人民的一员
　　昌平区军队离休退休干部第三休养所

刘宝旺 450
才华横溢　激情似火
　　昌平区军队离休退休干部第四休养所

延庆区 ★★★★★

李广怀 452
疼妻爱弟总善意　推广太极强身体
　　延庆区军队离休退休干部休养所

第二部分

直属所 ★★★★★

郑银堂 456
热心公益　无怨无悔
　　北京市军队离休退休干部清河休养所

王同康 458
英雄赞歌　永远高唱
　　北京市军队离休退休干部清河休养所

罗育强 460
温情助人暖　热心促团结
　　北京市军队离休退休干部清河休养所

郑德荣 462
丹青染枫叶　浓墨书豪情
　　北京市军队离休退休干部小营休养所

王　坚 464
以身许国　壮心不已
　　北京市军队离休退休干部小营休养所

张玉琴 466
用爱诠释人生真谛
　　北京市军队离休退休干部和平里休养所

刘汉臣 468
居民"好院长"　妻子好老伴儿
　　北京市军队离休退休干部和平里休养所

薛利坤 470
助残事业中的"领舞者"
　　北京市军队离休退休干部和平里休养所

谢东强　472
壮我军威　精心策展
　　北京市军队离休退休干部亚运村休养所

于宗明　474
慈亲孝老　柔情万千
　　北京市军队离休退休干部阳光休养所

邱乃庸　476
漫天彩虹　未来之光
　　北京市军队离休退休干部阳光休养所

汤志荣　478
善意满怀　笔耕不辍
　　北京市军队离休退休干部阳光休养所

李旦生　480
绿化阿拉善　共建世纪林
　　北京市军队离休退休干部恩翠休养所

方金容　482
温情满怀　共创辉煌
　　北京市军队离休退休干部恩翠休养所

郝文连　484
一心为民促和谐　满身正气写春秋
　　北京市军队离休退休干部恩翠休养所

李世铭　邱贤烈　486
"幼儿基本体操事业"的开创者
　　北京市军队离休退休干部莲花池休养所

焦光国　490
实实在在做奉献
　　北京市军队离休退休干部莲花池休养所

陈云见　492
热心助人"活雷锋"
　　北京市军队离休退休干部北苑休养所

张好久　494
于"小事"处献爱心
　　北京市军队离休退休干部北苑休养所

刘洪儒　496
学习创辉煌　热血献祖国
　　北京市军队离休退休干部安立休养所

王传贵　498
仡佬族名医　情系人民
　　北京市军队离休退休干部安立休养所

李宗信　500
军休暖心人　细语润无声
　　北京市军队离休退休干部昆玉休养所

王明富　502
永做不忘初心的革命卫士
　　北京市军队离休退休干部昆玉休养所

张怀起　504
创新学习　奋进不已
　　北京市军队离休退休干部昆玉休养所

吕长春　506
满腔热情　用心服务
　　北京市军队离休退休干部安园休养所

王志国　508
志在祖国　为党工作
　　北京市军队离休退休干部安园休养所

包广贺　510
不拿一分钱工资的大校村官
　　北京市军队离休退休干部安园休养所

史长磊　512
丰富生活　继续奉献
　　北京市军队离休退休干部郑常庄休养所

第一部分

★ 王如佩　乐在学而时习之

🏠 东城区安贞第一休养所

在大家的眼里，王如佩是个一身正气的热心实在人。退休后，他继续保持着自己坚持了多年的学习习惯。为了当好管委会主任，他反复学习理解民政部关于管委会组织性质、主要职能的相关文件，认真组织军休干部开展自我教育、服务和管理，及时收集、反映大家的意见和建议，协助所长和支部搞好休养所建设，充分发挥管委会主任的参谋、协调、监督作用。

他常说："要做到思想常新、政治坚定、理想永存、晚节永保，最好

的办法就是要加强学习。"他不但自己重视学习,还带动大家一起学,全所形成了昂扬向上的风气。

王如佩本身患有糖尿病、老年性心血管疾病,他的老伴身体也不太好,家庭的困难不少。但当工休人员中产生矛盾时,他顾不上自己的身体和家里的困难,总是主动地去做深入细致的思想工作。有的休养员出现不稳定情绪后,又是他克服着困难站出来做耐心的沟通说服工作。偶尔个别工作人员中发生不团结现象,他仍是热心地分别沟通,指出对方的长处,鼓励大家淡化小节从大局出发,团结一致向前看,共营军休好环境。大家有事没事都愿意找他拉拉家常,说说话。

他把互相支持、互相理解、互相关心的"三个互相"活动的工作思路,列入每年管委会的工作计划内,安排实质性的内容,使活动年年有新意,大大增强了全所的凝聚力。作为安贞社区的"五好家庭",他不仅自己以身作则,而且处处以自己的模范行动去感染周围的群众。

日常的小事他热心参与,在国家发生自然灾害,或是每年的"献爱心"捐资助学等活动中,他更把抢先捐款看作是奉献祖国和人民的重要表现,并把自己的行动和全所人员都踊跃参加的公益活动融为一体。

爱学习的王如佩,虽只有初中文化程度,但面对所内人员虽是高龄但好人好事层出不穷的喜人局面,他总是热情讴歌、倾情记述。近年来,他撰写了一百多篇文章,并在各类报刊发表二十余篇,他热情地记录、表扬、鼓励先进人物和事迹,讴歌全所团结奋进的和谐氛围。

王如佩退而不休发挥余热的精神,赢得了人们的赞誉,他的家还多次被东城区军休办评为"和谐军休家庭"等。他以不断学习为乐趣,用团结奉献他人的行动保持晚年生活的鲜亮色彩。

★ 邓淑芳　有歌有爱有欢快

🏠 东城区安贞第一休养所

"同住一个楼，共走一个门。不是一个姓，却像一家人。你帮我、我帮你，战友情谊深，远亲真是不如咱近邻。和谐多快乐，和谐环境暖人心，为健康为长寿，共建和谐楼门一家亲。"

这是二〇一二年邓淑芳编写的《和谐楼门一家亲》歌词。多年来，患有糖尿病却热爱唱歌的邓淑芳，用美妙的歌声找到了医治疾病良方妙药的同时，还以快乐的心态，与老战友们一起分享着幸福。

休养所开展"健康百岁"活动时，曾是一名军医的她根据自己多年的工作经验，主动给老干部们讲卫生保健知识的同时，还教唱她自己填词的"长寿歌"。歌词是："人过百岁有奖励，九十不稀奇，八十七十锻炼身体，六十是壮劳力。过去七十古来稀，如今活到不止一百一，要想长寿别忘记，就是不生气。"

中央电视台"激情广场"节目的录制有她，"同一首歌"节目中还有她，随后的"激情广场到我家"的拍摄依旧有她。

邓淑芳不仅自己爱唱，她还在所里组织了军休姐妹小合唱队，与姐妹们一同唱。合唱队每周都坚持活动，她亲自伴奏并教唱，还义务担任了安华残疾人合唱团的伴奏。

操持这么多活动，其实不是一件容易的事。但退休多年来，邓淑芳依然坚持保持军人的本色，用她自己的话说就是："一九五〇年为抗美援朝我志愿当兵。从我穿上军装那天起，多少年来，一种荣耀感和自豪感就一直陪伴着我。在和陌生人谈话时我最愿意向别人介绍的就是：'我是一个女兵！'直到现在有人说我腰板直直的，走路那么快，一看就像

第一部分

是当过兵的人,有军人的风采。听到这些话我心里美滋滋的,有时高兴得嘴都合不上。这种荣誉感和自豪感在顺利的时候,会告诫自己要谦虚自律,做一个合格的女兵,不能给女兵丢脸;在遇到困难时又会激励自己,我是女兵,决不能叫困难吓倒。"

老邓有个和谐的大家庭。沉着、稳重的老伴是她医大上学时的同学,夫妇两人几十年和睦相处,互相信任,互相支持,互相爱护,老伴儿既能买菜做饭还是一家人的主心骨。孙子、孙女天真活泼好学上进,而且爱听爱学爱唱奶奶的歌。她二十五岁就守寡的老婆婆,一九六〇年被批准随军,给她带大了三个子女,一九七九年摔伤后,架双拐行动不方便,老邓就把住所中最大的向阳房间给老人家住,她和老伴住进阴面的小房间。

大家喜欢她的歌,喜欢她乐观热情的性格,喜欢她的为人处世,把他们家评为安贞社区和东城区休养所的"文明家庭",邓淑芳还被民政部、原总政治部表彰为全国先进军队离退休干部。

★ 吴镜德　久病床前有贤夫

🏠 东城区安贞第二休养所

人们常常敬佩那些"久病床前有贤妻"的贤妻，吴镜德在大家眼中，是个久病妻子床前的贤夫。

吴镜德和老伴袁小英育有两女一儿，儿女们都已成家立业，在老两口开始过上清闲安逸无忧无虑的晚年生活不久，一九九七年三月，袁小英突患脑血栓导致半身不遂，只能在屋里挪动几步，生活不能自理。因子女都不在身边生活，照顾老伴的任务就全部落在了老吴的肩上。

在病妻面前，老吴深感责任大、担子重、事情多，但更有感激疼惜不尽的深情。他想：前半生，自己在部队紧张工作，无暇顾家，教育子女、操持家务都由老伴承担。我这个家能有今天，儿女们还都有了较好的工作，过上比较幸福的生活，主要归功于她。现在她病了，我应该尽心尽力照顾好她，使她增强战胜疾病、顽强生活的信心。

"只要老伴高兴，她需要我干什么我就干什么。"这是老吴在处理夫妻关系、安排家庭生活时始终坚守的一条基本原则。在老袁得病初期的几个月，老吴雇请了保姆专门为老袁服务。但老袁更享受老吴的照顾，为了让老伴高兴，老吴决定辞掉保姆，完全由自己对老伴进行全

日制全方位的照顾。

　　老袁在患病初期，还能挪动着上卫生间。卫生间有个三十厘米左右的台阶，老吴怕她摔着，就在门旁安上把手便于妻子的拉拽。后来因老袁身体发胖变弱，即使在屋子里挪动时，偶尔还会摔倒，上卫生间变得很困难，老吴就买来了坐便器，他及时倒屎倒尿。为了调节老袁的精神生活，老吴在市场刚时兴液晶电视机时，就买了来在她的卧室安上新电视机，用高品质的画面和声音排解老伴的孤独寂寞。再后来，老吴就干脆在家里安上三台液晶电视机，使老袁挪动到哪个房间，就让电视节目出现在那里。老袁穿衣、脱衣、洗澡、擦身都享受着老吴的温馨呵护，即使老袁的理发，也是老吴专门买了一套理发工具，按时给老袁进行"专项服务"。

　　从每天早晨让老袁喝一杯牛奶，吃三个她最喜欢吃的饺子、一个香蕉，早晚各喝一杯加一调羹蜂蜜的枸杞子水，到中午去食堂买老袁爱吃的饭菜，再到晚餐安排顺口的膳食，老吴是能想多细就想多细，能做多暖就做多暖。在老吴精心调理照顾之下，二十多年来，老袁没有再添新病，没有再住过医院，老两口儿生活在和谐氛围之中。

　　老吴在家是好丈夫，在外是乐于助人的和谐老人。他曾在部队长期做雷达技术工作，退休后发挥技术专长，谁家电视出了毛病、电话发生故障，找到他他就热心帮忙。擅长象棋的他，还经常参加驻地社区活动，曾多年担任安贞街道地区棋牌协会副会长，为社区的文化建设做出了贡献。

　　满怀深情长年照顾病妻，老吴的铁汉柔情，令人敬佩。

★ **邵云升　情融休养所　共度幸福时**

🏠 东城区安贞第二休养所

　　因残退伍的邵云升刚退休的时候，心里空落落的，考虑做点什么事呢？他常说："我虽然从工作岗位上退下来了，但思想不能退休，革命精神不能退休。我要继续做一个受人尊敬和爱戴的人，要做一个与时俱进、永葆先进性的共产党人。我虽然平凡，但一定要活得有价值，要有所作为。要用一颗公仆对人民赤诚的心，书写出党在人民群众中的光辉形象。"退休多年来，邵云升一直坚守着这样的信念，他怀着对党的事业执着的追求，默默奉献着自己的余热。

十多年前，随着所里很多军休干部年龄的增长，原来大家抢着管理的所活动室，不少人渐渐有些心有余力不足。可是活动室又是大家幸福的所在、快乐的凝聚点。这时老邵主动站了出来，承担起了这一重任。虽然很多军休干部都劝他："你自己腿上本来就有伤，走路、活动都不方便，这活动室管起来可不是件轻松的活。"老邵说："随着我们年龄的增长，活动室就更是我们老干部可以出来活动、交往的重要场所了，所以绝对不能没人管理。"

就这样，邵云升在家人的支持下一管就是十几年。无论刮风下雨、酷暑严寒，他从没有迟来或者早走的情况。活动室里开展的丰富多彩的老年课程和活动，提升了军休干部们生活品质的同时，也让大家对休养所多了一份"归属感"。这种家一样的感觉，不仅让休养所充满着生机，更凝聚了军休干部的情谊。当大家问起邵云升累不累时，他总是微笑着说："不累！挺充实、挺开心！"

管理好活动室的老邵，还是个爱学习的"学生"，这个"学生"学习时，还有个爱学习的同学——他老伴。他们夫妇共同学习的同时，还帮助所里其他军休干部进行学习和阅读。对于不能外出参加活动的军休干部，邵云升夫妇还常常"送学"上门，让大家感到特别温馨。

邵云升虽然退休，但他从来就没有退过岗，一如往昔地继续踏踏实实做人，长期一贯地坚持勤勤恳恳地工作。他不求名利，为军休事业默默地奉献着自己的光和热，保持了共产党员的本色，不愧是为人民服务的好党员。他在发挥余热的过程中，也实现了老有所学、老有所为、老有所乐的价值，在为大家的服务中找到了自己的位置，也在党员和群众中起到了良好的引导作用。他想大家之所想，急大家之所急，以所为家地与老战友们分享着快乐幸福的生活。

邵云升及其家庭先后被东城区军休办评为"和谐个人""和谐家庭"，还多次被评为"优秀共产党员"。

★石金文　家庭和睦　邻里温馨

🏠 东城区安贞第二休养所

石金文与爱人姚秀芬育有两子，都已成家立业，一个孙子读大学，一个孙女上小学六年级，他们有个美满幸福的和谐家庭。

石金文的老伴是个朴素能干的贤内助。老石自二〇一〇年五月当选为所里党支部书记后，工作任务比较繁重，担任驻地社区家属党支部委员的老伴，就主动承担起买菜、做饭等主要家务。老石怕老伴累着，一旦有空，就主动洗衣服、打扫卫生。两个儿子的各个家庭对长辈比着孝顺，或经常回家看看或电话问候，孙子利用假期勤工俭学得到的第一笔收入，首先想到的是给爷爷奶奶买营养品。

老石的长子开出租车，长子媳下岗，孙子上大学，经济比较拮据。老石夫妇对孙子学费生活费的倾力支持，自然不在话下，当长子买经济适用房遇到困难时，老石、老姚资助十万元后，条件稍好的次子夫妇孝悌有加，也倾情支援十万元。

老石老姚都有一副热心肠，休养所中很多家庭都得到过他们的帮助。有户邻居修房子，他们主动腾出一间房子，让邻居家居住了一个多月；另一家邻居家几次跑水，他们发现后主动帮助排水清理。

老干部王顺民一天夜里两点多钟犯病,他的老伴急忙找老石夫妇帮忙,老石老姚立即起床,一边给120急救中心和所里的电梯工打电话,一边赶到老王家将他送到医院抢救。老干部张辉英做了手术后本来恢复得不错,可心脏又不舒服,还需要做心血管造影。预约检查时,医院要求检查当天要有亲人陪同,她的两个儿子因工作忙脱不开身,老张请老石帮忙,老石毫不犹豫地陪同她到医院做了检查,返回到家时,老姚又立刻把做好的饭菜送到了老张的家中。九十多岁的老干部何守谦,双眼接近失明,老伴早逝,大女儿每天中午给父亲做完饭后还得赶回自己家照顾她的一家人,其他两个女儿照顾父亲也没有个固定安排,老何夜间无人照顾。老石发现后,慈爱地列出了老何三个女儿照顾父亲的"排班表",明确分工为:平日白天里由大女儿照顾父亲,平日的夜间由二女儿负责,双休日由小女儿看管,父女四人皆大欢喜,把对老人的照料和自家的管理都落到了实处。

不仅热心关心帮助邻居,老石老姚他们还都是关心社区的志愿者。上街巡逻执勤、清理楼道小广告、打扫楼房周围卫生、垃圾分类试点工作,处处有他们的身影。

他们夫妇都有颗火热善良的心,石金文还多次被军休办评为和谐先进个人,他们不仅营造了自己的和睦家庭,教育出阳光上进懂事的孩子,更用美好中华文化传统下的友邻精神,营造了大家共同幸福的家园。

★ 游凤才　出则学习雷锋　入则奉继母至孝

🏠 东城区安贞第三休养所

游凤才一九五一年入伍，一九五六年入党，在航校做飞行教学工作多年。他在外是位学雷锋做好事的好干部，在家是个奉继母至孝的好儿子。

继母对他的养育之恩，令他终生难忘，他也因此把继母当成亲娘来孝顺。退休后，他每年在春节前都要从北京赶回南京和老娘一起过大年。他和老娘一起住在二十平方米的简易平房中，寒冷的早晨，他起床后的第一件事是劈柴生火炉子，接着就上街买菜给老母亲做饭。有一年，临返回北京时，他不放心家里老型煤气灶的安全性，就买了一台最新型的安装好，他提醒再提醒老娘一定要注意安全。为了与老娘联系方便，他为老娘装了电话，反反复复教会老娘使用。临回京前，给老娘留好了生活费后，还将老娘一年里所需生活用品——油盐酱醋、大米、白糖、牙膏、肥皂、卫生纸等尽可能多地买回来。临返京的几天里，他静静地坐在老娘身边，细听她讲那些过去的事。在把老娘接到北京住的日子里，他陪老娘登天安门城楼拍合影，到处走走转转，想方设法让老娘高兴。

老游的老娘八十九岁时得了胃癌，发现时已是晚期。得知消息后，他第一时间赶到南京，不分昼夜地守候在老娘身边。一个多月后，他一直积极治疗和守候着的老娘还是故去了，悲痛万分中，他处理好后事，将老娘的骨灰盒亲手送到家乡，与老父亲合葬在一起。

老游在家里是大孝子，在外边是学雷锋的好干部，雷锋精神一直是引领游凤才前进的人生坐标。特别是在他患结肠癌做了手术后，他更真切地感到是党把他从死亡的边缘抢救回来，更坚定了要把有限的生命献给党、献给人民的意愿。

一九八九年下半年,老游进所休养不久,所领导请他参加所里办的服务商店工作,他二话没说就当起了商店的"三大员":售货员、采购进货员、物资保管员。原来他根本不会蹬三轮平板车,为了这份新工作,就苦下功夫很快学会。他经常早上班,晚下班,常常工作十二个小时左右。

游凤才积极响应"文化养老"理念,组织健身秧歌队,为团队自费一万多元购买了道具和服装。为搞好学习工作,他不仅投入了十多万元购买展板、宣传画,还自费支付加工费。所领导多次要给他报销,他都笑着说:"我要把党和国家发给我的钱,用到为人民服务的事业上。"

游凤才曾被民政部、原总政治部表彰为全国先进军队离退休干部,还当选为"北京军休榜样",获得多项荣誉及奖励。他继承中华优秀文化传统,常年坚持学习雷锋,在家庭生活和奉献社会中展现出熠熠生辉的风采。

★ 张桂芳　尽心持久做好事

🏠 东城区安贞第四休养所

　　有一位从住进安贞第四所那天起，每月都为本楼层及行动不便的老干部按时交纳电话费、水费、天然气费等，至今已达三千多次；而且，如遇老干部有特殊情况延期提供的，他拿到后还要再跑到几千米以外的缴纳点去缴纳，以避免影响老干部的正常使用，他叫张桂芳。

　　张桂芳在部队工作期间先后荣立二等功一次、三等功四次并获其他褒奖；进所休养后，先后四次被评为优秀共产党员，还曾被评为全国及市先进军休干部等。

　　曾身患癌症的他，始终保持"两不怕"的优良作风，经常主动帮助

一些老同志及家属。他隔壁的老同志孙建章，老伴生病在身行动不便，孙建章因病住院后，需要人照顾，张桂芳就几乎每天都去医院看望、帮助、照顾。军休干部老杨突然发病，老杨家属找到他，他二话没说放下手里的东西立即就陪同到医院检查看病，等忙完回到自己家里，才发现炉子上还烧着的一壶水几乎被烧干了。

日常生活当中，他总是热心肠地帮助大家解决生活上的一些事情，如每次去购买日用品或生活用品，他也总是询问邻居住户："你们买不买什么东西？要买我给你们带回来。"这样的事情可是太多太多了。

平时，他还主动担负楼内有线电视及宽带信号源的看护工作，几乎每周都要跑上跑下了解巡视一次，以便发现问题及时向有关部门报告，迅速通知技术部门来维修。类似的小事，他都如此用心，更不用说大家遇到更重要的问题时，张桂芳忙前忙后地张罗了。

由于设施老化等原因，其所住楼房的上下水管存在很大安全隐患，在区军休办及业务部门的支持下，要进行彻底改造。此项施工，因为涉及各家各户，不仅施工难度大，而且对日常生活的影响也比较大，特别是一些装修较好的住户经济上的损失也很大，因此，有的住户不大愿意改造。为了大家整体的利益，张桂芳就和施工方深入到每家每户摸底调查，有针对性地做好思想工作，并且针对不同的住户确定不同的施工方案，力争把住户的损失降到最低，从而确保了改造工程的顺利完成。工程施工期间，为把对大家日常生活的影响降到最低，尽量不过多地影响大家的生活，张桂芳还和施工方一起多次修改生活保障方案，直到大家满意为止。

他就是一位持之以恒热情帮助别人、长流水不断线的人。张桂芳不骄不躁，平易近人，始终把党组织和老同志们给予他的荣誉，作为自己前进的动力。他住进干休所三十多年如一日为他人尽心尽力，无私奉献，体现了一个共产党人的高尚品质，实现了对党的誓言，无愧于群众身边的好党员这个称号。

★关茂林　健康的八字秘诀

🏠 东城区蒋宅口休养所

关茂林八十二岁时兴致勃勃马不停蹄登上狼牙山主峰的壮举，曾让在场的两百多名军休干部大吃一惊。当大家问起他的健康秘诀时，他回答了八个字："乐观、锻炼、书画、感恩。"

老关在那个动乱的年代，受到牵连蒙受冤屈。在磨难面前，他慢慢地学会了心理调节，靠着对人生的深切领悟和乐观的心境，他一步一步地走出了逆境。

他上小学时就擅长跑步，学校离家十余里地，上学的路上，与同学们你追我赶，跑跑颠颠，习以为常。入伍后，跑步是部队的必修课，他在四十多年的工作中始终坚持跑步。除此之外，老关还坚持游泳，每周去游泳馆游上三到四次，每次游半个多小时，连续一千多米。

动的，他喜好；静的，他也颇有心得。老关说，学写书法不仅能提升一个人的品位和修养，还可以丰富一个人的思想内涵，是修身养性、强身健体的好方法。他的老伴鲁宜厚是北京电影制片厂退休干部，也是个书画爱好者，老两口在老年大学共同学习了十多年，老关学书法，他老伴学国画花鸟，越学兴趣越浓，妻子专画，丈夫题款，互相配合，其乐融融。老关夫妇的书画创作常常伴随着休闲旅游，游到哪里就画到哪里。从东北画到海南，从青城山画到鸭绿江边，画作受到了广泛欢迎，许多作品在一些重要场合展出，有些还被收入画册。每逢党的生日、国庆佳节、纪念中国人民志愿军抗美援朝五十周年和中国电影百周年画集，他们夫妇更是用书画作品表达祝贺的心意。

二〇一四年，北影书画苑、东城区军休干部活动中心还为他们夫

妇举办了专场书画展，中央人民广播电台《经济之声》以《澄心理翰墨　妙手绘丹青》为题进行了报道。

经历过风风雨雨的关茂林，于一九八五年十月光荣离休。他的好朋友孔庆成曾写文章赞扬他：老关并没有因离岗休养而感到孤独与烦恼，也没有"功成而身退"的停歇，而是满怀感恩之心迎接新阶段。

除了"八字秘诀"，老关在内心始终坚守一个"和"字。在家庭中，坚守夫妻和、子孙和、全家和，用正确的家教、家风熏陶子女和孙辈。一出家门，追求与四邻和、同事和、人人和，多交朋友，促进和谐。自开展"争创八个和谐"活动以来，军休系统的历次评比先进的名单中，都有他的名字。

对于人生的前途，老关始终是一个乐观主义者。他说，趁自己身体硬朗头脑清楚，做自己该做的事，做自己想做的事，做自己还能够做的事，要用自己乐观的心态笑迎人生第二春。

★ 薛淑锦　淑女锦绣　妙曲绕梁

🏠 东城区蒋宅口休养所

　　一九九六年，从解放军总医院退休后，薛淑锦就成了名闻和平里兴化社区、品德高尚、多才多艺的文艺活动骨干。

　　年轻时，薛淑锦就喜欢唱歌、唱戏，尤其喜欢唱京剧。在担任社区歌唱队长后，她更希望有老年朋友能跟她一起学唱戏。于是，她向社区党委书记建议成立一个戏曲队，获得了积极支持，并兼任戏曲队的队长。虽然老年爱好者的水平参差不齐，薛淑锦依然坚持用高标准要求大家。吐字、发音、行腔、板眼、身段，每个环节她都不厌其烦地悉心指导、耐心纠正。

为此，她还花了千余元钱买了一台影碟机和很多光盘，便于帮助学员们回家学唱。几年来，薛淑锦带领戏曲队新排了十多出折子戏，曲种涵盖了京剧、评剧、豫剧、河北梆子、黄梅戏等好几种。现在，在街道办事处和居委会组织的一些大型演出活动中，这支队伍的出色表演，为社区居委会赢得了一个又一个的荣誉。

大家不仅戏曲演唱得好，为了更好地开展社区迎奥运志愿者服务工作，他们从二〇〇八年年初还开始学起了英语。那年兴化社区办起了迎奥运老年志愿者英语学习班，薛淑锦第一个报名参加。参加学习的学员都是五十五岁以上的人，这对少数连汉语拼音都不熟练的老年人来说挑战很大。怎么办？薛淑锦决定去ＡＢＣ英语培训班先学一步，再回到社区为大家辅导。在ＡＢＣ英语培训班学习期间，她早起晚归，加班加点，不懂就学，不会就问，为便于学习，她还买了一台复读机，常常对着复读机学到深夜，早上四五点又要起床练习口语。很长一段时间里，她关节炎复发，她就拄着拐棍去学习，就这样她忍着疼痛坚持学习了大半年。功夫不负有心人，培训班的英语测试她达到了优秀水平，回到社区，她担任英语班班长的底气更足了。在她的带领下，老年学员们学习热情极高，经过半年多的努力，大家很快就掌握了近二十句英语常用语。

因为活动多，忙碌的薛淑锦有时一天就要参加四五项活动。活动过程中，她朝气蓬勃神采奕奕，可是毕竟也是八十岁的人了，有时回到家后一躺在床上，就一动也不想动，连句话都不想说。即使如此，她也从不言苦，从不叫累。她的善举，赢得了社区党组织和广大居民群众的高度评价，"优秀共产党员""和谐家庭"等证书和奖状，几乎占了她家书柜的一大半。

奉献大家，她收获的是快乐人生，时常唱响好歌、好曲愉悦大家的同时，也使她精神焕发，她深有感触地说："能为别人带来快乐，自己心里真甜蜜。"

★张全会　常将书香伴星月

🏠 东城区蒋宅口休养所

张全会自幼喜好书法，入伍后更是利用一切的学习机会，苦学书法。退休后，特别是进休养所休养之后，时间充裕条件更好了，练书法更勤了，对自己的要求也更高了。

老张对自己练书法有很高的要求：平时做到笔不离手，见缝插针，有空就练，外出旅游也不停歇地挥毫作书。他制订了一个特殊标志性时间节点的"仪式"：除夕夜，不看电视，不看春晚，而要以习练书法作为守岁时的重要内容，他要用书法送走旧岁迎来新春。

他把自己习练书画的标准定得很高，他说："三十年学书过程中，前十年学，中十年钻，后十年练。所谓学：十年功夫，只是艺海拾珠，要多学博采，不厌其烦，贵在坚持。所谓钻：深钻细研，归纳总结，领会精髓，提高境界。所谓练：师古临帖是练，实用也是练，提高书法水平最快的途径就是用，用可以促进练，练和用是提高书法技艺的重要途径。"

张全会习练书法，不仅仅是愉悦自己的身心，他更要用酣畅淋漓的笔墨为人民和部队官兵服务。二〇一三年，张全会在参加边防部队举办的"廉政文明建设"书画展时，书写了"以俭养德、清正廉洁、精忠报国、振兴中华"的条幅，后被部队镌刻在大型牌匾上。他出版的《初学书法技巧入门》，曾三次再版，受到广大读者的青睐，特别是受到了热爱祖国传统文化的小战士的喜爱。

老张从习练书法的实践中深深感到：练习书法因为是脑力劳动和体力劳动的有机结合，能促进身心健康，强化生机和活力，他有时持续习练六个小时也不觉得劳累，身体也变得越来越硬朗。

为弘扬祖国传统文化，张全会夫妇义务教孩子们学习书法的想法，得到休养所、社区和家人的支持，二〇一五年年初，"国学书法班"由社区提供场地和座椅，在军民共建的活动中正式开课。

开办"国学书法班"，把书法教育和做人教育紧密结合起来，力求培养孩子："热爱祖国、振兴中华，学习书法，实现梦想；开发智慧，启迪心灵，培养爱心，孝敬父母；效法自然，涵养道德，师古圣贤，创造未来。"

张全会是休养所的文体骨干，他老有所为创出的业绩和默默奉献的精神，得到休养所领导和军休干部的充分肯定，他三次被东城区军休办评为优秀共产党员和宣传报道先进个人，二〇一六年被评选为东城区"军休榜样"。

他常将书香伴星月的翰墨情致，不仅幸福了自己的军休生活，更在祖国花朵的心中，种下了中华优秀传统文化的种子。

晚霞正满天

★顾仕魁　弘扬历史文化　致力时代奉献

🏠 东城区仓南休养所

顾仕魁从年轻时就酷爱书法，潜心收藏，几十年下来，他收藏了一大批反映传统文化、革命文化的艺术品。退休后，他把这些藏品在部队、他的家乡和很多省区展览了二十余次，其中不少次的展览，中央电视台军事新闻、《解放军报》还进行了专题报道。

从二〇〇五年开始，他曾先后四次给他的家乡河北省清河县县委、县政府写信，表达了自己对家乡文化事业的关心，受到当地政府的重视。他将自己收藏的由何海霞、胡絜青、齐良迟等十二位艺术家在

一九八四年共同创作的巨幅画作《锦绣前程》捐献给家乡，还在家乡举办了五次书画精品展。二〇一五年纪念抗战胜利七十周年时，顾仕魁从收藏的图片中，精选出四百余幅，联合县委宣传部、县文联联合举办"百年征程强军梦"展览。上至百岁老人，下到几岁儿童，从当地的机关学校到周边七个县市近五千余人参观了展览，留下了大量的观后感，对社会产生积极的影响。

顾仕魁始终坚持文化自信、文化自觉，做中华文化的守望者、革命文化的守护军，把他收藏的作品作为流动的博物馆推向社会。二〇〇八年，在中央美院美术馆展出九十九件作品；作为文化使者，特别是在和西方文化的交流、交融、交锋中，他曾两次参加广州商品交易会，在"广交会画廊"展厅一方面展示收藏的中国书画，另一方面在现场用雄浑的中国书法意趣为国际友人书写书法，让他们了解并喜欢中国传统文化。他的大型红色油画还在北京进行过两次展览。

顾仕魁还常常携手中国楹联学会等单位，组织、参加文化下乡为村民写春联的活动。他尤其注重向香港地区的青少年传播中国文化的影响。二〇一一年四月，香港一百八十名十岁左右的学生及家长、老师共四百余人，来到内地参观学习，顾仕魁为了让孩子们体验祖国传统文化艺术的魅力，特意安排了两个又有趣味又意味深长的环节：教每个孩子用毛笔学会写"中国"两个字，画一朵国花牡丹。

退休十几年来，他在传播中国文化的历程中，自己既收获了快乐，也收获了健康。退休后，除了体检去过医院外，他十几年没去医院看过一次病，没有报销过一分钱的医药费。

回顾十几年走过的历程，他深有感触地说："我虽然退下来了，但仍然不是局外人。我离不开社会，社会也需要我，习近平总书记带领我们走进新时代，美好的未来还在前头，我有一双手，不能吃闲饭，有责任有义务为新时代继续贡献一分力量。"

★ 王明海　坚持学习　热心公益

🏠 东城区仓南休养所

一九三八年出生的王明海，一九五八年参军，一九六〇年入党，现为仓南所党支部群工委员和三里屯党小组组长。

王明海十分注重学习，更会学习；在自我学习的同时，还与大家热情分享。在自我学习时，他逐字逐句地把学习材料展开，画重点，做笔记，并在脑子中反反复复地强化记忆，对照事实，建立一个学习联想体系。作为党小组长，他不仅自己学，还充分利用自己的学习体会，特别是结合自己的成长经历，把理论问题形象化，把抽象问题具体化，积极走上讲台和社区，向大家宣传党的十九大精神，讲述改革开放后发生的巨大变化，被大家亲切地称为"社区理论宣讲员"。

注重学习的王明海深深体会到，学习是为了指导工作。他坚持在"自我教育、自我服务、自我管理"方面站排头、做表率，他带头遵守休养所各项规章制度，从不搞特殊，勇于抵制不良风气。工作中，他追求和蔼待人、处事公道。他积极关心、参加、支持所内的工作，针对军休干部各项政策调整，与军休干部一起努力正确理解政策，把大家客观的需要与政策有机整合在一起。

关心所内工作的同时，他还以一名志愿者的身份，出现在了所在社区的各个角落，为社区的管理和建设出谋划策，帮助社区群众排忧解难。

在汶川和玉树地震时，他发挥核心骨干示范作用，号召广大社区居民共同献爱心伸援手的同时，他积极缴纳特殊党费的实际行动，也起到了增强社区居民爱国热情和凝聚力的作用。党的十九大召开期间，作为安保志愿者，他和年轻人一样不惧辛苦，走街串巷排查隐患，每当大家

劝他休息休息喘口气时，他总是笑着说："我虽然脱下了军装，但责任不能推，军人本色不能褪，我是老党员，就应该冲在前面！"在他的激励下，大家圆满完成了上级交给的安保任务，受到上级表扬。王明海同志还作为志愿者的优秀代表，受到了北京市委领导的亲切接见。

　　王明海总是怀抱着一颗感恩回报的心，总想着别人给予自己的多、自己回报给别人的少。他经常说："党和人民给予我很多，我非常满意，非常满足，也非常幸福。"他在感恩的同时，也常常告诫和要求自己："只要还活着，就会像一名军人一样，始终保留冲锋的姿态，继续为党、国家和人民奉献自己的光和热。"他好似没有轰轰烈烈的壮举，也从没有讲过任何豪言壮语，但他常常有的就是默默地奉献，他用自己的实际行动践行了一名老共产党员、老革命战士的崇高信仰。

★ 周恩惠　退休学法律　造福后来人

🏠 东城区四块玉休养所

　　上个世纪八十年代初，周恩惠因病退休时还不到五十岁。退休养病期间，还想为社会做点贡献的他，一九八四年从《北京日报》上看到《法学杂志》编辑部招考编辑的消息，周恩惠抱着试试看的心态前往应试，结果不仅考取了，而且还被聘为编辑部主任。这期间，老周白天工作，晚上坚持挤公共汽车到法律夜大进修，后经考试获得毕业证书，同时还被聘为《北京法制报》《北京青年报》法律知识专栏的特约通讯员。

　　他的老伴见他起早贪黑挤公共汽车上下班，又只拿点儿交通费和伙食费，疼惜地劝他别去编刊了。可一九九一年七月一日前，老周撰写的一篇《当代共产党员应成为带头遵守和宣传法律的模范》的应征稿件，在中央人民广播电台的播出，令他精神为之一振。

当初写这篇稿子时，老周正在思考：共产党员应该怎样带头学法、用法，为全民普法服务等问题。"七一"前夕的一个凌晨，老周在睡眼蒙眬中打开半导体收音机，突然听到一个女播音员用清晰的声音正在全文播送着他的那篇稿件，令他精神顿时振奋，并请自己的老伴在当天重播时，全文录音下来作为纪念。"七一"当天，他收到了中央人民广播电台寄来的征文二等奖的荣誉证书。这份荣誉进一步坚定了他用法学服务社会的坚定信念，并成为继续扎扎实实地编好法学期刊的新动力。就这样，他这一干就干了二十年。

周恩惠在《法学杂志》编刊近二十年里，利用业余时间，写了共计一百二十多万字的三部著作：《法苑散记》《婚姻与家庭的规矩方圆》《走近新中国法学大家》。为了普法宣传，老周曾先后主编《最新经济法实用手册》等十余部法学书籍。在北京市法学会成立三十周年之际，周恩惠荣获首都法学研究突出贡献纪念奖。

北京师范大学法学院院长回忆当年说："当年我读书时，仅有《法学杂志》等少数几种法学报刊，它们成为法科学生的重要辅导读物。我与《法学杂志》交往较多而结下深厚友谊的——当属周恩惠老师了。他是从部队来到《法学杂志》的，他以军人的高度责任感、热情、谦逊作风投入《法学杂志》编刊事业。他不仅联系了一批德高望重的法学家作为该杂志的编委，同时更团结了一批老中青专家学者为作者队伍，而且对青年法学作者尤为注意培养和扶持。"

周恩惠同志退休后继续努力学习新知识，在新的岗位上发扬优秀军休干部的光彩，以自己的实际行动为社会主义祖国的法治建设，贡献出了自己的力量，赢得了大家的广泛认可和赞扬。

夕霞正满天

★ 高学璠　热心"好老头"

🏠 东城区大红门休养所

二〇〇〇年九月被移交安置到大红门休养所的高学璠，退休前系空十军司令部指挥所所长，现在是休养所党支部副书记。他喜爱摄影几十年，上世纪六十年代初就自费购买了一部"海鸥"牌照相机。老高原来对照相和洗相的过程就是驾轻就熟，再加上现在对电脑软件的熟练操作，很多老同志就把自己珍存多年，有的甚至是年久发霉、画面残缺的老照片，请老高帮忙修版打印。

老高深深理解大家对过去青春岁月的珍惜之情，热心的他就积极向大家征集老照片，加以修复后，制成系列版面，以"青春岁月回顾展"

的主题，在橱窗中展出。许多军休干部和家属们看着自己、战友、长辈年轻时的风采，心中都有无限的喜悦与感慨。他还自己出钱制作宣传材料，利用橱窗宣传好人好事，介绍事故预防的相关常识，讴歌建党九十周年的光辉历程等。他不计个人得失、任劳任怨、甘于奉献的高尚行为，让大家发自心底称呼他是：热心好老头。

老高接触电脑早，自己又爱钻研，水平不低。周边的不少同志也想学习电脑，从二〇〇二年他就倡导鼓励大家"活到老、学到老"，并毛遂自荐担任教员，在所里开办电脑学习班。学习班的教学，利用每周二的上午进行，从电脑的基本知识与操作，到文字的编辑、图片处理、小视频的制作等，都进行系统讲授。他根据老同志的学习特点编写教案，还图文并茂地编印出了教材，自费印刷好后免费发放给大家，做到人手一份方便大家学习。教学过程中，他不厌其烦地认真指导大家学习计算机的操作使用和基本的摄影技术知识，直到大家都学会为止。

为了让腿脚不方便的老同志领略自己和战友们旅游所到之处的风景，老高还把照片编辑成电子相册，在活动中给大家边展示边讲解，老同志们无不赞叹老高的细心、爱心、热心和匠心。

退休后，高学璠和老伴一同参加了合唱、交谊舞、太极拳、摄影等小组。作为摄影组的骨干，老高不仅在所里的讲座中担当老师，还到驻地社区和兄弟所为摄影爱好者义务讲课。

现在，摄影依然是他们夫妇的最爱。《大众摄影》和《中国摄影家》等杂志的采风、比赛等，他和老伴一起多次获奖几乎成了大家的美谈。他们二老还是"中国摄影家协会""中国老摄影家协会""北京摄影家协会"的会员；还多次被驻地社区评为"学习型标兵"和"学习型家庭"。高学璠这个"好老头"，也依然在以饱满的热情为休养所这个大家庭热心忙碌着。

夕霞正满天

★ 王书林 哪里有困难 哪里就有我

🏠 东城区大红门休养所

王书林一九六一年七月入伍后，曾多次立功受奖。一九九二年，退休后闲不住的他开始投资办企业，二十多年来，王书林同志怀着一颗感恩的心，坚持回馈社会的公益事业。

一九九四年，企业刚有效益的王书林就出资一万元，对北京市广渠门中学"宏志班"特困学生进行资助，同时定期资助、帮扶家乡的两名孤儿。次年，他一次性投资十余万元，与北京市教委合作，设立了"北京市山区优秀教育成果奖励基金"，为改变周边山区教育的落后面貌贡献力量。

一九九六年，王书林为长江三峡工程移民捐资三十万元，妥善安置了为支援国家建设而移居的民众。二〇〇〇年，为方便家乡村民的出行，也为家乡农副产品的流通，他出资五万元为家乡修路。二十余年来，王书林的企业为国家纳税百余万的同时，还帮助他所创企业周边的六名残疾人改善生活条件，每年为他们每人一次性发放生活补助一千元。

年龄越大，思乡越切。随着自己年龄的增长，王书林在几年前将公司解散，与老伴儿盖淑艳满怀激情地回到了邯郸老家，要为自己儿时的母校奉献爱心。王书林出生于河北省邯郸市邯山区北张庄镇西孙庄村，他从西孙庄小学毕业后，上高小、中学，并以优异的成绩考上了中国政法大学。但当时因为家里太穷，连七块钱的路费都出不起。为了减轻家里的负担，王书林放弃了上大学的机会。在母校西孙庄小学，他看到孩子们的学习环境虽与过去相比有很大改善，但有些状况还有待提高。于是，王书林萌生了捐资助教，在母校设立奖学金、贫困生扶助金的想法。他经常说：因为当年贫困，没能上大学，这是他一辈子的遗憾，也是他一直难圆的梦想。所以，他希望家乡更多优秀的孩子考上大学，为国家做更大的贡献。

二〇一七年，在第三十三个教师节来临之际，王书林为家乡小学校捐资十四万元，设立了"奖、助学金"，同时还为教师学生更换办公上课的桌椅，深情鼓励孩子们好好学习，报效祖国。

热心公益、扶危济困的王书林，现在是首都企业家俱乐部常务理事、监事会监事，首都企业家诗书画院院士，但他更看重的还是大红门休养所党支部宣传委员这个角色。他自费请专家为军休干部授课，自费为老同志安装充电桩，自费购买奖品支持休养所开展文体活动。王书林因为热心助人，受到大家的广泛赞誉，他也被评选为"北京军休榜样"。

现在，唱歌、跳舞、摄影、书画、诗词，这些军休战友们快乐的生活中，总能见到老王和同志们愉悦灿烂的笑容。

★ 郑勤安　休养所的红管家

🏠 东城区大红门休养所

一九九八年十一月退休的郑勤安，到刚刚筹建不久的休养所报到时，院外道路狭小弯曲、坑洼不平给他的触动且不说，他很别扭的是所内环境：杂草丛生、蚊蝇飞舞。

为了改善自己和战友们的共同家园环境，老郑自告奋勇给所长当起了参谋助手：没有经费，我们自己慢慢筹措；没有人力，我们就自己动手。说干就干！老郑自己带头，每天和工作人员一起，拔草、浇地、移栽、种树、清理乱堆乱放的杂物和垃圾。

更多的人也都积极投入到"建设休养所、美化我家园"的行列中来，为了大院的整洁有序，很多人还自觉铲除了"自留地"。起初，院内公共设施不足，许多家属在绿地的树干上拉绳晾衣，更有的住户直接在树枝上晾晒衣服。老郑主动找到所领导，并和管委会主任一起勘察场地，确定了实施方案后，带着两名临时工用了四天时间，竖立了二十三根铁管，修建出了五处规范的晾衣场。晾衣场上固定晾衣竿的水泥底座，是郑老自己拿塑料盆做模子，用双手一把一把捧着水泥筑成的。当时，水泥腐蚀了手掌，裂了许多小口子，但他还是坚持直至做完。看到这些，真是伤口疼在他身上，也疼在大家的心里。

环境变得越来越好了以后，他看到有些家长带着小孩随便进入绿地玩耍、摘花掐草，有的住户随意在绿地上扔垃圾、遛狗……老郑的心情又沉重了起来。他和电工一起，利用更换下来的废旧暖气管制成了三十个小架子，自己在电脑上制作了人性化的图片，自费两百多元买了一个塑封机，把打印好的图片塑封起来，制成了提醒大家要爱护花草的温馨告示牌。

环境整治工作取得可喜成效后，郑老又做起了宣传阵地的"占领工作"。他利用自己爱好摄影的特长，及时捕捉院内好人好事，把休养所大门口的两组玻璃橱窗，变成了大力弘扬正气的展示平台。为了丰富军休干部活动中心电子设备的播出内容，老郑还自己搜集资料，把每次的比赛、演出、书画展等活动内容，编辑成视频节目，在军休干部大会前播放。许多老同志看到自己的才艺风采，或者是和老伴儿的可爱舞姿被搬上屏幕时，都笑得合不拢嘴。

二〇一〇年一月，老郑手术后在家休养期间，他仍关心着休养所的建设。由于大红门地区安全工作存在很大隐患，老郑又积极向所领导建议：安装监控设施。提议在"两委"工作会上通过后，他和大家分头寻找厂家，实地考察后，自己做方案画图纸，和厂家反复商议，用最低的价钱干了最好的事。

现在，这个红管家的干劲是越来越大，老郑的高尚情操也得到了大家的一致认可，多年来，他被大家一致推选为管委会委员，如今又被推选为副主任。

★ 汪孔周　在平凡中抒写美丽人生

🏠 东城区方庄休养所

汪孔周在部队多年从事宣传和干部工作。青少年时期酷爱读书的他，退休后专心致志地进行着文学创作。

他先后采访了百余位将军，出版了《让衔将军》《光耀星空》等作品，《让衔将军》还被中央电视台拍成专题片《杠与星的记忆》在全国播放。

二〇一五年十一月十五日的《解放军报》这样评论汪孔周创作的《美丽中国梦》："是一部讴歌中华民族不断求索、奋斗不息的抒情长诗。作者怀着强烈的历史使命感和坚定炽热的爱国主义情怀，将一幅美丽壮阔、跨越五千年历史的中国梦大画卷生动地呈现在读者面前。"

《美丽中国梦》的新书首发式上，汪孔周向中国人口福利基金会善基金"三孤工程"捐赠了价值二十五万元的首发作品。

汪孔周之所以能写出这样的著作，得益于他的日积月累。他酷爱读书，尤其是传统经典读物，如《孙子兵法》《孟子》《论语》《庄子》《老子》等。在长期阅读过程中，他深刻地领悟到"好书不厌百回读"的道理，经典的智慧需要用时用力，反复阅读才能汲取精华学以致用。

常年坚持写日记，是汪孔周又一个非常可贵的习惯。他从离开家乡当兵那一天起，就开始记日记。他的日记丰富多彩，既记军营生活，也记日常琐事，更记读书的心得，而且这个好习惯四十多年来他从未间断。了解他这个好习惯的战友领导和朋友，都对他佩服不已。

汪孔周不仅自己坚持着很多好习惯，他还在应邀到安徽农大、中国传媒大学等高校为青年进行励志演讲时，热情地向大家介绍培养好习惯的重大意义，在演讲中他谈到的人生中的"三个坚持"深深打动了广大师生。他介绍的"三个坚持"是：一是坚持每天读几十页书，要克服从一般新媒体上获得浅显的知识，而要阅读经典；二是坚持每两年出一部书，自己高标准地严格要求自己；三是坚持每天写一篇日记，坚持做到每日里"三省吾身"。

汪孔周满怀善意、才华横溢的创作，获得了广泛好评。《人民日报》文艺版曾多次刊登他写的散文、诗歌；在北京市文学艺术界联合会、北京音乐家协会和吉林卫视联合举办的"清明季"特别节目中，汪孔周创作的诗歌《清明季》由著名影视演员、配音演员朗诵，深深地打动了广大听众。

从一个普普通通的战士，成长为一个解放军的军官，从一个基层报道员，成长为一个有影响的作家、诗人，汪孔周完成了他的人生飞跃。他说自己拥有的一切都是党和军队给予的，他将更加努力，创作出更优秀作品报效祖国。

★严太平　青春翰墨香且久　白发丹心情益浓

🏠 东城区方庄休养所

很多人一生持守的爱好大多始自童年，严太平喜爱书法，就始于少年。上学时，他就以和同学比赛书法为乐。一九六三年，他所在部队组织干部战士学文化，因为非常珍惜发下来的崭新笔记本，严太平书写得尤为认真。一天，领导突然把所有的笔记本都收上去，其后不久，因为他的字写得又认真又好，还立过三等功，后被调到了公安部消防局，做收发文件誊抄报告工作。

一九七二年的冬天，严太平被抽调到一个重大案件的专案组，这起案件由周总理亲自主抓，白天其他同志搞案子，晚上汇总情况后，便由严太平抄写报告后，连夜送往中南海。在报告返回来之后，严太平看到周总理不仅批复得非常认真，而且标点符号、错别字也绝不放过。周总理给他抄写的报告改正的两个字，当时对严太平触动非常大，从那以后，他立志要把书法练得更好更规范。

二〇〇六年，公安部新办公大楼落成后，要在一楼大厅的大理石上镌刻"人民公安为人民"这七个字，严太平接受了书写任务。老严以颜真卿的书体为主体风格，又结合时代气息、机关单位特点在结构和表现上有所创新，最终完成了现在公安部大楼一层的作品，这也是让老严很满意的一幅作品。

老严之所以呕心沥血、冥思苦想地创作这幅作品，既是感觉自己的书法艺术受到认可和欢迎，是一份光荣；同时也是因为担任全国公安书法家协会副主席的职务，代表协会做了应做的工作；更是因为这是一份献给多年培养自己的部队的厚礼。

热爱书法、热爱部队的老严，也热心社会公益活动，在抗震救灾等活动中，既捐钱捐物还捐书法作品。在喜迎奥运会、送文化下乡、下基层、扶助革命老区、援助失学儿童、援助病残等众多的书法义卖活动中，他总是不甘人后、踊跃参加，二十年来奉献给社会几千幅书法作品。

多年来，严太平积极发挥休养所文体活动骨干的作用，为休养所进行书法讲座，参与区军休干部书画摄影展的作品审评等工作。他的书法作品，先后参加过由中国书法家协会组织的全国第五届书画展、中韩国际书法名家作品展等国内外大型展出；在中国美术馆等处成功举办过四次个人书法展。《当代中国书法艺术大成》等多部书法专辑专刊刊载收录、介绍了他的作品。严太平曾十多次参加中国书协组织的书法活动，被中国书协评为"书法进万家"先进个人。他编著出版的《草书导引》一书和《轻松写楹联》光盘，受到了广泛欢迎。

现在，严太平依然以自己青春翰墨香且久、白发丹心情益浓的情怀，抒写着灿烂的华章。

★ 李秀茹　乒乓球　让生活更精彩

🏠 东城区方庄休养所

李秀茹自幼受她的父亲启发培养参加乒乓球训练，十三岁进入河北省乒乓球队，四个月后被选拔到北京体育大学成为少年大学生，十六岁进入军委工程兵乒乓球队。在一九七七年全军乒乓球比赛中，与队友合作先后获得女子双打第一名和女子团体第二名的好成绩。退休后，她努力培养乒乓球人才，并积极参加国内外乒乓球比赛。

教育孩子习练乒乓球，虽然都知道乒乓球运动要从娃娃抓起，但她也清楚，有的独生子女被娇生惯养，刻苦训练谈何容易。但她常想：既然选择了跟我练习乒乓球，我就要继承军队好传统，在教授孩子们打球的过程中，严格要求孩子们。她要求每名队员必须做到：从集合排队到训练都要遵守纪律，不许随便说话自由散漫，每节课结束时都要进行小结，让孩子们养成守纪律的好习惯。

教练员的工作不仅仅是教授乒乓球技术，还要考虑孩子们的前途。孩子将来是搞专业，还是仅仅当作一个特长，或者是仅仅为了锻炼身体？这是李秀茹常常思考的问题。有位小学四年级孩子的家长希望他们的孩子搞专业，她根据这个

第一部分

孩子的具体情况劝说家长:"目前看,孩子不太具备搞专业的条件,还是以学习为主更稳妥。"孩子的父亲非常感谢,称赞她真诚说实话。

有名队员的家庭收入并不高,家里还有房贷,但比较有前途。为此,她就减免小队员的小课教练费悉心培养,后来这名队员获得了很好的比赛成绩,并考入了北京市重点中学。

许多成年人也慕名找到李秀茹,希望李秀茹教授他们系统的乒乓球专业技术,她高兴地答应了他们的要求,因为她一直觉得:乒乓球运动是不分年龄的,只要喜欢,都能学会。有人问她,你为什么把自己的乒乓球专业技术毫无保留地教给队员?她坦率地回答:这些技术留在我自己身上没有用,只有教会给大家,让它传承下去,这项运动才会让更多的人受益。

在从事教练工作的同时,她也积极参加中、老年乒乓球比赛,先后在国际和国内各级别的比赛中取得了优异的成绩,为此,国家体育总局颁发给她乒乓球业余健将证书。退休后从事乒乓球运动,也为她提供了更多出国参加比赛的机会。二○一二年,在瑞典斯德哥尔摩举行的第十六届世界元老杯乒乓球比赛中,她打进了前八名,取得了同年龄组中国队员中的最好成绩。

从一名为部队服务的专业运动员,退休后转到乒乓球的教学和业余比赛环节,李秀茹也享受到了更幸福的境界,她深深感受到:乒乓球运动,让自己的生活更精彩。

★ 李俊林　群众无小事　团结促服务

🏠 东城区小红门第一休养所

李俊林自二〇一四年担任休养所军休干部管委会主任以来，充分发挥桥梁纽带作用，履行军休干部管委会"自我教育、自我服务、自我管理"的职能，维护军休干部的利益，得到了休养所和军休干部们的好评。

休养所刚建成时，为解决院内的临时用水、用电等问题，他积极与建设单位北空建房办联系沟通，并督促协调尽早解决好永久性用水用电等问题。为给军休干部提供老年餐桌和在院内设置买菜点的问题，他多次到同在一个院内的北空干休所，找该单位的领导协调有关问题，经过多次协商，为在休养所院内进一步增加服务项目做好了基础工作。

为了搞好休养所的营院绿化美化工作，李俊林多次与区军休办和物业公司研究协商，制定计划，找资金，出点子，想办法，最终使休养所营院内的绿化美化工作全面铺开，营造出了"春有花、夏有荫、秋有果、冬有青"的美好环境。

　　李俊林团结管委会一班人，讲学习，树正气，谋实事，做好事。他们还进一步健全民主参与制度，保障军休干部有效参与，充分发挥军休干部管委会的监督作用。坚持执行"请示报告制度"和"民主管理制度"，定期向全体军休干部汇报所内的财务收支情况，报告近期的工作总结及下阶段计划。

　　几年来，他和大家一起留心每一处细节，从小事上做工作，并努力把工作做到细致入微，先后解决了休养所院内的自来水安装、停车和绿化问题等。他们还在日常工作中坚持服务要以人为本，要求管委会成员以军休干部的需要为取向，使服务紧贴军休干部的需求。李俊林团结管委会一班人在此基础之上，还从服务周到、全面上研究、落实了很多具体措施，军休干部对管委会成员如此周到细致的工作非常满意。

　　多年来，李俊林早就成为军休干部们心中的"热心人"。他这种老有所为的精神，在休养所产生了良好的影响力，他退休不褪色、离岗不离党，和大家一起，为休养所各项事业的发展做出了积极的贡献。

★沈富国　我有手艺为大家

🏠 东城区小红门第一休养所

爱学习的沈富国，不仅从思想上严格要求自己，他更将党员干部的奉献精神体现在行动上。

退休后的沈富国，先是受邀在一家物业管理公司做过物业管理，原本就心灵手巧的他，与物业师傅们摸爬滚打了一段时间以后，维修技术更上一层楼。从物业公司退出来回到休养所后，他自己又添置了很多的修理工具，看到有的设施坏了、不好用了，拿起工具立时就修。

活动室有一扇门，因为使用的时间长了，门框开裂有些变形，开门关门都很费力，锁具也跟着起哄变得很不灵便。看到这个情况，他悄悄提着工具箱，拿出工具，先是用碎木块拼塞，恢复原位后，又加以固定，并把不听使唤的锁具收拾得服服帖帖。功能性问题解决了，他还要让它美丽如初，又开始补漆上色。修好了这扇门，沈富国一鼓作气地继续检查其他的门，发现六七扇门大小都有点儿问题，他前后用了好几天，把这些门都修理得跟新门一样好用。

活动室里有一个开水炉，有段时间沈富国发现烧水的速度越来越慢了，他觉得可能是长时间使用生了很多水垢的缘故，就回家取来了

工具，拆开开水炉查看，发现果然是水垢较多影响了烧水的时间。第二天他就去市场买了一袋除垢剂，打算用来溶解开水炉里的水垢，转念一想这除垢剂不知道有没有可能对身体不好。最后他还是用了笨办法，断电后一点一点地用小铲子，铲掉了水箱里所有的水垢，清理干净后他又反复冲洗，使大家又能喝上了清澈的热水。

平日里，老沈喜欢和战友们下下棋、打打牌，随时看到有的设施坏了、不好用了当时就拿来工具修好。乒乓球室里的围挡修复、屋内老式灯泡的更换、厕所里LED灯的更新等等，这样的事情，沈富国根本不用别人提醒、招呼，休养所是他的家，维修服务他都认为是分内之事。

沈富国的热心赢得了大家的信任和敬重，大家对他的心灵手巧更是赞不绝口。大家感谢他，但是他笑笑说："我有这手艺，又喜欢修东西，这是咱的家，没啥，真没啥！"

★ 卓秋生　兼职理发员　多项服务生

🏠 东城区小红门第一休养所

在部队工作期间，曾先后荣立三等功两次、二等功一次的卓秋生，退休后成为大家喜爱的兼职理发员。几年前，卓秋生就开始自备理发工具，为大家义务理发。这位兼职理发员的服务，还不用别人主动找他；他见到哪个老战友的头发长了，就主动把人家叫来理发。时间长了，书法活动室也"兼职"成了理发室。

卓秋生自己最喜欢的还是书法艺术。他多年如一日从不间断地坚持练习书法，而且成绩喜人。他的作品，每年都会出现在区军休办举办的书法、摄影展中，并屡屡获奖。

卓秋生每天九点准时到阅览室读书看报后，常常就在书法活动室开始

练习书法，这个活动室也是他的"服务站"，在这里，他除了是兼职的理发员外，还是打气开关员，台球、乒乓球的陪练员。

室内有一台电动充气机，卓秋生进屋的第一件事，就是插上电插座，把打气接头儿放在窗外。每次有老同志推着自行车来打气，隔着窗户让老卓开机，他就应声而动地把充气机的开关打开。他还十分爱好体育运动，不管是打台球，还是打乒乓球，只要老同志人手不够，谁找他陪练，他放下毛笔立时就跟谁进入运动状态。

卓秋生针对一部分老同志钓鱼的爱好，积极组织军休干部参加钓鱼活动。他是休养所钓鱼小组的组长，军休干部们在市区举办的钓鱼比赛中多次获奖后，更吸引了大批老同志的踊跃参加，不仅陶冶了老同志的情操，还充实和丰富了他们的生活。

所里，卓秋生是个热心肠；家里，他是个大孝子。他的母亲九十多岁，是一九四二年入党的老党员，卓秋生夫妇一直照顾母亲的日常生活，为了陪伴老人，他们主动放弃了好多次休养所组织的外出旅游的机会。

卓秋生深怀着对党的无限忠诚和对人民的无限热爱，离而不休、无私奉献，用自己的实际行动发挥着一名老党员的先锋模范作用。二〇一六年，卓秋生被东城区军休办评选为区级军休榜样。他不骄不躁，继续发扬助人为乐、孝敬老人的优良品格，备受支部及全所军休干部的赞扬。

★ 栾建军 探讨打赢舆论战

🏠 东城区小红门第二休养所

栾建军退休前担任北京军区空军政治部宣传处处长，曾长期工作在宣传岗位。他把退休当成"战场"转移，继续关注国家改革发展，深入研究思想文化领域的重要问题。

面对意识形态领域复杂、激烈的"没有硝烟的战争"，他不当看客，而是忧党和国家之忧，研究特点规律，探讨解决难题的办法。他的论文获"中国人民解放军首届政治理论研究成果奖"。他还用四年的时间，撰写出《喧哗与搏杀——战场和媒介社会的舆论信息战》一书，被中国发展出版社作为重点图书出版。新华社二〇〇七年一月五日以"新书《喧哗与搏杀》探索研究舆论信息战"为题做了报道；第二天又刊发了书评：《对〈喧哗与搏杀〉的几点浅思考》，给予该书和作者高度好评。

他在十多年前出版的《中国人，谁将获得诺贝尔奖》基础上，二〇一六年又推出《谁来做下一个屠呦呦——诺贝尔奖及中国的获奖之路》一书，不仅宣传了获诺贝尔奖的屠呦呦，还探讨了诺贝尔奖的获奖规律、高层次科技人才的成长规律，对屠呦呦获奖的重大意义及中国的获奖之路做了深度分析。

退休几年来，栾建军已先后出

版了多部著作，发表文章、歌词、书法和摄影作品上百篇，先后获得了中国人民解放军战士文艺奖、空军"蓝天文艺奖"，和中央电视台及北京市、浙江省、新疆维吾尔自治区、中石化等多家单位的奖励。在北京市"做文明有礼的北京人"征歌活动中，他的作品被评为一等奖的第一名。

栾建军热情满怀地爱恋着培养自己的部队，关爱着战友，他先后向军内外赠书数百册；在为部队歌手创作歌词作品时，从不收取费用；官兵和群众索书索字也都无偿满足。对于人民和地方，他充满着热情，在为房山区住建委组建合唱团等单位提供帮助时，他从来都不收取报酬。

对休养所这个自己家园的工作，栾建军更是积极完成各项任务，二〇一六年在东城区军休干部中刊稿数量为第二名，先后被军休办评为"优秀共产党员""宣传报道先进个人"。现在，他仍然壮心不已地奋进在军休生活中。

★ 张大礼　追梦创业不知倦　老骥伏枥自奋蹄

🏠 东城区东方嘉园休养所

张大礼是共和国的同龄人。他出生在四川省江油市一个偏僻而又贫困的小山村，从小印象深刻的是看到家中和村里有了病人，经常因缺医少药，影响了病人的正常治疗。一九六五年，他应征入了伍，而且穿上了白大褂，他从医务助理、副主任、主任，一干就是几十年。

一九九八年，张大礼退休后，他的爱人和孩子都希望他好好地调养调养身体，不少关心他的战友、同事都知道张大礼人品好、技术精，争先恐后地来招聘他，还有很多家民营医院更愿意出高薪聘请他当院长，都被他婉言谢绝。

他看到随着社会发展，老龄化严重，社区群众就医难、看病难的问题仍然比较突出时，多年执着于服务人民的惯性，又一次点燃了他对创建民营社区合作医院和门诊部的激情。

他不顾家里人劝阻，谢绝好朋友的高薪聘请，毅然选择了创建民营社区合作医院和门诊部。他想方设法筹措资金，租用房屋场地，招聘医务人员，先后创办了多家医院和门诊部，在一定程度上有效缓解了相关驻地社区部分群众就医难、看病难问题。

他提倡民营小医院要搞好社区群众医疗保障大服务，而要实现这个目标，必须要提高多发性疾病预防、突发性疾病抢救、普遍性疾病精心治疗的服务质量。他在部队从事首长保健服务工作十几年，对老年群体的多发性疾病预防、突发性疾病抢救服务工作，有着丰富的知识和经验。为了把这方面的经验和知识传授给患者和医务人员，他定期组织培训，开展了老年营养学知识、常见老年病知识等系列讲座，定时组织医

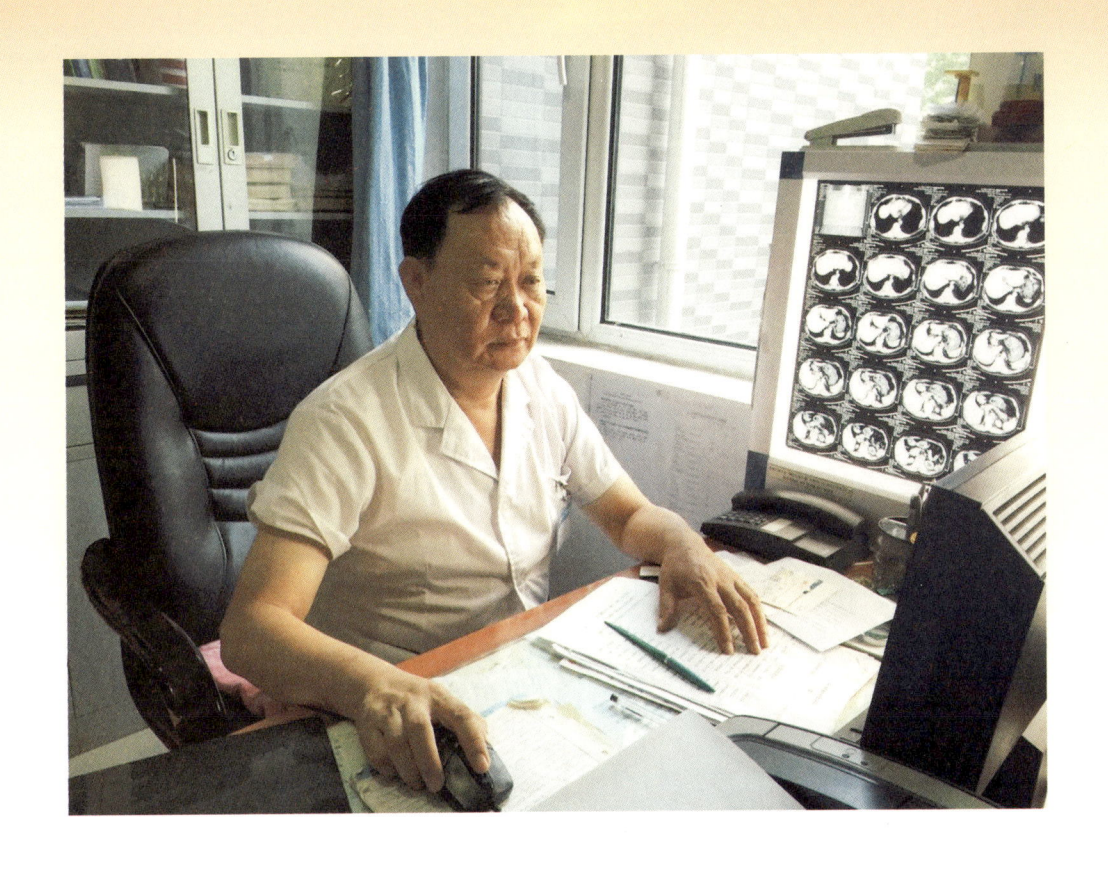

务人员到社区对老年人群体进行义务巡诊，并对老年人群体疾病预防开展宣传工作。

二〇〇九年八月，医院附近的一位老人突发心脏病晕倒在楼道里，张大礼闻讯后带着专家驾车赶赴现场抢救，使这位老人的身体很快得到了康复，这凸显了社区小医院小门诊部靠近群众的服务优势所在，在社会上产生了很好的反响。

张大礼还积极提倡民营社区小医院要敢于攻关，他聘请知名专家和学者，组成科研攻关团队，挑战疑难疾病的治疗和预防。社区很多群众说："我们喜欢到这样的'草根医院'瞧病，这样的医院越多越好！"

张大礼传承"军爱民"的优良传统，用自己的一技之长服务人民，体现了一位军休干部的美好风范，受到群众的热烈欢迎。

晚霞正满天

★ 张英霞　忙碌的"退休劳模"

🏠 西城区第一休养所

张英霞参加的活动多，几乎天天都要外出，在他们小区，大家都公认她是最"忙"的老干部，号称"退休劳模"。

她既能歌，还善舞，除此之外，旅游、摄影，所里组织的活动，几乎都有她的身影。二〇一三年春节期间，张英霞组织大家演出的舞蹈《琴台古韵》，代表所里参加西城区的会演；二〇一五年春节期间，在所里指导并参演了舞蹈"双扇迎春"，同时还参加区里的舞蹈队《红旗颂》节目的排练演出，获得好评一片。偶尔的闲暇，张英霞就把和家人、朋友去国内外旅游的照片，放到所里、区里展示，让大家分享她的旅途风

景与感想。

张英霞已经是奶奶级的老人,她的两个孩子都成家立业,家务事不算少。那么,她是怎么处理这些关系呢?她首先是认老不服老,再就是为所当为。她认为:老,只是年龄的相对标志,但不是心态可以老化的理由。既然不老,就有很多事要干。干,就要干自己喜欢干的事;干,就干对大家有益处的事。

鱼儿离不开水,人也离不开家,她很会处理家庭关系。她参加活动,总是先获得老伴的理解,再得到子女的支持。她认为:第三代将来毕竟要和第二代亲近得更久,因此,他们的事,就尽量交给第二代。她还觉得参加各项活动时放松心态很重要,要重参与,不向上攀高,不横向攀比。

张英霞常说:退休前,整天忙工作,忙照顾家庭。那时候,也没有双休日,总感到日子过得飞快,天天像上足了发条的机器,累得晕头转向,根本就没有时间去放松,更不要谈什么兴趣爱好了。到了休养所,她亲身体验到党和国家对军休干部的关怀和照顾,在这个老干部之家,一切是那么的亲切和友好,是那么的和谐与温馨,在各级政府的关心和工作人员的努力下,为我们创造了"有所依,有所居,有所乐,有所为"的好条件。

在休养所这个老干部之家,她知足常乐,以阳光的心态参与阳光的活动,张英霞这位"退休劳模"真是名不虚传。

夕霞正满天

★ 吴宣义　用心学艺总不晚

🏠 西城区第二休养所

曾有位老干部问吴宣义："老吴！我七十多岁了，还能学画画吗？"老吴说："姜太公八十岁还学艺，我也八十岁了，也在学。你听我的，你就学，学了之后，你才能感受到画画中多么有乐趣！"

离休前担任西城区武装部副政委的吴宣义，一九八五年年底被批准离休，一九八七年移交到西城区军休二所时，他才仅仅五十三岁。起初，他先是到一个建筑公司上班，一开始做消防工作，因工作成绩突出，迅速升职为材料保管。十几个账目的进出管理，他都做得清清楚楚、明明白白。二〇〇五年因为老伴突发脑血栓，他婉言谢绝了建筑公司领导的一再挽留，回到了家里，边照顾老伴边开始拿起画笔学习绘画，那年他七十三岁。

现在，他不仅是干休所的宣传骨干，还是德胜社区书画协会会员，画作被很多美术专业单位收藏，还在社区担任起了绘画老师，教授了百余名学生。

其实，他学画画是出于一个偶然的机会，当年因为他有个老朋友叫他一起去学画画，刚开始是在公园里和老师学习，后来他觉得不过瘾，就又到北京师范大学专门报名参加了工笔花鸟班，一板一眼地进行学习。

系统学习的那两年，无论春夏秋冬、刮风下雨，每周一次的课，七十多岁的他没有间断过一次，像个小学生一样每天练习，每次课都按时交作业。他认认真真听课，虚心听从老师的指教，用心体会，寻找规律。从初级班一直学到了高级班，绘画水平逐渐有了质的飞跃。他画出来的花鸟细致而又充满灵性。现在，即便是他练习的画作，也总被邻居、朋友们争相收藏。

他的绘画作品，从起初在军休办活动中心里展览，慢慢走向了社会，参加了一个又一个的大型展览。特别是参加中华浩瀚书画院的征稿活动时，他的作品分别荣获"精英奖"及"银奖"，并被收入了画册，中国台湾地区一个书画院的征稿活动，也收录了他的作品。

老吴通过参加这些活动，自己增加了很多的乐趣，从中也感受到了成就感，他最真切的感受就是："用心学艺总不晚！"

★朱大钧　退休不甘虚度日　乐把技艺传他人

🏠 西城区第三休养所

朱大钧退休前是原总参谋部测绘导航局信息中心的工程技术人员，计算机及办公自动化是他的专业和特长。朱大钧发现自己周围一些老战友、老同志，对电脑的学习和使用有着强烈的愿望。一九九四年退休后，他就产生了发挥自己的专业特长，为社会和老同志们服务的想法。

铁道部老年大学的一位负责同志，在了解了朱大钧的情况后，热情邀请他担任该校电脑学习班的教员，朱大钧欣然接受了这一邀请。由于他的课深受老年朋友的喜爱，周围一些单位的老年大学闻讯后，也纷纷慕名向他发出邀请。近二十年间，朱大钧先后为铁道部老年大学、总参北极寺干休所、西城区军休老年大学等多个单位，总共开讲了六十个班次左右的电脑课，参加学习的人员近千人次。

朱大钧认识到，要想把课真正讲出效果来，仅凭对老同志的满腔热忱和耐心细致是不够的，要针对老同志的特点，设计安排适合他们的教学方法。

朱大均在教电脑文字输入时发现，大多数的老人都不会汉语拼音，尤其南方人更是发音不准。为解决这个问题，朱大均在备课时，精心为大家选取熟悉的毛主席诗词，并在每一

个字上方都仔细标注了汉语拼音字母,这样大家在文字输入时,碰到困难就可以进行比对,起到了好的教学效果。

说起学习电脑的体会,有的老同志感慨地说:"学习和操作电脑,既是一种学习和探讨,又是一种追求和陶冶。"也有的人说:"在电脑上每获得一点进步,就感受到自己融入现代科技之中的朝气。"还有的同志说:"老年老师和老年学生在一个课堂,除了学习技能,还收获良师益友。"听到这些,朱大钧感到无比欣慰和快乐。

因为太忙,朱大钧很少有时间外出旅游,女儿在国外十多年,他和老伴也仅仅抽空去探望过一次。自从参加教学工作,朱大钧家中一切事务都托付给了老伴。老伴尽管身体不太好,但对于接送孙子上下学、多承担全部家务,她毫无怨言,因为她非常理解丈夫这项工作的意义。

朱大钧参加教学工作从不计较报酬和个人得失,也从不给办学单位添麻烦,单位补助的少量讲课费,他也大都用在购买辅助教学用的书籍、资料、教具和零配件上。每逢外出讲课,他总是远坐公交车,近骑小三轮,即使是刮风下雨时也是如此。有时一天里两个不同地方的班级有课,他上午在一地讲课,中午顾不上休息,急急忙忙赶往下一个讲课地点,中途只是在路边小吃店简单对付一顿便罢。

乐观的朱大钧,以自己的专业所长,无怨无悔做奉献,与老同志们共同分享时代的进步,用自己的实际行动述说着一个老兵的精彩人生。

★ 王才通　利公助人　乐己修身

🏠 西城区第四休养所

王才通搞好家庭建设的同时，十几年来，日夜为休养所操劳，一年三百六十五天不休息。

走进王才通家中的客厅，会看到一块"中华至上"的横匾，他以此作为家规家风建设的教育标志，用来教育子女儿孙。

王才通每天不辞辛劳地将十余种报纸杂志从报箱取出，送到阅览室供大家学习。

二〇一一年在党总支领导下，他积极响应北京市委宣传部发出的"百万党员寄心语"活动号召，认真协助党总支组织全体党员写稿、修稿、定稿、打印，先后将二百四十六份稿件送至《北京支部生活》编辑部，受到该部表扬。他不仅在外自付打印费，还将历年获得的荣誉奖金、慰问金和稿费六千余元全部上交组织。

他长期主管该所宣传报道工作，使宣传报道工作形成了制度化、普遍化、常态化。十余年来他组织全所写稿、审稿、送稿等累计达三千余件。

王才通还热心地担任治安巡逻队副队长，在执行巡逻任务中，他与大家一丝不苟，对可疑分子起到了强大的震摄作用，有效维护了社区大院秩序。

王才通常说："自己是在党的长期教育培养下成长起来的，思想觉悟理应比常人高。"捐款他总是不甘落后，十几年来累计捐款两万一千余元，二〇〇八年时他还为地震灾区捐出特殊党费五千元。他敬老爱幼，连续十九年克服种种困难，悉心照顾一位九十多岁身患多种疾病的老八路，直至那位老同志离开人间。他和很多乐于助人的人一样，总是把别人的困难看作是对自己的召唤，人民有了灾难，他吃不香睡不着，捐钱、捐物、资助老人……

曾荣获"全国军休系统先进军休干部""北京军休榜样"等称号和奖励的王才通，总是力求把利公助人与乐己修身，融为完整的一体，以倾心尽力无私奉献的务实行动，努力为大家多做事、做好事，获得了广泛的赞誉。

晚霞正满天

★何文成　服务先锋　甘愿奉献

🏠 西城区第四休养所

何文成曾任现代兵种杂志社副编审，从事摄影工作三十多年。二〇〇七年元月移交西城区军休四所后，以所为家，无私奉献，十余年如一日，赢得大家的交口称赞。并获得了"北京市先进军休干部"、西城区"服务先锋"优秀共产党员等多项荣誉，二〇一五年—二〇一七年连续三年被评为对军休工作有重大贡献者，受到北京市军休办的奖励。

二〇一一年，军休第四所党总支决定把编辑《向党寄心语纪念册》的任务交给何文成，老何愉快地接受了任务。这个画册，按每人录入一条心语、配三四张照片、占一个页码设计，共选用照片一千余幅。初稿完成后发给个人校正之后，根据大家的反馈进一步修改，前后历时三个多月终于完成了任务，其间，老何付出了难以想象的劳累和艰辛。

进所十多年来，凡是休养所开展的重大活动，他都带着相机上阵，拍摄了数以万计的照片。为了完成工作任务，他更新相机等设备，垫支三千余元，又为耗材和外加工费用，投入了四万余元。

军休第四所成立的摄影队，现已发展成为一支近四十人的精干团队，每年他亲自讲课二十多次，听众达六百余人次。十年来，摄影队共组织了十八次外出采风、十六摄影展。

何文成同志退休后发挥余热，坚持义务服务大家，无论是当队长还是会长或者理事，他有三条原则：一是不搞特权，展览中不多上自己一张照片；二是不图钱财，讲课办事，不收取一分钱；三是不厚此薄彼，摄影队内皆战友，进步路上不落掉一个人。他的摄影水平屈指可数，可他获奖的作品远比别人少，因为他总是把出彩的机会让给别人。

何文成同志信念坚定，心地善良，公道正派，办事认真，工作踏实，凡是与他接触过的人，无不伸出大拇指，称赞他是个好人。

★ 朱 安 继承传统 甘心服务

🏠 西城区第四休养所

"我年轻时曾在连队当过司务长，为战士服务好，是我的职责。现在虽然退休了，大家信任我，选我当管委会主任，我就要当好一名为休养所老同志服务终身的服务生。"讲这番话的，是二〇〇七年移交到西城区第四所安置的朱安，他曾任第五党支部书记，现为第四所管委会主任。

作为支部书记，他总是在政治上、生活上关爱同志。有位军休干部，在部队期间没有入党，心中始终抱有遗憾，退休后依然迫切要求加入党组织，主动找党组织汇报思想情况，并多次递交入党申请书，同时还希望朱安作为其入党介绍人。根据上级党委和党总支有关指示，针对该同志的实际情况，朱安平均每个月与之谈一次话，肯定成绩与进步，指出有待改进之处，每半年写一次考察培养的情况报告。经过近两年的培养考验，该同志最终光荣地入了党。

对独居或空巢的老干部，朱安把自己家的电话和手机号码留下，并表示："无论白天或是夜晚，只要有事可以随时找我，保证会随叫随到！"每逢所里组织春、秋游，他都不忘邀请遗属参加，他常说："有的同志虽然走了，但茶不能凉。"

开展"百万党员向党寄心语"活动时，所里要编辑印制一本图文并茂并附有个人半身像的图册，要求全体党员自行提供照片，或到所办公室拍摄。对于那些年纪大、行动不便的老同志，朱安就背着相机，亲自登门为他们拍照。

休养所每年组织老同志的旅游前，朱安总是首先要广泛征求大家的意见，根据反馈上来的信息，初步选定两至三个备选地点后，然后亲自

前往一个点儿一个点儿地察看，将景点的基本情况摸清后，再向休养所领导进行汇报，并依据路途远近、经费开支、老干部身体情况等因素，提出倾向性出游意见供讨论决定。

热爱生活、积极向上的朱安还积极参加摄影活动，二〇〇九年，他的作品获得北京市军休干部庆祝建国六十周年摄影优秀奖，二〇一一年获总参兵种部政治部庆祝建党九十周年摄影三等奖。他撰写的文章常在《军休之友》《军休天地》等报刊上发表，还曾在《中国老年报》的全国征文中获得三等奖。

他继承传统，用真挚的热心，努力当好服务老同志们的战士，受到大家的广泛赞誉。

★ 张兆玉　发挥余热　倾心服务

🏠 西城区第五休养所

张兆玉现任西城区军休办党委纪检委副书记、军休五所党总支书记兼一支部书记，同时被总参外事办公室大院住户公选为住委会（相当于业主委员会）主任。他不但在职时爱国敬业，做出过特殊贡献，立过军功，多次受到嘉奖，而且在退休后积极发挥余热，为老首长、为军休老战友、为家乡尽义务，做了很多好事、实事。

张兆玉同志任支书期间，倾全力配合军休办、干休所，为给军休干部落实两个待遇、维护军休干部合法权益做了不少工作，对该所在二〇一一年被国家民政部评为"和谐军休家园"，贡献了自己的力量。

从学生时代就喜欢读书写作的张兆玉同志，退休后，除经常写些诗歌、小短文在军休报刊发表外，还义务地为老首长和老功臣撰写长篇传记。如今已与人合作出版了两部几十万字的传记，他认为这是把优良传统传给后代的一件有意义事情。

张兆玉出生在吉林省双辽市，他从小就热爱辽河两岸这片沃土，热爱哺育自己成长的父老乡亲。退休后，他积极为家乡招商引资牵线搭桥，曾在二〇〇二年后的十年间，五次自费乘火车带领中外企业家

到家乡考察，在余粮利用、电厂排出的粉煤灰变废为宝等方面促成了几个具体项目。

张兆玉继承老一辈革命家的光荣传统，在教育青少年和新兵方面努力奉献自己的余热，他多次应邀为警卫部队讲课、作报告。他在国外大使馆工作期间，曾经参加过接待出席国际会议的国家领导人的工作，并担任安全警卫中方联络官，他把他和大家为国家领导人一行保驾护航的亲身经历，给警卫部队理论联系实际地讲解保卫工作的重要性，以及光荣而神圣的具体所在。同时介绍一些灵活处理事件、临机快速反应等警卫工作的切身体会，真情实感、生动活泼的讲座效果很好，使大家进一步增强了爱国、爱岗、敬业精神和使命感。

积极奉献的张兆玉也很注意身体的保健。他常说，只有身体健康才能为社会、为大家做事。他几十年来坚持不懈地锻炼，很有成果，二十多年没有去过医院看病，他还把心得体会和锻炼方法，投稿给军休刊物，发表后广受好评。

张兆玉多次被评为西城区"优秀党员"、西城区军休办"文明军休干部"和市军休办"先进军休干部"，他退休后发挥余热，倾心为社会服务，以实际行动践行了爱国敬业、积极向上、无私奉献的美好追求。

★ 王志强　痴醉翰墨老益壮

🏠 西城区第六休养所

王志强退休前为解放军报社主任编辑，二〇一〇年军休六所成立后，他由一所转到六所期间，曾担任多个党支部的书记。

王志强八岁学书，几十年来对书法痴迷追求，坚持日日练书不辍，他广泛学习吸纳名家之长为己所用，书法功底深厚、技艺精湛，擅长行草而小楷作品尤为精美。他长期坚持用毛笔书写稿件和书信，受到多方赞誉争相收藏。中法建交五十周年时，他书写的小楷书法作品被送往法国卢浮宫参展，入选中华艺术精品工艺书画相册。

王志强认为：书法，是中华优秀文明的重要标志之一，他对求字

者，首先觉得他们是对祖国文化的敬重，因此，不管是什么人求字，都不计报酬。即使是一起放风筝的玩伴儿求字，他也是有求必应。在很多情况下，他不仅为求字者书写，而且还经常是装裱后再赠送。至于本单位搞展览活动请他书写前言、标语，为高寿老同志过生日写寿幛，给一些出书的同志题写书名等，他更是义不容辞全力满足。

有一次，在新年团拜会上，大家讨论到新的一年如何进一步活跃军休生活时，王志强主动提出，愿意运用自己的书法特长，和大家一起交流共同提高，受到热烈欢迎。春节过后不久，由他提议并担任书法主讲的书画交流研讨班开始活动，每月开展三次书法、一次绘画活动。担任书法教员的王志强，每次上课前都认真备课、搜集资料、准备书法范例。课堂研讨期间，王志强边讲评作业，边讲解示范。上课时，他不仅就字讲字，还结合自己的学习和研究体会，对每句名言、每首诗词、每个字，都讲意蕴，讲来源，帮助大家在写好字的同时，提高文化修养，使大家既学到书写技巧，又增长知识，还丰富活跃了生活。参加学习交流的同志，书写水平都有不同程度的提高。所里正计划把参加学习同志们的作业进行整理，准备搞一次学习成果展览，以达到相互学习交流、共同提高，吸引更多人参与的目的。

在担任支部书记期间，王志强认真做好上传下达的工作，注意结合本支部的实际开展工作，他注意充分发挥支部成员的作用，支部一班人心齐劲足，堡垒作用突出。

王志强痴醉书法自得其乐的同时，不计名利地以弘扬祖国优秀文明为己任，以共产党员的高标准严格要求自己，与军休干部共创美好的军休生活。他也因此获得了"北京市优秀军休干部"等光荣称号。

★ 王治成　温暖人心的指挥棒

🏠 西城区第六休养所

对很多人来讲，合唱队的指挥让人充满神秘、好奇和敬重。王治成退休前是解放军画报社办公室主任，上个世纪六十年代至八十年代，曾在解放军军乐团工作，到六所以后，一直担任合唱队的艺术指导兼指挥，他是一位让人感受温暖的音乐领军。

他的心里始终装着每一个队员。前几年刚刚做过手术的王治成，身体状况不是很好，但每次合唱队排练，不管晴天雨天，也不管是刮风下雪，他从不缺勤。他说："队员们不管道路的远近，心里不知道怀着怎么样的一种盼望来参加活动，一旦我不能到场，会让他们失望的。"他同时还担任西城区军休合唱队的指挥,这样一来他每周至少要有两次公益活动,对他的身体是个不小的挑战。

他后又担任区军休合唱团的团长,要承担更多的组织协调工作。指挥合唱,他细腻有加;管理合唱团的工作,他也是有条不紊。因此,常常受到领导和老同志的称赞,每当此时,他总是说作为老党员、老干部,利用自己的特长为大伙吃点苦不算什么。

美妙歌声的背后,他和大家都要付出很多的辛劳。每次合唱队的排练活动,特别是重大纪念节庆活动的演出,从选曲、编曲到排练等每个环节,他都要用心备课,制定详细的方案。追求完美效果的他,每次还都要亲自调试设备,这使得他在冬天里也常常是大汗淋漓。

因为王治成品德好,艺术精湛,不少社区和单位曾多次邀请他去指导,有的还要给予优厚的报酬,对于友情帮助指挥他总是尽力满足,但对于报酬他是坚决不要,他说我的音乐才华是部队培养的,我应该还给人民。

为了不断充实自我,王治成不仅坚持学习,还经常参加其他合唱团的培训,不断地把学到的知识运用到实际,用知识指导实践工作。

与此同时他还担任所在党支部的组织委员的工作,积极参与集体活动,认真负责地完成党支部分派的任务。勤勤恳恳、平易朴实、甘于吃苦、乐于奉献,始终抱着对老干部合唱队及休养所建设高度负责的工作态度,尽心尽力、尽职尽责地做好每一项工作,这就是王治成给大家突出的印象。

他用有温度的指挥棒,抱着对合唱队和休养所高度负责的工作态度,让每一个声部的声音,都发出幸福喜乐的旋律。

夕霞正满天

★张辉强　肩挑责任与信任

🏠 西城区第六休养所

退休后担任六所总支书记的张辉强，肩头总是自觉地挑着一副挑子，一头儿担着党组织赋予的责任，一头儿担着老同志们的信任。

前些年八月一天的深夜，一阵电话铃声惊醒了沉睡中的张辉强：一位军休干部突然发病。张辉强一边安排人转告家属，一边拨打120急救电话，同时向休养所所长等人通报情况。病人很快被大家送到医院急诊室，因抢救及时而转危为安。这样的大事当然不常遇到，但事无大小，大家都愿意与张辉强沟通。

老同志们的难事之一是看病治病。二〇一六年年底，他得知海军总医院有一支"为兵服务小分队"，他觉得如能争取到这一服务，对所里的老同志是件难得的好事。张辉强立即找所长、管委会主任等人商量，并征得区军休办同意，很快与海军总医院签署了协议。从二〇一七年元月开始，小分队每月月初到休养所上门服务，上午开药，下午送药，极大地方便了老同志。

"如何使宣传人才聚集的休养所，富有特色？"这是张辉强一直萦绕于怀的问题,曾在原总政治部机关工作多年,退休前是解放军报社政治部副主任的张辉强,深深了解文化人才的内心需求。他们汇集大家意见,以党总支名义上报的《探索打造有文化特色的休养所》党建项目,得到了西城区军休办的肯定,并被批准立项。

其中,围绕老同志关心的热点开展专题讲座的项目,很受欢迎,但请到大家满意的授课人却不容易。

张辉强得知著名的军旅诗人、散文家喻晓出版了《拜访世界》,立即想到不少老同志爱好旅游,喻晓的世界见闻和感悟准能受欢迎。听了喻晓的讲座后,老同志纷纷表示,战友给战友的讲座,更生动更真切。

得知军休干部、知名文艺评论家陈先义,随一个电视连续剧组去俄罗斯访问时,挖掘出许多不为人知的史实,张辉强觉得"很有料",马上约他多忙也要给老同志讲一讲。他又听说解放军报原海军分社社长、现陆军分社社长钱晓虎,最近去了南沙,感受到岛礁建设中很多令人震撼的细节,南海局势一直是老同志关注的热点,张辉强立即约请他作了一场报告。

在休养所工作人员眼里,张辉强是和蔼可敬的长者,也是热心传帮带的老师。所长郝小黎说:"每当上级布置了什么工作,首先想到的就是听听张书记的意见。每周一上班,我都会到活动室找张书记聊聊。"

日复一日,年复一年,甚至节假日都难以毫无牵挂地陪同家人,张辉强的耳边难免会有些家属的怨言,也有战友直言劝他该早日卸下肩头的担子,可他说:"担这副担子,不累是假的。但这副担子,挑起来很快乐,说明我还有价值,也说明我身体还行吧!"

★ 王为平　助人是福　友邻为善

🏠 西城区第七休养所

在西城区第七休养所提到王为平，大家都会满脸笑容地说："我们这位党总支委员、妇委会主任，是一个尽职尽责为我们排忧解难的好邻里、好战友。"

王为平在参与组织开展活动时，注重尊重老同志的爱好，发挥老同志的特长。每年开展三八妇女节联欢会、手工作品展示等一系列活动时，歌舞队中每位军嫂发挥自己特长的精心之作，成为联欢会上一道靓丽的风景线；手工兴趣小组姐妹们制作的小作品，千娇百媚地定格了大家的幸福生活；而日常开展的科学养生知识学习、老年健康报阅读，早就成了大家相互交流学习的家常便饭。

王为平的老伴患有脑血栓、半身不遂，生活上需要照顾，家里的困难并不小。但为了做好军休老干部工作，她总是把老干部的事情放在心中。逢年过节，她必定要与休养所领导、党总支成员一起走访慰问军休干部家庭；遇到军休干部生病、住院，她及时与休养所领导沟通，并和休养所工作人员一起去医院探视；对因病或生活确有困难的军休干部，积极向所领导提出建议，为他们争取生活补助。

她经常带头挨门入户宣传"出入同一楼门，如同一家人"的理念，在她的带动下，邻里间走动得勤了，沟通得亲了。而且由一个人带动一个家庭，一个家庭带动一个单元，一个单元带动一栋楼。团结互助的和睦气氛，感动着每一个住在洋桥北里小区里的居民。

多年来，无论春夏秋冬，在军休七所所在的洋桥北里小区大院里，大家常常能看到王为平的身影。虽然年龄越来越大，体力越来越不如从

前,但王为平始终保持一名共产党员全心全意为人民服务的宗旨没有变,保持勤勤恳恳,任劳任怨,脚踏实地的工作精神没有变。她以"修身、律己、务实"的六字箴言要求自己,自觉践行"三严三实",以吃苦耐劳、爱岗敬业、踏实肯干的工作作风和一片爱心,树立了一名老党员的光辉形象,得到休养所军休干部和党员的认可和拥护。

她本人多次被评为军休七所优秀党务工作者和先进军队离退休干部。她常常说:"知足和感恩,才能拥有生命的光彩;助人,是自己快乐的源泉。"

★ 朱富保　爱心不分大小　奉献总要向前

> 西城区第七休养所

朱富保一九五六年二月入伍，一九八八年七月自原北京军区后勤部退休，现任所党总支委员、三支部书记。他在本该享受天伦之乐、安度晚年的时候，依然活跃在为军休干部和休养所搭建的交流平台上，起到了沟通的桥梁和纽带作用。

他常说："爱心不在大小，在人心。"对待公益事业，朱富保不甘人后，始终充满饱满的热情，积极参与军休办党委组织的献爱心活动。在自己奉献爱心的同时，不忘以实际行动影响别人，在支部会议上、日常活动中，积极倡议大家帮助困难的人，做力所能及的事。二〇一六年他

带领的第三支部被评为先进党支部。

朱富保工作态度诚恳,为军休干部服务热情,始终以共产党员的模范行动去感染带动周围的人。他常说:"我们退休了,但思想不能退休,人老了,精神不能老。党和政府为我们提供了良好的条件,我们应该走出家门,融入院所,为和谐社会尽一份心,出一份力。"

在朱富保的牵头下,三支部的军休干部、军嫂积极参加休养所、社区活动,不仅丰富了大家的业余生活,也推动了休养所与社区的共建。他们通过开展"一个人带动一个支部,一个支部带动整个党总支"的活动,形成你追我赶的局面,这种团结互助的和睦气氛感染了每一个军休干部,每个人都以主人翁的姿态,参与休养所的活动。

朱富保坚持走访慰问制度,对住在休养所所在小区的本支部成员,做到了"随时入户慰问";对散居的军休干部,做到了"随所入户走访",了解他们在生活中的实际困难,积极上传下达帮助解决问题。多年来,休养所为军休干部举办的联谊会、祝寿会等一系列大型活动,朱富保总是热心张罗积极参加,他常常提前到达指定场地,搀扶年纪大的军休干部,给军休干部做活动引导员,并在现场与军休干部热情交流,受到了军休干部和工作人员的一致赞许和敬重。

近几年,朱富保虽然体力不如从前,但他始终保持一名共产党员全心全意为人民服务的宗旨没有变,为广大军休干部服务的内心准则没有变,保持任劳任怨脚踏实地的工作精神没有变。他以一贯对同志、事业、休养所的爱心,树立了一名老党员的光辉形象,得到休养所军休干部的认可和拥护。

★李桂忠　慈心兴义举　热情助他人

🏠 西城区第八休养所

李桂忠是第八所党总支安全保卫委员、第一支部书记。崇尚科学，反对迷信的他，了解到医科大学培养人才过程中，人体标本十分难寻，中国科学院院士、安贞医院院长吴英凯等人，把自己的遗体无偿地捐献给医学事业的事迹后，想到自己作为一名革命军人、老共产党员，受党的教育几十年，应该做移风易俗的排头兵，去世后如果还能为社会和人民做一点点贡献的话，也是共产党员义不容辞的责任。二〇〇〇年，他与老伴、老母亲，共同办理了志愿捐献遗体的登记手续，并在北京市原宣武区公证处进行了公证，实现了一家两代人捐献遗体的心愿。

二〇一二年被北京市评为"万名孝星"之一的李桂忠，在父亲病故后，他便把母亲接来一起生活，李桂忠的母亲双目失明了很多年，夫妻二人一直负责照顾老人的生活起居。其母以享年九十九岁的高龄辞世前，李桂忠每天都会给老人讲时政要闻和国家大事，陪同老人家散步、晒太阳。夫妇二人为了能够均衡老人家的营养，一日三餐想方设法调节不同的花样，侍候老人家的饮食。

他的老伴身患糖尿病近四十年，长期靠注射人工胰岛素控制血糖，后因病情的变化，每天需要注射四次胰岛素。为了更好地照顾老伴的生活，能让爱人每天有一个愉悦的心情，帮助她减少病痛，李桂忠不仅在日常饮食中精心调节，还每日陪她散步，给她按摩。

在家尽孝，疼爱老伴的李桂忠，自己艰苦朴素过生活，每月必定从养老金中节省出钱，用来帮助贫困地区的失学儿童上学。从二〇〇〇年开始直到现在，他一直坚持捐资供两名学生上学。

李桂忠德高望重，工作认真，责任心强，无私奉献，密切联系群众。在协助休养所深入细致做好军休干部、家属思想工作的同时，积极维护广大军休干部的利益，深受广大军休干部和家属的信任，是大家敬重的优秀军休干部。

★杨 政　怡情汉俳书佳句　快意人生写新篇

西城区第八休养所

（一）
虎逸玉兔回，
老兵颂岁迎春还，
赤县秀河山。

（二）
虎逸玉兔来，
军休家园春回还，
稳定又和谐。

（三）
虎逸玉兔归，
军休干部迎春回，
老骥自奋蹄。

这组名为"迎春偶感"的汉俳，通过表达对祖国的热爱和美好期盼，洋溢着军休干部的满心喜悦和奋发向上的精神面貌，它们出自西城区军休第八所担任所党委委员、管委会主任、第八党总支书记的

杨政之手。

　　杨政上世纪五十年代初入伍，从事机场建设四十余年，曾任空军工程设计研究局设计项目负责人、高级工程师，解决了一些重大技术难题和关键问题。多次受到空军后勤部嘉奖，其主持的某项目还荣立集体三等功。参加交通部的研究项目中，他是其中四个课题主要研究者之一，该项目荣获交通部科学技术进步二等奖。

　　移交到地方休养后，他依然保持着健康的生活方式，积极参加太极拳、书法班等活动。他积极支持所里的军休文化建设，撰写回忆军旅生涯、反映休养生活的纪实、议论、诗词等作品一百三十余篇，共约十七万余字，刊载在《北京社会报》《军休天地》以及其他地方刊物上。

　　杨政于二〇一一年二月当选为八所党总支书记后，作为一名老党员，他深知：党务工作者，要想做好党务工作，必须具备优良的政治、业务素质和政策水平，特别是新时期给党务工作者提出了更高的要求。他热爱党务工作，刻苦学习党建理论及党务知识，不断提高自己党务工作水平，自觉加强自身的党风廉政建设，廉洁自律，克己奉公。在开展学习教育方面，他结合所内有的军休干部年迈体衰，不便多次参加集体讨论的现实问题，制定了以分散学习为主、集中学习为辅的学习方式，这种重在学习效果的办法，使全体党员都能提高思想认识，深受大家欢迎。

　　杨政的儿女都是高级知识分子，孙子孙女也已长大成人。对孩子们，他时时不忘以传统美德、革命理论进行教育影响。他在写给孙辈的信中，大到人生理想，小到待人接物都有深情的谆谆教诲，要求他们努力做到艰苦奋斗不奢靡，每封信都饱含着一位老军人、老共产党员和慈爱长者的深情和嘱托。

　　杨政先后被评为区优秀共产党员、北京市军休系统先进离退休干部、军休和谐家庭等，这些荣誉，是对他的忠心、热心、爱心的最好表彰。

★ 谢 丽 我年轻 我来干

🏠 **西城区第九休养所**

谢丽退休后不忘共产党员所肩负的责任，不忘军人本色，不忘医生职责，真正做到了"老有所为"。

九所妇委会成立于二〇一二年，谢丽代表一号楼的军休女干部，出任妇委会委员。妇委会的工作完全是义务的，九所是个有六百多名军休干部的大所，仅军休女干部就有一百五十多人，所以工作量很大，要想完成好一项工作，就需要占用个人的很多时间。谢丽没有怨言，经常说的一句话就是："我年轻，我来干！"朴素的话语体现出她无私奉献的高尚品质。

手工编织学习班，谢丽每一期都积极参与组织和学习，活动中把自己的好方法、好经验毫无保留地与大家分享。随后开设的"美食交流学

习班"，谢丽还主动担任了授课工作。

授课前，她对所授课程的各个环节，都进行严谨细致的准备。为了节省经费，她亲自去超市自费选购食材，还常常自带炊具上课。

随着"美食交流"活动在小区的深入人心，参加者已经从军休女干部延伸到家属，现在参加者近四百人。

二〇一四年夏天，西城区军休办下达了一项紧急任务：要求九所选派一位军休干部，为在密云参加疗养的西城区军工们，上一堂急救及保健知识课，所领导将这一任务交给了谢丽。任务紧急，当天下午通知，第二天一早就要出发，几乎没有准备的时间，谢丽二话没说，爽快地接受了任务。她冒着酷暑连夜查阅大量的资料，精心准备授课提纲，圆满完成了任务。

有一次，谢丽和爱人去云南西双版纳旅游时，偶遇一位游客晕倒在了路边，医生的责任感促使她大声说道："我是医生，让我看看！"随即分开围观的众人，疾步来到病人身边。当时只见这位面色苍白大汗淋漓的患者手脚冰凉，脉搏还很微弱；但呼吸基本正常，意识尚清醒。经过询问得知这位患者平时患有心脏疾病，心肌供血不足，加上劳累因此晕倒在路边。谢丽做出了低血糖的初步诊断，她一边安慰病人不要紧张，一边果断地进行了对症处理，由于她及时的紧急救治，使患者转危为安。患者的感激之情无以言表，谢丽笑着对他说："没什么，这是我这个军医应该做的。"不肯留下姓名的她，分开人群转身离去。

谢丽之所以有这么优秀的表现，缘于她对党永生不变的忠诚信念。她说："作为一名曾经的军人，一名有着近四十年党龄的共产党员，我没有辱没这一光荣称号，我所做的这一切都是一名共产党员应该做的。"

★ 王禄珍　胸中总似一团火

🏠 西城区第十休养所

王禄珍一九六一年入伍，一九六四年入党，现为西城区军休办党委委员、第十党总支书记兼二支部书记。

西城区军休十所的军休人员，来自全军、武警系统十八个单位，居住得较分散。为把温暖之情送到军休人员心坎上，他和大家挨家挨户走访，了解情况后，迅速建立联系卡片，为爱好、兴趣、特长相近的同志牵线搭桥，使同志们感受到大家庭的温暖。

原北京军区战友文工团的李慧丽，因患双侧股骨头坏死行动不便，孩子又不在身边，有一度情绪低落。得知这一情况后，王禄珍和工作人员，先后联络上了李慧丽的几位老战友，战友的深情、大家的关怀，使李慧丽倍感温暖，精神面貌为之一新，生活又焕发了光彩。

二〇〇七年年初，王禄珍与所在社区党委联系，探讨确定了《构建和谐社会中离退休干部如何在社区发挥作用》的研究课题，使军休人员能和社区群众一起，参加街道组织的各种活动。为便于相互借鉴，共同提高，王禄珍他们还把自己支部党的建设链接到友邻支部，扩大老同志的活动范围，也使不少同志的爱好特长有了更多的展现空间。

王禄珍热心参加志愿者工作，多年来率领由军休人员组成的志愿者小分队，无论是酷暑严寒、狂风雨雪，每逢重大活动和节日他们放弃和家人团聚的时间，为维护首都治安，进行巡逻、站岗。在执勤中，不放过任何蛛丝马迹可疑情况，热情为外来群众指路解难，维护交通秩序。他们扶危济困帮助残疾人，关爱外地务工人员的子女。志愿服务过程中，他们还注意对下一代施加潜移默化的影响和教育，力求使良好的社会风尚代代相传，吸引了年轻的一代也加入志愿者的行列中，形成了爷孙齐上阵的社区亮点，受到广泛赞誉和街道工委的好评。他个人也被广内街道工委评为志愿服务先进个人。

王禄珍从担任党总支书记以来，军休十所先后换过四届所领导，每换一届所领导他都主动向他们介绍情况，说明重点关照的对象和特殊的问题，使工作不断线，服务管理不脱节。

长期以来，王禄珍还担任中国投资协会投资论坛的顾问，常常组织专家学者对不同地区经济发展的重大项目进行评估、论证，为我国经济发展贡献力量。

王禄珍被民政部、原总政治部评为"全国军休系统先进离休退休干部"，还被北京市军休办评为"先进军队离退休干部""北京军休榜样"，并获得了多项荣誉和表彰。他内心总是有一团火，在和大家的彼此温暖中，共同享受着幸福的军休生活。

夕霞正满天

★ **张凤沼　情醉翰墨常新意　心暖社区总温情**

🏠 西城区第十休养所

　　张凤沼从青少年时期，就酷爱书法诗词，多年的勤学苦练，使得他的艺术水平和修养越来越高。离休后，他参展的书法作品，被《市局离退休干部书画集》《宣武老年书画集》等广泛收录。

　　社区成立老年书画社，请老张当社长，他在书法活动中，匠心独运地积极倡导将书法和诗词融为一体，他循序渐进地从"竹枝词"等诗词曲牌切入，将自己独到的经验和知识分享给大家。他用诗词深化大家的感受，提升大家习练书法时的内心感受，又引导大家把书法表现出更优美的意境。活动中，他还常常和焦维晓等同志朗诵诗词，以饱满的激情营造美好的文化氛围。

每年的春节前，张凤沼写春联成为他营造社区喜气的一项重要活动。居民楼四个楼门的全部春联，他提前一个月就开始自己掏钱买纸买墨进行准备。他的联语既充满吉祥，还独具匠心，每个楼门的诗词，都有一定的针对性；他的书法，取法有道笔酣墨畅，古拙中现灵动，深受大家喜爱。他二十余年坚持为居民楼写春联，每年有新意，让大家感受到蒸蒸日上的新气象。

以自己的书法诗词等爱好和特长，奉献文化生活给社区的张凤沼，二〇〇九年，还花几千元购买了运动器械和录放机音响设备，把它们捐赠给社区。义务植树活动，他连续好几年自己花钱买树苗。有一次在花市购买的两棵银杏树苗因为树苗长，他和老伴不能坐车，只能拿着树苗走了很远的路回家。捐款捐物他也是踊跃参加从不落后。

张凤沼根据习近平总书记讲话中提到的"完善市民公约"的精神，积极参加修订"市民公约"的工作。他反复向群众、军休干部、社区书记、主任和民警征求意见，尤其是细致又细致地征求本楼居民的意见，经过五次修改定稿后，从自己居住的本楼门各户试行。为了逐步推广，他征得本社区六位离退休老干部同意，在社区党员大会上宣读"老干部倡议书"，使得新的"市民公约"鲜活地体现出了时代气息。

当地社区推荐张凤沼为"二〇一四年北京榜样"候选人时，椿树街道将他的事迹在社区展示牌上写道："张凤沼自一九八九年从军队离休后，积极响应国家号召，始终以一名老党员的高度责任感、老军人的使命感及自身的人格魅力，利用自身特长，在文化惠民方面发挥自己的潜能，服务社区居民群众，受到社区党员群众的广泛认可和赞誉"。

★ 邢华琪　书写正能量佳作　唱响中国梦颂歌

🏠 西城区第十一休养所

邢华琪退休前，长期从事党建工作和政治工作，多次参与重要规章和文件的起草与修订工作，先后荣立二等功一次、三等功七次，为原总政治部表彰的优秀党员、优秀党务工作者。二〇一一年移交到西城区军休办安置，现任十一所党委书记。

邢华琪长期致力于宣传"两面旗帜"，一面是共和国的国旗——五星红旗，一面全社会思想道德旗帜——雷锋，是国内从事研究宣传国旗文化和雷锋精神的专家，研究时间长、功底深、成果多。

退休后，邢华琪继续宣传两面旗帜，先后为教育部、共青团中央等中央和国家机关，以及北京大学、南京大学、国防科技大学等七十多所大专院校、中小学校讲授国旗文化和雷锋精神。他为湖南雷锋纪念馆、抚顺雷锋纪念馆和原沈阳军区雷锋纪念馆提供珍贵史料，参与陈列设计，被原沈阳军区雷锋纪念馆聘请为顾问。其编纂的大型纪实图集《五星红旗》获中宣部"五个一工程"奖优秀图书。二〇一二年撰写了六集电视文献片《永远的雷锋》，由原总政治部、求是杂志社、中央电视台联合摄制，并荣获"中国出版政府奖"。他还参加了原总政治部组织的《雷锋日记》和《雷锋故事》（执笔撰稿人）的编纂工作。

二〇一二年，邢华琪加入西城区军休干部红色宣讲团，以红色宣讲团名义出版了《雷锋日记背后的故事》。二〇一七年三月，为深入学习贯彻习近平总书记"甘做雷锋精神的种子"讲话精神，邢华琪携带三千余件雷锋相关展品，以江苏省委宣传部名义，举办了全国首家"甘做雷锋精神的种子"大型展览，首次展出了一百件雷锋日记原始彩照、一百幅雷锋生前的报刊宣传报道和毛泽东主席两次为雷锋题词手稿等珍贵文物图片，让雷锋说话，让历史说话，让观众说话，产生了很好的社会效应。此间，配合北京电视台与"知心姐姐"卢勤，先后在北京市十多所中小学讲《雷锋全集》中鲜为人知的故事。

电视文献片和大型纪实图集《国旗护卫队》，是邢华琪做的国旗系列题材的又一重点项目。两部作品从"共和国第一旗"以及国旗护卫队的独特视角，展示了海内外炎黄子孙对国旗和祖国的挚爱，展示了共和国走过的辉煌历程。该图集和纪录片已成为国旗护卫队赠送给前来慰问参观的中外嘉宾的"国礼"。二〇一〇年，邢华琪将自己珍藏的三百多件书法与摄影作品捐送给了武汉市，建立起全国第一座国旗艺术馆。

二〇一六年三月，邢华琪以老兵与学者身份，应邀到美国三个州讲学。在美国某军事学院，院长将邢华琪赠送的《五星红旗》《国旗护卫队》《我爱你，五星红旗》三本大型纪实图集和相关光盘陈列在学校博物馆。他不仅讲述了"一个中国老兵与国旗"的故事，还作为特别嘉宾，参加了该院的阅兵式。院长在致辞中讲到，从这位中国老兵身上感受到了一种国家至上、国旗至上的精神。

在美期间，邢华琪向三位在任州长及多名国会议员等赠送了大型纪实图集《五星红旗》和国旗徽章，并专门针对华侨群体讲述五星红旗文化。

邢华琪走到哪里，就把对国旗的讴歌和对雷锋的礼赞讲到哪里，也让自己退休的生活不仅充满了幸福，还充满着积极的意义。

★ 王占兴　不辞劳苦　热心服务

🏠 朝阳区第一休养所

在部队期间，曾参加过空军重点工程建设的王占兴，因病退休后，任朝阳军休一所党总支书记。

他始终坚持"只有退休的干部，没有退休的党员"，协助书记做好支部各项工作，处处维护班子团结，积极开展各项活动，做同志们的知心朋友，经常和大家谈心通气，工作开展得非常活跃。

他针对支部工作实际，制定了六条新措施，特别提出了如何为军休老同志办实事、办好事的具体措施。为了便于党员和群众的沟通联系，还专门建立了党员和群众联系卡。二〇〇四年八月，王占兴被选为朝阳军休一所党总支副书记，为了切实做好军休服务工作，确保老同志思想稳定，经常和老同志交心通气，对患病的同志，和班子成员一起到他们家里或医院看望，每年的重大节日，都要到好几家医院去探望患病的老同志，了解他们的困难和问题，并及时向上级反映，想办法帮助和解决。

十多年前，王占兴搬到了距离干休所近二十公里远的天通苑，但他仍天天坚持到所里上班。每天五点钟起床，吃过早饭就到所里，和所里的工作人员一起工作。中午赶回天通苑照顾有病的老伴，下午有事再赶回来。所里的工作人员经常说："您就别来了，有事我们通知您。"可他总觉得每天第一时间掌握第一手资料，才能更好地为老干部服务。多年来，所里的工作人员换了一拨儿又一拨儿，王占兴始终和工作人员保持着良好的关系

各种公益活动中，王占兴身先士卒、身体力行。汶川大地震后，王占兴捐出了特殊党费一千元；在北京奥运"我参与我奉献我快乐"口号的感召下，王占兴和大家一起开展环境整治活动，清理房前屋后的垃圾，铲除小广告，整理自行车棚的废弃物品。冬天时，下雪对老干部的出行构成极大的不便和威胁，每次下雪王占兴都提前来到所里，和工作人员一起清扫积雪、铲除冰冻。

为了活跃老干部的文化活动，王占兴带头参加了一所的老干部合唱队和军休办的军休合唱团，用歌声传播友谊，用歌声来赞颂火热的军休生活。不仅如此，他还参加了一所的通讯报道组，积极撰写稿件，弘扬军休文化。他写的《牢记党培养，甘愿做贡献》获得国家民政部征文三等奖，还在《中国老年报》《北京社会报》等报刊上发表了十余篇文章。

二〇〇六年，一所党总支被评为先进党总支，一所被评为先进休养所。王占兴两次被评为市级先进离退休干部、五次被评为优秀共产党员和优秀党务工作者，还在朝阳区军休第五届党代会上当选为党委委员。

★赵文秀　热血沸腾搞宣传　克服困难为大家

🏠 朝阳区第二休养所

二十多年来，赵文秀始终坚守在朝阳区军休宣传工作的阵地上，用心血和汗水谱写军休宣传工作新篇章。不论他摔断了腿、怀疑癌症、老伴生病，都没有让他离开过朝阳区军休宣传阵地。二十多年里，他分文不取，无私奉献，甘当一名编外宣传工作者；他一直做军休办领导的参谋助手，按照帮忙不添乱、参与不越位的原则，积极协助军休办完成宣传报道、军休文集编辑出版、大型活动策划等工作。

从赵文秀到干休所起，先后担任了多年党支部宣传委员、两年多党支部书记和半年多的所长助理。他和党支部成员一起带领全体党员学习，提高了党员对改革开放的认识和理解，还总结了学习经验，并被休养所党委推荐到北京市军休办做汇报。可是这时，他的左腿髌骨摔断了，医生要他住院治疗，他对医生说你给我包扎好我回家慢慢养着吧。回家后，他一边养伤，一边忍痛趴在床上写好经验材料，拖着伤腿到市军休系统大会上介绍经验。

一九九五年八月，为配合老同志养生保健，他在军休办门诊部创办了《老年保健园地》板报，并自荐担任宣传员，这一干就是十六年。其间，不论严寒酷暑、刮风下雨，每月一期，准时出版。从内容到版式都很受老同志们欢迎，有的老同志即使不看病也要到门诊部去看板报内容。

十几年前，赵文秀被初步诊断成待查的"食道癌"。住院后，他上午检查病，下午在病床上照常写板报稿。经过十多天反复检查，"癌症"被排除，板报稿也写好了，心里一下子轻松了。出院回家后，立即着手写国庆专刊板报，第二天就挂了出去。

十年前，赵文秀的老伴住院做心脏搭桥手术后，三个月的时间里一直处于病危状态，他天天跑医院照顾老伴，但所里、军休办的宣传工作却从没耽误过。

二〇一一年上半年，朝阳区军休办要编一本向建党九十周年献礼的《军休文萃》文集，这一艰巨任务落在了赵文秀的身上。从年初选稿开始，到三次校对，共七百多篇稿件五十多万字的《军休文萃》一书，用了五个多月时间终于完成了任务。由于长时间紧张劳累，正在出书的关键时刻，他患了脑梗。为了赶任务，他一边到医院输液，一边坚持编书，经过积极努力，该书于当年"七一"前按时出版，向建党九十周年献上了一份厚礼。

赵文秀以所为家，想休养所之所想，急休养所之所急，与工作人员携手努力，共建军休干部的幸福家园。他曾十多次被评为朝阳区军休办、区双拥办、市军休系统宣传报道先进个人，被评为朝阳区老年文化之星、休养所先进党员，还被民政部和原总政治部表彰为全国军休系统先进军队退休干部。

★张维忠　眷恋故乡　自费办展

🏠 朝阳区第三休养所

张维忠自离休以来，担任干休所家委会主任十年，多次被评为市区先进，三次被评为"北京市先进离休干部"，两次被民政部、原总政治部评为"全国先进离休干部"。特别是张维忠自费六万元办长征展览，收到八千多篇感想，各级领导和广大群众参观后给予了极高的评价。

十几年前，张维忠参观了军事博物馆举办的大型展览《伟大壮举，光辉历程——纪念中国工农红军长征胜利70周年》，展览的内容深深地吸引震撼了他。当他听说这个展览要到八个省巡展，却没有自己的故乡山东省时，张维忠萌生了一个念头：要尽自己的力量为社会做点有益的事，在故乡办展览，宣传长征精神。

他把这个想法和家人商量后，老伴、儿子、儿媳都支持他，儿子儿媳说："我们资助！"老伴说："我保证当好后勤。"随后，他把这一想法以书面形式报告给当地政府，同时说明了宣传长征的资料来源、指导思想、布展地点、根本目的，马上得到了地方政府的积极回应。

为了办好展览，张维忠不顾自己八十多岁的高龄，不怕苦和累，用了几个月的时间，到军事博物馆精心挑选拍下了一百五十五张照片；到新华书店买来了《红军长征史》《红军长征全景实录》《惊天动地的长征》等书籍，反复核实重要的历史事件；从一百五十五张照片中精心选出七十三张，放大扩印后作为展览使用；亲自根据照片编写文字，采取说书讲故事的形式，尽量做到语言生动、真实感人，力争把展览做成别开生面的革命传统教育课。

家乡的镇政府积极提供场地，但张维忠为了不给政府和群众添麻

烦，腾出家乡自己的房子作为展览地点，因地制宜搭了两个棚子，把低洼地面垫高垫实，为展览提供了有力的保障。

经过两年的艰辛准备，一个八十多平方米的展区落成了，以红军长征路线为序的七十三块展板图文并茂，张维忠亲自当讲解员，在一个月的展览中每天讲四五个小时。

翔实的内容和张维忠真情的讲解，深深打动了观众，参观者写下了数千份感想感言。有个叫吕汉超的青年写道："要牢记长征精神，向老红军们学习，多学科学知识，将来为国家建设做贡献。"老教师张俊福说："展览触动心灵，想想过去的路是怎样走过来的，今后的路也应像当年工农红军那样走，要有那样艰苦奋斗的精神。"莱西市政府把展馆作为"莱西市青少年教育基地"，并举行了挂牌仪式。

张维忠常说："我是革命烈士的儿子，继承烈士遗志发扬革命传统是我的信念；我受到过毛主席、周总理、朱德、邓小平等党和国家领导人的接见，这是我极大的荣誉。保持荣誉，永不褪色，传承红军长征的精神，我会坚定不移地做奉献。"

★ 侯殿方　激情翰墨　弘扬传统

朝阳区第三休养所

侯殿方对于书法艺术有很高的要求。他不满足于已有的成绩，退休后自我继续刻苦习练的同时，还参加了老年大学继续学习书法，并以饱满的热情，积极参加、组织休养所以及社会各界的书法活动。

他担任北京市军休干部书画研究会常务理事，任朝阳区诗书画研究总会常务理事和朝阳区诗书画研究会军休分会会长，负责组织朝阳区十四个休养所书画活动，近年来还担任了惠新里社区书法学习班的书法老师。他热情地奔走在众多的活动中，他不畏惧困难；节假日放弃休息；他任劳任怨，从不计较个人得失。为休养所和社会各界的书画活动，他自己花在纸张、笔墨和装裱方面的钱不计其数。特别是每逢"五一""十一"等重大节日时，组织落实休养所的诗书画展的布置工作，从收集稿件到布展完成，都要付出极大的辛劳。

北京电视台《金色时光》专访时记者问他，在对待自己的书法作品上，为什么无论是谁找到他，您都是有求必应，从不拒绝；为什么各个楼每个单元门书写春节对联和每期三所的宣传橱窗，他都包了下来。侯殿方谦虚地说：自己的书法水平虽然不高，但为群众服务有意

义。中国传统的美好思想，用书法的形式表达出来，对社区群众互助互爱，对青少年继承传统都有意义。特别是在服务老干部和休养所的文化建设中，把自己学到的书法知识和技能奉献给大家，这正是体现毛主席《在延安文艺座谈会上的讲话》精神所在，是一个共产党员奉献社会的具体表现。

侯殿方在多年的休养生活中，处处以一个党员的标准严格要求自己，关心国家大事，关心人民疾苦，当汶川、玉树发生大地震时，他积极响应党的号召，伸出爱心之手，先后缴纳特殊党费和救灾款五千多元，帮助受灾群众渡过难关。他还积极参加社会上的公益慈善事业，仅在妇联和朝阳区慈善协会组织的捐赠活动中，就捐献价值七千多元的书画作品。

侯殿方爱憎分明，努力弘扬正气，敢于同不良倾向作斗争，遇到一些歪风邪气，他都坚持原则，毫不畏惧地站出来抵制，受到大家一致好评。

他追求诚实豁达的人生境界，始终坚持崇高的政治信仰和坚定的共产主义信念，时刻牢记党的宗旨，处处发挥着共产党员的先锋模范作用。侯殿方多次被评为优秀党员，还被民政部、原总政治部评为全国先进军休干部。

★ 许锦荣　共产党员没有休息的那一天

🏠 朝阳区第四休养所

曾参加过抗美援朝的老兵许锦荣，总是以雷锋同志为榜样，全心全意为人民服务。

许锦荣平时总是热心地为大家办好事，不论是为大家免费更换楼道的灯泡，还是义务为群众修理自来水龙头、空调、电视开关等，人们总可以看到他奔忙的身影。

每年的大年初一，为了增加节日的团拜气氛，他都会在清晨冒着严寒从家中拿来录音机、音箱等器材，让喜气洋洋歌唱祖国的歌曲响彻军休大院。听到这激动人心的歌曲时，老干部们就开始纷纷走出家门汇聚在一起，开始每一年的团拜活动。

为了丰富大家的业余生活，自二〇〇四年以来，他在四所院内办起了黑板报，十几年来无论严寒酷暑，每十天一期从不间断。板报内容都是围绕宣传党的政策方针、弘扬中华优秀文化、构建和谐军休生活、养生保健等方面的知识，深受广大群众的欢迎和称赞。所里组织的合唱队、文艺等活动，他都积极参加时，常常主动献计献策。

休养所大院还未通上天然气那

阶段，有的老干部家中也没有煤气罐，离退休老干部们的生活非常不方便。老许便和其他几个所的老同志，组成了一个天然气开通协调小组，多次分头找到天然气公司的负责人，说明休养所老干部的生活困难。在他们的推动下，天然气公司开始派人到休养所进行现场调研，经过多次的沟通工作，上报北京市相关部门审批后，终于使军休大院所有老干部的家中，都通上了天然气。通气的那一天，大家高兴地在院里敲锣打鼓进行庆祝，北京市的市领导、天然气公司和朝阳区休养所的领导也亲临现场表示祝贺。

在三十年的军休生活里，许锦荣多次被朝阳区军休管理机构评为优秀共产党员，一九九一年被北京市军休办评为先进退休干部，二〇〇九年九月被民政部、原总政治部表彰为全国先进军队离退休干部。参加民政部"共产主义是我终身信仰"征文活动时，他写下的《共产党员没有休息那一天》一文，荣获征文特等奖。

退伍不褪色、默默工作的许锦荣，用行动充分证明了："共产党员没有休息的那一天"。

★黄纪敦 尽心竭力 服务大家

🏠 朝阳区第五休养所

黄纪敦在部队期间曾多次立功受奖。其中，一九八八年六月研究的某炮兵专用装备获国防专用国家级科学进步三等奖，一九九一年十一月，他撰写的《炮兵光学仪器通用技术条件》被定为国家军用标准，并获国家科技进步三等奖及军队科技进步二等奖，享受国务院政府特殊津贴。

退休后，黄纪敦担任五所管委会主任、四〇二楼楼长等职务，十多年来，他一心扑在为群众服务的工作上。

群众中流传着"有困难找老黄"的口头禅。抢救危重病人时，他在现场；谁家的电器出现了问题、门锁打不开……大家大都想找黄纪敦帮忙。只要是找他，在家里的时候，他总是随叫随到；在外边的时候，回来后的第一时间，他就会赶到有困难同志的家中。在他热心帮助他人精神的带领下，第五休养所彼此互助的好人好事蔚然成风。

在五所进行绿化环境和道路翻修的过程中，他积极提出合理化建议，并时时站在施工工地给工人们加油打气，看到辛劳的工人有的时候吃饭过于简单，黄纪敦还自费买了十多斤猪肉送到工地厨房，慰问辛勤劳动的工人，五所的同志们得知后也积极响应，黄纪敦和众多军休干部的善良热情和行动感动和鼓舞了工人，保质保量地完成了施工任务。

玉树发生地震后，他积极捐款救助。他积极响应中组部发出的交特殊党费的号召，捐款一千元。黄纪敦在政治、思想、行动上始终和党中央保持高度一致，按照军队离休退休干部休养所管理章程履行职责，认真协助所长和党总支做好干休所管理服务工作，为离退老干部排忧解难做了大量的实事好事，为创建和谐休养所做出了贡献。特别是在建所初期，他积极向炮研所建议，解决了四〇一、四〇二楼群众迫切需要的小库房问题，受到大家的称赞。

他在关心群众生活、做群众的知心人的过程中，不忘积极参加和组织开展各项文体健身活动。五所开展的台球、扑克、沙壶球、麻将、钓鱼等活动，不仅广受离退休军休干部的欢迎，他们还在市里组织的台球、沙壶球、钓鱼比赛中多次获奖，这些活动中，总有黄纪敦热心组织参加的身影。

长期以来，黄纪敦总是积极完成组织交给的任务，多次被评为优秀党员和先进工作者。现在，他和军休战友们共同幸福地享受着美好的军休生活。

★ 谌志中　笑对疾病　健康之星

🏠 朝阳区第五休养所

一九三二年出生的谌志中，二〇〇六年时，疾病突然向他猛袭过来。经住院检查，诊断出他患上了结肠癌，同时还有短暂性脑缺血、脑梗、冠状动脉粥样硬化性心脏病等多种疾病。

结肠癌手术后，他积极主动地配合医生治疗，克服放疗和化疗给身体带来的巨大痛苦，取得了抗癌治疗的第一个回合的胜利。

谁知几个月后，癌症病魔又卷土重来，癌细胞又转移到腹腔淋巴。当时，他面对的压力比结肠癌手术时的压力更大。他对家人说："怕什么？死就死，不死就和它做斗争！"面对困难，他沉着应对，再次进行了手术治疗。出院回家后，他更加坚强，用更大的毅力捍卫自己的健康。

他坚持依靠、相信科学；他感受到组织、战友和亲友们的温暖，更加相信组织和大家一定会在自己最需要的时候，给予自己最大的支持。

在家庭生活中，他是卫生模范，总把房间收拾得干干净净。自己家窗明几净的同时，他还倾力关心公共卫生，楼道脏了，他不等不靠地用拖布擦拭干净，有时感觉一遍擦拭得不够干净，他就多次进行擦拭，直到自己满意为止。冬天每到下雪的时候，他拿着自制的扫雪工具，清扫了自己家的门前雪后，更把大片社区的雪也当成自家的门前雪，每当看到人们走在清扫后的小路上露出了幸福的笑脸时，他心中的喜悦就油然而生。也正是这种仁厚的善良加上他不畏惧困难的勇士精神，增强了他的抵抗力，使他成了公认的"健康之星"。

在他老伴的精心照料下，在医务人员科学和温暖的治疗下，更在组织给予的温暖中，他向包括癌症在内的多种疾病已经挑战了十几个年头。十多年来，他总是乐观向上又与人为善，充满自信也注意科学养生，生活质量一天比一天提高。平时，他几乎天天都参加文体活动，他尤其喜爱打沙壶球，不仅自己乐在其中，技术水平日有所进，还多次代表五所出征，不仅取得好名次，还获得了不少奖。

湛志中这种勇于和疾病作斗争的精神，为自己的健康争取到了主动权的同时，也给军休战友们带来了极大的鼓励。人到老年，谁也少不了病魔的干扰，但是只要有他这样的精神，就一定会和他一样，通过自身努力，战胜一切疾病。

丹霞正满天

★ 马明学　和谐幸福　真情纽带

🏠 朝阳区第六休养所

　　他是老伴的精神支柱，他是儿孙的细心长辈、知己挚友，他对岳母真情呵护，他是家庭成员中的典范，他用真爱勾勒出了一幅和谐幸福图，他就是出生于一九三七年的马明学。

　　马明学年过九旬的岳母，二〇〇九年之后两次患脑血栓，在及时治疗和他们夫妇的悉心照料下获得痊愈，在所里成为佳话。

　　马明学常说："孝敬老人是祖祖辈辈传承下来的优良传统，对待老人的行为如何，直接影响到下一代。我的父母对祖父的孝顺在我们老家一

直传为佳话。我们弟兄对父母的孝敬，由于受到客观条件的限制，只能算是勉强尽心而已。"

　　他常常感慨：现在条件多好啊，无论从哪个角度看，我们都应该尽心尽力地让老人家欢度晚年。况且老人家为我们辛苦一辈子了，本就应该好好享受一下。然而，虽然总是想着尽量让老人吃得好一点，可老人家习惯了老口味总是不改，总爱吃粗粮玉米粥什么的。马明学和老伴儿统一思想后也认为："好吃不如爱吃！"只要老太太爱吃，吃得饱就好。每当他们夫妇看到老人开心时，就由衷地感到高兴。

　　"家庭和睦天赐福，平安二字值千金。"在马明学这个四世同堂的八口之家，要说没有一点矛盾这既不现实，也不可能。但当发生矛盾时，马明学和全家都会冷静地从大处着想，想想过去再看看现在，生活的现状大家肯定都很满意。马明学和老伴经常以此为题，进行讨论。日常生活中，夫妇俩特别注重自身的行为和对周围的影响。这也对马明学的两个孩子影响很大，两个儿子儿媳都各自有相对稳定的工作，孩子们长期以来都是和睦相处，每当吃饭聚到一起时常说："最大的心愿就是希望姥姥长寿过百，爸爸妈妈身体健康！"

　　如今的马明学，有儿孙绕膝的天伦之乐，也有着所宣传报道组长的责任担当，每天都在忙碌着。他和几名报道组员积极配合，休养所宣传报道组的宣传栏，每期都会出一期贴近当下主题的内容，广受军休干部及家属好评。马明学年过七十时开始学习诗词，坚持多年的过程中，几个诗刊和杂志以及军休生活报刊，刊发了他的诗作百余首，还在二〇一四年诗钟大奖赛中获得优秀奖。

　　马明学作为家庭、集体的真情纽带，给他的家庭和集体，总是带来温暖的感觉。

★ 蒋本厚　规律健身　充实生活

🏠 朝阳区第六休养所

从岗位上退休的蒋本厚常常思考，一个人工作几十年，退休后怎样规律地生活，用什么样的生活内容让生命充满光泽。

出生于一九三一年的蒋本厚的身体并不好，高血压、脑梗死、早搏、前列腺肥大等疾病缠绕着他，但他对待这些疾病积极治疗，坦然面对。退休后，他继续努力学习党的方针政策，经常上网搜集各种时政材料进行对比，并统计出数据写出评论，为大家了解国内外形势提供一些资料。前几年，空军审计局请他为大家讲一次党课，他做了认真的准备，详细介绍了上世纪五六十年代艰苦朴素的工作作风，再现了领导对空军机关工作的严格要求，真切重温了审计工作初创时期的艰辛探索，得到与会人员的好评。《解放军报》还以"老审计走上讲台话传统"的标题做了报道。

蒋本厚夫妇的女儿、儿子到美国留学后工作在当地，他的老伴十多年前因病离开人世，在料理完老伴后事后，他随两个孩子到了美国去散心。儿女们疼爱父亲，准备为他办理绿卡以便长期居住在美国方便照顾，蒋本厚却执意选择回到祖国。回国后，他制定了几条自己的养老计划：一是，积极锻炼身体。每天早饭后,以走路为主,在元大都遗址公园活动约一个半小时,步行七八千步;天气恶劣时就在家里阳台上原地活动。二是,晚上看电视时要围绕沙发走上百十圈,并严格要求自己生活起居要保持规律。三是,注意学习。除每日看报、看《新闻联播》、听早新闻广播外,还阅读订阅的书报杂志,并临摹习练书法。四是,每天要上网一小时左右,了解国内外的新闻及有关评论。五是,注意用脑。要经常性地为干休所的宣传栏写一些小文章,锻炼思维,既充实军休生活,还用来防止老年痴呆。他通过室内与室外相结合的活动,丰富了自己的老年生活。

对于休养所组织开展的各项活动,蒋本厚自始至终积极参加配合,为休养所这个大集体尽心竭力。在休养所开展的学习活动中,他总是积极发挥自己的所长,为大家贡献出自己的"职业解读"。特别是像全国两会期间,《政府工作报告》中的相关数据内容,他认真学习后,常常结合军休生活中的实际感受,迅速写出通俗易懂的稿子,登在休养所的宣传栏上,这种用数字和事例说明观点的写法,总是让人感到亲切和耳目一新。

蒋本厚看似孑然一身,但他不孤单不寂寞。党组织、休养所、子女对他的关怀之外,他积极锻炼身体、努力学习、勤于用脑、乐于助人,这种与时俱进的态度和行为,让他的生活充满着幸福。二〇一四年,蒋本厚被北京市朝阳区军休委员会评为优秀共产党员。

★ 白致安 "任性"老党员 理发服务生

朝阳区第七休养所

年近九旬的白致安，他助人为乐、做好事、义务服务的事迹人人皆知。提起他的"任性"和无私奉献，大家都赞不绝口。

白致安从小家境贫苦，儿时只读过两年私塾，为补贴家用他进京务工，一九五五年年初经政府安排，到原北京军区总医院小儿科工作。自一九九〇年正式从军区总医院药械科退休后，老白发挥余热，曾参加由军区总医院离退休老干部体检队牵头的在外县联合建院的筹建工作。

白致安虽然一贯节俭，但在交党费这件事情上却格外"任性"。每次交党费，老白都在应交的党费之外，多交五十元至一百元不等。玉树大地震募捐中，他慷慨解囊，全额捐出自己"小金库"中的一千元。他说："自己出份微薄之力支援灾区的孩子们，值得！应该！"老白还多次叮嘱家人：在他"走"后，一定要向党最后交一次党费。

二〇〇八年，老白在报纸上看到一份统计数据，全国有二十多万人等待更换眼角膜，而报名捐献者仅六万人左右。白致安向协和医院咨询遗体捐献事宜后马上填写了报名表。他在遗嘱上写明去世后捐献眼角膜的意愿，并委托军休七所工作人员作为代理人协助家人完成其心愿。七所所长深情地接受他的委托说："对您深表敬意和感谢，我们愿意接受您的委托。"

自从上世纪六十年代，毛主席发出了"向雷锋同志学习"的号召后，他就置办了一套理发工具，开始学习理发。从那时开始，义务理发便一发不可收拾。五十多年间，老白的理发工具换了好几套，为战友、群众义务理发不下万余次。每月的二十号，多年来是军休七所雷打不动的

第一部分

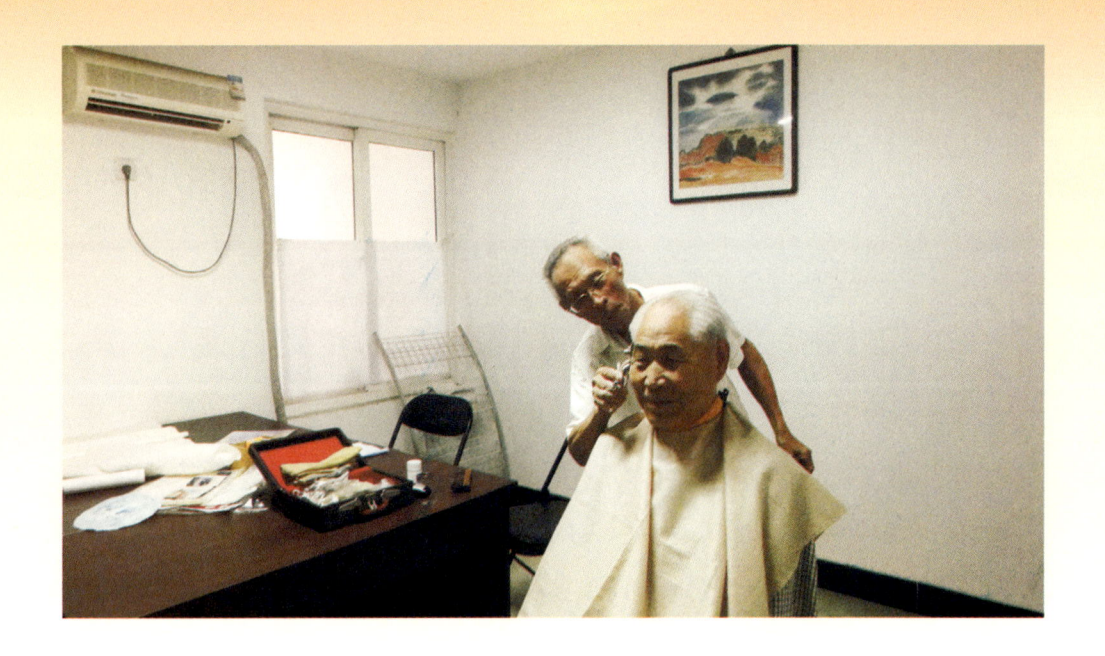

理发日。老白对找到家的老干部温情以待，对腿脚不方便的老人还主动上门进行义务理发。白老助人为乐做好事的行为，受到许多人称赞，也极大地激发了邻里团结友爱的互助精神。

"任性"交党费、常年义务服务大家的白致安，自己始终保持艰苦朴素的生活习惯。为了节约用水，他自创了一个软水槽，把厨房与卫生间的废水积攒至软水槽中，以便用于冲厕之用。此外，老白还常常从旧货市场上购买小工具后，帮助邻居们修理清洁工具、厨房家用电器等，每完成一件就给他带来无限的成就感。

白致安退休后，每天坚持看书报、听广播，关心国内外大事，生活规律地安排自己每一天的时间。擅长篆刻和书画的老白，他的作品多次在各种展览中展出，常常获得好名次。

他热爱党，热爱军休战友，关心群众，总是想要把自己的一切献给人民和祖国。

夕霞正满天

★李景全　尽心竭力为公　修齐治平爱妻

🏠 朝阳区第八休养所

李景全二〇〇〇年从武警学院教授岗位上退休，一离开军营，他就主动要求承担普查员志愿者服务工作。

为了真正具备一个普查员的资质，他先是自费参加"会计培训班"，考下了会计上岗资质证书，又参加普查员考核后被录取。在普查过程中，他将本区域的农业普查工作搞得有声有色，圆满完成普查任务的同时，还积极为刊物和网络撰稿，大力宣扬普查中的先进事迹。

家庭建设上，李景全以抓好"修、齐、治、平"为主线。第一强调修身，加强学习，提高文化档次，对下一代严格要求他们努力勤奋学习，成为一个有知识有能力，能对社会有贡献的人。第二是齐家，老两口以身作则，身教重于言教，各个小家庭都要过出个"样儿"来。第三就是治家，诠释治家就是要爱国，奉公守法，当好纳税人，争取为国家多做贡献。第四是平天下，结合子女在中外合资企业供职的职业特点，既强化他们的爱国主义思想，又鼓励他们树立全球意识。他们的三个孩子都考上了大学，有的还读了博士；第三代的学习也都勤奋努力。

由于他入伍后长期两地分居，老伴儿一个人拉扯三个孩子，当时

生活条件那么艰苦,加上长期超负荷的劳作,使她的身体积劳成疾,患上了类风湿;近三十年的治疗过程中,吃了太多的药,从上个世纪八十年代起就经常住院。由于类风湿侵蚀骨关节和两次骨折,老伴行动不便,拄拐至今已有十年之多了。从单拐到双拐,行动越来越困难,后来出门只能以轮椅代步。二〇一〇年上半年,在查体时发现他老伴儿甲状腺有结节,被诊断是癌症,经手术全部切除;本来手术后恢复得很顺利,但七月初在洗澡时摔倒骨折,刚治好,在出院前夕,不慎又一次摔倒骨折又再次手术。一年三次上手术台,弄得他们家手忙脚乱,老伴的情绪也十分低落。

为了让老伴儿有个好心情,李景全对妻子说:"咱俩一块看书学习,一块文化养老,来个一帮一,一对红。"在他的鼓励下,老伴儿还真拿起了书本,不仅精神好多了,身体也一天天好了起来。

在李景全的心里,他把"支部成员"这个身份看得很重,他利用老伴儿住院陪床的间隙,在病房里先后撰写了《党小组会怎么开》《努力把休养所办成一个大家庭》等多篇文章。

忙碌中,李景全还承担着朝阳区惠新诗社的诗词授课等工作,并将自己几年来学习整理的几十万字的资料与大家分享。他把满腹才情和对家人、休养所的深情厚谊融为一体,不用扬鞭自奋蹄地发着自己的光和热。

他连续三年获得了区安置办公室颁发的先进个人荣誉证书,还被民政部、原总政治部表彰为全国先进军队离退休干部,并被评为"北京军休榜样"。

★ 贺济民　满怀激情撰美文　不遗余力为大家

🏠 朝阳区第九休养所

贺济民退休后，通过撰写稿件，创作诗词，拍摄摄影作品，不但丰富了自己的生活，还在担任所党总支副书记、总支委员、党支部书记、老干部管委会副主任等工作的同时，积极参加军休宣传工作，为军休建设做出了突出的成绩。

十多年来，他负责休养所宣传橱窗的编辑出刊工作，出刊七十多期，刊登老干部的文稿及诗书画影作品两千余件。宣传橱窗成为休养所里一道暖心的风景，他也受到老干部及家属的广泛好评。

贺济民在建所时就参加了休养所的宣传报道组，并担任副组长。他

结合军休工作实际,团结大家做好宣传报道工作,积极撰写反映军休工作成绩和老干部风采的报道、通讯、经验、回忆录等文章,有五十多篇文章被报刊采用。其中《忆苦思甜报告会》《一级战备度国庆》两篇文章被《中国老年报》采用。他采访军休干部张培林写成的通讯《弘扬养生文化 老兵续写新传》,宣扬了老同志退而不休发挥余热再做贡献的精神;他记述李玉芬的事迹书写的《紧跟新时代 潇洒度金秋》文章,提倡紧跟时代特点,积极开展文化养老的新风尚,这两篇文章在《军休之友》发表后产生了很大的反响。

朝阳区九所成立十周年时,他撰写了《依靠骨干力量 共建和谐家园》的经验总结文章,再次被《军休之友》等采用的同时,还受邀在朝阳区军办休宣传工作会上介绍了经验体会。平时,他还注意搜集身边的点滴小事,并把自己带孙女的经验写成《隔代教育的辩证法》,分享给战友们。

贺济民先后加入了中华诗词学会、解放军红叶诗社、朝阳区诗词研究会,积极进行诗词创作,先后在《红叶》《陕西诗词》《军休之友》《军休生活》《雅风》等报刊发表诗词三百余首。其中《紧急集合》一诗,获二〇一四年第二届中华军旅诗词大奖赛优秀奖,并被《红叶》诗刊编辑作为佳作进行讲评和推荐。他自己撰写诗词的同时,还担任诗词组的辅导员,把自己的心得、感想与诗词组战友们分享。喜爱摄影的贺济民有几十幅照片在报刊发表,多次获得影展优秀奖。他连续多年被朝阳区军休办评为宣传工作先进个人,还被民政部、原总政治部表彰为全国先进军队离退休干部。

贺济民满怀激情,歌颂党的正确领导和经济建设的巨大成就,用色彩斑斓的文章、诗词和摄影作品,为军休干部的文化养老做出了新贡献。

★ 王庆顺　倾情写作　服务军休

🏠 朝阳区第九休养所

曾任总参某部政治委员的王庆顺，退休后十多年如一日地爱所如家，谢绝社会单位高薪聘请，在宣传组长这个岗位上，以敢于担当、奋发有为的精气神，团结全组同志把宣传工作搞得红红火火，为丰富老同志的精神文化生活付出了辛勤劳动，做出了突出贡献。

前几年新年时，患严重颈椎病的王庆顺，四肢麻木，走路困难。但为了他已经接受了的宣讲工作，他在老伴的搀扶下走上三楼会议室，立刻就赢得了大家感动的热烈掌声。会后老同志纷纷同他握手，连声道谢："你忍痛抱病宣讲，实在是太不容易了！"

王庆顺始终以"争创一流，追求完美"的劲头，团结宣传组全体同志辛勤耕耘、锐意进取。他们被各类报刊采用的稿件逐年攀升，第九休养所连续多年被评为宣传工作先进单位。他连续十年被评为宣传工作先进个人，二〇〇九年，王占寅同志作为共和国同龄人参加国庆六十周年

群众游行。为采写这个有意义的活动，确保有关刊物刊用，王庆顺抢时间、求质量，早上四点起床，中午不休息。在患重感冒流鼻涕、流眼泪的情形下，完成了《展军休人风采　为共和国增光》的文章。在《军休之友》通讯报道员写作培训班上，主编热情推介这篇文章，称赞："亮点抓得好，文章写得好，跟形势跟得紧。"

近几年来，王庆顺身体欠佳，又帮女儿带孩子，但不管多么忙多么累，他的写作从未间断。一次，他边看孩子边写稿子，精神过于集中于写作的王庆顺还让小孩子从床上掉了下来，头部摔了个大包。有时，他在家没有整时间写，就见缝插针写，甚至在到医院排队候诊时也坚持写。

多年来，王庆顺几乎没有节假日休闲时间，他像蜜蜂一样忙碌在军休事业的花丛之中，受到领导和相关部门的广泛赞誉。

王庆顺作为党总支宣传委员、第三党支部书记，凡与九所建设和老干部切身利益有关的事，他总是热情参与奉献爱心。

对大院南墙外少数居民打扑克、玩麻将，损坏绿地，影响老干部休息，以及营院东门外马路拉铁丝画停车位影响老干部安全出行的问题等等，他都及时向社区居委会反映，努力争取得到解决。有的家庭闹了矛盾、邻里不和等比较麻烦棘手的问题，他迎难而上，了解实情，耐心调解，妥善处理。不少老干部由衷地疼惜他："你为大家做好事，可是太辛苦了！"

十多年来，由于王庆顺贡献突出，多次被评为优秀共产党员、优秀党务工作者，还被评为北京市先进军休干部。

★殷德江　挥毫泼墨写丹青　耕歌耘赋唱大风

🏠 朝阳区第十休养所

退休前为武警北京市总队政治部主任，还是中国作协会员的殷德江，刚到十所时，所领导就对他说：咱们所是个新组建单位，您长期做政治宣传工作，希望在这方面希望多发挥长处，为十所争光。他表示，一定尽最大努力，把这项任务完成好。

二〇一五年年初，殷德江在和《军休之友》编辑们沟通时得知：老同志们对回忆类、青少年往事类的文章很感兴趣，刊物很需要些这类的稿件。春节期间，殷德江从初一到初十基本上没有休息，集中精力和时间，撰写了一组《童年趣事》的散文，记述了他童年时代亲身经历的十三个小故事。《军休之友》刊发后，受到了广大军休干部的热烈欢迎，大家也对朝阳区十所加深了了解。

移交地方以来，他先后在《人民日报》（海外版）《文艺报》《中国书画家报》《军休之友》等十多家报刊和网站上，发表诗歌、绘画作品及各类文章等达八百余次，殷德江几乎年年被朝阳区军休办评为宣传报道工作先进个人。

他不仅写文章,还为迎接庆祝春节、八一、十一等节假日,军休系统社区、居民党支部演出的节目积极创作。几年来,他先后为休养所创作了《火红的党旗照征程》《八一军旗迎风飘扬》等二十多个节目。

自己努力创作的同时,殷德江还把写作绘画的心得与技巧奉献给大家。不论是《新诗的基本特点及创作》,还是《新闻的特点及写作》,或者是《我学诗绘画的几点体会》,他都和战友们常常座谈分享。

二〇一〇年三月,新加坡美术总会和中国书画家报共同举办庆祝新中建交二十周年书画展,他的作品在新加坡展出后,殷德江被新加坡美术总会授予"新中文化交流友好使者"称号与证书。

每当文采飞扬、洋溢着自己诗情画意的作品出版后,殷德江就把作品寄向故乡的石桥子小学、山东诸城市图书馆,献上自己的感谢与汇报,并期望家乡的青少年努力报效祖国。多年来,他还多批次向国家图书馆、首都图书馆、朝阳图书馆赠送图书,以表达一位军休干部对社会的心意。

退休后的殷德江总是情系战友。汶川地震发生后,他曾经的战友武警先头部队两百多人,奉命进驻汶川县城,殷德江立即以一个武警老兵的身份,给救灾先头部队写信鼓励。他还常常将自己的诗集、画册赠送武警天安门国旗护卫队……

殷德江在他的诗作《绝句·退休生活》中写道:"挥毫泼墨写丹青,耕歌耘赋唱大风。塞外江南观胜景,看我潇洒度人生。"他以"登山就要到山巅,临水必去探水源。做事要做圆满事,做人良心要对天"为自己的人生信条,并追求"唱歌跳舞说快书,写诗绘画做文章。莫道人生近暮年,漫天晚霞胜朝阳"的退休境界。

★ 杜连水 休养所就是我的家

🏠 朝阳区第十休养所

退休前担任武警医学院护理大队大队长的杜连水，是一名自幼父母早亡的孤儿。上学前，生产队是他的家；入伍前，学校是他的家。入伍后，部队就是他的家。格外珍惜自己家庭的他，退休后又多了一个温暖的休养所这一集体之家。他怀着一颗火热的心，拥抱着这个家园的每一位同志。

十所成立后，所里领导和大家推选杜连水担任通讯报道组长，老杜愉快地接受了这个任务。为把通讯报道工作搞好，他们首先抓了报道队伍的组织建设，从新接收的人员中注重发现挖掘具有不同特点的骨干人才。随着人员的不断增加，骨干队伍逐渐壮大，由于大家积极参加共同努力，十所连续多年被军休办评为通讯报道先进单位。为进一步促进休养所的文化建设，十所还相继成立了诗词组、书画组、摄影组。

十所组建时间虽然不长，但人才济济、心气齐、进步快、成绩突出，老杜作为十所大家庭的一员，看在眼里乐在心上，因为在整个建设过程中，他既是个受益者更是个建设者。

爱家的杜连水，幸福地拥有着自己的新家，他热情满怀地为"大家"持续"供热"。奥运会前夕，军休办要举行奥运史知识竞赛，那时，老杜由山东探亲刚回北京，所里的工作人员就急匆匆找到他请他入列，此时，距开赛时间已经不到一周时间了。当他看到两大本厚厚的学习材料时，不禁有些怵头。"爸爸！不用急！"他女儿把历次奥运会时间、地点画成大图表，让自己的老爸"按图索骥"。"老伴，你莫慌！"他的老伴成了他的"陪读"，帮他复习，给他提问以加强记忆。经过家人的共同努力，老杜信心满满地站在了比赛现场，他们十所取得了第一名的好成绩。

他像对待家人一样，温暖着同志们。上课时，有些老战友因为身体、天气、交通等原因不能到课的时候，他就把讲稿留出，第二天再给他们送去。上课前，老杜常常都早到一个多小时，提前打开门窗换气，为大家提供良好的学习环境。

老杜认为：所里的工作人员同老干部是相互依存的关系，二者同荣同损，所以相互理解、相互支持、团结一心是关键。工作人员做好服务管理工作是职责要求，老干部关心所里建设是应尽义务，是觉悟的体现。多数工作人员在老干部面前是晚辈，在办具体事务时，他们执行政策，又成了管事的领导。所里的工作人员上有老，下有小，正是他们人生的关键节点，因此，他总是跟老干部一起关爱支持他们。

常常有人赞扬他努力工作，但也觉得他的付出太多。杜连水就对他们说："我真的是把十所当作了自己的家，为家里人付出，总觉得使出的劲儿还不够。"

★ 刘玉洁　军休干部的知心人

🏠 朝阳区第十一休养所

从原总装备部设计所岗位上退休的刘玉洁，在军休干部党支部二〇〇八年七月成立以后，多年担任第二党支部书记，被军休干部亲切地称为"咱们的知心人"。第二党支部多次受到干休所党委的表彰，她本人也多次被评为军休系统优秀共产党员和优秀党务工作者。

刘玉洁在组织老干部、老同志开展活动时，总是注重发挥老同志的特长，尊重老同志的爱好，着重在培养良好的生活习惯、防病、延年益寿上做好文章。她和大家根据资料表明的勤于动手的人，对延缓衰老有积极作用的这些信息，组织手工班让老干部动脑动手，并融合环保理念，把一些废旧物品等制作成精美的艺术品。她发现什么新的图纸样品就立即推荐给大家参考，使老干部在边学边干中，既陶冶了性情又达到了身心健康的目的。

所里组织的活动，注重安排让大家乐起来、笑起来的内容。通过组织老干部积极参加合唱团的活动，让大家唱起来、乐起来。为了让队员们精神饱满地出现在舞台上，她和其他同志还多次前往布匹批发市场，反复比较精心挑选用最少的钱达到最满意效果的布料，做出称心如意的演出服装。

在做好军休老干部党支部日常工作的同时，刘玉洁还时刻把老同志生活小事放在心中。平时遇到老同志生病、住院，都要及时送温暖。看到谁因病"自理"不方便时，就主动给患者帮忙洗洗头、搞搞卫生。所里有一位老干部因病去世后，其老伴极度悲伤，刘玉洁听说后急忙去其家里，好几天陪家属聊天化解家属的悲伤心情。她就是这样，不仅对军休人员满怀热情，即使是对军休家属她也注意和睦相处共促邻里友好。对于尊老、爱老的军休干部家属，她总是逢人便讲、遇人就夸，总是希望年轻的一代，把中华民族的传统美德发扬光大，和军休干部一起做政治坚定、思想常新、理想永存、遵纪守法的文明市民。她的善良和热心，总是让大家十分感动。

她自己身体并不太好，患有肾囊肿等多种疾病，还曾多次住院治疗，但她总是把军休战友同志们的冷暖，放在自己的前面。刘玉洁虽然退休时间较长，在军休干部党支部担任党支部书记多年，但从不"卖老资格"，总是谦虚谨慎、态度诚恳，为军休干部服务热情，始终以共产党员的模范行动去感染带动周围的人，被大家亲切地称为军休干部的知心人。

★高文锦　继续工作总有力　但能奉献即欣然

🏠 朝阳区第十一休养所

二〇〇七年高文锦从武警学院的工作岗位上退休,就被原单位聘用,参加武警学院专家组,参与筹办校庆展览工作的同时,并继续为研究生授课。

不久公安部政治部编写《公安现役部队发展沿革》一书,聘请她负责编写的具体工作,这项工作直到二〇一三年六月才基本完成,交付出版社刊印。

为完成这部书的编写,她不但自己亲自动笔,完成了全书六十万字中的二十五万字撰稿工作,而且负责全书的统稿、修改工作。即使是武警学院教职员工放寒假,她还和其他编写人员一起,封闭起来继续完成编写任务。书稿完成后,还需要撰写一篇系统介绍公安现役部队发展沿革的文章,这一任务又落在她肩上。要将公安现役部队六十多年的历史压缩在一篇四千余字的文章中,并非易事。但高文锦不负众望,按时保质保量完成了任务,《公安政工》第二期发表这篇文章后,在公安现役部队引起良好反响。

为进一步发挥这部书的作用,

公安部政治部提出了,要在公安现役部队师职干部培训班上,开设"公安现役部队发展沿革"的课程,任务继续光荣地落到高文锦肩上。在时间紧、没有教材、缺乏经验的情况下,她二话没说,毅然承担起这一任务。这一课程的开设,填补了武警学院课程的空白,受到了广大领导干部的欢迎。

紧张忙碌的原单位工作,并没有使高文锦对休养所交给她的通讯报道工作打折扣。她先是根据自己的亲身经历,写了一篇《地铁上令人感动的一幕》,又根据学习文件的体会和对历史有关知识的了解,写出了《小康,从梦想到现实》。撰写了以上文章后,她还觉得应该为军休战友们多写,停不住笔的高文锦,又写了一篇反映自己休闲生活的文章《我和老伴采桑葚》。

年过七旬的高文锦,承担这些工作不能说不累、不辛苦,何况她的家中还有不少家务事,但高文锦总是觉得,既然自己还有价值还有热情还有责任还可以有所发挥,就应该不辞辛苦、不遗余力,用工作充实自己的退休生活,在工作中为社会贡献自己的微薄之力。

★ 周绪银　豪情满怀　笔耕不辍

🏠 朝阳区第十二休养所

原为总政治部干部部老干部局原正师职副局长的周绪银，退休十多年来，继续做了大量的工作。

一九九九年起，周绪银任改革课题组组长，担负着中央军委和总政治部确定的军队离退休干部安置工作改革任务的研究。二〇〇二年年初退休时，原总政治部干部部要求他继续参加这一艰巨工作。他服从组织决定，和在职时一样会同军地十多个部委的相关部门，经过五年的努力，研究提出了《关于进一步做好军队离退休干部移交政府安置管理工作的意见》。经五年艰辛劳作，周绪银编纂出的《军队老干部工作概述》，充分论述了军队老干部工作的历史沿革和各方面工作的政策规定和做法，成为军队老干部工作具指导性的工具书。

二〇〇四年九月，原总政干部部领导又确定周绪银参加干部部主编的《中国人民解放军历史资料丛书·政治工作卷》中相关内容的编写工作。周绪银以对军队干部工作高度负责的精神，收集了大量史料，而且不顾年事已高，先后赴多地，收集整理大量有关抗美援朝、剿匪、平叛、边境自卫反击作战中的干部工作史料。因为高强度工作，二〇〇六年六月周绪银突发脑血栓，住院治疗、休养两个月后又投入工作，通过近八年的共同努力，顺利完成任务。

与此同时，周绪银参与原总政干部部老干部局编撰《军队离退休干部手册》的工作，并负责统稿。不仅如此，他还加入基建工程兵史料丛书编纂工作中，任编委会常务副主任，参与撰写《中国人民解放军基本建设工程兵史》。

周绪银历经数年收集编写的历史资料，不仅保证了该书编纂任务的完成，他还和兵种史料编委会同志一起，编纂中国人民解放军历史资料丛书《基建工程兵》卷。

二〇〇四年，经批准，周绪银任中国长城学会副秘书长。周绪银和军队、地方的几位老同志组成"老兵方阵"系列活动组委会，邀请全军的老将军、老军人开展宣传中华民族优秀文化、长城文化和军营文化的活动。举办了以歌颂长城、保护长城为内容的"不倒的长城——中国当代老军人书画精品展"和"血铸长城——海峡两岸老军人纪念抗战胜利六十周年书画文物展"等活动，受到广泛称赞。周绪银还被中国长城学会表彰为先进工作者。

周绪银的工作虽然很忙，但他还是经常挤出晚上的时间写文稿，反映军休生活。在干休所党总支领导下，周绪银和全所老干部积极撰文投稿，在全国报刊上发表的文章、诗词年年增长。从干休所成立的第二年起，干休所就年年被评为朝阳区军休系统宣传报道工作先进单位。周绪银连续多年被朝阳区军休办公室评为宣传报道工作先进个人和优秀报道员，二〇一一年起被朝阳区军队离退休干部党委两次表彰为优秀共产党员和优秀党务工作者。

★ 吴其生　倾情军休　温暖家乡

🏠 朝阳区第十三休养所

曾任原总装备部炮兵研究所管理处处长的吴其生，在职期间为该所赢得全军、总部及炮兵机关授予的数十项荣誉做过贡献。自二〇一〇年起，他担任第十三所党总支书记，所党总支连续三年被上级党委评为"先进基层党组织"，他本人也同期被评为"优秀党务工作者"。第十三所在二〇一六年还被评为星级休养所。

从建所开始，吴其生和大家就十分重视班子建设，先后制订了一套制度，要求各委员首先严格要求自己，做到分工明确责任到人；要支持和协助休养所的工作，配合领导工作，共同制定党政年度工作计划等。

党总支成员深刻地认识到，制度的落实必须要和温情的服务紧密结合起来，才能更好地服务军休干部。为此，他们成立了"爱心领导小组"，吴其生任组长，各支部分别成立"爱心小组"，支部书记任组长。爱心小组对空巢老人、身边无子女、重病、生活自理有困难的老人进行帮扶，活动开展不久成员就发展到数十人。几年来，爱心小组的好人好事不断涌现。

吴其生自己的身体并不太好，颈动脉堵塞了百分之七十，但服务老干部时他总是冲在前头。一天

早晨，有位老干部突然病倒在家中的卫生间里，生命垂危。他接到电话后，随即和蔡所长及门诊部医生赶到，他和大家不顾卫生间的环境，一起将这位老干部抬上救护车并陪同到医院。这位老干部的两个女儿在感谢信中写道："没有你们的帮助，我们不知道如何渡过难关！"

党总支的服务中，吴其生和大家还注意把军休干部原单位的温暖，融入休养所的工作中。他们和原部队，每年共同为年满七十岁的同志和结婚五十年的夫妇，举办祝贺生日和金婚纪念活动，即使军休干部得到更多的温暖，也使在职干部进一步真切感受老干部曾经岁月中的努力与奉献。

为便于老干部患病时能迅速被送到医院，在原部队的大力支持下，他们还解决了救护车的使用难题。以往，老干部住院时，必须先交押金后住院，在经吴其生和大家的共同努力下，签约医院在遇到第十三所老干部住院时，也可特事特办，极大地方便了老同志。

退休后的吴其生更加关注家乡的建设与发展。长期以来，家乡道路泥泞，出行不便，农副产品总因为道路不畅，而影响乡亲们的致富。他和他的子女们反复商量后共同捐款五十多万元，为家乡修建了一条长一千五百多米宽四米的水泥路。之后，吴其生又用积攒的三万多元，在道路上安装了路灯并交齐了十年的电费。

被家乡慈善协会评为"爱心大使"的吴其生，因为温暖的服务，不仅使自己的军休生活闪耀出璀璨的光芒，更使家乡的人民感受到党培养起来的军队干部的高尚情怀。

★ 方耀华　服务无小事　尽孝有贤名

🏠 朝阳区第十三休养所

管委会主任方耀华平时坚持使用两个"小"。一个"小",是办公室的小黑板,记载着每天需要办的事,时刻提醒大家逐项落实;二是口袋里的小本本,记录着容易被自己忽略的"小事"。

在方耀华的心中,其实没有"小事"。老干部工作政策性强,必须有法可依、有章可循,同时又要充满人性及关爱。方耀华常说:"老干部的事就是我的事。"

服务不仅要有温情,而且要小心而又小心。像组织春游,每次都要有几百名老干部及家属参加,动用大车十多台,工作难度大。为此,方耀华和大家每次都做到事先踩点,了解情况,选择安全可靠的景点,还配备救护车及医生,以防万一。工作人员一齐上阵,每个环节都是精心而又精心。

为了在办理老干部就餐卡、第三代入园、解决停车位、夜间使用救护车,以及筹建社区医院等有关老干部切身利益的问题上,给大家做好服务,方耀华发挥对老干部政策熟悉,对所移交干部情况了解和人脉广、口碑好等优势，主动协助所领导和党总支开展工作，破解难题，让大家倍感温暖。

对党交给的工作总是高标准完成的方耀华，对家庭、对亲人也是既尽心又尽力。他是社区出了名的孝子，与爱人照顾瘫痪老母亲的事迹在大院广为传颂。

老干部房刚一建成，他们夫妇便把方耀华的父母从山东老家接来居住。他们把向阳的主卧室安排给父母住，还配置了新家具，自己与爱人住在较小的北屋，使用的还是二十多年前的老家具。

二〇〇九年秋，方耀华八十三岁的老母亲突发脑出血，重度昏迷，医院下了病危通知。他们夫妇一边守在医院，一边在老人家的耳边不时地呼唤，经四十多天的抢救，老人家终于恢复了知觉，但却落下严重的后遗症，失去生活自理能力，他和爱人便承担起了照顾病人的重任。

因为方耀华父母的户口在外地，在北京看病吃药全部需要自费，一次药费往往要上千元，他和爱人从无怨言；病后的老人有时爱发个脾气，他和爱人都很理解，依然是时不时地与老人聊天解闷；有时老人想老家了，方耀华就拨通长途电话或开通视频，让老人与千里之外的亲人说说话；为了让老人开心，六十来岁的儿媳妇还为八十多岁的婆婆跳舞，这一时传为全所的佳话，老人直夸儿子儿媳孝顺，自己有前世修来的福。

在方耀华夫妇的表率作用下，全家对老人关爱有加，为康复出力出钱。他们的女儿女婿下班回家后的第一件事便是问候老人，他们还抢着为老人买药，购买健身器材，帮助康复训练。

二〇一一年方耀华的爱人方晓梅荣膺北京市"万名孝星"之一的称号，二〇一二年，方耀华家被评为社区和谐家庭。方耀华多次受到上级表彰，三次被原单位评为先进个人，还先后两次被评为军休系统优秀共产党员。

晚霞正满天

★林洪基　气韵生动绘彩卷

🏠 朝阳区第十三休养所

曾在南京师范大学美术系学习的林洪基，师从傅抱石等大师，打下了很好的绘画基础，入伍后，林洪基一直从事军事工程美术专业工作，其作品多次获军队科技进步奖，屡次担任全军性武器装备展览总设计师，其成果多次获奖。

林洪基擅长山水画，兼画花鸟，作品大气磅礴、雄浑苍劲，他既尊重师教、尊敬传统、师法自然，又会心写神、创意独运，有着自己的独特风格。他认为气韵是传统艺术的美妙境界，也是中国山水画魅力之所在。他的《徽骆驼》《立水桥》《郡王府》《幽谷神潭》等画作在虚实相生中自呈气韵，体现了他对祖国山河的无限热爱和独到的美学境界。

本来他也有退休后一心一意画画的想法，但他还是毅然决然地选择了留在休养所义务教学，因为他更觉得自己"是军人，军休办就是我的家"。他要用自己的一技之长，为军休战友画出自己心中的彩卷，贡献出自己的价值与作用。

林洪基担任休养所书画班授课工作以来，即使对初学者，他也不厌其烦地从教他们如何拿笔、着墨、染色开始讲起，不同程度的学员都感到收获很大，绘画水平都有了很大的提高。不少学员都交出了满意的作品，有的还获了奖，并在不同的场合展出。退休十多年来，他每年举办两期国画学习班，共培训学员一百二十余名。

林洪基不仅为本单位授课，还为朝阳区军休活动站、朝阳老干部局、北京市军休办活动中心的书画活动奉献自己的热情与心得。他不仅为军休干部提高绘画技艺竭尽全力，对于用心学习的年轻人也是有求必

应。陆航的几位战士找到林洪基学书画,他不但耐心教导他们技法,还为他们提供不少的方便条件。

林洪基担任的社会工作多,有时候在时间的安排上就成了一个大问题。遇到这一类事情的事情时,他最为看重的是休养所的事情,他总是把集体的事情排在他自己个人计划的前面。

担任中国书画艺委会会员、中国美协北京分会会员、铁流书画院画师、朝阳区军休诗书画影分会会长、绘画创研部部长等职务的林洪基,积极服务军休工作的同时,坚持努力创作。他的作品《上善若水》,在民政部举办的军休干部纪念建军八十五周年作品比赛中获一等奖;《春风送暖》在山西省美术作品展中获一等奖;在"祖国和战士书画展"上,他的作品也获得了一等奖。

林洪基的很多作品受到书画爱好者、收藏家的喜爱,大量作品发表各类报刊上。其描绘祖国美好山河等题材的许多作品,流传于十几个国家,中华民族优秀的传统文化与时代鲜活的中国气韵,被这位军休干部传播得很远很远。

★ 张国明　竭诚奉献　倾心军休战友

🏠 朝阳区第十五休养所

自二〇一一年第十五所组建以来，张国明曾多年担任党支部书记、党总支书记，他和大家一起，倾心竭力地扑在军休事业上，为休养所的建设倾注自己的热情与心血，被工休人员称为"我们的好书记"。

休养所组建之初，事务性工作很多，于是他俨然以一个工作人员的身份，几乎成天"泡"在所里，他与工休人员共努力、齐奋斗，从而使休养所迅速走上正轨。他和大家一致认为，要想让军休干部们的生活幸福，建设好的文化内容极为重要。为此，他们先后成立了歌咏队、太极拳队、舞蹈队等，积极开展活动。

为参加中国人民抗日战争纪念馆组织的"缅怀英烈、圆梦中华，纪念抗战胜利七十周年音乐展演"活动，张国明多次同所领导、歌咏队队长谭谷生商量研究制定方案的同时，还亲自参与排练，并四处奔走解决许多具体问题。歌咏队不仅出色地完成任务，还获得了"全国十佳志愿团队"的称号。

军休干部马连海在积极筹划为军休战友推广健身项目时，他不满足现状，再次参加太极拳训练班拜师学艺，成了让大家心悦诚服的太极老师。对此，张国明看在眼里热在心中，觉

得这是提升军休干部身体素质、活跃文化生活的好办法，就与所长、马连海等商量决定组建太极拳队。

太极拳队"请出"热爱太极的齐国平担任队长，由马连海担任技术指导与顾问，并广泛发动大家参加习练。时间不长，太极拳队如滚雪球似的迅速扩大，成为小区院内一道亮丽的风景和十五所的一张舞动品牌，先在朝阳区杨氏三段段位比赛中取得了第一、第二名的好名次，又在赴陕西咸阳参加全国杨氏太极拳交流大赛时，获得了银奖及道德风尚奖。还在全国军队离退休工作会议上展示太极拳，引起强烈反响，得到领导和同志们的一致好评表彰。

大家还组建了义务维修队、家电维护队、医疗保健队，贴出告示，公布电话，随叫随到，上门服务，不取任何报酬。每逢大的节日，还在小区搭台服务。第十五所的活动丰富而多彩。

张国明二十多年前在执行任务中因车祸身受重伤，是二等残疾，但他身残志坚，几乎事事亲为，参加纪念抗战胜利七十周年音乐展演时，他一站就是七八个小时，腿站肿了，打不了弯，旧伤处隐隐作痛，但他一声不吭，扶墙活动一下后，继续站回到行列中。

他的心中总是想着别人，总是争取用更多时间服务大家。每次张国明去医院看病、取药，他都是凌晨就到医院挂号排队，以便早点儿赶回休养所。他的家务事，都是贤惠的老伴刘瑞智抢着料理，全家人都支持他全身心地投入所里工作。

他奉献在点点滴滴中，他默默无语任劳任怨的付出，感动着众多休干与居民，异口同声地赞扬他是"竭诚奉献、倾心休养所的好书记"。

晚霞正满天

★ 马连海　太极拳运动的"领头雁"

🏠 朝阳区第十五休养所

马连海退休后成了休养所群众太极拳运动的"领头雁"。

马连海在八大处居住的三十多年时间里，几乎天天登山锻炼身体。二〇一一年搬到休养所后，小区面积不大，周边无山无水，习惯了爬山健身的马连海，一段时间心情很郁闷。

马连海从书店买来几本介绍太极拳的图书后，每天都要用大半天的时间研读，还做了几千字的摘抄笔记。他由浅入深地了解了太极拳的历史渊源、发展流派，惊叹于太极拳的健身功能与文化属性。马连海拿定主意，开始学练杨式太极拳。

开始，马连海连续一个多月在电脑上观看杨式太极拳的套路，跟着画面一个动作一个动作地学习比画。一个月后，小区的活动场地上，出现了马连海打太极拳的身影，他时而打几招，时而停下来琢磨。邻居们渐渐发现，老马的太极拳动作由开始时的不流畅逐渐变得连贯了。休养所一些老同志渐渐凑到练拳的老马身旁。

此时，休养所领导正为小区缺少活动场所和寻找适合老干部的项目而发愁，何不请老马做教练带领大家习练太极拳呢？休养所党总支征求马连海的意见，老马说，为大家伙儿服务义不容辞！在休养所召开的"老干部走出家，太极拳进休养所"的动员会上，呼啦啦一下子三十多人就报了名。

老马感到自己责任大了。为了让大家学好规范的动作，他接连参加了四期太极拳骨干培训班等课程，还在网上观摩了李德印、崔仲三等大师的授课，扎实地掌握了太极拳的基本功夫。每天早晨，他迎着朝阳，带领大家在小区开启了太极拳健身之路。

多年来，军休十五所的"夕阳红太极辅导站"，已经扩大成一支有五十多名老干部和家属参加的太极队，他们每天坚持切磋、习练两遍。六十多岁的张泽海患有肺心病，他坚持天天练，身体大有好转；七十多岁的孙玉勇也患有多种疾病，学练太极拳才几个月，精气神也越来越好。

二〇一四年四月，"夕阳红站"代表朝阳区参加北京市举办的"孙剑云杯"武术比赛活动，夺得了太极拳集体项目第三名。当年秋天，全国军休干部管理服务会议在北京召开，十五所为与会人员表演的太极拳，获得了大家的盛赞。他们应邀参加陕西咸阳市举办的传统杨式太极拳交流大会，在四十多支参赛队中获得银奖。马连海和四十六名太极拳运动员，在参加北京市军休办组织的"北京军休干部在行动·万人参与千人演示"太极拳活动时，编入朝阳区军休方队，又获得圆满成功。

★ 杨红军　弘扬传统颂党恩

> 🏠 朝阳区第十五休养所

　　曾多次立功受奖的杨红军，从北京卫戍区警卫三师退休后，不忘初心，不忘军人本色，不忘军队光荣传统，利用特长，积极参与休养所和社区的群众文化活动。

　　二〇〇九年下半年，杨红军开始组织、策划、排演《长征组歌——红军不怕远征难》，在社区和街道的支持下，他负责策划、编撰、导演、指挥、道具、音乐编配制作、合唱团的演唱排练及整体指挥工作。

　　为了演出的成功，杨红军撰写了五十多页的演唱文本，自费为大家复印近百套共四千余页的歌谱，还自费购买了二十多种的有关资料，又自制道具二十多件，刻制了近百张的光盘，组织八十余人排练百余次。

　　《长征组歌》的演出成功，从二〇一〇年"七一"在某部队礼堂的首演开始，并引起了强烈反响。一位部队的离休老干部拉着杨红军的手说，你们演唱得真好，太给力了，我们部队大院不光有军事家，还有指挥家，你就是我们的指挥家；一位原战友文工团的老文艺工作者，从头看到尾，对杨红军说：一个社区合唱队，能把这么大部头的作品拿下来，而且演唱得有模有样，真是不容易。此后，他们还先后代表顺义区委、区政府、区文化委，慰问驻顺义部队，受到部队官兵的热烈欢迎。《长征组歌》的部分曲目，在参加"北京市天竺杯"的合唱比赛和展演时，还取得了金奖、最佳指挥奖等好成绩。

　　杨红军还先后创作了歌曲、戏曲、小品、快板等近百件，全部为歌颂党、军队和人民正能量的作品。创作中，他似乎早就忘记了他是个肺癌患者，即使在住院化疗期间，他仍是一只手输着液，另一只手还在书

写着作品，合唱作品《军魂颂》就是在他住院化疗的三个多月时间里，歌词和歌谱先后十易其稿后得以完成的。

　　杨红军和大家先后参加了市、区有关单位组织的有关活动近两百场次，受到观众的热烈欢迎和有关单位的表彰。特别是为纪念中国人民抗日战争胜利七十周年，在北京市委宣传部主办，中国人民抗日战争纪念馆承办的"缅怀英烈，圆梦中华"大型活动中，朝阳区军休第十五所合唱团和双拥合唱团受邀参加，杨红军担任百人合唱团的组织、策划、排练、指挥，他从市委宣传部领导的手中，接过"中国人民抗日战争纪念馆·老战士志愿者合唱团"的团旗，合唱团威武整齐的队伍，铿锵有力的演唱，为活动增添了色彩。合唱团还被评为二〇一五年度全国博物馆系统"十佳志愿者团队"。

★ 王保群　助力蓝天展翅　痴醉书报收藏

🏠 朝阳区第十六休养所

原为空军第三飞行学院政治委员的王保群，在担任学院政委期间，多次带领部队完成上级赋予的重要任务，数次受到总部、空军表彰。特别是在新中国成立六十周年国庆首都阅兵中，他担任教八空中梯队总指挥，带领中国首批歼击机女飞行员阅兵梯队到唐山训练后，圆满完成了阅兵任务，先后被阅兵联指和空军评为"优秀方梯队指挥员"和"空中梯队优秀指挥员"。二〇一一年被四总部评为"全军优秀指挥军官"，同年荣获"国防服役金质奖章"。

退休后，王保群及时转换角色，发挥自己的特长，在宣传党的路线、方针、政策及社会主义核心价值观方面，继续做有意义的工作。二〇一四年，撰写的《两千贺年卡　寄托军旅情》《百枚徽章铸辉煌》《飞向天安门》等文章先后在《军嫂》杂志、《锦州晚报》等报刊发表。其参与的专题片《老兵的徽章情缘》《飞向天安门》先后在北京电视台播出。

二〇一五年，王保群为配合我国首批歼击机女飞行员驾驶歼十飞机，参加马来西亚航展表演，参加宣传工作，先后接受了

深圳卫视及湖北卫视的专题采访,为宣传人民军队、人民空军,做出了应有的贡献。他还多次为部队官兵讲部队光荣传统课;为航空大学大阅兵空中梯队出谋划策,为提高他们的组织能力,做了很多建设性的工作。

其间,他主编的反映中国首批歼击机女飞行员参加新中国成立六十周年国庆阅兵全记录的大型画册《谁持彩练当空舞》,受到部队官兵及社会各界的好评,《飞向天安门》一书被军事博物馆收藏。

由于工作性质的需要和自己的爱好,王保群痴醉报刊、书籍收藏四十余年,不论是清朝的《邸报》《京报》;还是民国时期的《快活周刊》《工人之路》;还是新中国成立后,毛主席及其他党和国家领导人为雷锋题词、雷锋牺牲的消息以及香港、澳门回归报等报纸,他都精心收藏。

对于书籍收藏,王保群不仅青睐明清线装书的善本孤本,对红色经典书籍他更是爱不释手。"文革"前出版的马、恩、列、斯、毛和胡志明、宋庆龄、鲁迅的全集,他都有收藏。马、恩、列、斯的著作选,他还藏有大字本。《孙子兵法》线装本、竹简本、木简本、金箔本,以及微型版、连环画,他收藏了一百三十余册。他还珍存了线装连环画两百余册、《四库全书会要》精装本一百册等。

王保群近几年还积极借助新媒体,开展宣传工作。他撰写的《唯一获得两次殊荣的士兵》《办报人要精业务、懂政治》《我所知道的国庆六十周年阅兵报》《读书、藏书丰富了我的人生》《剪报让我退休生活更加丰富多彩》《试论普报的二次开发及其价值》先后在网上发表,受到大家的好评,为社会主义精神文明建设、宣传正能量及保护我国文化遗产,做出了军休干部的新贡献。

★ 徐 岩 奉献爱心 快乐生活

🏠 朝阳区第十六休养所

徐岩不同意有的人说"退休了，就该放下一切颐养天年"的说法。她有自己的计划："我在部队紧紧张张几十载，至今已退休十余年。退休伊始我就考虑应把退休生活安排得丰富些。一要注重科学养生，快乐生活；二要帮女儿排忧解难，带好外孙，培养他成才；三是要让生活充实，除了多读各种图书，每天看报关心世界、国家大事，更要关心首都建设及身边人们关心的事，从小事做起，尽自己的责任。"

对于一直长期工作生活在海淀区，十年前才搬到朝阳区，一切都是陌生的徐岩来说，尽快融入周围人群是她的首要考虑。她走进公园与大家一起高唱歌曲，和各类型的人都聊得热闹。既了解到了他们的困难，也明白了大家的想法……于是，徐岩利用自己掌握的政策和知识为他们化解思想上的困惑，疏解心理困惑，指导他们如何科学养生。

有的人生病了，徐岩就提着牛奶等营养品去看望他们，并详细嘱咐其应注意的事项，徐岩的热情感染了周围的人，使他们很感动，大家逐渐地熟悉亲近了起来。

得知不少中老年朋友喜欢唱外国名歌，徐岩就帮助组织了合唱队，还为大家抄歌谱歌印歌篇。每当大家豪情满怀地唱着《喀秋莎》《共青团之歌》，大家仿佛都又回到了年轻时代，个个精神振奋；唱那轻盈起伏的《小白船》，个个满脸含笑，像是老顽童。

徐岩居住的小区绿化得不理想，春天时，她就主动整理荒地，播种花籽，移栽花苗，并写警示牌："梦想花儿开，多多放光彩。花儿你我爱，大家莫踏踩。"电梯间里有人吸烟了，她就贴出劝阻小告示；谁把楼道弄脏了，她就主动打扫干净。

二〇一四年十二月才成立的太平庄社区，管辖五个小区，工作初期困难较多。工作人员小彭找到了徐岩，希望她联络几名业主担任志愿者。徐岩就先从曾在部队服役过的老同志找起，通过努力工作，终于组成了小区志愿者小分队，在纪念抗日战争胜利七十周年大阅兵、全国两会等重大活动中发挥着大家的作用。

徐岩自己的身体其实不太好，左腿曾三处骨折，站久了和走多了的时候，都会腰腿疼痛，但想到自己有责任为北京的安宁和社区的和睦平安贡献力量，也就忘了自己的困难。尤其是她的小外孙看到徐岩的行动，也高兴地说："长大我也当志愿者！"她更是感到身教重于言教。

徐岩总是自我鼓励：生命的长度固然有限，增加生命的宽度和厚度就是提升价值。能让自己的生活每天都充实，不仅自己过得快乐，还能把快乐带给更多的人，这样的军休生活充满意义。特别是看到自己外孙每天成长多一些的满满幸福，她就更感受到了奉献的无穷价值。

★ 齐结存　祖国育我　倾情回报

朝阳区第十七休养所

"是祖国培育了我，我要倾尽全力回报祖国！"——这不仅仅是齐结存的誓言，更是他的坚定信念和实际行动。

从空军后勤部军需部退休的齐结存，在部队时先后四次荣立三等功，十九次受嘉奖，多次被评为空军机关优秀共产党员。退休后，他以一名老共产党员无私奉献的情怀继续为人民服务，赢得了人们对他的赞誉。齐结存先后被《世界名人录》《军魂》《中华儿女卷》等三十二部图书收录，他担任十余个媒体的相关指导工作，录制专辑十四部、发表评论五十余篇、刊发文章七百多篇，参与或主编著作三十一部，获得"新时期杰出贡献奖""共和国建设功臣"荣誉，还获得八个部门共同颁发的"传播饮食文化杰出贡献奖"。

二〇一五年部队聘请其担纲的科研项目，分获科学技术进步二、三等奖。二〇一七年又完成了中医药文化进校园、进课堂的主题设计、论证及方案制定，他先后提出的相关食品安全和营养的十一项修正方案意见都得以采纳，极具影响力。他积极参与北京市中小学生改革试点，组织中医药文化进社区、学校的顶层设计，探讨食育教育改革。他们先后与多个社区建立联系，并深入到几十所

学校及单位调研、讲课、传授相关知识九十余场次，提出了北京中小学生用餐服务"十化"标准。他先后参与组织完成六项国家级与市级相关标准编写审定与评定，并起着主导作用。

为了积极借助最新科研成果，及时理解政策走向，齐结存多年来每天坚持学习两小时，并把自己的学习成果、工作经验体现在工作中。为了配合中国食品安全法的相关工作，他与相关人员，历经九个月完成了"食品安全与法"的调研，其间刊发文章十余篇，录制节目二十场次。

作为一名曾经的军人，他情系边防，深入内蒙古有关部队进行"一心保安全"的讲座，还参与组织了"首届食品安全与法大学生辩论赛"，的评判工作，先后六次出任评委指导监督行业大赛、项目评估。退休期间，齐结存还参与完成了《军需光辉历程》《与战争同行》等电视片的拍摄。

在单位，齐结存担任管委会委员、报道组组长、朝阳通讯站副站长，助力所在单位的评优等工作；在家中，二〇一七年被评为"中华孝子"的齐结存，侍奉亲理年过九旬老母亲的生活，体贴爱人，帮带晚辈。他热心参加服务贫困地区、帮扶弱者的活动，常年坚持每个月用自己工资的十分之一助人；他注重建设和谐的邻里关系，长年坚持代交邻居的水费，与百名青年志者结对，在他们的婚姻、孝亲、工作等方面问题，竭尽所能提供支持和帮助。同时助力二十余家单位都得长足进步。

齐结存用自己的实际行动，在军休时期，继续书写着奉献的华章。

★ 邵 伟 "粉红花园"中的天使

🏠 朝阳区第十七休养所

邵伟患曾是个乳腺癌患者，自二〇一〇年在北京协和医院"粉红花园"公益组织中，开始做志愿者服务工作至今，体现了一个普通共产党员"不忘初心，牢记使命"的本色。

因为她既是个乳腺癌患者，又是名退休军医，她不屈不挠的精神、良好的医术和优秀的人格，给大家留下了深刻的印象，被推选为"粉红花园"志愿者探访部部长，在该院乳腺外科做门诊咨询、病房探访和微信答疑工作。

志愿者服务工作，怎样在遵守规则中推进温情关爱，这是邵伟深深思考的重要问题。首先，她动员求助者认真听取医护人员的意见，同时，邵伟和大家详细收集患者的感觉和康复的需求，把科学与温暖融为一体贴近姐妹们的心里。在总结大量的交流经验基础上，制定出《咨询、探访有关规则》，经协和医院"粉红花园"志愿者讨论和领导批准，落实到志愿服务工作中，使得她们的服务工作有章可循、有据可依。

因为服务对象都是素不相识的乳腺癌患者，邵伟她们的探访工作就从走进病房，把温暖送到每一位手术患者的床前开始。在病房探访时，主动介绍志愿者也是乳癌患者，一句话拉近了志愿者与病人之间的距离，病人大多愿意立刻敞开心扉，把担忧和恐惧的心情倾诉出来，在面对面的送温暖过程中，志愿者用康复的心路历程来感染和激励她们面对现实战胜疾病。

在协和医院乳腺外科门诊大厅中，求医者常常会首先看见穿着粉红色上衣、佩戴胸牌的志愿者坐在拥挤的人群中，邵伟等人时常坐在这里与乳癌患者面对面交流，解答她们提出的放疗、化疗如何应对，术后康复需要注意哪些，患病后的心理调整等等问题。

因为服务对象分布广、需求大、问题多，她们还建立了微信服务群，每个工作日都有专人，在固定的时间解答不同层面病友提出的各种问题。她们不厌其烦耐心地解答病友们提出的有关营养、术后恢复、放化疗注意事项、大夫出诊时间、药物使用方法等问题，帮助病患解决了许多纠结的困难。

邵伟本身就是一个患者，在努力使自己康复的同时，用自己的真切感受、科学方法，温馨地与姐妹们共同面对困难。"粉色花园"绽放着充满希望的花朵，而这一切都与呵护这花园的志愿者天使们密不可分。

邵伟和志愿者们一起，用充满温馨的希望，助力更多的姐妹战胜疾病，再展风采。邵伟更用自己一个军休干部昂扬不屈、乐观向上的奋进精神，展现出她助人为乐的人生价值。

白霞正满天

★吴春荣　太极神韵在　福乐康宁存

🏠 朝阳区第十八休养所

提到退休前担任过军事谊文出版社副社长、驻外武官等职务的吴春荣的名字，无论是休养所里的工作人员，还是军休干部，无不为他精深的太极功夫和高尚的品德称颂不已。他不辞辛劳地积极组织大家参与军休系统的各项文体活动，还积极参与社区各项活动，既提高了军休干部的良好声誉，也为社区生活开拓了更加广阔的天地。

太极拳对吴春荣而言早就成了他生活中不可或缺的一个重要部分。他在年轻时就爱好长拳，退休后诚心拜师学艺，谦虚地与同好切磋，寒来暑往风雨无阻，先后练习过陈、杨、吴、武、孙等几大门派的拳法，其功夫不仅心得自在且名家赞许有加。更可贵的是，吴春荣练拳不仅是为自己健身，还把多年积累起来的成果与经验，与大家一起分享。进入休养所后，他立刻就组织起了太极健身队，没有等他"振臂一呼"，慕名已久的三十多位军休干部就一起参加了进来。

出任主教练的吴春荣，看到有的人动作不太协调，就一遍遍地讲解指导。大家不仅练太极拳，还开始了太极扇、太极剑、太极刀等的习练，动作也越来越规范。这支"年轻"的太极健身队伍，不仅受到了军休部门和所在社区的认可和欢迎，还开始在街道和社区的重大文体活动中，受邀参与表演。

二〇一六年四月在三里屯街道妇联组织的健康广场舞擂台赛中，他们以太极拳形式登台打擂。在参赛的十支队伍中，他们的表演和拳法使人耳目一新，荣获二等奖后，使全体参赛队员受到了极大的鼓舞。

在三里屯街道举办的"百姓同乐会"上，十八所再次组队登台表演。名为"军休人功夫扇"的节目，因为充满着虎虎生威的阳刚之气，赢得观众的阵阵掌声。

自二〇一五年年底开始，第一期"社区创享计划"活动，在三里屯街道所辖七个社区展开。吴春荣组织大家习练太极拳和太极剑、八段锦等，参加街道组织的各种表演和比赛。他们坚持晨练不间断，开班培训新学员，不断向着"健康自己，快乐家庭，和谐社会，有利国家"的目标进发。在第一期总结大会上被评选为优秀项目奖。在第二期"社区创享计划"中，十八所军休干部又组建了"关爱进万家——中三里社区移动便民服务站"，以理发和配制门禁卡为服务项目，为大家解决了理发难和配门禁卡难问题。这个由师级干部组成的义务服务小组，至今已经为大家理发两千多人次，受到大家的热烈欢迎。

如今的十八所，正是因为有了像吴春荣一样的一批老同志热心参与，文化养老气氛越来越浓，歌咏队、舞蹈队、健身队、便民服务小组、老兵理发队、诗书画影小组、通讯报道小组、编织小组、棋牌小组、台球小组等各种活动都在有声有色地展开，幸福的笑容洋溢在每一个人的脸上。

★胡学山　热心助人赢尊重　创新工作共前行

🏠 海淀区中关村休养所

胡学山作为西直门北大街二十八号院第一党支部书记，同时还担任中关村休养所党总支副书记，他用真诚与热情，赢得了大家由衷的敬重。他们支部有党员四十六名，几年来，在他与支部一班人的带领下，全体党员弘扬正气，保持本色，团结向上，圆满完成了休养所交给的各项任务，多次得到了所领导和上级有关部门的肯定与表扬，被海淀区军休办党委评为优秀党支部，胡学山还被民政部、原总政治部评为全国先进军队退休干部。

胡学山是大家心目中的主心骨，他们大事小情都愿意跟他沟通。面对大家反映的问题，胡学山总是不厌其烦，对每个问题认真梳理后，想方设法与相关部门沟通。像移交地方后，原单位遗留的居住房的结算、维修等问题，他根据大家的意见与建议，以党支部名义，用书面形式多次向有关单位领导反映，收到了较好的效果。支部有的同志生病住院，他要么去医院探望，要么打电话询问病情及治疗情况。有一次，他们支部的一位老同志突发疾病，但家属和孩子都在外地。他得知情况后，一边安抚老同志不要着急，一边马上联系医院使该同志以最快的速度住进了医院，由于送医及时，老同志很快转危为安。他无微不至的关心赢得了大家的信赖，平易近人的作风得到了大家的赞扬。

如何开展退休干部党支部工作，对胡学山来说是个新课题。在多年党支部书记的岗位实践中，他创新工作思路，努力在新形势下解决好新问题。

军休干部每月一次的报销医药费时间，也是难得的集体会面时间，他就充分利用这一时间，及时传达有关文件与上级的精神。对那些有事未到的党员，他总是在第一时间用手机联络他们，告知相关事宜。

为能更好地促进学习，胡学山还主动与军职干部党支部联络沟通。军职干部党支部信息渠道顺畅，反映问题相对便利，胡学山与他们约定，凡是政策允许传达到自己支部同志级别的文件，就组织人员参加学习；对有些需要反映的共同问题，则联手反映，以求解决。他还主动与营院的管理部门联络沟通，党支部开展活动的场地由营院的管理部门帮助解决，每次用场地前，胡学山都提前去协调。如春节联欢要用食堂，练歌要用老干部活动室，有时休养所拉来的慰问品要有地方暂时存放等问题，都由于他的及时联络，每次都得到营院管理部门的很好配合与支持。

热心对待同志，创新开展工作，胡学山同志始终以共产党员的模范行动，去感染和带动周围的人，使支部形成了互学、互帮、互助的良好氛围，增强了党支部的凝聚力。

★ 李世煇　物我两忘为初心

🏠 海淀区万寿路休养所

海淀区万寿路休养所军休干部李世煇，在长期的国防工程中积极探索，做出了很大的贡献。一九七八年，李世煇所参与的国防工程项目，荣获全国科学大会奖。一九八七年，他研制创新的某人工智能软件，荣获军队科技进步一等奖、国家科技进步二等奖。一九九二年起，享受国务院政府特殊津贴；一九九六年，《岩石理学分析》科研成果获得军队科技进步一等奖。

李世煇退休不退志，继续深入研究、完善典型类比分析法软件，根据应用实践中所得到的数据资料和经验教训，反复创新完善。从一九八九年三月到二〇〇〇年九月，他共开办了五期讲习班，来自全国

第一部分

一百七十二个工程单位共二百二十八人参加了该软件的应用培训。参训人员通过对二百零二个隧道工程实例的自主验证,平均满意率高达百分之九十三点六。讲习班期间,在二滩水电站导流隧道施工的设计复核应用中,创造了成功的范例。

退休后的李世辉,还先后被聘任为上海大学兼职教授、中国科学院工程地质力学重点实验室客座研究员。他不仅坚持教书育人,而且一直笔耕不辍,先后发表了数十篇学术论文,其中有四篇发表在有重要影响的国际期刊上,出版了《隧道围岩稳定系统分析》等四种著作。而这一切的努力,就是为了实现当年在哈军工他和同学一起立下的一句"誓与苏美工程兵争高低"的誓言。退休后,由于李世辉长期超负荷的工作,使得他体力严重透支,多次发生心梗、昏厥和三支冠状动脉"两断一塞"等多种疾病,几乎危及生命。幸运的是,经过积极及时的治疗和科学的调理,身体恢复得比较理想。

他之所以取得这样的成果,很受益于长期坚持学习和实践。他自幼喜读文史,且长期自学毛主席著作。他总是以毛泽东关于"甘当小学生的精神""洋为中用、古为今用"和"作系统的周密的调查和研究"的思想为指引,不断激发自我学习国内外先进经验,和积累、更新知识与技术的强烈愿望,坚持深入施工现场进行调查研究,亲自参加隧道工程实践,从而掌握了大量的第一手资料。在科研创新上,毛泽东军事思想中关于"灵活机动的战略战术""集中优势兵力打歼灭战""伤其十指,不如断其一指"以及"善于抓主要矛盾"等哲学观点和方法论,在他的实践和科研成果中都得到了充分体现。他说,搞工程设计就像军事家指挥打仗一样,只有善于运筹帷幄,才能实现重点突破;只有懂得因时、因地制宜,才能不拘一格、出奇制胜。

退而不休,夕阳更红。李世辉的军休生活,璀璨而壮丽。他不忘初心的敬业精神,令人肃然起敬。他也因此荣获了"北京军休榜样"的荣誉称号。

★ 邵秀香　歌唱是健康长寿的法宝

海淀区万寿路休养所

邵秀香退休前，一直从事医务工作，退休后她继续发挥自己的医疗专长，到老年医学会工作，多次被评为中国老年医学会"先进个人"，并担任老年医学会的副秘书长兼办公室主任。她积极参与开展有益于老年人群健康的公益活动，服务于社会，服务于老年人，为提高老年人健康素质，构建和谐社会做出了贡献，对医学会工作的正常运转发挥了重要的作用。

二〇〇二年，邵秀香在继续做好老年医学会工作的同时，与几位战友合作，把驻京部队中的现役、复转、离退休军人中的文艺爱好者组织在一起，成立了"军旅之声合唱团"，并担任副团长。十多年来，合唱团坚持不懈地排练，组织完成了各类演出近两百场。除了在地方进行演出，他们还经常到内蒙古边防部队及其他部队慰问演出，受到部队官兵的热烈欢迎和赞扬。

人民大会堂、中央电视台等单位，常常有他们演出的身影；原文化部、原总参谋部等单位组织的演出和比赛活动，他们也踊跃参加。他们先后取得了"北京合唱比赛"金奖、"北京国际合唱比赛"铜奖等多项优异成绩。

二〇〇八年，原万寿路休养所因军休干部较多被拆分为两个所，原休养所合唱队的指挥也被分到了另外一个休养所。此时，海淀区"五月鲜花"歌咏比赛即将举办，而四十多人的合唱队却因没有指挥面临着解散的窘境。休养所领导为此找到了邵秀香，她欣然受命把一个即将解散的队伍，又重新组织起来了。几年的时间里，邵秀香不厌其烦、一丝不

苟，努力在教、学、唱上下功夫，无论是家里还是兼职的单位中有什么事情，她都想方设法把每周二的时间挤出来，组织老同志唱歌。

近几年来，基层部队和社区开展文艺活动的积极性越来越高，但是也面临缺少文艺骨干的现实，为帮助基层单位搞好文艺活动，邵秀香不惜时间义务为他们服务，毫无保留地把自己的知识传授给他人，先后为部队、为社区培训多名文艺骨干，受到基层部队官兵、社区群众的广泛赞誉。

在邵秀香心里，音乐已经成为人们互相沟通共建和谐的桥梁。她说："歌声是我们幸福快乐的源泉，唱歌是我们健康长寿的法宝。"

晚霞正满天

★ 董文先　继续贡献永向前

🏠 海淀区四季青休养所

　　董文先从空军退休后，自觉转变角色，一方面快速融入军休生活，同时作为空军连续两次聘任的军事理论专家组成员，继续坚持跟踪研究世界军事领域，特别是空天领域的发展，站在空军军事学术前沿，经常为空军领导和机关提供咨询。

　　二〇〇七年，解放军出版社邀约他出版了《号声扬空军》一书，该书是改革开放三十年来，全军"当代中国军事学资深学者学术精品丛书"之一。二〇〇九年，他多次接受军内外媒体采访，参与空军机关多项撰稿、审稿工作，发表多篇相关的纪念性文章，并出版《再论现代空军》一书，作为对空军成立六十周年的献礼。他曾数年在中国国防报战略论坛发表多篇长文，网上多有好评。

二〇〇九年，空军设立了刘亚楼军事理论奖，请专家对空军成立六十年间的重要军事理论成果进行评定，共评出十项。其中，董文先获个人奖，在其他九项集体奖中，有两项也有董文先的参加。二〇一四年，他的《空天一体》专著，又获第二届空军刘亚楼军事理论奖。一九九九年和二〇〇四年，董文先两次被空军评为"做出突出贡献的空军军事理论优秀研究人员"。空军首长在空军首届刘亚楼军事理论奖颁奖大会上讲话时说："有一些老同志，虽然已退休离开工作岗位，但仍在积极为空军的理论建设发挥作用。如今天获奖的董文先同志，已年逾七旬，近几年连续几年撰写、出版了《现代空军论》系列专著，这些书不仅在于它的理论价值，而且充分体现了一个空军老战士的赤子之心，值得我们很好学习。"

董文先入所后，积极关心休养所的建设，曾多次向北京市政府写信，反映军休干部居住地环境脏乱和交通困难等情况，并得到了积极的回应。对于休养所和总支、支部布置的任务，他努力完成。作为宣传委员，他写过多篇报道，投稿给《同心刊》《军休之友》等刊物，宣传军休干部和休养所工作人员中的好人好事，颇受好评，被区军休办数次评为宣传工作先进个人。

董文先多次给所里老干部们作报告，从党建理论、方针政策到军事热点话题，内容广泛。报告前他每次都认真准备，稿子反复修改，并根据内容，准备地图、形势图等辅助资料，深受老干部们的欢迎。

董文先退休后，学习从不间断，继续做贡献，将党员和军休干部的奉献精神感染给了身边的每一个人。

★ 李有来　以人为本促服务

🏠 海淀区四季青休养所

李有来在休养所曾任党小组长、支部委员、支部书记、总支委员，还是所通联组、摄影组和台球队的成员。由于工作积极、热情，受到了组织的肯定和大家的好评，曾被海淀区军休办党委、所党总支评为优秀党员、优秀党务工作者，连续多年被评为海淀区军休宣传工作先进个人，还被国家民政部、原总政治部评为全国先进离退休干部。其所在支部被海淀区军休党委评为先进党支部。

李有来在任党小组长时，组内有两位党员由于身体有病，不能正常参加组织生活，每次他都及时把支部会议的精神向他们传达，每月按时把工资条和军休刊物送到两位同志的手上，并把他们的情况和要求随时反映给组织，使他们和大家一样感受到组织的温暖和同志们的关心。

他担任支部书记后，时刻想着要主动把军休党建工作做好，在第一次支委会上就提出"以人为本、服务当先"的工作思路。这些思路很具体：有事及时通气；较大事项，如安排疗养、评选先进等，要经过支委会或支委扩大会取得一致意见后再开展；认真开展每月一次的党日活动；在支部大会上热情表扬组织观念强、热心公益事业的同志；支部每年通过聚餐或茶话会（AA制）的形式搞

一次聚会，为本支部年满八十岁的同志过集体生日；每逢年节，他都组织支委会成员到老党员和行动不便的同志家中看望、慰问；支部成立伊始，把有介绍个人简要情况的支部全体成员名单印发给每一个党员，以增进相互了解等。

李有来在任支部书记期间，能严格要求自己，注意个人表率作用，他深知自己在休养所中的位置，他自觉配合完成休养所和党总支交给的各项任务。在军休办每年组织的疗养时，他们先把所里分配的名额和疗养目的地，向本支部的军休干部公布，大家根据自己的身体条件和时间安排自愿报名，在确定哪些人去时，原则是没有去疗养过的人优先，在同是没去疗养过的人中以年龄大者优先。没有轮到机会去的同志作为替补，万一确定疗养的同志因特殊情况不能成行，替补的同志可以及时补上。这种公正透明细致的服务原则，受到了老同志们的一致好评。

退休前曾多次受到嘉奖，并荣立三等功一次的李有来，退休后，还先后受聘参与编著《空军气象史》《美军作战气象保障概览》，后者曾被解放军出版社评为全军优秀教材三等奖。二〇〇八年以来，他还在《军休之友》《同心刊》《中国老年报》等报刊上，刊发了几十篇各类文章，受到广泛欢迎。

李有来在生活中助人为乐，在工作岗位上尽职尽责再立新功。作为一名老党员，他从不松懈，继续发扬优秀老党员的精神，起到了模范带头作用。

为霞正满天

★阎荣泽　镜头纳喜乐　热心铸幸福

🏠 海淀区四季青休养所

在四季青休养所，阎荣泽被大家亲切地称作"义务摄影家"。摄影是阎荣泽退休前不久才开始的爱好，但因为他肯钻研勤实践，又有满怀的激情，照片越拍越好。

他拍摄的片子不仅质量高，而且充满热情。多年来，他的镜头里，珍存了四季青所、海淀区社会公益活动的场景，记录了休养所和居委会集体活动的无数瞬间，这些人物场景都有个共同的特点，那就是充满喜乐。

喜乐的片子，是内心充满幸福感的人拍摄的。阎荣泽拍摄精彩画面

后，不等别人说话，他都要想方设法转给当事人，集体活动的照片，他都要刻成光盘交给单位存档。平时，有的老同志想在社区绿茵花丛之中留个纪念，甚至素不相识的人紧急需要照相时，只要找到他，他就都热心地给予满足。一次，小区内小超市的一家人急需办证件的照片，找到阎荣泽后，他不仅给每人都照了相，还主动给他们照了全家福，但他至今也不知道这一家人姓甚名谁。

阎荣泽的摄影活动，有三个温暖环节：一是照片作业，是在他家里和他的夫人赵惠安共同进行；二是照相器材及原材料都是他自己购买，对集体和个人分文不取；三是为分发照片，寻人往往要花费很多时间或者要打很多电话。有的人自己找不到的，就请别的同志帮助，直到找到为止。正如他自己所说的："为别人照相是一种乐趣。你给了别人快乐，你自己心中就能得到更多的快乐。"

作为中国摄影家协会会员、海淀区摄影研究会理事的阎荣泽，很多作品或入选老摄影家作品展，或被收入《中华翰墨名家作品博览》《纪念中国人民抗日战争胜利六十周年中华名家翰墨精品集》《中国摄影家作品选集》等图册中，他还被授予了"中华德艺双馨艺术家"的荣誉称号。

摄影，他是热心肠；国家群众有困难时，他更是一马当先。汶川地震的特殊党费他交了五千元。他说："作为一个退休的党员，我不能上前线出力了，有的在职的同志交了一个月的工资，我也不能少！"他总是说："我这把年纪，现在能为大家做点事，这是个机会，必须珍惜机会。"

阎荣泽长期坚持发扬我军的优良传统，热情、积极、主动为军休干部们服务，协助所领导推进各项工作任务的完成，受到休养所和周围同志们的赞扬，还被评为休养所优秀党员、海淀区军休"老有所为"之星和北京市先进军队离退休干部。

★ 孙月英　看不下孩子多受一天苦

🏠 海淀区二里庄南休养所

孙月英靠省吃俭用攒下的钱，从一九九五年年初开始先是捐助十七名贫困孩子上学，又资助了四位八十岁以上的特困老人，二〇〇六年年底还出资二十万元兴建了一所希望小学。截至二〇一六年，她累计个人助学捐款达四十万元。

上个世纪九十年代，孙月英阅读了《老年文摘》上一篇题为《七龄童靠捡破烂上学》的文章后，特别伤感。家住南昌郊区年仅七岁的成飞，离异的父母把他抛给了年迈的爷爷、奶奶。没过多久，爷爷因病去世，使得小成飞本就困苦不堪的生活更是雪上加霜，但他宁可捡破烂也要上学。孙月英说："一看到那篇报道我就立刻决定帮助他，让孩子多受一天的苦，我心里就难受啊！"就在那一刻，她向成飞伸出了援助之手。

一九九五年元月，孙月英把补发给自己的三千元养老金捐给希望工程后，又得知平山县下口乡十个学生和其中三个学生的弟弟、妹妹也上不起学，便立即给他们寄去了学费。二〇〇二年，她还将三千元助学金通过希望工程办公室，送给了内蒙古的周瑞锋等三个失学儿童；当她得知"躲儿庄"中被遗弃老人的悲惨遭遇后，又毫不犹豫地将两千元交到助老工程办公室，为浙江四位八十岁特困老人雪中送炭。

在孙月英看来，对于那些饱尝失学之苦的孩子，精神上的鼓励与鞭策，与金钱的帮助同样重要。她寄钱的日子通常是选在每学期期末，她不仅要填写十几份汇款单，还要询问他们的学习情况，鼓励孩子们自强不息。

为了改善更多孩子的就学环境，她制订了一个省吃俭用的"攒钱"计划，终于在二〇〇六年攒够了二十万元后，在江西省原苏区根据地永新县石桥镇山田小学捐建了"国强希望小学"。

孙月英说："我休息后，不工作了，国家还给这么优厚的待遇，内心总有愧疚感。捐资助学使自己心情有了很大改变，和孩子交流沟通总是非常愉悦，特别是看到一些贫困的孩子及其家庭处境得到改善，看到小学原来的危房变成漂亮的教学楼，真是开心。这使我感到晚年的生活更有意义了。"

善良的情怀与关心，出自一位慈爱军休干部的心底，孙月英关心祖国的未来，疼爱无助的老人，她人性的温暖，让祖国充满希望。她多次被评为先进离休干部、优秀共产党员，其家庭被民政部授予全国军休系统和谐军休家庭，本人还被民政部、原总政治部表彰为全国先进军队离退休干部，并被北京市军休办评选为"北京军休榜样"。

★商正垣　舞蹈夫妇恩爱久　幸福干部欢乐多

🏠 海淀区二里庄南休养所

商正垣退休前是海政歌舞团编导、北京市舞蹈家协会干部。他的妻子黄佩儿转业前是海政歌舞团团员，转业后被安排在北京市文联舞蹈家协会工作，他们夫妇退休后一起发挥余热，带领休养所的老同志们唱歌、跳舞，是大家一致称赞的一心为同志们服务的模范夫妻。

商正垣和妻子黄佩儿曾同在一个单位工作过，有着共同的兴趣爱好，他们结婚五十多年相濡以沫，退休后积极参加休养所组织的各种文体活动，他们热爱舞蹈，配合十分默契，曾获北京市军休干部交际舞大赛冠军的他们俩，是休养所舞蹈队的领舞人。

商正垣患有严重的心脏病，一九九六年退休时，是用担架抬着上到六层住室的。经过一年多的休养，身体状况刚有了好转，他就拖着还不十分灵活的双腿，走下六楼，指导大家练习舞蹈的基本功。为了提高大家的兴趣，老商说："我给大家编个舞蹈，既练习基本功，跳好了还能参加演出，好不好？"大家一听，喜出望外。从此，活动场上响起了《我爱这蓝色的海洋》的优美旋律，休养所舞蹈队于一九九八年参加了海淀区老年健身赛，荣获了优秀奖，二〇〇〇年，参加北京

市老年健身赛，又获得了优胜奖。

商正垣从二〇〇三年担任北京市军休艺术团舞蹈队长，除了编排工作还要为军休干部演出，与此同时，他还热情担负着社区和居委会的舞蹈编排工作。退休后编一个舞蹈，构思舞蹈主题，选择舞蹈语言和表现形式，相对而言还不算难，难的是编曲。因为在专业文艺团体工作时，舞曲有人编，演奏有乐队。而在社区舞蹈队找乐曲，搞剪接，搞合成等等，一切都要自己动手。为此，商正垣自费买了几百盘歌曲舞曲的音乐磁带，从中选取适合的部分"再创作"自己的舞蹈。比如编辑舞蹈《祖国的春天已来临》，他们就选了歌曲《走进新时代》的前奏、肖斯塔科维奇交响乐的间奏、新疆舞《美好的春天已来临》的主旋律等，反复剪辑十五次，才编辑成一首新的舞曲。

爱音乐爱舞蹈爱同志们的商正垣夫妇，非常关爱晚辈，对孩子们要求严格，时常要求孩子们从小事做起，从点滴做起，要做对国家有用的人。每到节假日，孩子们带着一片孝心回家，左邻右舍都羡慕不已。大家都说：老商的家里，父母慈爱、孩子孝顺，一片祥和，真是和谐美满的一家人！

商正垣常说："我虽然年逾古稀，老伴也有病在身，但这都无法降低我献身文艺工作的热情，因为我永远牢记着自己是一名党培养成长的革命文艺战士！"

商正垣相伴妻子以满腔的热诚、美妙的舞姿和幸福的旋律，为战友为社区群众，奉献着时代的欢乐，博得大家由衷的敬意。

★ 李玉英　丹心育未来　白发健枫林

🏠 海淀区二里庄南休养所

李玉英退休后，在关心教育下一代、参加社区活动和党支部工作中做了很多工作，得到了大家的认可。

总参三部双军人家庭多，每到寒暑假，几百名孩子没人管，使家长不能安心工作，部政治部聘请她组建三部校外活动站并担任主任，以加强学生寒暑假的管理。

李玉英接受任务后，多次到北京市少年宫参观学习，在向开展校外活动比较早的单位请教后，确定了提升孩子们的科技知识和人文素养，培养他们审美情趣和实践能力的活动方针，力求在娱乐中帮助学生树立理想，锤炼道德品质，增强体质。

她把普及电脑知识作为校外活动站的工作重点。但活动站只有少量经费，买不起电脑，李玉英反复奔走呼吁后，有关单位终于同意借出十几台电脑等器材。她又购置了几台电子游戏机，聘请一些家长当义务教员，活动站于一九八七年开办了电脑、打字、无线电通信等科技含量高的学习班。为了多方面培养学生兴趣，又聘请专业老师开办了电子琴、手风琴、架子鼓、绘画等学习班。她自己兼任了集邮、手工编

织、裁剪等兴趣班的教学。这些免费的学习班，不仅吸引了小学生，还把中学生和个别大学生也从家中吸引了出来。

一到寒暑假，她们把老干部、派出所同志请到活动站，进行爱国主义、法制、交通和安全教育，并多次组织野炊、军营射击等不同形式的夏令营活动。每次活动，她都要承受安全方面非常大的压力。在组织承德夏令营时，她为了解当地安全情况，并安排合适的参观内容，还提前去当地踩点。一个人的辛苦，换来了两百多名学生活动的顺利，还节约了几千元的开支。

充满爱心的李玉英，得到单位领导、学生、家长和学校的肯定和欢迎，也推动了校外教育的发展。三部校外活动站被海淀区定为校外教育示范单位、校外教育红旗窗口，被北京市教育局评为北京市校外教育十大标兵。她也连续多年被评为海淀区的优秀辅导员，两次被评为北京市的优秀辅导员，还被北京市共青团授予优秀辅导员称号。

在此期间，她还担任了十多年的支部书记和四届党总支委员，十几年内她所在支部先后经历了五个休养所的管辖，无论调整到哪里，这个集体都是最活跃的一个支部，三次被评为北京市先进党支部。一九九三年她搬到北极寺后，担任大院舞蹈协会副会长，每年参加市、区和街道表演比赛，捧回了不少奖杯、奖状。她编的一套霸王鞭健身舞，在北京市中老年健身舞比赛中获得表演一等奖和编导奖，并定为第一批在北京市推广的十个健身舞之一。

退休后的她，继续把为人民服务作为实现自己人生价值的舞台，把关爱他人、助人为乐当作最大幸福。她三次被评为北京市先进军队退休干部，两次被民政部、原总政治部表彰为全国先进军队离退休干部。

★李幼松　热心肠的电大爷

🏠 海淀区玉泉路休养所

李幼松一九九〇年从总后营房部一总队一退休，就全身心地投入到为社区居民服务的工作中，大家亲切地称他热心肠的电大爷。

太平路四十四号院的邢恩全老人家里的洗衣机不转了，电视、鱼缸也都没了电，老两口儿找来物业的维修人员，维修人员检查了老人家里的电路后说："问题很复杂，是装修造成的，我们不负责修。"邢恩全无奈中试着向李幼松求援，"您稍等！我马上过来，会修好的。"电话里，李幼松安慰着老两口，不到十分钟，他就来到邢恩全家，折腾了一个多小时，洗衣机正常运转，鱼缸的氧气泵也欢快地吐出了泡泡，老两口笑得跟孩子似的。

在玉泉路休养所生活的很多军休干部眼里，李幼松是个随叫随到、什么都能修的"万能技师"。在收废品的邻居心里，更是把他当成了雷锋，因为家里的电器一有问题，李幼松迅速义务修好不说，他连自己新给买来的零器件也不肯收钱。

玉泉路休养所成立了十几个文化体育组织，经常举行讲座、论坛、军休文化大讲堂等活动，李幼松就在修理上做文章，尽可能地为休养所节省开支。从休养所建所开始时期使用的电风扇到现在使用的空调、桌椅、板凳、门窗、书架、工作用的自行车等，他几乎都修过。

在大家的眼里，李幼松和老伴王秀英就是一对儿"活雷锋"。上世纪七十年代，他们家曾有一位大妈帮助他们带小孩。而这位大妈家中生活比较困难，李幼松两口子一直把她当亲人看待，总是省吃俭用予以接济。孩子大了以后，双方仍往来不断，无论是柴米油盐，还是生病住

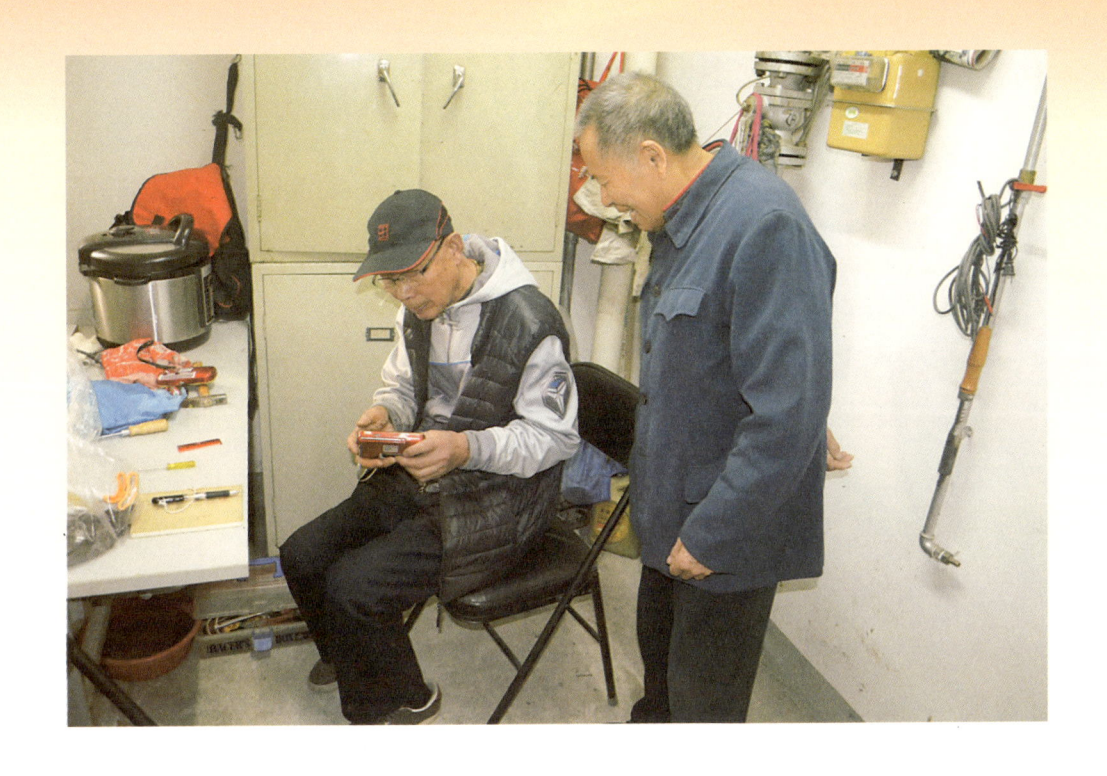

院，他们都尽力关心照顾，直至老人去世。

二〇〇五年，李幼松还加入了万寿路街道义工分会，经常义务为一些年岁较大、身体状况不好的居民上门服务。休养所成立阳光帮扶互助组后，他主动承担起三位年高体弱、卧床不起的军休干部的帮扶照顾，并长期为一位居住在院外的军休老同志报销药费、领取慰问品。

中央电视台主持人到他家采访时问："是什么支撑您这么多年的无私奉献？"他回答说："我作为军休老兵，做些实实在在的事，这样才无愧于是和雷锋同时代的人。"朴实的话语、灵巧的双手，都出自李幼松这颗温暖的心。

李幼松先后被评为海淀区军休优秀党员、海淀区军休"老有所为"之星，连续五年被评为万寿路街道"义工之星"和"公德之星"。海淀区义工协会连续三届授予他"义工之星"荣誉称号。在新京报举办的第五届感动社区人物评选活动中，还获得了"感动社区人物"的荣誉，并荣膺北京市文明办评选的"最美北京人——我身边的雷锋"和"北京军休榜样"的荣誉称号。

★ 孟宪福　退休没退党　更应有梦想

🏠 海淀区玉泉路休养所

为方便大家晨练，孟宪福曾连续两年，天天早上六点拎着录音机，准时播放"中老年人医疗保健操"磁带。"非典"期间，除协助所里做好防护宣传等工作外，为让别人减少感染概率，他经常替邻里到院外超市代买物品……

孟宪福服役期立过功受过奖，还被评为防汛劳模，曾受到毛泽东、刘少奇、周恩来等老一辈领导人的亲切接见并合影留念。一九八八年，年仅四十七岁接到退休命令时，他有过失落感。经过一段时间的思考，他理清了思路，平衡了心态，坚定确立了"退休没退党，更应有梦想"的退休理念。

刚退休时，他每月的退休费很低。上有一点儿收入都没有的慈母，下有正上初中和小学的两个孩子，爱人的工资不过百元，家庭的困难可想而知。但他硬是谢绝了不少单位的高薪聘请，于一九九〇年年初，经居民推荐、选举，在每月只有区区三十五元补贴的朝阳区劲松五区居委会当主任，后任支书兼主任，一干就是十年。这期间，居委会连续十年被评为市级先进，八次被评为首都文明单位等多项荣誉。

孟宪福本人还是建区四十周年的金奖获得者,但他把区委奖励的五千元人民币作为特殊党费全部上缴给了中组部。他先后被国家民政部评为全国先进居委会主任、北京市先进工作者,还荣获了首都精神文明建设奖章。

现在任所总支副书记的孟宪福,坚决贯彻执行党委、总支决议,认真抓好落实,真实反映群众心声,配合组织维护军休干部利益。因为持之以恒地努力做工作,他因此被评为北京市先进离退休干部,还被民政部、原总政治部表彰为全国先进军队离退休干部。

他注意勤于内省的习惯养成。认为勤于内省是一个人自我修养的态度,应该"见贤思齐,见不贤而内自省"。要自觉地向"贤"看齐,向"贤"学习,弥补自己不足之处,完善自己的道德人格。看到"不贤",应该即时提醒自己、警示自己、反省自己,避免自己重蹈"不贤"的覆辙。见贤要生爱、生敬,欣羡不已,有强烈的内心向往;并以贤为榜样为标杆,紧盯目标,付诸行动,孜孜以求。而"见不贤而内省"则是一种自律,是平心静气地审视自己,客观地反省自己,是"昼之所为,夜必思之;有善则乐,有过则惧"的自我改进、自我激励的手段。要以平和之心对待名,以淡泊之心对待位,以知足之心对待利,以敬畏之心对待权,以进取之心对待事,以博爱之心对待人。自省的重点是自律,难点是持之以恒。

孟宪福遵循"尊老爱幼家和兴,助人为乐时时行,志存高远须敬业,遵纪守法日自省"的治家家训,以"践行党宗旨,终生忠诚党"为终生奋斗目标,他要永远地为休养所的同志们服务,为社区群众奔走。

★ 白继成　深情学艺总不晚　乐助他人心欢然

🏠 海淀区玉泉路休养所

从中国人民解放军国防大学退休的白继成，退休前从事医疗卫生工作，无暇顾及自己摄影、摄像的爱好。退休后，他决心在自己的爱好方面好好地下下功夫。

摄影、摄像进入数字时代后，要学会这门技术，必须首先学会电脑的使用。为学会操作电脑和使用软件，又必须先学习汉语拼音和电脑汉字录入。为此，他购买了一些电脑使用和小学生汉语拼音等书籍，在孩子们的指导帮助下，从不懂电脑的门外汉，成为坐在电脑前面的优等生。为了用汉语拼音在电脑中录入汉字，他对照汉语拼音课本，不厌其烦地背诵强记，并在短文上标注汉语拼音，在键盘上敲击练习，逐渐解决了电脑汉字处理的难题。

藏龙卧虎人才济济的休养所里，可敬可佩的人物很多，每个人都有不少美好的瞬间值得记录，每个人都有很多往事值得回忆。白继成总是满怀着深情面对着他摄影、摄像的对象。

抗美援朝战争胜利六十周年时，休养所决定为老兵拍一部专题片。白继成主动承担起该片的筹划、设计、拍摄、编辑和后期制作。为了把这部名为《忆战火纷飞的年代》的影片搞好，他入户走访了不少参战的老同志，收集了很多有关抗美援朝方面的文章和影视资料。为了更生动反映参战老兵的战斗生活，他要把采访老同志的视频短片，与抗美援朝战争相应的历史影视资料画面穿插叠加，操作每一个片段时，不知道要看过多少遍后才能合成好。

就在紧张编制影片时，白继成的老伴儿不慎摔伤骨折卧床不起，为了不影响工作进程，在护理妻子养伤的同时，他插空工作，经常在晚上老伴儿休息后才开始编辑，常常工作到深夜一两点钟。

所里组织的迎新春团拜联欢会，为了全方位记录场上场下互动的画面，白继成先搞了一个固定机位后，他又手持摄像机不停移动着从不同角度追踪拍摄特写镜头。两个多小时里，他不停地走动，根本顾不上坐一坐。多年来，他主动参加社会活动，为社区医院、幼儿园等录像编辑几十部，从来没收过一分钱，没有吃过一次请。

白继成还常常用自己的医疗专业技术助人为乐，热情帮助别人排忧解难。有一年夏天，休养所组织部分老干部及家属去房山七渡疗养，晚上十点多钟，一位老干部的家属突患疾病，心律不齐大汗淋漓并伴有严重的心慌。这位老同志及时找到了白继成，经初步诊断后，他边耐心细致地讲解病情安慰病人，边采取了针灸点穴治疗，病人的紧张情绪和病情很快得到了缓解。

白继成在退休生活中，不忘党的教育不忘部队的培养，始终保持普通一兵的本色，先后三次被评为"先进共产党员"。他以火热的情怀，用自己的才能、爱好与行动，奉献给军休事业，博得了大家的一致好评。

夕霞正满天

★马天培　老马识途　无私奉献

🏠 海淀区太平路休养所

二〇〇四年年底，由军事医学科学院移交到太平路休养所的马天培，十余年来义务服务休养所。不少人问他："你为活动站这么干，每月给你多少钱？"老马总是笑着说："给钱不干！老了做点奉献，心甘情愿。"

为让军休老同志能就近活动，太平路休养所在太平路三十八号院设立了"散居点式"的老同志活动站，这个站是位于军事医学科学院对面马路边上的一排平房，是军事医学科学院提供的，经过建设装修后，于二〇〇五年年初正式开始启用。为了节省人力费用开支，当时的所领导

找马天培谈话，征求意见，希望由他义务负责管理此站。当时他毫不犹豫地谢绝了原单位月薪两千元的返聘，愉快地接受了所领导交给的义务服务管理活动站的任务。

活动站的工作马天培既要做好管理，又要做好服务；既是管理者，又是具体工作者。为了给军休老同志来站活动创造更方便的条件，活动站的开放时间由原来规定的每周开放三个半天，调整到每天（包括晚上）开放，老马也就成了全天候的管理员，不分平日和节假日，每天坚持开放。摆好桌椅板凳，分发学习材料，对前来活动的军休老同志，哪怕只有一个人，他照样做到热情接待。每次活动之后，又亲手整理室内活动器具，清扫地面卫生。

活动站地处马路边，来往车辆人员多，门口乱停车，情况复杂。为了保证军休老同志来站活动安全，他既要告知门前不要乱停车，又常常要搀扶老同志进出活动站。老马平时还尽量满足居委会的活动，给周边居民活动提供便利，使资源共享共用。对于耄耋之年的他，特别是他的胃还做过大部分切除手术，心脏又搭过支架，还因膀胱肿瘤做过激光手术，困难可想而知。尽管如此，马老仍能带病坚守岗位，努力完成所领导交给的光荣任务。

马天培同志每天忙于管理服务的同时，依然坚持每天读书看报。他还积极向《军休之友》《同心刊》等杂志投稿，宣传报道军休工作和身边的好人好事。

他曾先后被评为海淀区军休优秀党员、优秀党务工作者、身边的好党员，他常说："只要生命不息，就会继续在岗位上战斗不止，为实现党的理想和奋斗目标，履行一个共产党员的应尽义务。"

广大军休干部和社区居民，都对马天培同志的无私奉献深深感动着，亲切地赞佩他："虽然是姓马，但却是头拉革命车不松套的老黄牛。"

★张起燮　善念不竭护童稚　爱心常在助友邻

海淀区二里庄休养所

初见张起燮的不少人，大都会被他儒雅谦和慈祥的风采所感染。刚离休时，他就在张家口市东风小学担任了四年校外辅导员，其间他共制作了二千四百个万花筒，做好的万花筒一部分作为奖品奖给优秀学生，另一部分由学校出售，所得收入用作科技小组的活动经费。一九八八年张起燮得知张家口市第七中学教初三年级的化学老师休病假后，他主动找到校领导，要求做义务代课老师。前后共两个多月的时间里，他使这个毕业班的同学没有因老师休病假而耽误化学课，"救场如救火"的张起燮受到学校师生及家长的由衷感谢。一九八九年他被张家口市科协、教委等五个单位联合授予市优秀青少年辅导员称号，部队为他记三等功一次。

张起燮移交到海淀区二里庄休养所后，从一九九七年开始，他将更多的爱心放在了智障、残疾儿童的身上。每年"六一"前夕他都要用一些彩纸和平时收集的废纸、废玻璃，为孩子们制作万花筒。当残疾孩子拿着万花筒转着看时，他看得出来他们很高兴。一个小男孩，看了万花筒后，手举着，满脸笑着，两只脚不停蹦着跳着……从那一刻起，每年的六一儿童节前，他都要把万花筒送给北京市福利院、聋人学校、培智学校和幼儿园的孩子们。二十多年，这一送，就送出了近七千支万花筒。

为了社区的周围环境卫生更美好，他把邻居家装修使用过的废油漆桶收集起来做成小簸箕；所里六号楼、八号楼自行车棚的锁用坏了，如果换新锁，就要涉及几十家上百把钥匙全部得换，那可是费时费力又费钱。他就将一把同一牌子的新锁改造成跟旧锁一样的锁，用原来的钥匙就完全可以打开……类似这一类的小事、好事、巧事，老张做了太多

第一部分

太多。

　　老张做好事的同时，还积极热心地给《同心刊》《军休之友》《中国老年报》投稿，与大家分享他的养生之道、读书心得。

　　平时省吃俭用的张起燮，在休养所每次组织给灾区捐款和每年的"党员献爱心"活动中，却总是冲在前头积极捐钱、捐物。二〇〇八年为汶川大地震捐款时，除了捐物，他和老伴还每人捐了一千元。

　　张起燮两次被评为海淀区优秀共产党员，四次被评为北京市军休系统先进军队离休干部，还被民政部、原总政治部评为全国先进军队离休干部。

　　张起燮认为，一个党员只要活着，就要做有益于人民的事，哪怕做的事很小，都一样有意义。他就是这样，时刻不忘自己是一名受党教育多年的老军人、老党员，时刻不忘严格要求自己，时刻不忘用爱为他人编织幸福。他用充满爱意的绚烂心灵，带给无数个孩子斑斓的未来。

★ 刘光耀　体验远征苦　欣然善事为

🏠 **海淀区青龙桥休养所**

一九六九年二月入伍的刘光耀，二〇〇六年退休之年正是红军长征胜利七十周年，他决心把徒步重走长征路作为退休生活开始后的第一课，真切体验并传承长征精神。

刘光耀背起行囊，于当年四月赶到江西省于都县，五月二日出发，沿着红一方面军的长征路线，于十月六日到达陕北吴起镇，历时一百五十七天，步行一万三千八百余里。

重走长征路其艰苦的程度是难以想象的。在负重三十多斤物品的情况下，平均日行四十多千米，每天在黎明前的黑暗中出发，顶风冒雨不能停，披星戴月到达目的地，因为一旦坐下后就不想再走，如果躺下立刻就会进入梦乡。有时买不到食品，他就用路边的野菜和山中的野果、蘑菇充饥，一路的徒步行走，使他的体重减了十二公斤，牙齿竟掉了七颗。

历尽艰难困苦的同时，刘光耀作为长征精神的义务宣传员，沿途给群众宣讲长征精神，在途经云南省威信县（原扎西县）水田乡时，还捐款二千余元资助了一名家庭困难的小学生。

刘光耀早在上学期间，就与贫困同学结成帮扶对子，而在此后绵延五十多年的漫长岁月里，一直坚持不断。二十世纪八十年代，任军事学院校办秘书的刘光耀，在接待一位来访的红军遗属时，得知老人身有残疾，又因亲人故去而失去生活来源，刘光耀就每月拿出五十元，以组织的名义给老人寄去。数年后，老人家才在偶然的机会中得知，这些"救济金"原本出自刘光耀的工资，十分过意不去。刘光耀亲切地告诉老人："只要我还在拿工资，就由我给您老人家养老送终，您就安心养病吧！"这一义举一直持续到老人家去世。

刘光耀总是要求自己："以雷锋为榜样，做一个对人民有用的人。"他认为雷锋精神的核心就是所做的每一件小事都有利于人民。刘光耀是这样说的，也是这样做的。至今为止，他到底捐款多少，刘光耀自己也说不清。捐赠站统计的存根有两百多张，估算捐助公益款有十六万多元。更令人欣喜的是，当年他资助的十六名失学儿童，其中两人已经大学毕业。

刘光耀公益捐赠慷慨大方，自己的生活却节省得近乎苛刻，他就是宁肯自己吃尽千遍苦，也要省钱助别人。

国防大学社区西北面，有一座海拔二百多米高沟壑纵横的山丘，常有人不慎滑倒扭伤，刘光耀听在耳里，记在心上，决定独自修路和植树造林。三年多的时间，小路竣工后，他又开始在山上植树造林，现在山上已成活柏树二百多棵。

这位"当代扛红军大旗的人"，被评选为"北京军休榜样"，全家还被授予"首都最美家庭"荣誉称号，他继承革命传统，种绿了一座小山，修出了一条小路，又在众人的心中种下了绿色的希望。他的军休生活，总是一片生机。

★ 王新科　倾心写作撰新篇

🏠 海淀区青龙桥休养所

曾是国防大学教员、教学组副组长、副教授的王新科退休后，马上就参与到《海淀志》第四、六卷青龙桥街道部分的撰写工作中，共编写出了二十多万字的资料卡二百余条，拍摄照片四十余幅，同时为《海淀志》第四卷、第六卷的撰写提供了三十六万余字三千六百多条资料，受到海淀区的通报表扬。

一九五八年入伍后，一次战备训练中王新科发了高烧，指导员亲自给他送鸡蛋面条一事，在这位先后三次荣立三等功，多次受奖的王新科脑海中牢记了六十多年。现在每当他吃面条时，就好像指导员又端着面条站在面前，心中总是暖洋洋的。一碗鸡蛋面，温暖了他一生，也激励着他永远热爱部队，服务人民。

经两年收集资料，王新科编写并出版了《城市居委会干部常用法律选编》等三本近六十万字的城市居委会干部学习丛书，填补了社区居委会干部学习丛书的空白，为社区居委会干部及其业务部门提供了较系统且完整的学习材料。之后，王新科又马不停蹄地为海淀区社区教育理论研讨会编写了《关于整合社区教育资源，加强社区教育情况调查》等二十一万余字的会议材料，为海淀区文明办编写出《建设社会主义和谐社区》的教材书稿。

在为社区建设积极撰述的同时，在"走进军事变革的战场"军事丛书中，王新科编写出近七万字的《防空卫士家族》，在二〇一六年又编写出约十六万字饱含中华优秀传统智慧的谜语故事。

多年倾心著述的王新科，还积极参与中央党校函授学院的教育教学工作，他在担任一个大专班、两个本科班班主任的同时，还担任国防大学社区居委会党总支副书记、副主任。

多年来，他发挥自身当过教员的优势，狠抓社区党建和市民学校建设，既是指挥员又是战斗员，多次在各个党支部、社区居民小组中进行公民道德建设理论讲解，引导居民学习公民道德建设纲要，展开竞赛活动。国防大学社区居委会因成绩突出，被评为北京市公民道德教育先进集体，并先后被市、区、街道评为先进精神文明市民学校，被海淀区授予"学习型社区"。王新科被北京市授予首都市民教育优秀个人和海淀区教育系统优秀教育工作者。

写字台上，他埋头著述；门球、柔力球队的活动中，他和队友多次参加区、市、全国比赛；老战士合唱团里，他和战友一起走进国家大剧院、挺进京冀；平日里，他长期坚持日行万步，和疾病作斗争……他的军休生活不仅幸福快乐，而且充满着奋进有为的朝气。

★ 白石亮　英雄未远　辉煌长存

🏠 海淀区青龙桥休养所

二〇一四年六月三十日，海淀区军休党委隆重举行庆祝"七一"大会，青龙桥休养所第十党支部白石亮同志，荣获了刻着"五好共产党员"的奖牌。这是党组织对他退休后，积极主动学习宣传马克思主义和党的创新理论、讴歌英雄做出显著成绩的褒奖。

白石亮二〇〇二年退休后，十分忙碌。他先是撰写出版专著一本，合著五本；同时参加撰写大型文献纪录片《科学发展铸辉煌》《誓言》解说词脚本，接受电视台访谈并播出访谈节目；又陆续撰写了《理论高地不老松》《英雄的生命开鲜花》光盘脚本。其间，辑录领袖论述革命军人核心价值观资料，发表学术论文、回忆参加珍宝岛作战，和怀念战友刘英俊英雄事迹等文章十几篇。

他们连的一些曾经在珍宝岛战斗过的老兵在大连聚会时，他写出这样的一首诗：

辽天厚土，渤海之滨，
我们——刘英俊的战友、保卫珍宝岛的老兵，
爱国主义、革命英雄主义是我们的精神堡垒，
一不怕苦、二不怕死是我们的光荣传统。
捍卫国家主权、领土完整，是我们的神圣使命。
敌人胆敢犯我中华，
我们定将老当益壮，再上战场！

他参加撰写的《科学发展铸辉煌》脚本，因为主题鲜明、结构清晰、资料充分，组织者给予了肯定评价。中央宣传部办公厅在发给国防大学

的谢函中，对白石亮参加起草修改解说词做出的积极贡献，及严谨细致的工作作风和高品质的创作水平表示感谢。

二〇一一年，为了纪念党的九十华诞，中央党史研究室、国防大学组织拍摄五集大型纪录片《誓言》，白石亮是撰稿人之一。撰稿过程中，白石亮认真负责，一丝不苟，为了把脚本涉及的事实搞准确，常常熬夜查阅大量历史资料，受到大家的肯定和赞扬。

刘英俊是在一九六六年为了救六名儿童、献出年仅二十一岁宝贵生命闻名全国的英雄，二〇〇九年新中国成立六十周年前夕，刘英俊被评选为"一百位新中国成立以来感动中国人物"之一。白石亮参军到部队，新兵下连时，被分配到刘英俊生前所在的重炮连，不久即担任了刘英俊生前所在班的班长。二〇〇一年纪念刘英俊牺牲三十五周年时，《佳木斯日报》刊发了白石亮的文章《刘英俊精神代代传》，同年《解放军报》刊载了他的文章《战友刘英俊轶事》。

白石亮自觉履行一个共产党员和革命军人的责任与使命，以真诚行动见证了他的自我追求："退而未休，正事挺多；身体尚好，自愿劳作；邪路不走，废话不说；有益他人，快乐自我。"

★ 段 永 雷锋老段

🏠 海淀区马连洼休养所

社区居民谁有困难保证随叫随到毫不推诿，拿起工具修理起桌椅板凳家用电器精准熟练的段永，被大家亲切地称为"雷锋老段"。

每当休养所的活动结束后，老同志们陆续回家，这往往是段永登场的开始：拎着一个工具箱，头戴一顶棒球帽，鼻梁上架着一副眼镜，绕着台球桌左看看右瞧瞧，从箱子里拿出了水平尺，眯着眼睛开始校准台球桌台面的水平度。他说："有很多老干部喜欢打台球，台球桌使用率高，时间长了自然会出现一些问题。我也喜欢打台球，对这些器材比较了解，发现有毛病就随时修一修。"

除了活动器材，活动室安装挂衣钩、加固桌椅等等，段永默默加班做的好事自打来到休养所就一直坚持着。

段永所在的社区采用的是自采暖，为了提高供热效率，每一户的壁挂锅炉都需要定期进行除垢清理。社区里住的基本上都是老同志，一不注意就忘了定期清洗的事情，时间长了就会影响锅炉的正常使用。清洗锅炉的技术，一开始段永并不太懂，他就找来专业的清洗人员清洗自家的锅炉，边看边学人家是怎么做的。段永说："他们先是用

一台专用水泵把溶有除垢剂的水送到锅炉里,然后等水垢都溶解后再把水放出来,清理的关键就在送水的水泵上。"可是一般家庭没有这么大功率的水泵,即便是有,用起来也不方便,这可让段永犯了难。为了解决这个问题,段永直接拆了自己家的锅炉,弄明白了每个零部件的作用和锅炉的工作原理,发现原来锅炉本身就有一个循环水泵,能不能用这个自带的水泵代替外置水泵呢?段永笑着说:"那一段时间我简直成了个锅炉迷,天天查资料,问朋友,自己家的锅炉是拆了又装,装了又拆,方案是换了一个又一个。"功夫不负苦心人,段永终于找到了一个可行的办法,他把汽车的一组器件改装成高压水箱,通过水管、阀门和锅炉自带的水泵,连接起来清洗锅炉里的水垢,试了几次,效果不错,但段永还是不放心,又找来了专业人员来检验是否真的没问题,得到了他们的认可后他才放下心来,高兴地说:"没白费我这几个月的功夫,这下大家清洗锅炉就方便多了。"不到两个月的时间,段永就先后为几十家住户清洗了壁挂锅炉,得到了大家的交口称赞。

  提起段永,街坊邻居没有不竖大拇指的。军休干部住房外墙保温、防雨改造工程在各方积极推进下终于有了启动的机会,大家都非常高兴。段永主动请缨,作为军休干部代表审议施工方工程方案。几万字的合同书段永仔仔细细阅读,为了了解外墙保温工程所使用的工程材料,段永还自己跑了好几家建材市场,详细打听比较。段永的认真甚至打动了施工方的负责人,他说:"我们从他那里了解学习到了很多。"

  段永就是这样任劳任怨默默无声地为大家忙活着、付出着……大家见到他时发自心底的微笑,就是"雷锋老段"最快乐的所得。

★ 吴锡明　倾情文体活动　不忘服务群众

🏠 海淀区西翠路休养所

倾情于书法、绘画、摄影，喜爱台球、门球等文体活动，兴趣广泛的吴锡明，退休后首先参加的是中国书画函授大学，学习书画理论，研习技法，在打牢基础上下功夫。他拜能者为师，勤学好问，先后得到二十多位名家的指教。

吴锡明一九九〇年退休后参加了老年大学学习，先是学习书法和绘画，后又学习摄影。他经常带着自己的作品，利用课间和课后向老师请教。他用辛勤的汗水和劳动，浇灌出了绚丽多姿的花朵。他的书画作品曾在军内外及境外多次展出，多次获奖，他的多幅作品入选《中国当代老年书画家大辞典》《二十世纪中国现代艺术精品集》，有的还被艺术碑林选用。二〇〇九年他选出了一百六十多件作品举办了个人书画摄影展，由于题材广泛，形式多样，既注重传统，又有所创新，深受好评。二〇一一年，他出版了集书法、绘画、摄影作品为一体的《翰墨情深》，受到广大读者喜爱。他现任"中国老年书画研究会会员""中艺卿云书画院会员""中原书画研究院高级院士"等职务。

他是北京军休标识的设计者。二〇一一年下半年，吴锡明得知北京市军休办征集军休标识消息后，决定一试。反复思考琢磨了好几天，

在他女儿帮助下，用电脑绘制，不断修改完善，提出的设计方案一举中标。

被同志们称为"多面手"的吴锡明，退休前为羽毛球国家二级裁判。退休后在门球、台球、唱歌等多种文体活动中，都有上乘表现，曾在北京市台协举办的台球比赛中，两次获得七十岁以上组个人第三名。他还考取了北京市老年门球一级教练。

作为一名受党培养教育几十年的老同志，吴锡明总是想自己有责任、有义务为大家办点实事。二〇〇六年，当他从报纸上看到有的地区安装120呼叫系统的报道后，便积极向区民政局领导提出建议，希望在本所先行先试。被批准后，他多次与所领导到北京市急救中心考察，使这项工作很快得到落实，并在全区推广。他经常向区军休办和所在休养所提出一些建设性的意见和建议，如二〇一〇年提出并起草了《西翠路休养所宣传报道先进单位、先进个人评选条件》，经过多年的实践，收到了较好的效果，推动了本所宣传报道工作的开展。

二〇〇七年春节过后，吴锡明老伴被查出患了卵巢癌。动过手术后，每月还必须住院化疗，除公费报销外，自费达三十多万元，这给他造成极大的精神压力和沉重的经济负担。但老吴顶着巨大的压力，一方面照顾老伴，尽量多承担一些家务，另一方面仍以饱满的热情不间断地为军休干部忙碌着。

十多年来，吴锡明同志先是当了四年的党支部书记，后来又担任八年多休养所党总支副书记。在他担任党支部书记的四年里，所在支部三次被休养所、区军休办评为先进党支部。这期间，他本人先后被海淀军休党委授予"老有所为"之星，被民政部、原总政治部评为全国先进离退休干部。

他凭借坚定的信念、勤奋的学习，不仅收获了群众的称颂、诸多的荣誉，也收获了高超的技艺和健康的身心，现在他仍以旺盛的精力和燃烧的激情续写着幸福的篇章。

★ 任士荣 彩色音符的盲杖

🏠 海淀区永定路休养所

任士荣退休后，担任社区居民的义务教师，二〇〇六年又开始了每周半天为盲人手风琴爱好者的免费辅导，盲人朋友称他是"彩色音符的盲杖"。

任士荣是怎么和盲人朋友结的缘呢？他笑着说："有一次，我在八大处游览，听见一个盲人在拉手风琴。我直率地对他说：'你拉的不对呀！'那个盲人有点不高兴地对我说：'我拉的不对，那你拉！'我才拉了一段，那个盲人就大声对我说：'您是任士荣？'我从他热切的表情中看出，他是很渴望拉好。于是我跟他说：'那我教你！'"

任士荣八十生日的前一天，出版社送来了他的《手风琴演奏入门》第四次重印的样书，之前又是和他老伴儿结婚五十五周年纪念日刚过，大家问到近来他最高兴的喜事，他说："最喜的事，还是他们涨钱了！"问涨了多少，他说："四五百倍吧！"原来是盲人手风琴手由原来每拉一曲"收入"一块钱，变成每次演出组织方给四五百元的出场费了。

盲人学手风琴远比想象的困难得多，任士荣为此想了不少办法。他还边教琴边和盲人交心做思想工作，学员的琴艺在提高，心态也阳

国际手风琴联盟颁发
任士荣中国手风琴终身成就奖

光了许多。

　　大家聊到这里的时候，他的夫人黄倩同志，这位跟老任同被北京奥运志愿者协会聘为"歌声与微笑"志愿服务团顾问的歌唱家，不动声色地往老任嘴里塞了个小药片，老任看也没看便咽了下去。他说："她是搞声乐的，之所以现在还能唱，关键在于她对我要求特别严。她要怎么唱，我就得怎么拉！"一阵笑声后，他偷着瞅了一眼坐在远处的老黄，小声说："有时，她对我要求得太严时，我就对她说：'下级一定要服从上级呦——因为我比她高四级。'她对我更严格的时候，我就说：'你把存折还给我吧！'这句最管用！"老任夫妇恩爱有加，任士荣的夫人黄倩还经常和他一起参加公益活动和演出，其家庭被北京市委宣传部、首都精神文明办、北京市妇联评为首都最美家庭。

　　作为国家一级演奏员、享受国务院政府特殊津贴的任士荣，多年来，他经常受到部队、地方单位和艺术院校的热情邀请，参加各种活动。他多次担任国内和国际比赛的评委和嘉宾，也是中国音协和中央音乐学院考级专家委员会的评委和学术顾问。他还被北京市军休办评为北京军休榜样。

　　任士荣的五线谱是彩色的音符，他演奏的手风琴不仅悦耳，更因为琴由心生温暖着很多心灵。

★ 黄进琪　铺毫书贤者　妙笔记奇人

🏠 海淀区永定路休养所

海淀区永定路休养所退休干部黄进琪，原任总政老干部服务处副政委，做老干部工作十六年，成绩显著。一九九九年退休后，他在继续勤勤恳恳为革命老前辈服务的同时，积极宣传光荣传统和优良作风。

他先后撰写了多种类型的文章，如记述身经百战的吕正操、王恩茂等老将军金戈铁马的光辉业绩，讴歌王定国、谢飞、张文等女红军战士，还对当代有较大影响力的艺术家进行文艺评论等。

黄进琪之所以对光荣传统极为重视，跟他的家庭教育和传承有紧密关系。他说："记得新中国成立初期，祖父健在时，父母亲一再告诫我们要孝敬长辈，尊敬师长。每天早晨第一次见到长辈，儿孙都要向长辈打招呼；大年初一，阖家团圆，儿孙首先要去给祖父拜年，祝贺新春愉快、身体健康；每次就餐时，祖父坐上座，长辈没有动筷子前，儿孙辈是不准吃饭的。父母亲给我们做出了榜样，我们兄妹在潜移默化中继承了孝道。二哥、姐姐和在南京工作的大哥，经常抽空回来看望年迈的双亲。父亲病故后，母亲年逾古稀，老太太的日常生活起居，由二嫂和弟妹给予精心照料。一九七八年爱人和儿子批准随军，母亲随同来北京帮助料理家务，照看上幼儿园的孙子黄海，呵护有加。星期天节假日，我们带着妈妈和儿子，祖孙三代一起游览故宫、北海、颐和园等名胜古迹。我扶着妈妈登上了天安门城楼……"

一九九七年被吸收为北京新四军研究会会员后，黄进琪甘当志愿者，以饱含深情的笔墨，在《铁军》《大江南北》等新四军研究会刊物上呈现了李先念、万海峰、周克玉、谢飞等二十多位新四军将帅的传奇

人生。

　　二〇〇七年移交海淀区后,他在参加各项活动中用心发现报道线索,跟踪采写了任士荣、一等功臣孙光辉等二十多位军休干部和工作人员典型人物。与此同时,他抒发自我心声的《故乡处处换新貌》《我的文化养老之路》等美文,也获得了广泛好评。其作品在《人民日报》《解放军报》征文比赛中,多次名列前茅。黄进琪两次被中国老年报社评为先进工作者,一次被评为优秀作者。

　　因为他在军休宣传报道等工作中做出的显著成绩,黄进琪十次被评为海淀区军休宣传报道工作先进个人,还被评为北京市先进军队离退休干部,并荣获海淀学习之星、海淀区军休办党委评出的五好党员等荣誉称号。

★李文刚　红蜡烛支书

🏠 海淀区田村路休养所

田村路休养所海澜东苑二支部党支部书记李文刚，严格要求自己，团结其他支委，充分发挥大家的才干和积极性，共同搞好支部建设。

凡是所里和总支有什么任务或要学习传达的内容，他事先都要同副书记和其他支委商量，充分尊重大家的意见。支部里的同志们团结工作，生活中互相关照的现象蔚然成风。副书记因病住院吃不下饭，几天没有进食，李文刚到病房看望他时，动员他一定要吃饭，并给他买了馄饨煮好，送到副书记的床前，令他非常感动。

为了向军休干部宣传党的方针政策和当前局势，李文刚特别注意学习，在看电视新闻时经常边看边记。为给大家讲军事斗争形势，他把摄像机准备好，等出现地形图等图像时就先把电视屏幕的画面锁定，录制下来后，在讲课时照图讲解，使大家更容易理解内容，深受大家的欢迎和赞扬。

凡是军休办等上级单位组织的形势报告会，只要他去现场参加，他都要想方设法录下来，把内容整理出文稿后，再跟本支部的同志们共同学习。除了经常讲国内国际形势之外，他还把平时收集整理的有关航天、航空、弹道导弹等军事知识跟大家分享。如汶川地震时有十五勇士在四千米以上的高空跳伞，他就给大家介绍降落伞的构造工作原理，以及地理气象条件的重要性，使大家对勇士们的壮举有了更深的理解。

支部工作无小事，特别是安排疗养、"五月鲜花"和"八一"晚会，李文刚既是组织者又是服务者。他通常把活动中表演者的名单先列出来，五十人的合唱队一般要列出七十人的名单，以备有的同志因外出、身体原因届时不能确保出席。然后再一个接一个地打电话、做动员，有时抱着电话一打就是两个小时。甚至有的一个人要打几次电话后才能确定。开始排练了，有的没来就再去找人，又累又急……

每到"八一"即将来临时都要组织消夏晚会，演出照明、道具、音响等设备怎么解决，灯光怎么安装，备份灯光准备到位没有？李文刚辛劳的张罗，都因为每次顺利演出后大家的开心，而变成了自己的喜悦。

被海淀区军休党委评为优秀共产党员的李文刚，对自己的要求就是要为大家多做有意义的事，做一名像蜡烛一样的党员，自始至终充满光明。

★ 龙连模　尽心送温暖

🏠 海淀区田村路休养所

担任休养所党总支副书记的龙连模尽心尽力为军休干部服务。他注意态度、方法和技巧，常常站在不同的角度全方面地看待问题，顾全大局发挥组织和管理作用，善于充分调动同志们的积极性，形成合力。

在生活中，龙连模与人为善乐于助人。有位军休干部因拉楼门把手时，把手脱落，人从楼梯上摔下，头部严重受伤，被送往医院抢救。该同志原来身体相当不错，家属一下子遇到这样的意外，很难接受这一打击，老同志老战友们对他们的遭遇都很关心同情，对物业公司、医院的一些做法议论很多。

龙连模很重视这一事件，认为此事的关键，是要想尽一切办法，为该同志进行最好的治疗。龙连模及时向所里汇报这一想法后，当晚和所长、副所长及军休干部骨干一起去医院，边到急救室看望病人，边安抚家属。之后，所长、龙连模、张允等同志一起马上找医院领导协调，因赶上医院领导在开办公会，他们就在外面焦急地等待着。散会后，医院领导对所长和老同志们反映的事非常重视，表示一定要尽最大的努力为该同志治疗，院领导还马上和主治医生、科室主任联系并

要求他们全力救助。在该同志救治过程中，龙连模等身上体现出的战友情谊和尽心帮助的态度，家属和老同志们看在眼里，记在心上，知道危难中有组织关心，心里都充满了温暖。

平时，龙连模也经常和同志们交流思想、畅谈感受，努力营造积极向上的工作氛围。他认真反映事关军休干部切身利益的意见和需求，想老干部所想，急老干部所急，在群众中树立了良好的威信。他因此被民政部、原总政治部表彰为全国先进军队离退休干部。

龙连模热心社会公益事业，主动发挥政治优势和专业特长，积极参与社会公益事业和军休干部之间的互助活动。他重视子女教育，家庭和睦，邻里团结。他充分利用讲话、谈心、文字、文艺等多种形式和不同场合，努力宣传军休办、休养所为落实军休干部"两个待遇"所做的各项工作，讴歌战友们的感人事迹。军旅作家黄玉东把从军以来所发表的散文、随笔、杂文等结集的《向往大海》出版后，龙连模积极鼓励并推介说："这不仅是一部适合青少年阅读的励志书，也是适合成年人阅读的枕边书，还是适合老同志阅读、重温青春岁月的好书。"

龙连模就是这样，总是用温暖的真情，尽心尽力地为军休战友们服务，得到大家的交口称赞。

★ 杨晓苏　热情似火　温暖助人

🏠 海淀区田村路休养所

杨晓苏自退休后生活在阜康小区，愉快地从军旅生涯转入地方管理。成立休养所三〇四医院党支部后，她被同志们先后选为支部委员、副书记、书记。不论在哪个岗位，她都积极主动地做好各项工作，坚决完成休养所、党总支布置的各项工作任务，对支部工作尽心尽力，起到了党员的模范先锋作用。

为方便大家及时了解支部安排的活动情况，她们买了块大黑板，每月按时出通知，提醒老同志何时何地有何事。有的同志如果临时有事不能到场，就托她代为办理，杨晓苏从不延误他人所托之事，对长期在外

第一部分

埠的同志也关怀备至，无论是工资条、学习材料或节日休养所发放的慰问品，她都妥善保管好，待人归来，一一交到手中。在大家心里，杨晓苏是可信任、可托付的好党员。

杨晓苏原是部队特招的体育兵，曾出色完成很多篮球比赛任务。她从一名优秀的运动员转到解放军总医院外科学习护理知识后，心灵手巧热爱学习的她，渐渐成为一名干练而技术娴熟的护士、主管护师。杨晓苏性格豁达开朗，乐于助人，待人正直诚恳，是同志们的贴心人。

为了活跃支部生活，使老同志们尽快适应退休生活，她和大家每日集体晨练，到附近公园去踏春、秋游，享受大自然给予的阳光和清新空气，还请有拳术经验的同志教、帮、带大家打太极拳，每天下午做健身操、功夫扇。活动中，杨晓苏还常常用山西家乡话演唱晋祠小调《夸夸我们晋祠的水和米》，带来欢声一片。

她集体观念和大局意识强，为了配合休养所完成每年的红五月歌唱比赛，她克服了很多困难，组织大家去休养所合练，严格按老师的要求练唱，共同给休养所争光。

杨晓苏自丈夫去世后，她坚强地从悲痛中振作起来，独立撑起家庭，安排好生活，亲自帮女儿带大外孙，忙了家里又忙支部工作，还热心地为其他初为人祖父母的同志传授科学育儿经验，并将自己外孙的玩具、衣物赠送给有需要的孩子。

她关心年老体弱的老同志，谁有困难，她都是跑在前边想方设法帮助解决问题，对生病住院的老同志尤其关怀备至，经常自己买慰问品去病房探望，是大家的贴心人。为了丰富支部生活，她想办法筹措资金，把每月的报纸、刊物和可回收的废品积攒起来，年终卖掉，积少成多以备支部急用。

被海淀区军休党委评为优秀共产党员的杨晓苏，就是这样一位有热情，有责任心，有正义感，身体力行热心助人的好党员、好书记。

夕霞正满天

★ 杜孝元 "啰唆"书记 贴心公仆

🏠 海淀区八里庄休养所

杜孝元，在二〇一六年十月召开的八里庄休养所第三届党代会上，由于年龄和健康的原因主动让贤，辞去了党支部书记职务。他从二〇〇六年六月起，担任空军总医院安置点第四党支部书记有十余年，他全心全意服务军休的工作精神和兢兢业业、细致入微的工作态度，赢得了军休干部及休养所全体工作人员的尊敬和爱戴。

大家都说老杜爱"啰唆"。他就像个兄长，每年的年初、年末，他都会"啰唆"地提醒、建议大家去体检，并拿自己的亲身经历给大家讲解体检的重要性和必要性。楼里偶尔发生丢失被盗现象，他会在支部大会上"啰唆"地告知大家，提醒大家注意居家安全。逢年过节，他"啰唆"地叮嘱大家注意饮食安全、消防安全和用电安全。平时，他也爱"啰唆"地叮嘱大家注意交通安全，防偷窃防诈骗。大家深深爱着老杜的"啰唆"，这种关爱他人的"啰唆"，是他一心为大家的重要体现。老杜书记的叮咛无微不至，是大家公认的"贴心公仆"。

杜孝元也患有老年人的常见病，但老杜从来不以这些为理由耽误工作。有一次过马路时他不小心把腿摔成了骨折，但他不说不讲，仍然继续坚持工作，他担心给休养所添麻烦，要

求知情的支委替他保密。对休养所工作人员，他始终从生活上关心，从工作上支持，经常为休养所工作提出合理化建议，每次还都要谦虚地说自己的个人意见仅供参考，话虽不多，却饱含了对年轻军休工作人员的厚爱和扶持。每次见到工作人员，他也总少不了问寒问暖，聊聊家常，时时体现出长者风范。

老杜对支部工作考虑得细致入微，军休干部称赞他："心里装的全是支部。"空军总医院社区居民的燃气软管大多都已使用了十余年，使用多年的软管需要更换，不然会有安全隐患。老杜深深理解更换燃气软管的必要性，主动联系休养所一起沟通燃气公司安排更换时间。得到准确信息后，他联系各党小组组长挨家挨户了解情况，告知更换的必要性及更换时间，嘱咐大家在更换的日子家中留人。安排好自己支部的同时，老杜还和其他支部沟通，将这种贴心服务惠及周边更多军休干部。

老杜常说："支部工作无小事，我的一举一动要体现休养所、党组织对大家的关心和关爱。"支部里有人年满八十时，杜孝元和支部全体党员为老寿星送上生日的祝福；支部里有人生病，老杜与支部委员一起去看望；有的同志需要动手术，老杜他们就在手术前慰问病情，手术后询问恢复情况，带上支部的温情与问候。

杜孝元始终如一、全心全意地为军休干部热情服务，始终以一名共产党员的模范行动感染带动周围的人，不仅个人赢得了全所工休人员的一致好评，他领导下的空军总医院军休干部第四党支部也多次荣获海淀区军休党委优秀党支部的称号。

★ 沈友如　崇德向善　助人为乐

🏠 **海淀区八里庄休养所**

自从二〇〇六年八里庄休养所成立了航空医学研究所军休干部第一党支部以来，沈友如同志就一直担任支部委员和书记。

温情饱满的家庭责任心和强烈的社会责任感，是沈友如的两大特点。他老伴患类风湿已经二十多年，需要常年服用激素类药物，十多年前又突发压缩性骨折，由于年龄和自身体质等因素不宜进行手术，只能保守治疗。她生活基本不能自理，不得不常年坐上轮椅。老沈自己的身体也不太好，但他为了不影响儿女的工作生活，就独自担当起了照顾老伴的责任。十几年如一日，他细致入微倾心照顾，大大减轻了老伴身体

和心理上的压力。看着他倾心关爱老伴的很多细节,大家无不赞叹沈友如崇德向善的精神。

如今沈友如所在的党支部共有支部成员十六人,年龄最大的近九十岁,年龄最小的也近八十,其中还有两位生活不能自理和多名重病、空巢和长期在国外居住的同志。由于支部成员情况的特殊性,他就经常打电话了解老同志的身体状况和个人需求,用电话传达有关事项,帮助不在家的同志报销医疗费、代领军休内刊。平时遇到老同志生病、住院,他都要及时向休养所报告情况,有时还和工作人员一起带上慰问品到医院或老干部家中走访探望。他根据支部成员之间不同的情况,结成互助小组,倡导战友相扶,助人自助,做到一人有问题,大家来帮助。

作为军休干部党支部书记、一名有着六十多年党龄的老党员,沈友如始终如一地认真落实总支安排的具体事务,配合休养所开展各项工作。他经常和支部委员一起分析军休干部的思想状况、身体状况以及家庭情况,并及时与休养所工作人员沟通情况,听取军休干部的意见和建议,协同工作人员一起做好军休干部思想工作。

沈友如不仅关心休养所和支部的建设,关爱家人和军休干部,他还积极参加社会公益活动。每当发生洪水、地震、冰冻等自然灾害,单位组织捐赠活动时,沈友如都不顾自己与老伴年老多病、经济开支较大的实际困难,慷慨解囊,积极为灾区群众捐款捐物,以自己的实际行动带动和影响周围的同志,为受灾的同胞奉献爱心,发扬了中华民族无私奉献的传统美德,体现了一名老军人、老党员崇高的道德品质和精神风尚。

平淡无奇的军休生活,难掩沈友如同志崇德向善、助人为乐的卓然风采。他带领本支部军休干部,互相关心,互相爱护,互相学习,互相监督,一面尽享着幸福快乐的退休生活,一面携手打造了一个共同的军休家园和"五好"支部。

★ 苗虎顺　乐于助人　甘当桥梁

🏠 海淀区八里庄休养所

苗虎顺在部队曾荣立三等功一次，多次受到上级嘉奖，曾经参与核试验相关医疗项目的组织领导工作，并因工作导致伤残。退休前担任空军总医院的副院长，退休以来，苗虎顺积极支持休养所工作，热情关心军休干部，帮助大家解决了许多现实问题，受到本所工休人员的一致好评。

由于苗虎顺待人热情、与人为善，所以，老干部在营院建设、日常管理等方面有什么意见建议，都愿意跟他沟通，他也乐于为大家热心奔

走。他先后和大家一起解决了军休干部居住的两栋楼的门禁安装、自行车棚改造及诸多与军休干部生活息息相关的问题。

离退休干部居住的两栋楼之间公共面积相对较小，有段时间公共绿地绿化无序、杂草丛生，大家散步运动受到影响，大家向苗虎顺提起后，他对老干部的信任和托付感到义不容辞。二〇一六年，苗虎顺和其他一些同志向空军总医院领导反映了大家对改造营院环境的愿望。医院领导了解情况后，委托由苗虎顺牵头负责，院营房科协助，启动了整治工程。接受任务后，苗虎顺马不停蹄地着手规划设计，对绿地、活动场所、宣传栏、休息长椅等进行一系列的改造。经过两个月奋战，春节之前第一阶段施工基本完成，小院环境得到良好改善。二〇一七年以来，苗虎顺同志和大家又紧锣密鼓地着手后续工程，在小院和马路两旁种植花木实施绿化，并加装护栏，进一步美化环境。每每有人与苗虎顺聊起小院的喜人变化，赞扬他为大家做了件大好事时，他总是谦虚地说："小院的变化，首先得益于医院领导对军休干部的关爱，得益于休养所对改造工程的配合，更得益于大家的理解和支持，我不过是做了一些力所能及的事，不值得一提！"

苗虎顺还多次积极向休养所反映军休干部需求，提出工作意见建议，并主动为身边的军休干部解释政策，化解部分军休干部对军休工作政策的疑虑和担心，自觉主动地发挥了桥梁纽带作用。作为所里军休干部群众推选的钓鱼协会会长，苗虎顺每次组织休闲钓鱼活动时，他都是忙前忙后地联系车辆，通知出发时间，提醒大家注意事项等，细心体贴地为大家周到服务。

苗虎顺从不在意个人得失，时时刻刻把军休干部的冷暖挂在心上，他退而不休，仍然事事处处关心着休养所的建设，无愧于一个共产党员的光荣称号。

★ 周顺萍　幸福的歌声连成片

🏠 海淀区曙光休养所

周顺萍曾是文工团演员，一九八二年调入空军指挥学院，先后任训练部政治处干事、政治部干部部干事、老干办主任和干休所所长等职务。退休后，她最大的幸福，就是还能多多地为战士唱歌，为官兵演出。为了实现这一愿望，她与总政、空政、战友文工团等单位的战友们一起，参加了"兵妈妈爱心志愿者服务队"。

多年来，在每年新兵入伍、老兵退伍的特殊时间段，她都要跟随"兵妈妈爱心志愿者服务队"，上高山，下坑道，到哨所，走训练场，到基层部队看望战士，为官兵进行慰问演出，有时一天甚至要演出两三场。演出之余，她与战士们谈心讲政策，用真情暖兵心。她们还常常到炊事班边帮厨边和即将退伍的老兵谈心，细致地做好战士们的心理工作，努力疏导"新兵想家、个别老兵不想退伍"等现实思想问题，从而拉近了与战士们的距离，部队官兵们亲切地称她们"兵妈妈"。周顺萍感慨地说，每次下部队，仿佛又回到了当兵的年代，每次去部队为官兵们慰问演出，就受到一次教育，心灵就受到一次洗礼，政治素质就得到一次提升。有关"兵妈妈"的事迹，中央电视台、解放军报、战友

报等媒体曾进行过多次报道。

退休后的她,每当军休办举办"五月鲜花"等形式多样的歌咏比赛时,周顺萍同志都积极报名参加,并担任曙光代表队的领唱和朗诵等任务,是休养所合唱队的骨干。

即使演唱熟悉的老歌,周顺萍依然一丝不苟认真排练,既不缺课,还积极配合指导老师,带动大家演唱。由于她的演唱水平高,既热情台风又好,每次演出都受到现场观众的好评,赢得热烈的掌声。

作为海淀区军休艺术团的成员,周顺萍每逢八一、春节期间,都要与艺术团成员一起,代表军休办领导到各个休养所慰问老干部和军休职工。海淀区的休养所多,有时要连续好多天才能够完成任务,经常一天要演出两场,这对她的精力、体力都是一个考验,但她仍像年轻的士兵一样勇往直前。

近年来,周顺萍先后参加各种公益演出数百场:代表空军参加驻京单位组织的合唱比赛,她担任领唱;与空军指挥学院蓝天情合唱团一起参加了由中组部、原总政治部和北京市委组织的"永远跟党走,首都老干部喜迎十八大文艺演出"等。

她曾被环境教育杂志授予关爱环保大使,代表海淀区军休办在圆明园举办的联欢会上演唱,还参加了第三届全国老年人才艺大赛,荣获了大赛最高奖——风华奖。

周顺萍以阳光的心态对待生活和工作,用满腔的热忱温暖助人,以自己的一技之长,积极参加各类公益活动,持续发挥余热。她所到之处,幸福的歌声就连成一片。

★ 张庆林　群众无小事　幸福为大家

海淀区厢红旗休养所

张庆林是厢红旗休养所党总支委员，第六党支部书记。他忠于党的事业，和支部一班人团结协作，努力建设学习型党组织，较好地完成了上级党组织赋予的各项工作任务，所在党支部被评为先进党支部。

有一段时间，丰户营小区营院管理问题较多，特别是发生入室行窃案件后，部分军休干部的安全感受到影响，要求加强营院管理的呼声强烈。张庆林马上通过多种形式，向管理处和休养所反映大家的意见和要求，并与院内其他五名支部书记，联名写信给军事科学院及海淀区军休办领导，希望各级领导对丰户营小区营院管理给予重视和支持。为此，管理处和休养所召开了联席会议，研究制定出了加强小区营院管理的措施。会后一些管理措施逐步落实，小区的安全环境得到一定改善。在上级领导和群众之间，他发挥了较好的桥梁和纽带作用。

张庆林注重发扬党密切联系群众的优良传统，经常和大家聊天，听取大家的意见和建议。对很多同志，他经常保持电话联系，把上级的有关指示精神传达给他们，同时了解他们的情况。对因病住院的同志，只要他知道，就都通过各种形式表示慰问。对群众遇到的一些难题，他总是主动靠上去做工作，帮助其排忧解难。遇到邻居之间发生了摩擦，他就分别找双方进行劝说，促使双方达成和解。有的军休干部家庭成员间产生了矛盾，他就配合休养所领导，分头做思想工作，使矛盾在最短的时间内得以化解。

张庆林作为党支部书记，非常注意坚持民主集中制原则，遇事和大家商量，重要问题召开支委会研究，充分发扬民主，集体讨论决定。他善于把支部成员团结起来一道工作，特别注重搞好支部一班人的团结，倡导大事讲原则，小事讲风格，人人都做团结的促进派。在全体成员的共同努力下，支部班子成为一个团结的班子，一个干实事的班子。

张庆林党性强，作风正派，处事坚持原则，为人宽厚诚恳，对己严格要求。他热心为大家做事，从不谋取私利。大家有什么意见和建议，都愿意找他反映，遇到什么难题，都愿意找他求助。在大家心里，张庆林是个值得信赖和信任的好军休干部。

★ 周国良　共送阳光献服务

🏠 海淀区五棵松休养所

周国良退休后，被移交到北京市海淀区五棵松休养所，担任第三党支部书记，二〇一四年换届选举时，被选为党总支副书记。

二〇一三年十月，原总后卫生部和解放军总医院政治部两位老领导，曾经介绍周国良到地方一家大公司帮助工作，担任该公司党委书记，工资待遇也是十分的丰厚。当周国良把这一情况向休养所领导报告后，老所长却希望他能留下来继续做好党支部的工作。经过两天的思考之后，他毅然决定放弃优厚的工资待遇，继续留在休养所义务为大家服

务。他说，所领导和大家的信任，就是对我最好的奖励。尤其是支部书记，是"党的使者"，在有生之年能够有机会继续为党的事业发光放热，能够有机会为军休战友送去党组织的温暖，这同样是我的光荣和使命。

二〇一二年元月，五棵松休养所为进一步提高为老干部服务的质量，决定在全所建立和推广"阳光服务队"活动。老周他们把困难较大的军休干部列为重点帮扶对象，把阳光的温暖送到同志们的心里。老干部杨光承住院期间，周国良先后二十几次前往病房看望。韩守富住院期间，老韩的爱人崔凤芝心脏病和高血压也同时发作，两个孩子既要轮流请假到病房护理父亲，还要想方设法照顾母亲，只得求助河南老家请人帮助以解燃眉之急。周国良积极向所里反映情况后，老所长张雷和大家共想办法，及时缓解了老韩家的困难。

为更好服务老同志，"阳光服务队"队长程元怜说："我和周书记商量，在服务队里再成立一个应急行动小组和一个心理疏导小组。一组能在发现老干部有紧急情况时，争取尽快赶到现场；另一组在遇到老同志有心理压力时，积极靠上去做工作。"

五棵松休养所温暖的阳光下，大家积极参加文化活动和体育锻炼。周国良凭借自己的武术特长，义务向军休干部及家属，传授健身气功，他们组建的"五棵松休养所太极拳代表队"，多次参加比赛活动并获得好成绩。

"阳光服务队"的阳光服务，受到了上级单位和广大战友们的赞扬和鼓励。在党总支会议上，周国良说："'阳光服务队'是我们五棵松休养所集体的一张带有光环的名片，我们不能丢，也绝对丢不起，我们只有把'阳光服务队'的工作完成好，而且是越做越好，才无愧于广大军休人对我们的重托。"

荣获"北京军休榜样"称号的周国良同志，现在依然和大家一起以阳光的心态，阳光的服务，汇聚成五棵松休养所中一股持久的暖流。

★刘淑敏　尽心竭力　服务大家

🏠 海淀区五棵松休养所

刘淑敏二〇〇八年退休后，被安置到海淀区五棵松休养所，当选为休养所党总支文体委员的她，在解放军总医院有关部门和休养所领导支持下，开办了院所联办的老干部大学。十年联合办学的实践，不仅使移交干部感受到了部队"真情依旧，人走茶香"的浓浓温情，也使老干部大学在新形势下越发充满勃勃生机，发挥着老干部"开心乐园、健康天地"的功能。

刘淑敏常说，部队离退休老同志都是为国家和军队做出了卓越贡献的功臣，能让他们健康、愉快地安享离退休生活，心中倍感高兴与自豪。

根据军休干部特点，刘淑敏和大家提出了"贴近生活、贴近兴趣、贴近需求"的办学思路，在办学内容上动了很多脑筋，从书法、英语到营养、烹饪、阳台种菜，开办的几十个科目的课程，深深吸引了广大离退休干部的目光，为大家提供了广泛的选择余地，有力地增强了老干部大学的凝聚力。

课程的优劣，重要的保障在师资。从所内请有特长老同志为老战友们授课的同时，他们还想方设法延请所外名师。有的老同志想写回忆文章不知从何入手，刘淑敏就登门请来了自己原来的老领导乔秀清讲写作课，老师讲得深入浅出，大家学得兴高采烈，不少老同志随后写出的文章，得到了多个报刊社的认可，刊发出来后更激发了大家的积极性。

刘淑敏认为："用不同的内容，从不同的角度，分别激发大家的参与感、成就感、集体荣誉感，之后整合成综合吸引力，是军休老干部大学能够凝聚人心的秘诀所在。"为增加教学的生动性、趣味性，刘淑敏与大家不断探索、改革教学方式，力求形式灵活、新颖，做到"五个结合"：动静结合、台上台下结合、谈心互助结合、室内室外结合和院内院外结合，调动了大家学习热情和积极性。

老干部大学尤其重视大家团结起来开展活动。他们以展示带活动，以活动促团结，以团结兴喜悦，以喜悦促健康。老干部大学举办的多项文体活动，不仅展示了学员们的学习成果，更激发了老同志们"我参与、我健康、我快乐"健康向上的良好精神风貌。

刘淑敏上有百岁老母，下有幼小的孙子，儿子经常在外出差，爱人身体状况一般，许多事情都需要她安排照料……家庭和工作的重担几乎都压在她的肩上。但她不辱使命，以一名共产党员的情操去尽心竭力担当好工作和生活中的各个角色，深得大家的敬佩和赞扬。

刘淑敏被总后评为先进老干部教育工作者、先进离退休干部，被北京市军休办评为先进军队退休干部，当选为海淀区十一届、十二届党代表。她总认为，荣誉是上级组织和大家对她工作的认可、肯定和鼓励，自己最甜蜜的，是为大家永不停歇地服务与奉献。

★ 石发禄　热心助人喜　阳光温暖多

🏠 海淀区五棵松休养所

原解放军总医院退休干部石发禄，移交到海淀区五棵松休养所不久，就被选为二支部书记。他坦诚开朗，热情谦和，自担任支部书记以来，更以满腔热情投入到助人为乐的工作中。

二〇〇四年十月的一天，石发禄的邻居——已是耄耋之年的何应新乔迁新居，但因儿女不在身边，老人身体有病，望着一大堆需要整理的家居物品，感到有点力不从心。当何应新正在发愁时，石发禄主动前来帮忙。他抬桌柜，摆床铺，连续忙了几天，终将老人的家安排得井然有序，感动得何应新老两口儿连连感谢说："老了遇到这么好的邻居，真是晚年有幸！"石发禄说："能帮助你们做点事是应该的，不足挂齿，以后有需要帮助的事尽管说。"

何应新入住不久，总是嗅到厨房里有股驱不尽的异味，不得不把石发禄请来帮助查看。石发禄经细心检查后发现水池下有个漏洞，他便找来水泥给堵上，及时解决了老何家异味儿的问题。

二〇一二年七月北京下那场大暴雨时，小区的人们纷纷往家里跑去，但石发禄却往外跑。当他跑到楼外察看时，发现雨水不停地往不少一楼住户的地下室涌进。他立即冒着大雨找来防水的材料,填堵了灌水口,并及时报告物业有关人员。雨水倒灌堵住后,他又和物业人员一起清理已进入地下室的淤泥积水。由于发现及时,措施得当,防止了这次灾害给大家储藏的物品带来过多的损失,受到了大家的好评。

支部有二十多名骨干组成的阳光服务队,由组织委员郭学森任队长,帮助本支部有需要的同志,石发禄这个热心肠自己主动承担起了对高龄和空巢军休老同志的帮助任务。

在大家精神的感召下,何应新主动担当起单元楼长,他还发挥特长办起了楼前板报栏,经常刊出时事新闻、法制常识和好人好事。同时,赵德芬、卞文芳、李书亭、崔永芬等同志也参与到办板报、写稿子的工作中,同志间互助友爱的心意与行动,给大家都带来了更幸福的感受。

三组王桂兰与七十多岁独居老人张守莲结成互帮对子,因老张子女不在身边,自己身体有病,生活和精神负担很重。王桂兰经常从生活等方面关照张守莲。老人深有感触地说:"有你的热心帮助,使我独居不孤独呀!"五组帮扶对子韩亚平、钱瑞慈常常互相帮助,当她俩了解到独居老人于燕家中有困难,自己又需要去看病时,主动登门陪同她到医院就诊,使于燕深深感受到军休大家庭中的友爱真情。

多年来,阳光互助活动搞得有声有色,大家相互帮助,共享阳光,彼此生活在一片祥和之中。石发禄也受到了大家的一致爱戴和赞扬。

★赵永全　温暖在细节　小事显深情

> 🏠 海淀区阜石路休养所

阜石路休养所一支部原书记赵永全退休十多年来，他带头并和党员一起学习了解国内外大事，拓展自己的知识面，增强爱国热情和对国家的信心。

对于学习，赵永全总是努力先学一步。党的方针政策、法律知识和养生保健常识，他都尽可能地全面学习，努力使自己的思想适应时代和形势的发展，做一个与时俱进有所作为的军休老干部。

赵永全认为"一个班子、一个堡垒"，"一个支部、一面旗帜"，班

子的作用至关重要，支部成员要起到休养所与军休干部之间的纽带和桥梁的作用，关键在于实实在在地为老同志服务。

他和支部成员时刻把老同志生活小事放在心中，每年逢大的节日都要走访慰问老干部家庭。平时遇到老同志生病、住院，都要及时带上慰问品探视，对因病或生活确有困难的老同志，积极向所领导提出帮助的建议。

支部提倡在小事中共享温情。楼上楼下，彼此见面时，打个温馨的招呼；有事向邻里说一声，相互帮个忙；外出旅游和党小组长说一声，有事代劳一下；文娱骨干组织大家唱唱歌，跳跳舞……大家和睦相处，其乐融融，稳定和谐，营造出了一个大家相互关心的美好氛围。

赵永全和支部在组织老同志开展活动时，首先注重尊重老同志的需求与爱好，结合老同志们的身体情况，积极发挥老同志各自的特长。他们每年参加休养所组织的各种参观活动，感受北京的巨大变化，体会改革开放给社会带来的大发展，使大家从中受到教育。又在参观社会福利院、光荣院、老年公寓等公益项目时，鼓励大家共同为社会做有意义的工作。

他们还着重在培养良好的生活习惯、防病、延年益寿上做好文章，定期开展乒乓球、麻将、象棋、跳棋、扑克、钓鱼比赛和其他文娱活动，给军休老干部创造优美的休养环境。

赵永全作为一名老党员，和支部成员一起关爱同志，常在小事上显深情的感人事迹，受到广大军休干部的好评。

夕霞正满天

★ 张贵和　扬帆新时代　书写新华章

🏠 海淀区韩家川休养所

一九四〇年出生的张贵和自退休移交后，一直担任韩家川休养所党总支副书记。他在行动和言行上始终与党中央保持高度一致，长期保持读书看报学习的良好习惯，思想上紧跟新时代步伐、政治上保持清醒，行动上坚决听从组织决定。

他用三尺讲台激情绽放新时代。二〇一六年休养所为解决军休干部退休之后渴望培养一些兴趣爱好的需求，开办了一所老年大学，特聘擅长书画的张贵和担任副校长，全面负责老年大学的教学指导工作。

老年大学开办之初，张贵和从方便军休干部学员求知、求学欲望出发，建议开设书法、绘画、摄影、舞蹈、声乐等课程，以此来丰富军休干部的文化生活。面对授课专业老师稀缺的现状，张贵和自己承担起了书法班教学的重任，并同时兼任了行书、隶书两个书法班的教学工作，极大满足了书法爱好者的需要，使不少军休干部学员不出大门就学到了自己喜爱的书法。

"离休不离志，退休不褪色"，这是张贵和长期坚守的行动准则。他带领着书法班学员积极主动地开展学习与自我教育，用不落伍、不掉队、不懈怠的思想意识来做好教学工

作。更令学员们感动的是，张贵和不仅是义务为大家上课，还要搭上大量的时间和精力。他从招生通知的起草，到备课、讲课都一丝不苟，每次上课之前都要仔细研读教材，认真写下讲课提纲。课堂上详细为大家讲解书法的笔画、结构等知识，对学员的作业认真讲评，及时指出存在的问题，并提出改进意见。大家感到他的课，深入浅出、通俗易懂，非常贴近学员的实际，使每一个听课的学员受益匪浅，书法水平得到不断提高。

由于军休干部学员对书法基础知识的掌握参差不齐，提出的问题也是五花八门，但张贵和每次都能耐心解答，直到学员们满意为止。有时下课后还要花费时间为大家辅导，一遍又一遍地为学员做示范。

为了增加学员的学习兴趣，张贵和还不定期组织作品观摩、请专家进行书画讲座等活动，这些活动的开展使学员们开阔了眼界，拓宽了创作思路，增长了知识，提高了鉴赏水平。

每逢重大节日和特殊纪念日，张贵和都和所里开展书画展。每次从作品的征集、指导、遴选，到作品的装裱、布展、实施，张贵和都不遗余力地落实到位，大家作品的水平也一年比一年有所提高。张贵和与大家一起，还先后成功举办《建军九十周年暨建所十周年书画展》等展览。

多年来，经过张贵和与大家共同的努力和付出，老年大学现已成为广大书法绘画等爱好者的学习交流平台，共同书写着军休干部们幸福生活的新华章。

★ 张泽耀　紧紧跟党走　暖暖为军休

🏠 海淀区遗光寺休养所

担任党支部书记的张泽耀，关心时事政治，在政治上、思想上同党中央保持一致，对工作认真负责，重视政治学习。

每次接到上级部署的学习任务后，张泽耀就通过各种方式及时传达，并提出具体要求，之后，就与支部成员一起认真学习党的路线、方针、政策。大家总是共同努力，不断提高政治觉悟和思想水平。他和支部委员们一起，注意做好党员思想工作，积极倾听和反映大家意见，维护军休干部的权益。张泽耀党性意识强、谦虚、热情，总是积极自觉发挥党员的模范作用，为群众做好事、办实事，坚决完成好党组织交给的各项任务。

尽心关注军休干部身体健康，积极开展健身活动，是张泽耀常常思考的另一个重要问题。老同志从工作岗位退下来后，身体健康成了第一件大事，因为这不仅有助于军休干部个人的生活质量好，而且有利家庭，有益社会。张泽耀把保持和维护军休干部的身心健康，作为服务党员的一项重要工作来抓。

张泽耀不仅任党支部书记，还担任原总参三部太极拳协会会长，并被推举为遗光寺社区居委会第八届选举委员会主任。为了提高太极拳水平，吸引退休老同志参加太极拳健身运动，张泽耀他们多次举办太极拳、剑、扇培训班，加大培训力度，使太极拳队伍不断壮大。担任社区文体组组长的张泽耀，还积极支持太极拳队、空竹队、柔力球队、腰鼓队和京剧班等多支队伍建设，以促进社区文体活动的开展。除积极组织和参与上述活动外，张泽耀还参加老干部大学的书法学习，以及太极拳剑扇的练习活动，既锻炼了身体又陶冶了情操。

张泽耀关心休养所和社区建设，积极参加军地组织的各项活动，他自担任遗光寺休养所管委会顾问以来，积极配合所领导做好服务管理工作。对于军休干部反映的就餐、小区绿化、停车秩序、物业管理等问题积极同原部队沟通情况，协商解决。张泽耀热心为军休干部服务，对管委会工作积极配合，为此付出了大量时间和精力，赢得军休干部们的信赖和拥戴。

张泽耀正是以自己的模范行动，为军地建设努力做贡献，体现出一名老共产党员的光彩和人格魅力。

★石有彬 潜心书画 默默耕耘

🏠 海淀区西三旗休养所

石有彬对书画有着浓厚的兴趣，也有很深的造诣，他也担任休养所里的书画组长。他不仅把书画当作自己的一种美好追求，更把祖国传统书画的魅力与大家分享。为此，每年年初，他都制定严谨的学习计划，把学习课程表提前发给大家。所里举办书画展活动，从组织作品到挑选作品，再到装裱布展，他总是忙前忙后不遗余力。在他和几位爱好者的共同努力下，所里的书画爱好者不断增加，水平不断提高。

在书画小组的带动下，休养所在二〇一三年，又成立了诗词小组和摄影小组，石有彬及书画小组与他们相互配合，起到了相得益彰的作

用。书画小组把诗词小组的作品创作成书画来展示,诗词小组为摄影小组的作品起名并配诗,而摄影小组又为书画小组提供了创作的素材,并把大家幸福的文化生活精彩瞬间传播出去。他们的作品在宣传橱窗中占了很大的分量,时而诗词时而书画,时而又是摄影,丰富了军休文化,吸引了众多爱好者。三个文化小组的紧密合作在休养所传为佳话,在文化建设中发挥了重要作用。

二〇〇七年移交到西三旗休养所之后,石有彬担任起泰欣苑一支部书记的工作。他一如既往,在担任党校函授和老干部大学工作的同时,他按照休养所党总支和所领导的要求,组织党员学习,及时传达军休办工作部署和活动安排,认真组织抗冰冻、抗震救灾、特殊党费等捐献工作,还组织并亲自参加军休办组织的五月鲜花歌唱表演、门球赛等活动。

石有彬积极参与和组织老干部喜爱的门球运动,在原总装备部组织的第十届神剑杯门球赛中,他们队勇夺神剑杯,取得了第一名的好成绩。

作为休养所的总支副书记,石有彬心怀大局,把军休干部及、军休工作的每一件事都放在心上,一肩挑着上级政策的落实,一肩挑着军休干部待遇的维护,上通下达,在休养所开展的很多活动中做了大量工作。

休养所里,石有彬与大家一起潜心书画,研究诗词,欣赏摄影,共同学习,生活搞得有声有色其乐融融。十多年来,石有彬坚持为老同志做好事,做平凡事,他以他朴实无华的人格魅力团结着许多离退休干部,大家都敬重地赞扬他是:"不知疲倦,耕耘不辍的老黄牛。"

★周焕明　独自苦钻研　养生有心得

🏠 海淀区西三旗休养所

在西三旗休养所，每一位军休干部和工作人员手中，都有一册周焕明编著、吉林科学技术出版社出版的《养生保健好帮手》。周焕明分赠给大家时说："这些养生健身的体会，是在实践过程中认识和摸索出来的，愿它对大家有所帮助。"

周焕明在实践中摸索出了一套"模糊探穴法"，按摩时可以方便快捷地将穴位与自己身体上的部位对应，比较便于实际操作。有的同志阅读和初步尝试后，也觉得的确是"养生保健好帮手"。大家为周焕明多年来探索保健的执着精神所感动，更为他将自己的养生体验总结成文，与他人共享的奉献精神所感动。

周焕明并不是专业的医务工作者，对中医基础知识、经络穴位常识原先也不了解。一九九八年，他遇到了失去亲人的不幸，这成为他强烈学习养生保健知识的推动力。他说："当一个人自己或者是亲人生了病，特别是得了绝症时，自己无能为力，这一刻，会有一种急切追求治好病的强烈愿望，一种强烈探索自我养生保健知识的愿望油然而生。"

二〇〇九年秋天，周焕明患右侧头痛，像针刺似的，求助医生，医生说只能吃镇痛药。此时，他想道："也不会是大病，先自己试试！"他根据资料尝试着归纳出了几种可能，试着找到对应该病症的"脉"穴，按摩此穴后，渐渐就有了好转。有一次在游泳馆，一个小伙子在穿衣时，突然喊："岔气儿了，动不了！"周焕明当即按住他的一个穴位，没两分钟，小伙子高兴地说："大爷，您神了！"此时，周焕明感到十分快慰，他感到经络穴位的神奇和祖国医学的伟大。

随后的几年里，周焕明对探索经络养生的劲头越来越足，他又想到把众多医学文献中的宝贵知识和诊断经验，加以归纳、概括，使更多的人受益，《养生保健好帮手》就是在这种背景下产生的。

周焕明在与同志们分享心得时也多次强调：每个人都有自己身体的特殊性，有些方法虽可以借鉴，但尊重科学广泛求证更是必要的。

周焕明出生在一个贫困的农民家庭，一九五四年初中毕业后，应征入伍，在空军部队当上了雷达兵。在组织的关心和支持下，一九五九年，以优异成绩考入哈尔滨军事工程学院电子工程系，毕业后留校任教，曾被评为先进工作者、优秀教师，立过三等功。

退休后的周焕明，依然坚持着一个革命军人和共产党员的优良作风，积极探索文化养老的养生理念，并将自己的独特体会与军休干部热情分享。

★ 郭伴虎　浓墨书祥和　热心献人民

🏠 海淀区东翠路休养所

擅长书法的郭伴虎，退休后，用自己的特长与爱好积极为军休事业做贡献。在老年大学，他担任教学管理和教学保障之外，还身兼教授楷书、篆书等课程的书法老师。

为了搞好教学，郭伴虎上每堂课之前，都广泛查找资料，仔细编写讲课提纲，并精心写出示范字样，在课堂展示或打印后发给学员。有时，一堂课他写的教案有数千字，有的课他准备的范本有数十幅。他还经常利用节假日或休息时间，把"篆书千字文""说文篆法百韵歌诀"等制成小册子，供老同志学习参考。为了让大家既学技法，还能感受到更丰富的思想性、知识性、趣味性，他常常收集整理联语和格言警句，把它们写成数十幅大大小小的书法课件，在课堂展示并分送给学员，深受大家欢迎。为此，郭伴虎两次被评为先进教育工作者。

郭伴虎的书法特长，不仅仅服务老同志，他还在春节前夕，与社区的易绍源同志冒着风雪，到北京西客站为返乡农民工写对联和福字。二〇一一年春节前，当时由于天冷，他被冻得又打哆嗦又流清鼻涕，但仍然坚持不辍。一位在场的农民工说："北京老爷子不仅书法好，而且真温暖！"

退休前长期在政工部门从事宣传教育工作的郭伴虎，退休后，他对青少年教育依然十分关心。每年寒暑假，他都积极协助社区开展校外教育教学活动。他担任中小学生校外书法的教学工作，针对着中小学生的特点，他在坚持每次讲课，都在精心准备认真备课，有时写出大幅作品在课堂展示和讲解之外，还常常把自己的体会加以总结，制作出小卡片发给参加学习的同学和家长，力求用鲜活的形式提升青少年对书法的兴趣。有的同学缺课需要补课，或有的同学家长带学生来找他，他都不厌其烦耐心讲解。近二十年来听过他讲课、经他指导过写字的学生约有数千人次，其所在社区多次被评为区、市乃至全国青少年教育先进单位。

退休之前，先后两次荣立三等功，并多次受奖和被评为先进的郭伴虎，退休二十多年来，自觉坚定理想信念，继续保持共产党员的先进本色，以高度的政治热情和无私的奉献精神，积极热情地为社会服务，他受到了领导和广大群众的一致好评。郭伴虎先后被评为总参先进退休干部、军训部先进教育工作者和海淀区军休系统优秀共产党员。

大家都说，老郭是我们身边的活雷锋，是名副其实的好党员，也是我们学习的好榜样。对大家的这些赞扬，郭伴虎总是看作是对自己的鼓励和鞭策，谦虚地说："我做得还很不够，今后还要继续努力。"

★ 赵英奇　解甲不卸鞍　心驰翰墨间

　　🏠 **海淀区东翠路休养所**

　　二〇一二年七月，北京市海淀区军休办评选出二十九名老有所为之星，赵英奇名列其中。他"解甲不卸鞍，心驰翰墨间，纵情歌岁月，快乐每一天"的文化养老情怀，备受称赞。

　　在一次座谈会上，赵英奇说："我们这些放下枪杆儿拿起笔杆儿的老兵，能伏在案前，星空伴月夜，回首曾经的光荣，抒发感恩的心声，笔耕不止，是一种荣幸。退休后，我感受最深的就是幸福。每月有丰厚的养老金，能报销药费，休养所为我们文化养老提供了诸多的方便条件，天天看到的是笑脸和真情……热爱生活就要反映生活，所以，拿起笔，将情感注入笔端，讴歌我们的时代，赞美为国争光的英雄和模范，颂扬身边的好人好事，实在快乐无比。"

　　他刚退下来后，就应解放军文艺出版社之邀，编著了《军人实用习字手册》一书，并由该社出版全军发行。书中对篆、隶、魏碑、楷、行、草六种书体的形成、特点、笔画、都做了详细讲解。编写此书，意在帮助基层连队提高书写汉字水平。他用《七绝·心驰翰墨》写出了他的心境："柳绿葵黄霜雪白，幽居四季墨花开。不求笔动惊寒月，但叫人生莫枉来。"

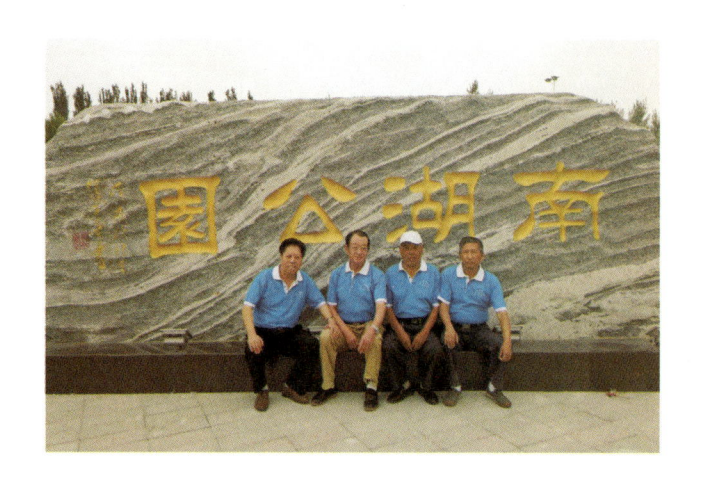

　　二〇〇四年，他依

据中国参加奥运会以来所有奥运冠军的资料和素材，汇集感想，创作成诗词，在中国人民革命军事博物馆展出书法作品，引起热烈反响。二〇〇八年四月，《赵英奇诗词与书法——奥运冠军篇》一书由北京体育大学出版社出版，并被中国体育博物馆永久收藏。赵英奇被中国书画家联谊会授予"百名中国书画名家"，被中国文艺家创作协会授予"中国当代杰出功勋艺术家"荣誉称号。

辽宁省黑山县是他的出生地。他的书法，一直受到家乡人民的喜爱，他每次回故乡，家乡人都要向他求字，他有求必应。二〇一〇年，黑山县八道壕煤矿进行棚户区改造，六千一百八十六户矿工当年就搬进了新盖的楼房，他被家乡人民赞誉的棚改精神所感动，创作了五言长诗《棚改铸奇篇》，并写成书法作品赠给县政府，以示他的敬贺之情。二〇一一年，他应邀为黑山八道壕棚户区改造创作《棚改记》碑文并书丹。二〇一二年，他创作的《黑山之歌》歌词由著名作曲家铁源谱曲，著名歌唱家佟铁鑫演唱，深受家乡人民喜爱。

身心双修，诗书并茂，是赵英奇文化养老、老有所为的一种艺术追求，他常常把人生的感悟浓缩在诗词和歌词里。他创作的七律《贺神舟六号凯旋》，获首届"神舟杯"中国书画大展赛金奖；他创作的六十句七言长诗《新中国六十周年赞》写成书法作品后，被人民日报社收藏，并荣获人民日报海外版颁发的共和国文化建设功勋宝鼎；他为四川汶川等灾区捐献书法作品，多次获得中国慈善总会颁发的荣誉证书。赵英奇用隶书书写成大幅作品的《黄河——母亲之河》还在联合国参与展出。二〇一四年，他应邀为钱学森图书馆创作《七律·钱学森》，并写成书法，由上海交通大学钱学森图书馆收藏。

赵英奇担任着中国书画摄影家协会主席、中国国际书画艺术协会副主席等职，无论人们怎样赞誉他，他总是笑着说："我愿做一个四乐之人：自得其乐、助人为乐、知足常乐、老有所乐。"

★孙桂秋 深情感恩 热情回报

🏠 海淀区东翠路休养所

孙桂秋的家里，处处充满着文化气息和感恩情结。养生的知识、雷锋的座右铭等，张挂在每个房间。他和老伴各有一双由他嫂子亲手缝制的拖鞋，他们最为珍惜。孙桂秋是个充满感激之情的人，他在边疆工作了很多年，这期间，妻子、岳母及嫂子照顾着他的孩子，回京后，他想方设法回报亲人，感谢他们多年来对自己的支持。

孙桂秋的回报，不仅仅针对自己的家人。他义务奉献于社区校外教育三十余年，为大院未成年人的健康成长尽心尽力。孙桂秋退休后想：我要主动把炮兵大院青少年校外教育继续抓起来，他的想法和社区领导不谋而合，社区聘他主抓社区青少年校外教育工作。

孙桂秋注意和社区孩子们所在的学校联系，沟通未成年人的情况和信息。每年寒暑假，为了选择学生们外出参观学习的场所，年事已高的孙桂秋骑自行车或挤公交车，去北京的风景名胜古迹和纪念地、博物馆，进行反复比较，做到好中选优。三十余年来，共组织孩子们外出参观七十多次。

为了帮助孩子们理解人文历史，每次外出参观他都精心编写参观点的简介，发给孩子们人手一份，使孩子们既

开阔眼界又增长知识。他紧扣青少年的兴趣，通过才艺、游艺、竞赛等活动，以社会为课堂，发挥社区校外教育活动对家庭教育和学校教育的拾遗补缺作用。对个别有不良举止的未成年人，孙桂秋还注意针对本人的心理特点和家庭的具体情况，想方设法耐心细致地进行辅导，促进他们思想转变，积极上进。

孙桂秋的战友严秉康，尤其赞赏孙桂秋开办的篆刻班，写文章记述说：三十多人的篆刻作品在中国美术网比赛中获得了奖项和奖章。他口传心授手把手地教，从选材用料握料用刀，到横竖撇捺点折弯钩，他用刀刻，用笔画，把自己对未成年人教育的奉献精神，对中华文化情感的抒发浓缩在一方方印石上。

孙桂秋常说，利用一切机会保持和青少年经常沟通，是搞好校外教育很重要的方法。他把大院几百名青少年的信息汇编成册，定期不定期与孩子们交流谈心，青少年都亲切地称呼他为"孙爷爷"。

孙桂秋所在社区先后被评为全国青少年科技活动先进集体及市、区和万寿路街道多的校外教育先进单位。孙桂秋本人多次被评为北京市校外教育先进个人及"义工之星"，并被解放军原总政治部荣记三等功一次。经校外教育和培训的青少年中，有近两百人在全国省、市、区、街道范围内，获得了音乐、书画、篆刻、科技活动奖，上百人考上国家重点大学或出国留学。家长们都说，这与孙桂秋多年来的辛勤耕耘是分不开的。

如今，孙桂秋仍然精神焕发、精力充沛，继续骑着自行车风尘仆仆地为社区的校外教育工作忙碌着，奔波着。

★ 傅道直　人生三阶段　撰文传美谈

海淀区金沟河休养所

傅道直对生活有自己独到的见解。他把人的一生分为三个阶段：第一阶段在独立生活之前，是长身体、学知识、打基础阶段，一般在二十五岁之前；第二阶段为工作阶段，是发挥潜力、服务社会、组建家庭阶段，一般在五十五岁之前；第三阶段从退休生活开始，是发挥余热、总结人生、安度晚年的阶段。这三个阶段在人的一生中都占有重要地位，其差别不过是各阶段的任务和侧重点不同罢了。

傅道直开始人生的第三阶段后，力求把退休生活过得健康、愉快、充实、有意义。他对自己的退休生活，做了长期的总体规划和短期的阶段计划。他说：退休了，个人自主支配的时间大大增加，生活环境宽松了，与社会接触面广了，趁自己精力还充沛的时期，赶紧干些有益的事情。二十几年来，他深入生活认真观察社会，潜心思考总结带规律性的人生问题，撰写了大量有价值的文章。

他凭借自己多年的社会阅历，写了《得到的和失去的》《应该记住的和应该忘记的》《说心理平衡》等几十篇文章，饱含深情地对青年人进行革命传统教育，鼓励他们勤奋励志，培养优良品德，养成文明礼貌的习惯。

《家》《婚姻是一所大学校》《生活就像打牌》等几十篇生活方面的文章，是傅道直关于构建家庭、社会和谐方面的思考与感悟。他以家庭和婚姻为切入点，鼓励家庭和谐、互敬互爱，倡导助人为乐，宽容大度。

傅道直把多年来维护身体健康的经验，汇集大量强体健身材料，连续十多年在春节前后，亲手制作成百余份"送健康"材料，以真切的感

受和特别的敬意，送给老干部和亲朋好友。他还写了《我爬楼梯二十年》《健康账天天算》《体育锻炼能治肩周炎》等几十篇文章与大家分享，引起了许多老同志的积极反响。

　　傅道直通过多年的社会调查，收集了许多典型的社会现象和生活趣事，退休后修改整理，筛选出二百余篇文章，著成并出版《平凡的感动》一书。全书二十六万字，在全国发行后，读者反响强烈。大家评论这本书说："是青年朋友的良师益友，也是老年朋友的健康指南，还是婚姻家庭的幸福秘诀，催人奋进的善意箴言。"首都师范大学图书馆等已长期收藏，作为教育青年学子的课外读物。

　　傅道直以奋发有为的精神面貌和饱含深情的笔墨，践诺自己的不老军休生活，把真知灼见的芬芳，分享给不同年龄段的读者，其友善营造美好生活的情怀与付出，受到广泛赞誉。

★温桂田　匠心独运做活动　温情细腻在其间

🏠 海淀区玲珑路休养所

温桂田是恩济里第一党支部书记，这个支部有七十多名党员，平均年龄近八十岁。但组织生活、文体活动仍然比较活跃，朝气不减当年，这与温桂田和支部同志的精心组织与热心付出是分不开的。他动脑筋、想办法实践"六个老有"，认真学习上级的指示精神，组织开展适合老年人的文体活动。

温桂田有政治工作经验，有热心，有点子，经常针对老年人特点，安排一些有趣又有益身心健康的活动，让大家在快乐中学习，在快乐中开展文体活动。每逢春节等较大的节日，温桂田和支部成员都会组织联

欢会、棋牌赛、健身走等活动。他还自编自导带头演出，把联欢会搞得有声有色，各项活动都走在前列。支部还为满七十岁、八十岁的同志举办集体祝寿活动，这一天成为大家同乐的节日。组织活动，温桂田都强调老同志量力而行，不搞评比，强调安全健康是首要。因为活动的强度、节奏适度，所以项目虽多，大家总是愿意参加。

支部每月组织军休干部学习日活动，只要能走得动的同志都来参加，有事外出的同志都会及时请假。这源于温桂田和支部委员们，把组织生活安排得生动活泼，贴近形势，内容新颖丰富。为提高效率，温桂田总是在会前进行充分准备，他根据老同志身体原因，参加活动不宜拖沓冗长的特点，每次开会时，他都会把手表摆在前面计时，尽量说短话、开短会，温桂田还选择一些有益有趣的内容，以风趣幽默的方式讲给大家听，常逗得大家会心地发笑，在快乐中接受新思想和新事物。

温桂田做支部工作，既认真贯彻上级指示精神，又照顾到老同志的特点，从不发号施令，凡事和大家商量，要求大家做的事，他自己先做好。支委们经常互相沟通，班子团结合作得亲如一家。温桂田谦虚谨慎热情周到，他事情再忙，如遇到老同志生病、住院时，他也必前去探望。

温桂田家里三代同堂，人口不少，又常有家乡亲朋好友来访，所以经常有很多家务事需要处理，而担任支部书记工作更要付出大量时间和精力。家人也劝他要注意身体，这个年龄不是拼搏的季节了，应该颐养天年了，但他却有自己的主意，把支部工作总是放在首位考虑。

他和支部一班人团结和谐，为军休干部无私奉献，恩济里党支部多年被海淀区评为优秀党支部，温桂田也多次被评为优秀党支部书记。

温桂田一直在工作面前有干劲，在困难面前有韧劲，在荣誉面前有让劲，恩济里党支部积极向上的精神与和谐团结的气氛，博得了大家的一致好评。

★ 杨世瑛　务实工作　坚定前行

🏠 海淀区闵航路休养所

杨世瑛在担任党总支委员和第八党支部书记期间，在为休养所和军休干部努力工作的过程中，由于他真情浓、能力强、威信高，深受大家的好评。

起初，大家办公和活动的场所都存在不小的困难，杨世瑛和几名支委商议后，多次找空军机关和有关领导反映情况。二〇〇九年，空军机关在家属院挤出一间四十余平方米的房子作为支部活动室，并配备了电视、DVD、报架、台球、麻将、象棋等活动设施，建军节时，空司领导还专程送来改善学习、活动条件的慰问金。

杨世瑛知道，大家很关注医疗、住房等退休后的生活问题。他和支委一班人积极工作，不消极等待，创造条件，力所能及地调动积极因素，努力挖掘潜力和资源，把工作搞活跃，使大家热爱支部，关心集体，形成凝聚力。

与此同时，他和支委一班人讨论后认为，只有开展丰富的活动内容，才能更好地激发大家的幸福感受。杨世瑛和喜欢书画的军休干部，一起书写条幅装裱书画美化活动室，制定出活动室管理办法等规定。他们还积极动员喜好运动的老同志，每天早晨打太极拳，练太极剑，并迅速成立合唱队，动员喜欢唱歌的军休干部积极参与。

每次支部大会，他们都以歌唱祖国、歌唱党、歌唱军队的主旋律歌曲开头，激发调动大家的士气。支部还连续举办了多届书画、手工作品展，展出书法、绘画、手工艺制品等作品百余件。室内活动丰富起来的同时，杨世瑛他们还与原部队共同开展钓鱼等室外联谊活动。每年举办的支部春节联欢会，积极动员军休干部的家属共同参与，鼓励自编自导自演节目，通过这种形式融洽关系，化解矛盾，增进感情。他们还把统一配置的宣传栏，当成宣传党的路线方针政策，展示军休干部的书画、摄影作品，通报军休工作，表扬好人好事的平台。

在大家的共同努力下，党支部涌现出许多好人好事。如热情组织文化活动的支委李永琛，长期为大家义务服务的刘方春、张坤才，助人为乐主动为大家教授太极拳的冯相海，无怨无悔孝敬生病公公婆婆的好儿媳熊秀华，几十年如一日悉心照料老母亲的王树铭等。

退休后，杨世瑛依然积极参加军事理论研究活动，先后被桂林空军学院和空军工程大学导弹学院聘为兼职教授，还被评为空军军事理论研究优秀人员。其间，他编撰了二十一万字的纪实文学作品《高空反间谍大战》，并应邀到部队院校和基层为官兵讲授专业知识。

多次被评为市、区军休系统先进军休干部以及优秀党支部书记。杨世瑛经常说："我们虽然退休了，但党和国家没有忘记我们，把我们作为宝贵财富；政府和部队没有忘记我们，给予我们优厚的休养待遇。我们应该在有生之年继续为部队建设和社会发展奉献余热。这是我们每位老党员、老军人的责任。"

★ 刘学博　退而不休献余热

🏠 海淀区君安家园休养所

刘学博在服务国防科技工作期间，曾经做出了很多贡献，完成了多项填补空白的科研项目和科学研究课题，也曾得到著名科学家钱学森的亲自指导和肯定，先后获得"快速启动的离子泵系统"等发明专利两项，一九九三年起享受国务院政府特殊津贴。二〇〇〇年三月退休后，自我规划，继续站在科研第一线继续从事科研工作。

刘学博多年坚持推动某型仪器国产化的研制。面对国防科技领域内，西方国家对我们的禁用和封锁这一现实情况，刘学博作为国防科技人员，以强烈的责任感与使命感，退休后继续协调沟通国家有关部门，追踪国际前沿动态，带领年轻团队执着从事某型仪器的设计和应用，并覆盖全部领域，达到了与世界水平水准。退休后还陆续发表十余篇科研论文，参加较大型的学术报告会十余次，参与近百次的国家重大科技项目的评审、验收等工作。

刘学博并没有把退休当作工作的结束，而认为是第二个事业里程的开始，目前仍站在科研第一线从事研究工作，不断地进行探索、创新，同时还致力于将自己的知识、技术和经验传递给新生力量。

在一般人的眼里，刘学博是一个标准的"理工男"和"工作狂"，但熟悉他的人，都知道他还是一位博学多才、兴趣广泛和热爱生活的"老顽童"，尤其擅长于舞蹈和音乐。在繁忙的科研工作之余，刘学博积极参加休养所开展的多项活动，特别是二〇一四年参与组建君安军休交谊舞队，总是挤出时间坚持参加训练、排练，而且和队伍一起走出去参加各种比赛，多次取得较好成绩。在丰富军休人员业余生活的同时，也提高了军休人员的健康水平。同时，大家互相帮助、嘘寒问暖也增加了军休干部团结向上的活力。其中的一个队员，曾经在一段时间里郁郁寡欢，在刘学博耐心的开导和交谊舞团队的温暖影响下，从刚参加公开表演时的怯场到现在潇洒地发挥，精神面貌焕然一新。

  退而不休献余热，能用自己的爱好和特长为国家、社会做点事，荣获第二届"十大北京军休榜样"称号的刘学博觉得很自豪、很光荣，他要让自己的退休生活在发挥余热中持续展现风采，继续为国防事业做出积极贡献。

★ 穆报春　甘化雨露润嘉禾

🏠 **海淀区君安家园休养所**

穆报春于二〇〇五年建立了北京雨露嘉禾儿童康复训练中心，帮助患有自闭症的儿童进行康复治疗，用博爱和尊重、爱心和奉献，为最需要阳光雨露的"孤独宝贝"送去特殊的关爱。十多年来，穆报春在追逐梦想的路上，永不放弃，不断付出，她和她的团队先后为全国近千名自闭症儿童提供康复救助；为近五百名贫困病症儿童提供免费救助；培训和指导特殊教育师资五百人；义务为社区残障人员服务两万人次。

穆报春曾在原总装备部某研究院从事科研工作，在高强度的科研和特殊工作环境下，她患上了严重的腰椎间盘突出、膨出、椎间管狭窄等综合病症，不得不离开培养了她十几年的部队。一个偶然的机会，她开始与患自闭症的儿童结缘，从此，立志全身心服务于患病儿童及家庭，开启服务社会的奉献之旅。

创业初期的繁忙，使得穆报春长期不能陪伴在女儿身边。有一次孩子问："妈妈，您怎么这么忙呀？自闭症儿童是您的孩子，可我也需要母爱啊！"穆报春的爱人也是一名军人，工作性质也决定了他经常不能回家，而穆报春则更是半个月甚至一个月都回不了一趟家，一家

三口是分住在三个地方，她忙起来时，全家一个月都碰不到一起吃个团圆饭。

穆报春从事康复教育工作后，遵循特殊教育的科学性、针对性和实效性，整合了国内外全新的康复理念、完善的康复体系及先进的康复方法，创建了"雨露嘉禾融合模式"，大大缩短了残疾儿童的康复进程，极大提高了康复质量。她还被中国医学科学院协和医科大学聘为功能医学儿童生长发育研究室主任，并受邀成为国奥心理医院自闭症专家组成员。

二〇一六年，雨露嘉禾被北京市教委和市残联评定为北京市残疾儿童学龄前融合教育试点单位。穆报春本人也被北京市残联和北京市民政局评为优秀党员和先进社团个人。

舍小家为大家，穆报春长期全心全意服务群众，相关科研成果得到了海内外专家的好评，也得到了北京市各级政府的鼓励和认可。穆报春将科研成果和专业研究成功转化，带领雨露嘉禾走出学校和机构，积极参与社会治理、社区治理，构建和谐社区。她还组建了十几家社区融合艺术团，每年公益演出近十场，让残疾人体验互动的过程，塑造自立自强的信念，为他们回归主流社会开辟了一条新路，体现出残疾人的自身价值和社会价值。其项目中的"我要上学"被北京市残联评为优秀党建品牌，"天使的旋律"被共青团北京市委员会等单位评为金奖。

被评选为"北京军休榜样"的穆报春，为最需要阳光雨露的"孤独宝贝"送去特殊的关爱，在追逐梦想的路上，永不放弃，不断付出，展现出了优秀军休干部的风采。

★ 王纪朝 退休不退岗 小区发余热

🏠 海淀区君安家园休养所

王纪朝同志从原总装备部航天指挥控制中心退休后，二〇〇九年元月，转到君安家园休养所，担任第九党支部书记兼航天指挥控制中心党小组组长。

作为支部书记，王纪朝一方面积极贯彻执行上级的方针政策，配合休养所做好本支部干部的思想工作，另一方面努力做军休干部的知心朋友，倾听大家的心声，及时向上级反映他们的问题，帮助他们排忧解难。该支部的干部们，遇到问题大多首先要找的就是王纪朝；有几位军休干部不在小区居住，也常常委托王纪朝帮忙；还有的同志外出，就请王纪朝代其办理报销药费手续。

二〇〇九年九月，君安家园小区成立了业主委员会，王纪朝在业主委员会担任副主任，两年后当选为业委会主任。业主委员会制定并坚持执行了几大原则：依法维权原则、民主集中制、少数服从多数原则、为多数业主服务原则，和处理问题时坚持公正、公平、公开的原则。他们以这些原则为开展工作的出发点和归结点，积极配合政府职能部门，促使不少的遗留问题得到了较好的解决。

在他们积极的努力下，君安家园的雨水管道和污水管道接入了市政管道，遇到大雨时，小区门前大面积积水现象没再发生。消防安全、用电安全、交通安全等问题都得到了不同程度的改善。

为了加强小区的安全管理，他们先是修复了小区二十一部电梯的摄像头，之后，又加装了二十八个摄像头，使小区的安全水平得到了有效的提升。

业委会的组成人员不多，工作的任务较重。王纪朝和大家既要承担社区布置的工作，又要承担小区的对外维权、对内物业监管、办公文秘方面的大部分工作，牺牲了许多个人时间，耗费了大量的精力。他和大家在业委会的工作，没有一分钱报酬，工作还不分早晚，有时甚至需要忍辱负重，但是，王纪朝和大家都无怨无悔。广大业主的支持和鼓励是王纪朝和同志们的动力，工作中取得的成绩是对他们最好的激励。

虽然王纪朝从部队退休了，但在为业主和军休干部服务的岗位上，他退休不退岗，持续发挥着余热。

★ 张崇周　服务无小事　尽心做贡献

🏠 海淀区农大路休养所

张崇周先后被选为党支部书记、党总支书记和军休党委委员，受到军休党委、休养所和军休干部的充分认可。

休养所成立之初，工作人员较少。从全国好几个不同的基层单位，陆陆续续来了几十户军休干部，虽都同属于一个大的系统，但大家互不认识，也缺乏了解，有的搬家，有的搞装修，人来人往，显得很混乱。看到这种情况，张崇周向所领导提出建议，希望能尽快成立党支部，协助休养所开展工作，所领导当即同意，他也被推选为第一届党支部支部书记。

党支部成立后，他和支委会一班人协助休养所积极开展工作，在帮助军休干部解决实际问题上下功夫。如协调在航天所食堂就餐、去卫生

科看病、澡堂洗澡、锅炉房打开水、礼堂看电影等问题上，寻求良好的解决方案。他们觉得每个问题虽然看似不大，但在军休干部的生活中都是大事。二〇一〇年夏季里的一天，由于天气非常炎热，空调开的多，配电室晚上八点多钟跳闸了，整个营院五栋楼一片漆黑，他立即沟通协调多个部门的人员进行应急修理，使大家免受了炎热之苦，使军休干部很感动。

他们始终坚持抓政治学习不放松。从开始遇到什么事就开会，到逐渐形成制度，坚持雷打不动开展学习。他和支部委员一起，根据军休办党委每年军休工作会议布置的学习计划、内容，制定出党支部的学习任务和进度，然后组织大家逐项落实。全体党员和军休干部通过学习，保持了清醒的头脑，把思想统一到党中央的精神上来。

张崇周还以自己的爱好和特长讴歌新生活，传播正能量。他的作品在北京市军休干部《庆祝建国六十周年诗词、书画、摄影联展》中荣获诗词优秀奖，还获得了中国作家创作协会《龙吟杯》华夏诗文书画艺术大赛金榜集"金奖"。近三十余篇作品被《中华民间文化记忆作品选集》《华夏诗文书画艺术大赛金榜集》等收录。他担任支部书记近二十年，先后两次被评为北京市先进军队退休干部，并被民政部、原总政治部表彰为全国先进军队离退休干部，被海淀区军休党委两次评为优秀共产党员和一次党的先进工作者。

对于未来的日子里，张崇周说："越是得到大家的信任，越是要更加任劳任怨、兢兢业业地协助休养所做好军休工作，力所能及地为休养所的建设和军休干部的幸福，做出自己应有的贡献！"

★ 阿日布杰　草原常青翠　歌喉永不老

🏠 海淀区远大休养所

曾是武警文工团合唱队队长兼指挥的阿日布杰，这位蒙古族牧民的儿子、部队培养的艺术家，退休后了解到在林荫下纵情歌唱的老人们，都渴望把歌唱得更好，他一下子找到了让自己继续发光的舞台，一头扎进了群众合唱的艺术天地。

他参与创办了北京草原恋合唱团、北京牧人合唱团等十多个群众合唱团队，义务担任北京老教授合唱团、首都老战士合唱团等数十个合唱团的排练指挥。常年的奔波、劳累，使他的颈椎病、腰疼病、高血压病更加沉重，几次累得病倒住院，但病情稍有好转他就忙着出院，继续奔波在各个合唱团之间。二〇〇二年十月，他指挥草原恋合唱团在中山公园音乐堂举办的"草原秋云"专场音乐会上，大获成功；二〇〇四年七月，率团参加德国不来梅第三届国际奥林匹克合唱比赛，获得银奖；二〇一〇年六月，参加中国合唱协会举办的"京华之声"合唱比赛，获最高奖"优秀奖"……

二〇一一年，海

淀区远大休养所组建了合唱团，聘请阿日布杰当指挥。他从发声构造、技巧、呼吸法等基础知识和基本要领教起，边循循善诱讲解边一次次示范，使大家逐渐掌握正确的发声方法。每次排练下来，他经常累得精疲力竭。功夫不负有心人，如今远大所"军休干部合唱团"已经成为享誉海淀区的一支文艺劲旅。在区里举办的历次合唱大赛中，二〇一二年的比赛一举夺魁，接下来的几年里又多次夺得优胜奖和优秀奖。合唱团的老同志们总是由衷地赞扬："是阿日布杰老师帮我们找回了成就感。"他还经常为中老年声乐爱好者举办讲座，介绍蒙古族歌曲的发声特点。有人问他：都七十多岁的人了，还这么劳累自己图个啥？他回答："就图让别人的生活更幸福，就图让自己的晚年活得更精彩。"

作为中国音乐家协会会员、中国民族声乐学会理事的阿日布杰，名字被载入《中国音乐家辞典》《中外歌唱家辞典》《中国当代艺术界名人录》。在部队曾多次受到奖励的阿日布杰，撰写的《蒙古族草原长调的歌唱方法》问世，并获得"世界学术贡献奖"论文金奖；二〇〇八年，由他主编的《内蒙古合唱金曲》一书，由人民音乐出版社出版，成为内蒙古音乐史上第一部合唱歌曲集。

被评为"北京军休榜样"的阿日布杰，爱自己的故乡巴丹吉林大沙漠，更爱故乡的人民。二〇一一年秋天他向母校捐献十万元，作为优秀学生的奖励基金。每当有学生获得奖励，他们都要给他打电话："阿日布杰爷爷，我们一定牢记您的嘱托，做一个像您一样对祖国、对民族有用的人。"

从草原到北京，阿日布杰用不老的歌喉吟唱着动听的歌声，他又把自己的歌声融入众人的幸福歌声中，共同讴歌爱与温暖的生活。

★ 李克诚　重续军营梦　再歌青春曲

🏠 海淀区远大休养所

曾任职于空军第一航空学院的李克诚，现在是远大休养所宣传报道组长、世纪城党支部书记。

退休后的他，依然把自己当作一名战士，总是热心助人。有一天，李克诚回家进电梯，低头发现跟进来一条漂亮的小狗。他想狗的主人一定很着急，便千方百计找到了小狗的主人，那位邻居对李克诚千恩万谢。邻居张老师突发急病，李克诚即刻帮忙送往医院急诊抢救，张老师出院后激动地上门致谢："我这条命，是您给我捡回来的啊！"

李克诚当年曾参加华北大阅兵誓师动员会，师长点名让他指挥唱歌。如今，休养所组建的合唱团，他满怀激情积极参与，并当上了男低声部声部长。他常对大家说："参加合唱团的活动，总是让我想起军营的岁月。"

李克诚退休前，在解放军报、解放军画报、空军报等军地报刊发表过很多稿件，退休后，他任宣传报道组长六七年，写作是李克诚军休生活的重要组成部分。他不仅自己写，还积极地帮助本所其他同志写稿、投稿。

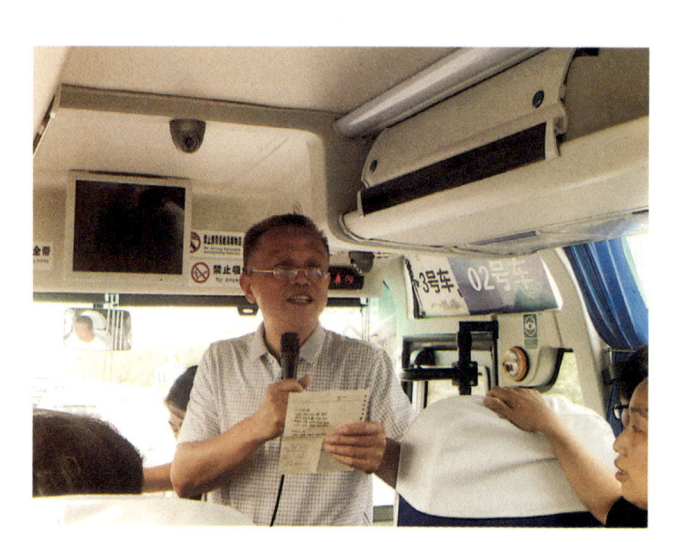

过去在部队和院校工作时，李克诚当过党

委委员、党支部书记，如今在远大休养所他担任了世纪城党支部书记。这是一个军休干部散居在海淀、朝阳、昌平乃至黑龙江、云南等十多个地方的党支部。为了让军休干部"散居不散心"，享受当下的幸福生活，每逢有新来的军休干部加入党支部，李克诚总要开个温暖的见面会，详细介绍情况，相互加深了解，送上信息丰富的特制通信录。

为了加强支部建设和充分发挥共产党员的先锋模范作用，李克诚认真按党章要求，坚持"三会一课"制度和党员学习日制度。每次学习，他都事先提出要求，并提前到场准备学习材料，会议有记录，会后有讲评。对大家提出的问题和困难，他都耐心解答并帮助解决。

李克诚还把助人为乐作为家风建设的重要组成部分。有一次帮助邻居后，他与外孙走在路上时想："外孙懂事可爱，学习也很努力，把上午发生的事跟他说说很有必要。"李克诚觉得与人为善、助人为乐是中华传统美德，要通过言传身教代代相传。特别是现在独生子女往往得到的关心多，替别人着想的少，如借身边发生的事进行助人为乐的教育，这样效果会更好。李克诚更觉得弘扬传统美德，做道德高尚的人，应从小抓起，这对青少年的健康成长十分重要。于是，爷俩儿一边走，李克诚就一边讲，外孙听得很认真，因为是姥爷做的事，孩子觉得更真切，边听边思考，对他的触动很深。李克诚就是想让孩子明白，他姥爷不仅关心他，关心这个家，还在关心别人，邻里之间应当互相关心、互相帮助，我们共同生活的环境才会越来越好。

李克诚虽患有高血压、糖尿病等多种疾病，但他只要遇到为大家服务的机会，只要是听到嘹亮的歌声，他军人的心态、气质、作风、信念，立刻就鲜活如初，散发着沁人心脾的芳香。

★ 仝临英　青春朝气依旧在　热心助人品德高

海淀区远大休养所

仝临英九十多岁的老八路母亲，长期坐轮椅，因高血压、心脏病等半身不遂十多年，话说不清，没人帮助翻不了身，吃饭全靠人一点一点地喂，有时一餐饭要喂一两个小时，完全失去了生活自理能力。仝临英于二〇〇二年元月从武警总部机关医疗岗位提前办理退休，就是为了照顾老母亲。

那年春天，所里要组织"相约在春天"的郊区踏青活动，在所领导正在因为还没有合适的随队医生而焦急时，突然接到仝临英的电话："所长，我听说明天所里准备去昌平踏青？"

"是呀，您老参加吗？"所长问道。

"如果需要保健医生，我就去！"

第一部分

"您母亲时刻都不能离人,您走得开吗?"

"只要所里需要,我会安排好的,请所长放心!"

一次活动的晚饭后,大家正在花树丛中悠闲散步时,一位年近七旬的老人在宾馆里,忽感身体不适,头痛眩晕,鼻腔出血。仝临英闻讯提着药箱立刻飞奔过去。她一边安慰患者,一边指导旁边的人员帮助老人平躺下来,她边把脉边测血压又询问病情后,镇定自如地为老人止血、服药,实施紧急救治。两个小时过去了,仝临英还一直守护在老人身边,细心观察病情,确信老人平安无事后她才放心离开。

仝临英是一位具有高级技术职称的医生,休养所每次组织大型集体活动,考虑到仝临英年岁不小,加上高堂老母常年卧病在床,全靠她贴身护理,非常辛苦,因此常常不忍心叫她随队服务,但仝临英总是克服困难自愿担任义务随队医生。

刚退休时,她一度产生过较大的心理落差,但休养所所长赵红霞与干事刘蓉、李树忠等工作人员兢兢业业、任劳任怨的工作态度,让她备受感动。她下定决心,尽快融入休养所这个特殊的大家庭中来,用自己的医疗特长,为休养所的建设和发展多做一份贡献。

仝临英担任休养所第一党支部第三党小组长,她口袋里装着三十多名小组成员的通信录,平时与大家保持联系,经常嘘寒问暖。哪位休养员住医院了,她就前往病房探视;谁家装修房子,她必登门关心问候;谁家有人生病,她马上上门了解病情,提出医疗方案,许多情况下直接登门送医送药。仝临英正是用这样一种老当益壮的工作态度,她和第三党小组的军休老干部们紧密团结,大家的生活幸福而温馨。

她心中始终装着集体和大家,她常说:"休养所就是一个大家庭,我这个休养员要热爱、关心、爱护这个大家庭,尽一份自己的义务。"

★ 钟殿英　彩笔圆旧梦　丹青绘朝阳

🏠 海淀区翠微路休养所

钟殿英从小就痴迷绘画，他从原解放军后勤学院政治部副主任的位置上退休后，脱下军装，立刻走进中央美院开始油画的学习进修，后又扎进首都师大和民族大学研究生班学习。

在四年的时间里，他虽骑坏了两辆车子，但从未误过一天课。在毕业展览上，钟殿英以圆明园残垣断壁为原型创作的《不能忘记》，静静地立在展室中。苏高礼教授先生点评："这幅画，只能出自钟殿英同学之手。月光下的几根残柱似乎就是中华民族的筋骨，留在地上那几条斜长的影子，似乎在含泪哭诉着中华民族沉痛的苦难历史，而在深蓝色的天空中飘动一朵白云，预示中华民族命运明媚的未来。"苏高礼教授进而告诉大家：无论任何选题、立意、构图还是设色，都不可能离开绘画者本人的经历和对社会历史的思考。

钟殿英入伍后，在林海雪原深处边防营服役多年。那里的山山水水，那里朴实的民风，与他的青春相伴多年。退休后，他想念那里，他要用自己的画笔回报那里的人民。

随着不断深入，他逐渐把视野聚焦到留守的儿童、孤独的老人。有个和母亲很长时间没

有见过面的孩子拉着他的手问:"您能见到我妈妈吗?"这让他一时无法回答。《留守儿童》《妈妈早点回来》《大别山深处的孩子》等作品,就是在这种情形下创作而成的。

在习近平总书记"坚决打赢脱贫攻坚战"的号召下,党中央国务院实施了多项重大惠民政策,钟殿英兴奋异常。《小小樱桃》《喜临门》《大妈笑了》等作品,充满喜气地在北京民族文化宫首次展出。山西一位七十八岁的老共产党员在留言簿上写道:"今来一睹,风格朴实贴地,不画达官贵人,只画平民百姓,可歌可佩,望钟老师坚持一生爱国爱民。"

二〇一七年十月,由国防大学联合勤务学院政治工作处主办的"赞颂十九大·再唱山歌给党听"——钟殿英油画展和观众见面了。此次展览突出了"传承红色基因,担当强军重任"的内容。其中《当那一刻来临》《永远听党召唤》等多幅作品,令观众久久伫立欣赏。

二〇一八年元月,钟殿英一幅纪念白求恩来华抗战八十周年的作品《跨越时空的致敬》,《北京青年报》以一整版的篇幅,将其传播出去。

同年三月,他完成了《雷锋精神代代传承》画作,北京电视台以"我心目中的雷锋"为题做了二十分钟的报道。时至二〇一九年三月他在国防大学学员中曾三次讲他见过雷锋、多次画过雷锋的感受,深深地感动着年轻军官。

钟殿英"脱下军装背起画箱"的军休风采,被新华网、解放军报、北京青年报等媒体多次报道。他深深感谢解放军这所大学校对他的培养,要用画笔继续记述美好山河,描绘人民的奋发有为。

★陈福生　善意幸福生　努力学雷锋

海淀区翠微路休养所

二〇一〇年，退休已近十年的陈福生，与他同住一个楼门的军休干部编成翠微路休养所第五党支部第一党小组，陈福生被选为小组长。

第一党小组的成员大都来自不同的单位，才聚到一起不久，不少同志之间很不熟悉，彼此的姓名有的还不知道。陈福生深深感到，作为党小组长不了解基本面上的人和事，就不能做好基层党务工作。想到这里，他马上搜集相关信息，把本组的二十名军休干部的姓名、楼层位置、电话号码等相关信息做成通信录，发给每户一份，这样既便于他了解本组成员的基本情况，又便于同志们之间相互了解、相互帮助。

军休干部住的是新型经济适用房，暖气、煤气、水电表、电话网络等设备都是统一的规格。刚入住那会儿，这些现代家庭设备如何使用，如暖气开关的操作、煤气卡的使用、水电表的判读等，都成了有些住户的难题。为了给大家排忧解难，陈福生以自己的一技之长，不辞辛苦，把这些家用电器设备画成了一看就懂、便于操作的"煤气读表图""水表电表图""彩电机顶盒接口图"等，发给大家照图操作，解除了同志们的烦恼。

白敬先教授是原后勤学院的离休干部，老两口不便办的事都请陈福生帮忙。二〇一三年五月二十六日下午，陈福生同志给白教授家打电话无人接听，晚上七点又打电话仍无人接听。按常理，此时白教授家不应没有人，想到这里，陈福生有些不安，于是急忙与后勤学院干休所联系。当得知白教授下午已住进医院时，他赶紧拿了一件外衣便往医院赶。在医院康复楼，看到躺在病床上的白教授脚踝肿得老高，是踝骨骨折。当时陈福生觉得白教授的老伴患腰椎间盘突出病，行动困难，加之她视网膜脱落致一只眼失明，另一只眼只有零点三的视力，怎么能照顾刚刚摔伤骨折的耄耋老人；离他们最近的大孩子又远在西安，难以解燃眉之急。他决定留下来陪床。白教授老两口说什么也不答应，说已经给长子打了电话，明天一早准到医院，没有几个小时就能到了，叫他放心回家。此时，他也不好违了老人的心意，就又陪了一阵子，才离开医院。

三十多年前陈福生同志得过腰椎间盘突出，每个星期到澡堂泡一次热水澡，缓解一下身体不适的症状。说来也巧，一位西翠路休养所八十多岁的老同志因身体不好，也需要每个星期到澡堂泡一次热水澡。这位老同志洗浴完之后，为了解决皮肤瘙痒的问题，还要全身擦一种软膏，后背自己擦不着，陈福生就帮老人擦后背。此后，给老人后背擦药膏便成了一种"约定"。他做的类似的好事，数也数不清。

陈福生做好事不求回报，积极传承雷锋精神。他常说："只有更多的人把友爱互助的精神奉献给社会，祖国才会更美好。"

★ 张永金　书画墨香久　将军爱心存

> 🏠 海淀区翠微路休养所

张永金退休后投入书法学习和研究的同时，积极从事将军书画的宣传和推广。他认为将军是部队优秀的干部，其崇高的精神应在军内外得到发扬，使之成为鼓励人们奋发向上的正能量。

为了把"将军精神"化为美的符号永驻人间，他于二〇〇五年自费发起成立了中国将军书画研究院，自定三项责任：一是为老将军们搭建一个书画学习、研究、创作的平台；二是使之成为活跃老将军的精神文化生活；三是发挥他们的余热，传承将军文化，为社会再做贡献。

将军书画研究院一成立，老将军们就把奉献爱心，支援革命老区和贫困地区发展教育，培养优秀的下一代当成了第一要务，把建设"将军希望小学"作为首要工作。截至二〇一八年，中国将军书画研究院组织老将军已在江西、陕西、贵州、山西、河南、河北等援建了十七所"将军希望小学"或"将军希望学校"，累计捐款一千七百余万元，捐献字画五千余幅。每所学校的建立，都有两三百位老将军的踊跃参加。

多年来，这些学校通过学习将军文化提升学校水准，形成了你追我赶、比学赶帮的学习风气，受到学校师生、家长和社会的广泛

赞誉。

为了建设"将军希望小学",张永金和老将军们不顾年岁大、体力弱等困难,每建一所学校都要亲自到实地考察,与当地政府共同协商,本着"照顾当前困难,着眼长远发展"的目标选点改建。有人问他们为什么要在革命老区建"将军希望小学",他总是说革命老区,过去为中国的独立解放做出的贡献和牺牲太大了,我们不能忘记他们。我们建希望小学,关心老区孩子的成长,可以说是对老区人民的报答,是对革命先辈的缅怀。

张永金患高血压、糖尿病已有二十多年的病史,而且还有其他疾病,身体欠佳的他,一想到建设"将军希望小学"就把这一切都忘了,进深山,走泥路,精神十足。他说,建"将军希望小学"绝不是一时的冲动,而是经过仔细思考才确定的一项爱心工程。

他还经常组织老将军学习书画,共同提高艺术水平。十几年来,他们在各地组织将军书画展览二十余次,将军书画笔会六十余次,编辑《将军书画研究》刊物近两百期,出版各种书籍三十余部。为宣传将军文化,彰显将军精神,做出了贡献。

张永金是一位著名的书法家,他用手中的笔,写善字,做善事,经常参与各种慈善爱心活动。他曾组织慈善拍卖,将拍卖所得全部捐给受灾地区。鉴于他的爱心行为,曾被授予"和谐中国十大公益艺术家""爱心大使""新闻人物"等荣誉称号。中国将军书画研究院还获得"公益中国最佳社会责任艺术机构"的荣誉称号。

张永金把热心公益、乐于奉献看成是人生一大乐趣,他说:"在我有生之年能为社会做点好事,做点实事,是一个共产党员应尽的义务,也是我深感快乐的一件事情。"

★李树兴　学习促服务　忠孝皆用心

🏠 海淀区紫竹院休养所

很多熟悉李树兴的人，都赞叹他是个明白人，说他明白的原因是因为他爱学习；很多人都佩服他，佩服的原因，是他把学习的技能服务给大家，又在忠孝两全方面，有自己真挚的付出。

李树兴自己也谈道：不断地学习是解决很多问题的必要途径。他注意学习党和国家的政策、方针，时刻保持清醒的头脑和认识，在大是大非面前不转向、不迷航。

在培养兴趣爱好方面，他也坚持学习。上世纪七十年代初，因为工作需要，李树兴开始了漫长的学习摄影之路。从成像原理到暗房技术，从胶片时代到数码影像，从工作需要到热爱"发烧"，一路向前。学习中，他重要的心得是："有朋自远方来，不亦乐乎！"他觉得自己再怎么学习，也还有所局限，要想学习得更好，团结同志共同前行，才能更好地提升学习水平。退休后，李树兴广泛参加北京市和海淀区军休办摄影研究会，以及休养所组织的培训、授课、交流活动，参加影友组织的拍摄、分享活动，通过在不同平台上的学习，开阔思路视野，取长补短，得到充实提高。

在李树兴心目中，学习的目的，是为了实用，而最好的实用是为大家服务。市、区军休办和休养所为了活跃军休生活，每年都组织军休干部开展疗养、演唱等多项活动。在这些活动中，既可以感受丰富、活跃的军休生活，也可以看到工作人员付出的辛勤劳动和心血。用镜头、影像记录再现这些生动画面，既有助于军休生活的活跃，又有助于军休干部和工作人员的交流和相互理解。到现在为止，紫竹院休养所军休文化

活动集锦专栏已经连续展出二十几期，其中不少摄影作品被《军休之友》《同心刊》和《中国摄影报》采用。

他还积极参加美丽乡村摄影俱乐部，以公益的姿态参与美丽乡村建设活动，用摄影镜头发现美、记录美，引导村民自觉融入爱家乡、知家乡的建设行列，吸引外界更多的人了解和关注。

谈到对待夫妻二人双方的父母，李树兴难掩歉疚。在职的时候工作繁忙，忠孝难以两全，自己父母亲很多年的生活大都由爱人一人照料。退休后，他和妻子携手尽心行孝，从父母的一日三餐、衣食住行，到就医问药、陪伴照顾，二十年如一日尽心尽孝，使二位老人分别安享晚年到八十岁和九十八岁。当岳母晚年生活自理能力下降的时候，他们夫妇数十次频繁往返于京冀，到老人身边照料陪伴尽赡养之责；当老人家丧失生活能力时，他们为了保障老人的晚年生活质量，毅然接到自己的身边，承担赡养义务，使老人安享晚年到九十六岁。

坚持学习，服务大家；孝悌为本，追求忠孝两全，李树兴一直在努力中，一直在奋进……

★ 魏　荣　青竹依旧翠　彩练共持舞

海淀区紫竹院休养所

魏荣退休前是解放军第三〇九医院药剂科副主任药师、副主任。在职期间，曾多次被评为优秀共产党员，并获得医院突出贡献奖、军队医疗成果三等奖等奖励。在北京抗击"非典"期间，她作为军方筹备组成员，第一批进入小汤山医院，为首都北京取得抗击"非典"的胜利做出了突出贡献，被评为首都抗击"非典"先进个人，并荣立三等功。

进入紫竹院休养所后，魏荣主动组建舞蹈队并担任队长。由于休养所条件有限，她们就因地制宜。召集舞蹈队员时，有人担心年龄大，有人担心没底子学不会。魏荣就苦口婆心地做工作，很快，由十多位女军休干部及少数家属组成了舞蹈队。大家的热情很高，有的从自己家拿来

了录音机,有的拿来了录好了歌曲的音乐带。由于队员的舞蹈基础参差不齐,魏荣悉心编舞,耐心教大家每一个动作,同时还自费买了长长的红绸和花花绿绿的舞蹈扇,发给前来参加者。每到晚饭后,大院里响起欢快音乐的时候,队员们就舞起了彩色的扇子。

不久,魏荣带领舞蹈队参加了八里庄街道组织的"五月的鲜花"演出活动。一群五六十岁的"老太太",上身穿着红花被面小褂,下身罩翠绿灯笼裤的军队退休干部走上了舞台,一支"风含情水含笑"的舞蹈一起步,就赢得了观众热烈的掌声,给了大家一个惊喜。

陆陆续续规格更高、场面更大的演出,都有了她们的身影。海淀区军休办组织的广场舞比赛,魏荣经过反复琢磨,决定把歌曲《江山》编排成舞蹈参赛。在没有专业舞蹈老师指导的情况下,她在电脑上搜寻到大量的中老年舞蹈资料,自编自导了这个节目,演出效果空前的好,取得了广场舞展示第一名的好成绩。

为了充实自己,不断提高自己的文化修养,她买了笔墨纸砚,报名参加了海淀区军休老年大学国画班。课堂上老师挥笔作画,边示范,边讲解。她看得入神听得入迷。回家后,一张又一张地画,老伴儿见她茶饭不思的专心样,都担心她的身体健康了。她说:"老师说了,要画三千张,才算入门。"在她的专心努力下,她的作品入选了北京市海淀区军队离退休干部书画作品选集,还被邀请参加海淀区军休书画研究会笔会。

大家对魏荣的热情和善意感佩不已,也对她沉醉书画的军休生活羡慕有加。她感慨地说:"我们和谐快乐的军休生活,真是幸福!作为军休干部,我能为这样的军休家园做点事情,更是快乐无比!"

★ 马昌奎　小家富贵如浮云　社会进步心所愿

　　🏠 海淀区紫竹院休养所

　　马昌奎退休后与人合伙承租经营一个有八十二间客房的招待所，任董事长。一开张，生意就红红火火，效益可观。

　　不久，中国扶贫开发协会的领导动员他到协会搞文化扶贫，对他讲："你虽然退休了，但你是一名老政工，更是一名老党员，应该出来继续为党为国家为社会做点有益的事，这样的退休生活更有意义。"对此，合伙人不赞同地对他讲："你这么傻，为什么就想这么放弃呢？"可他本人经过再三考虑认为，虽然退休了，但还是老党员，确实是应该继续为社会多做一些更有意义的事。

　　二〇〇八年十二月，马昌奎担任中国扶贫开发协会宣传教育委员会常务副主任兼秘书长，主持日常工作。宣教委筹备期间，没办公地点，就在家里开会；有事，找个公司会议室商量，甚至找个酒店大堂会客；没有公用交通工具，就开私家车；没有办公用品，就从家里拿；赶上午餐，随便找个小饭铺自掏腰包，吃碗面了事。领导们赞扬说："你们这才叫有爱心真扶贫。"

　　"文化扶贫工程"启动期间，马昌奎不辞辛劳地奔走，得到了原文化部、教育部等十八个部委的支持后，他们

立刻开展起了宣传活动，先后到了湖北、福建等六省二十个市县，面向一万多群众进行宣传。

马昌奎配合协会，在建党九十周年之际，联系村委主任杂志社共同举办了农村新闻人物表彰活动。其中，"我爱我村"及"大学生村官梦"的征文活动，全国一千多名大学生村官参加，有二十七人获奖，这都进一步坚定了大学生村官在农村建功立业的决心和信心。在国务院扶贫办举办的"贯彻落实中央扶贫工作会议精神的征文和演讲比赛"中，他组织人员参加，荣获征文、演讲比赛两个一等奖。他们积极宣传的扶贫典型，在全国扶贫先进人物表彰大会上，受到了党和国家领导人的接见。

建党九十周年之际，马昌奎和大家联系北京科技扶贫基金会，深入到革命老区，开展文化扶贫老区行活动，筹得近两千万元的物资，惠及二十九个贫困县和两百多所学校，受到老区人民的欢迎。他们还依托企业，为近万名农民工进行了培训，组织江西贫困县永新县到东京参加书法展览，扩大该县的影响，后又组织永新县青少年参加中日韩青少年书法比赛，其中六人获奖。该县还被原文化部评为"书法之乡"，为贫困地区文化走向世界开辟了新的路径。

汶川大地震后，协会立刻组织公益晚会，募集的一亿多元立即捐赠灾区；鲁甸地震时，他和同志们在组织捐赠衣物的同时，还办起了爱心超市，为鲁甸卖花椒及农产品，帮他们克服眼前困难。

马昌奎辛苦地奔波在扶贫事业中，也正是由于他舍小家顾大家的情怀、境界和行动，让很多家庭变得更幸福。

霞正满天

★张苏宁　摄得彩影同沉醉

🏠 海淀区安宁庄休养所

　　张苏宁用自己的摄影特长，为丰富老同志退休生活做了大量的实事、好事，受到广泛赞扬。同所的魏利生由衷地称赞："苏宁为人低调，做事踏踏实实，一步一个脚印。"并赋诗："苏宁同志摄影侠，幅幅构图美如画。天资诗韵处处景，我慕苏宁人品佳。"军休干部柴英还在《军休之友》《同心刊》上撰文赞扬张苏宁的事迹。

　　张苏宁为人热情，办事细致认真。凡是休养所的集体活动，如春节团拜会、参加市区组织的演出、集体疗养，或休养所举办的书法绘画摄影展览，所领导都要请他帮忙。他总是全副武装，随叫随到，保质保量完成任务，成为所领导的好帮手。每次活动之后，他都会将自己拍摄的素材，再汇集其他同志提供的影像，一起精心整理，编辑制作成精美的相册、视频，作为休养所的影视资料保存。

　　为了提高休养所摄影爱好者的兴趣和水平，并能为老干部长期服务，安宁庄休养所采纳张苏宁的建议，专门腾出房子，建了一个摄影室。张苏宁充分利用这个场所，为大家服务，并慷慨地将自己购买的灯光、幕布等摄影设备提供出来，连计算机、凳子、衣架、镜子、梳

子等物品，也一应俱全地拿来供大家使用。他们配合所里，利用不同节日、纪念日开展主题活动，组织了部分八十岁长者、模特队、少儿等，到摄影室拍摄艺术照，大家非常高兴。

在休养所的大力支持下，张苏宁还和其他几位同志办起了摄影班。二〇一七年九月摄影班开学时，想不到竟有近七十人报名参加学习。张苏宁和另三位军休干部担任教员，他们不收取费用，不要报酬，完全义务为大家讲课。摄影班的活动深受老同志喜爱，为休养所老干部的文化生活增添了新的内容，得到了区军休办、区军休老年大学的肯定和赞扬。

随着大家拍摄水平的不断提高，大家不满足把自己拍摄的好片子只存在电脑里，为了便于交流和展示，张苏宁和大家多方调研、策划，联系出版社，创办了《老兵摄影》专刊，作为摄友之间的交流平台。为这份刊物，张苏宁等几人付出了大量心血，征稿、汇集、筛选、修改、润色、编辑、排版、联系印刷、邮寄、分发，工作量可想而知。

为了方便大家交流和提高，张苏宁他们还建起了微信群，利用微信群和大家交流摄影作品和心得体会。他的点评既专业又通俗，还有针对性，让人深受启发。

张苏宁无私奉献热心公益，真诚为大家服务，得到了大家的赞扬，在休养所党支部换届改选中，他以高票当选为所在支部的支部委员。他用自己的辛勤付出，定格了军休干部无数美好的瞬间，使之构成了幸福生活的重要组成部分。

晚霞正满天

★ 吴凤鸣　感恩常在心　助人总不停

🏠 海淀区安宁庄休养所

吴凤鸣的父母都是老革命，她从小亲历了根据地人民乳汁的抚养和冒死相救，被当作革命的未来和希望而备受关爱。她亲眼见证了先辈们为人民解放事业英勇奋斗、流血牺牲的动人场面，深知革命胜利的来之不易。吴凤鸣从小也接触了很多父母的老战友及其子女，享受到了很多关爱，她决心努力把这种爱继承和传递开来。

她始终牢记其母生前留给她的那句话："常去看看我的战友！"为了完成母亲的临终嘱咐，弥补过去对父母尽孝的不足，也为了表达革命后代对前辈的敬重，二十多年以来，她编织了近两千件帽子、围巾、披肩等物品送给父母的战友和他们的后代。在二〇〇八年北京奥运会期间，她设计、钩织了有中国印的贝雷帽，送给了六位体操冠军姑娘，表达了普通百姓对奥运健儿的敬意。

吴凤鸣在即将开始退休时，进一步深入学习绘画，并小有成就。还被中国老年书画研究会聘为创作研究员。吴凤鸣的画作在二〇〇五年八月国家博物馆举办的"纪念抗日战争胜利六十周年中华名人书画艺术集萃展"等展览中展出后，有的被抗战纪念馆及江西南昌、安徽云岭的新四军纪念馆等处收藏，有的绘画作品还被她捐赠给了慈善机构。

她退休后，担任北京新四军研究会先后任副秘书长、二师分会秘书长、副会长的同时，还任哈军工北京校友会副秘书长、哈军工精神研究委员会副主任、校友书画社副社长。她们先后编辑、出版了《从哈军工走出的院士》《哈军工校友诗词书画摄影集》等书籍。

二〇一一年六月，为纪念中国共产党成立九十周年，她做了《永远的怀念——我所接触的几位老共产党员》的报告，该文与她此前写的《父母是相伴终生的书》，还被收录在解放军出版社出版的《铁流》集册中。

二〇一一年十月，她看到《北京青年报》连续报道的重庆綦江赶水镇部分贫困学生的情况后，决定资助李其平和欧阳恒露这两个女孩上高中。平时的资助之外，她还常常寄去衣物、书籍，过年时，还寄钱给她们贴补家用。李其平考上高中后，吴凤鸣每年资助她六七千元。欧阳恒露于二〇一三年被选到北京学习玉雕，吃、住及零用，都由师傅负责，吴凤鸣及其女儿、儿媳等则在衣物、文化用品等方面继续给予帮助，有时去看望或接她到家里过节过生日。平时与两个孩子则通过电话、短信进行联系沟通，帮助排忧解难。

吴凤鸣这种乐善好施、热心助人的事迹感人至深，还被海淀区领秀硅谷社区推荐为北京榜样候选人。大家纷纷表示，吴凤鸣是我们学习的好榜样，从她身上看到了党和人民军队的优良传统在继续传承和发扬光大。

白霞正满天

★ 魏利生　与人为善久　文化养老安

<small>🏠 海淀区安宁庄休养所</small>

八十多岁的魏利生，在不少军休干部心中，是位德高望重与人为善的好同志。

老魏的老伴，生前由于医疗事故导致双眼失明。他老伴在世时，大家每天早上常常会在院子里看到老魏搀扶着老伴散步，日复一日，年复一年，十九年的时间天天如此，大家无不伸出大拇指称赞说："老魏真是个好人，这些年他太不容易了。"

所里和周边每个同志的优点长处，在老魏心中都是一股暖流，经他口中说出都是吉语。同所的张苏宁同志擅摄影，热心服务大家，魏利生热情赋诗鼓励："苏宁同志摄影侠，幅幅构图美如画。天资诗韵处处景，我慕苏宁人品佳。"

老魏有自己"专属"的办公室——休养所书画室。他常年坚持每天"上班"，全身心地投入到书画习练的同时，书画室还成了他和老同志进行交流的活动中心。

魏利生擅长小楷，他常常把政策、学习要点，写成小楷条幅，与大家分享。几年里，他还坚持不断地把老同志发表在刊物的诗词歌赋，用小楷记录下来写成长卷。最长的一幅，有二十五米。休养所为老同志集体生日祝贺时，老魏和其他同志热心地书写寿字，广受好评；春节期间他们书写的福字及对联，成为工休人员争先恐后的喜"贴"。

魏利生他们还成立了书画组。这几年书画组的同志参加军队、地方展览五十余次，每次都获得不同等级的奖励，有的作品被爱好者收藏，有的还在中央电视台播出。书画组现在长期坚持活动的成员已近二十人，大家的书画水平逐年提高，魏利生和万学武、魏敏英等多名同志被吸收为中国老年书法学会会员，万学武被聘为中国老年书法学会理事；万学武、高贵胜还被聘为北京榜书家协会会员。

多才多艺的魏利生不仅喜欢书画，还擅长摄影，并经常撰写美文。他不仅自己写，自己照，还热心为大家联系《军休之友》《同心刊》等多家出版单位，为老同志代投各类作品。

在魏利生夫妇言传身教的影响下，他们的儿女都非常孝顺。在他老伴去世后，老魏的吃、穿、用、住"被安排"得非常好。周末、节假日全家聚会，还经常接老魏去郊游、参观。儿孙满堂，绕膝承欢，一家人享受着天伦之乐。

老魏平日生活很有规律，办事有条不紊，这是他一生养成的好习惯。他每天早晨六点起床后锻炼一小时，中午休息一小时，晚上八点散步一小时，晚上十点就寝。退休后，他坚持周一至周五到休养所"上班"，上午三个小时，下午两个小时。大家都称他是正常"上班"的军休老干部。

魏利生曾在科研工作中做出了突出成绩，获得过军队科技进步二等奖、三等奖，荣立三等功。退休后，他及其家庭多次被评为海淀区优秀党员、和谐之家，连续多年被海淀区军休党委评为宣传工作先进个人。他总是与人为善，用实际行动为创建和谐休养所做出了新的贡献。

★ 刘克鑫　老兵新传奇　网宣频献技

🏠 海淀区田村山休养所

进入网络时代，在新技术方面不少老同志也是凯歌频传。如获副教授职称、大校军衔、专业技术五级的刘克鑫，退休后积极运用新技术，支持休养所通过互联网拓展军休服务管理工作，积极做好休养所和党支部的宣传报道工作。

微信兴起不久，刘克鑫就为党总支和退休干部建立了专门的微信群，设计出手机版人员名录，制作了田村山休养所专用网页，在线展示休养所的主要职责、组织建设、军休干部的政治待遇、医疗待遇等有关的内容，方便了休养所和军休干部之间的信息交流。

每逢组织活动，刘克鑫主动拍照和撰文后，设计制作成网页专栏作专题报道。他还专门设计了一个军休干部报销药费、阅读文件时间表专用网页，每个月报销日前发送一次，提请军休干部按照要求报销药费和阅读文件，起到了及时告知和提醒的作用。

小视频是一种播放时间较短的视频，通过移动互联网或室内免费Wi-fi路由器，在智能手机上播放。每逢有休养所组织的集体大合唱、集体健身锻炼等活动的内容，就被刘克鑫迅速制作成小视频及时发布，为宣传报道休养所工作增添了鲜活的色彩。

像党员捐款一类的感人活动,刘克鑫既积极参加,又在现场忙着拍照,还要立刻把照片汇编起来,制成"共产党员献爱心"捐款活动小视频,把参与捐款军休干部的善意爱心,以最新的方式传播开来。

新传播技术对老同志们的强身健体也有积极的意义。二〇一八年八月二十四日上午,休养所在小区内组织健身气功八段锦展示活动,刘克鑫在现场拍照的基础上,将数十张照片配上文字和专题音乐,编辑制作成《健身气功八段锦活动》小视频,既起到宣传作用,又有了呼唤意义,深受大家好评。

军休干部居住分散在不同的小区,在建军节、春节等重大节日时,刘克鑫运用新技术,使得休养所领导的"电子看望",和军休干部之间的"屏幕问候",也成了该休养所时髦的景象。

刘克鑫紧跟时代,还把"小程序"作为服务军休干部的新工具。"小程序"这种在线轻便应用的程序,支持智能手机用户通过移动互联网和微信平台即点即用,无须进行下载和安装相关软件,具有快速推送分享的特点。二〇一六年海淀军休办组织"两学一做"知识竞赛时,就是把题库中的判断题、单项选择题、多选题设计制作成网页版的答题试卷,支持军休干部使用手机即点即做,产生了良好的效果。

刘克鑫时时借助新技术,安排新内容,不断"亮出"很多便利于军休干部工作生活的电子手段,受到了大家由衷的敬重和爱戴,也彰显了老同志在新时代与时俱进的风采。

★李照军　深情献服务　尽心建家园

🏠 海淀区采石路服务管理中心

李照军是第六党支部的书记，曾任海淀区万寿路街道太平路四十六号院社区的党委书记，兼居委会主任和服务站站长。他团结带领支部一班人和社区班子共同努力，推进了基层党组织建设和社区发展，并取得了显著成绩。

李照军和大家在落实市、区、街道民生政策时，满怀一个"情"字，落脚到一个"实"字。社区居民中"老、弱、病、残"人员比较多，他积极协调驻区食堂餐厅，较好地解决了社区老人的吃饭问题；他关心贫困家庭和困难党员，经常嘘寒问暖，符合低保条件的积极帮助申办，并且在重大节日对生活困难家庭进行逐户看望，对生病住院的社区老党员和军休干部主动前往探望。支部有五十五名党员，每逢休养所召开会议、安排政治学习或报销药费等事项时，李照军都及时打电话或发短信，他从不怕麻烦，通知到每个人，认真履行职责完成任务。

他团结带领"两委一站"班子克服各种困难，协调上级有关部门，在社区安装了三套健身活动器材、五十多个路椅、六台玻璃钢乒乓球台和二十二个宣传橱窗，绿化了一处三千平方米的步入式休闲园。李照军和大家历时半年，几经周折，将社区内闲置多年的旧食堂、仓库改建成了一座面积达六百多平方米、功能齐全、设施完善的多功能社区活动中心。还在街道和三管处的关心支持下，在社区率先建成了"幸福万寿路"便民菜站，解决了社区居民买菜难的问题。他们构建的社区"一刻钟服务圈"，在社区建立了便民菜站、利民超市、门诊医疗、老年餐桌、幼儿教育等环社区服务网点，深受社区居民的欢迎，京城各大媒体也纷纷进行了采访和报道。

李照军先后被评为北京市先进居委会主任、海淀区先进基层党组织书记等，其所在社区也先后获得了北京市党建工作创新项目奖、北京市先进居委会等荣誉。

李照军团结带领本支部"一班人"和社区"两委一站"班子，共同努力打造温情社区，受到广大群众的广泛赞誉。

★ 徐继昌　牢记职责　努力奉献

🏠 海淀区采石路服务管理中心

徐继昌十多年来一直担任休养所党总支副书记、第二党支部书记，他是海淀区军休办第六届、第七届党员代表大会代表、北京市先进退休干部、海淀区军休优秀党务工作者，其所在的第二党支部三次被评为先进党支部。

采石路服务管理中心成立后，军休干部欢呼雀跃。在所领导的支持和指导下，徐继昌汇集大家的智慧，共同提出了"团结精诚，服务精细，业务精湛，管理精心"的"四精"所风建设思路。为了更好地宣传有关政策，丰富大家的生活，根据党总支的意见，他和所里一同与总参军训部第三管理处协调，在驻军和驻地居委会支持下，建立了规范、标准的宣传栏，有了宣传正能量的主阵地。为了提升大家文化养老的品质，中心成立了诗词队，他担任了队长和总参军训部老干部大学第三分校《路桥诗社》主编，主编了"诗社"诗词选、《工程兵颂》《路桥恋》1—4集，每季度编发一期路桥诗社《学习园地》，多年来从未间断。

二○一三年，他代表采石路服务管理中心参加军休办文化养老研

讨会，以"文化养老初探"为题，从文化养老定位、文化养老内涵、文化养老尝试三个方面作了发言，受到好评。

徐继昌因为喜爱学习，又曾在工程兵部队院校和领导机关任职，曾参加原总参谋部考察团，赴南沙进行实地考察，对南沙群岛永兴岛等岛礁的火力配系，向总部提出了有价值的报告，他具有较好的文字能力和组织协调能力。退休后，不少企业愿高薪聘请他，他都一一婉拒。他继续编写工程兵历史丛书（中国人民解放军历史丛书组成部分），把工程兵七十年的辉煌历史挖掘、整理出来，他编审了《工程兵回忆史料》（上、下册）、工程兵图片册（近千幅）已出版；亲自撰写了《工程兵"表册"》（上、中、下册），已通过全军历史资料丛书编审委员会审核。

为了自己和大家的健身，作为丰台区武术协会会员、工程兵大院太极拳辅导站站长，徐继昌积极组织大家的太极拳晨练活动，他任站长期间，实行站长和教练共同负责制，建立了值班制度，在大家的共同努力下，晨练活动多年来开展得井然有序，四季如一，从未间断。工程兵大院太极拳活动站被评为全国先进活动站，他也被丰台区武术协会评为优秀辅导员。

徐继昌努力实现由领导干部到普通公民的转变，牢记总支副书记、党支部书记的职责。"为所领导当参谋，为工休人员当桥梁，为工作人员当助手"，是他对自己工作的定位；以所为家，积极为建设和谐军休家园，尽力工作是他对自己行动的要求。

★ 崔伯颖 影纳时代气 拳健战友身

🏠 海淀区采石路服务管理中心

崔伯颖在四十六年的军旅生涯中，从事的是摄影工作。退休后，他以专业服务战友，用爱好造福团队，受到广大军休干部的好评。

二〇一二年七月，崔伯颖在观展时，正站在一幅名为《开国盛典》的画作前欣赏，忽然看见一小女孩进入展厅后径直跑到画前，昂首注视着画中的毛主席，端端正正地拿着小数码相机，稚嫩的手指轻轻地按动起快门儿，崔伯颖立即抓拍了下来。这幅《啊！开国盛典》的摄影作品发表后，广受好评。

他退休后，就义务开办起了老干部摄影班，每年还为大家举办摄影展览。每次收上来几百幅电子照片后，他都要进行处理调整，这个过程需要在电脑上花费很长时间来操作。二〇〇四年，崔伯颖双眼患了青光眼，两眼都出现了视野缺损，左眼已被遮挡一半，视力大幅度减退，但每当他看到为大家处理好的摄影作品时，心里总是感到很欣慰。他觉得激发更多的人用镜头记录时代气息，就营造了更多人的幸福感受，为此，他更加乐此不疲。在摄影心得方面，崔伯颖常常以作品举例，提出了"五要"原

则：一是要有点想法，二是要细心观察，三是要感悟意境，四是要耐心等待，五是要迅速捕捉。

在很多大型摄影比赛中，摄影班的老同志先后共有四十余幅摄影作品获奖，北京市群众摄影文化活动组委会，在"北京精神"大型摄影展启动仪式上，还为老干部大学摄影班颁发了最佳组织奖。

退休后，崔老主要是在市、区军休干部摄影集训中，讲课、点评作品，筹备市军休摄影展，以及为所里的活动拍摄并及时为所提供橱窗照片和征集老干部摄影作品；其中，在民政部举办的全国军休干部摄影比赛中，分别获得一、三等奖。一幅"知识给我力量"的作品，在北京悦读摄影比赛中荣获金奖。

初学太极拳后的崔伯颖，觉得这项轻灵柔和的运动，非常适合中老年人健身，便和有兴趣的两位老同志商量，成立了工程兵大院太极拳活动站。他在外自费学习后，返回后义务分享给大家，并动员很多人学练，把大院群众学练太极拳的健身活动搞了起来。为了让更多群众走进太极拳健身行列，他教前认真备课，把每个动作化解为多个分动作，编成简明口诀，让大家易懂好记，取得很好的教学效果。他在市、区太极拳个人项目比赛中曾获得过二、三等奖，他们的太极拳辅导站，被国家体育总局授予"全国全民健身优秀辅导站"。

退休后的他，一会儿拿着相机拍摄身边的深情美景，一会儿与战友们分享彼此的得意之作，又时时与大家练起太极拳，共采天地真气，同纳时代良风，尽情地享受着幸福的军休生活。

★刘振华　奉岳母至孝的老兵

🏠 海淀区百望服务管理中心

刘振华有一个温馨幸福的家，与其爱人刘素云相濡以沫五十年，如今儿孙满堂。他最为人称道的，是全心全意照顾一百多岁的岳母。

刘振华的岳母是位老烈属，她的丈夫在辽沈战役中牺牲。自一九六八年刘振华与其唯一的女儿结婚后，岳母就和他们一起生活，他始终把岳母当作亲生母亲看待，与爱人共同努力，让老人家尽享幸福的晚年。

老母亲过惯了与乡亲们常来常往的农村田园生活，起先，刚到北京生活时，人生地不熟，加之住在楼上，不愿意外出与人来往，觉得孤单不自在。为了让老母亲尽早适应城里生活，他们夫妇有时间就陪她拉家常、逛天安门、故宫和一些大公园，时不时到邻居家串串门，还常请上一个爱活动的邻居家老太太来家里与她聊天，带动她到院子里小花园转转，与一些老年人逐渐熟悉……

就这样，老人家逐渐习惯了城市生活。她老人家兴趣广泛，爱听收音机、看电视，刘振华就给她买来便携式收音机，又在她的房间单独放一台电视机。老人家擅长剪纸、拉花、绣花等手工艺，刘振华就给她准备物品材料，并把她的作品放在房间展示，令她开心快乐。每逢周末，儿孙轮流回来看望，争着抢着送上老人家喜欢的小纪念品和小吃。

一九九三年秋冬之交，八十岁的老母亲患了大叶肺炎，住进了医院的呼吸科。用多种药物治疗一周后，高烧四十度左右持续不退，神志逐渐不清。呼吸科主任说："院里现有对症的药物全用过了，现在唯一的希望是从外面自费购买一种昂贵的药物试一试。考虑老太太已经这么大年纪，现在情况这样严重，建议你们也考虑一下后事。"刘振华当即表示：只要有一线希望就要争取，钱就是花给亲人的！他想方设法买到那种药物，使用后老人家的病情逐渐缓解，经过十多天的后续治疗后出院了。

二〇一一年，九十八岁的老母亲在室外活动时，不小心摔倒后致使左大腿骨折。骨科和麻醉科等有关专家都犹豫："这么大岁数做手术，风险实在太大；有些治疗药品、器材都要自费，闹不好人财两空；尽量保守治疗，维持算了……"刘振华和老伴商量，如果不做手术让老母亲带着骨折的腿生活，痛苦可想而知，最后决定还是闯一闯。于是与专家们反复交换意见，提出只要还有手术成功的可能就争取，多花钱也还是要做，不让医生承担任何风险责任。最后，经过各方面周密准备：在四肢大血管中都放支架预防栓塞，心内科专家手术中监测心脏，骨科和麻醉科专家亲自把关……手术圆满成功，第八天老人家就可以下床活动了。

刘振华在部队时，尊重领导团结战友，在社会中与人为善。他常说："岳母，就是我的亲生母亲！"他们夫妇的孝亲行为，获得了一致的赞扬。

★赵淑敏　喜气洋洋做奉献

🏠 海淀区百望服务管理中心

二〇〇四年退休的赵淑敏，老有所为、老有所乐。她退休十多年来，长期担任休养所党总支委员，分管文体活动，担任老年大学副校长，参与休养所老干部合唱团、舞蹈队领导管理，为文化建设做出积极的贡献。

赵淑敏自己总是喜气洋洋，在组织活动中，也总是平心静气耐心沟通。她和大家常说："同志们来参加活动，是来找快乐寻健康的，重在参与，一定要注意沟通时的态度。"作为军休老年大学副校长，赵淑敏积极参与军休老年大学十多个班的学习活动管理，详细掌握、了解老年大学各班组的学习内容，细致安排、落实时间和地点。

赵淑敏带领舞蹈队以来，多批次地在休养所、青龙桥社区、解放军三〇九医院等单位进行交流演出。为提高大家的基础水平，她从电视上学习、请教员，挑选合适演出的舞蹈和改编舞蹈动作，并找来光盘边放边学，而后再与大家分享。为了提高大家学习舞蹈的积极性，赵淑敏请专业老师办班，练基本功，排练节目。现在，舞蹈队成员越来越多，舞蹈的种类不再单一，现在能跳交谊舞、广场舞、民族舞、现代舞等多个舞种。

休养所老干部合唱团、舞蹈队成立以来，赵淑敏和大家共同参加国家有关部委、北京市、海淀区组织的公益演出几十个场次，收到良好的社会效果。

因为赵淑敏在部队期间有丰富的管理经验，她在广大老同志中威信高，大家选她担任了总支委员和第八支部书记。经常入户走访，了解老

同志的身体情况、生活居住状况，在很短的时间里，对本支部老同志们的情况有了相当全面的了解。她把每个同志都挂在心上，凡是有人生病或住院，赵淑敏及时上报所领导并和所领导前往医院看望，带去党的温暖，使病中的同志深受感动。她还在八支部建起了一个微信群，起名为《快乐的八支部》，以方便传达上级文件精神并上传大家的心声。

赵淑敏始终以一名老干部、老党员的标准规范自身的言行，保持了共产党员的政治本色，积极参加公益事业。她十几年来，经常为灾区、为贫困党员捐款捐物，还为张家口市赤城县贫困山区学校捐赠了很多学习用品和书籍画册，受到学校师生的广泛赞誉。

赵淑敏热情洋溢服务大家奉献社会，曾多次被评为先进军休干部和优秀党员、优秀党支部书记、五好党员等，受到大家的肯定和上级的表扬。

白霞正满天

★朱淑琴　游历山川不觉老　跟紧时代常欢颜

🏠 海淀区魏公村服务管理中心

二〇〇七年，已有四十二年军龄的朱淑琴，从原总政治部话剧团政治部主任岗位退休，到魏公村休养后，担任了学院南路八十二号院支部的党支部书记。

耄耋之年的朱淑琴紧跟时代步伐，坚持每天读报、听广播、看新闻，到老年大学学习电脑课程，上诗词课，练习书法。

改革开放以来，她的工资收入逐年增加，生活水平不断提高，手里的积蓄也多了，孩子们也有了自己的美好生活。朱淑琴和老伴就每年都拿出一定比例的钱去旅游。到过去下部队去过的地方重游，观赏祖国的

大好河山，感受国家的发展变化。二〇〇一年后，老两口又开始出国旅游，先后去了十几个国家和地区，开阔了眼界，增长了见识，深深感受到生活的幸福。

朱淑琴的专业是唱歌，在部队从事文艺工作四十二年，经常深入进行部队慰问。退休后她继续发挥特长，既参加合唱队唱合唱，还在合唱队担任指挥；既独唱，也朗诵。大家一有机会就去敬老院、街道社区进行慰问宣传，做公益事业。朱淑琴还给某坦克团谱写了一首团歌，部队干部战士的热情传唱，让她很是欣慰。

朱淑琴生活有规律。每天再忙，中午也要躺下睡上半小时或二十分钟；吃饭不忌口，但什么都不多吃；每周坚持四五次去紫竹院公园走路。到现在，她还是个血糖、血压、血脂"三不高"的干部。

作为支部书记，朱淑琴团结大家认真学习，积极开展各项工作。所里同志们的责任心都很强，生活得都很幸福。朱淑琴的家庭也是老伴体贴、孩子们孝顺，总在其乐融融中。

朱淑琴的歌声充满抑扬顿挫，对于生活，她的心态总是平和恬静。她常说："现在民富了，国家也越来越强大了，我们的军休管理机构服务得真好，负责我们工作的同志们责任心都很强。我们自己需要持久地保持阳光的心态，努力建设好自己的家庭，实实在在为文化养老做贡献。"

★叶增禄　关爱社会春常在　温暖别人好事多

海淀区魏公村服务管理中心

叶增禄退休前是北京市公安局消防高级工程师，曾多次担任魏公村服务管理中心知春里散居第一支部书记。

他总是热心参加公益事业，在抗击"非典"期间，叶增禄将自己全月工资三千一百元捐献给在一线救死扶伤的医务人员。在汶川地震、玉树地震等自然灾害时，他也先后不甘人后，多次捐款。

叶增禄所在的散居党支部中，老同志体弱多病的不少，空巢家庭也多，还时有生急病等突发事件发生。需要人力、财力帮助时，他总是请示总支想方设法给予帮助，对生病住院的同志他与支部一起看望。

叶增禄免费为社区老人摄影、打印照片，经常性地为社区和本楼的老人服务，每当发现楼道里的电灯不亮了，他就主动自己买灯泡换上。这种照亮自己温暖别人的事，叶增禄做了太多太多。

他在北京市消防协会秘书处工作期间，工作成绩显著，曾多次配合北京市供电局、电气工程协会对北京市重点企业的电工，以及海淀、西城等区属企业的电工进行培训，除亲自授课外，还组织专家撰写教材。叶增禄主编了二十三万多字的《电气防火实用技术》教科

书，还组织专家编写了《北京市电气防火检测技术规范》教材，被北京市安全监督管理局聘为北京市安全生产专家。

为丰富自己的退休生活，叶增禄还到海淀区老年大学书画齐派专修班学习了两年后，通过了中国艺术科技研究所学艺考级中心的考试，取得社会艺术水平花鸟五级的证书。二〇〇八年他又在海淀区老年大学摄影专修班学习了摄影、录像等技术，现在能自如地用电脑软件对数码照片进行处理。

他在担任三届一支部书记期间，面对老同志居住分散及没有固定活动场所等实际困难，他们想方设法组织大家学习和讨论，散居一支部连续多年被评为先时党支部，叶增禄也被评为市级先进军队离退休干部。

为了使支部的老同志们保持身心健康，安度晚年，在支部活动时，叶增禄经常把自己收集的健康、家庭、养老等内容介绍给大家。他的信息接地气，像如何同晚辈相处，如何处理婆媳关系等，使大家觉得既生动又活泼。支部常常开展的"兴趣运动会""书法、绘画、摄影"展、"消防知识讲座"等活动，生动活泼，深受大家欢迎。

叶增禄退休后，用自己的专业继续在消防安全服务上做贡献的同时，和支部同志们一起温暖互助，大家幸福地享受着快乐的军休生活。

晚霞正满天

★张志高　红氍毹续写英雄志　奉慈母尽孝儿女心

🏠 丰台区第一休养所

一九五九年考入中国戏曲学校学习京剧净行表演、一九七二年入伍到原北京军区战友京剧团工作的张志高，团里依据他的特长和单位的需要，安排他从一九七四年开始从事剧本写作。经组织和袁世海先生推荐，张志高一九七六年成为我国著名剧作家翁偶虹先生的入室弟子，后担任专业编剧。

二〇〇四年退休后，张志高协助叶少兰先生记录并执笔其长篇回忆录的同时，积极参加战友文工团现代京剧《红沙河》的编剧工作。这部反映当代军人情怀的现代戏，在第五届中国京剧节中获剧目大奖。

在叶少兰的推荐下，二〇一〇年岁末，张志高移植改编粤剧《蝶海情僧》、由陈薪伊导演的京剧《蝶海情》，在北京与香港演出大获成功。二〇一四年由叶少兰导演，由云南省京剧院排演，张志高参与创作的叶派新剧《天道行》参加该省新剧目会演，获得新剧目金奖。

张志高在事业上取得良好成绩的同时，在家庭生活中，他继承中国民族优秀孝道文化，令人赞佩不已。

年近古稀的张志高欣然侍奉已年近百岁高龄的老母亲，总是欢天喜地。几年前，他老岳母逝世时也达九十八岁。他和夫人吴春光及家里其他姐弟，争先恐后地尊老爱老。他们夫妇对双方妈妈同样关爱，无论吃喝用度，冬暖夏凉，都能体贴入微。买衣服鞋子总是双份，买点心吃食也是各有所奉。那些年带她们同去北戴河、山海关等多地旅游，几十年间，两亲家处得非常和睦亲切。对于照顾老人的保姆，他们向来都是仁厚有加，多位保姆都同"春光阿姨"和"张叔叔"感情深厚。

多年的持之以恒，家庭幸福的同时也广受社会赞誉。社区与妇联组织在评选"首都最美家庭"活动中，张志高的家庭连年逐级当选。他和弟弟张志霖在各自社区同被选为"万名孝星"；他的夫人还被选为市妇联宣讲团成员，在北京各区县多次演讲。二〇一六年"国际家庭日"时，"全国最美家庭"评选结果在人民大会堂正式揭晓，他的家庭成为北京获表彰的三十户全国五好文明家庭中的一个。

寻常百姓家，怎么过好日子挺有学问。张志高的爱人做过公司财务工作，擅长理财。他们家的原则既注重艰苦朴素，不奢侈浪费，同时还注重营养与保健。二十多年来，张志高支持爱人和其老同学共创的，北京女企业家协会"春光女子合唱队"的发展壮大。他们已经三十多岁的儿子儿媳，在父母多年潜移默化的影响下，凡遇到顺心不顺心的事情，小夫妇俩都愿意跟父母公婆敞开心扉交流。

张志高以孝悌为本，又在事业中努力向上，全家生活在幸福的阳光下。

★ 高书林　保持本色发余热　尽己所能献力量

丰台区第二休养所

出生在贫苦农民家庭、一直到新中国成立后才勉强上了几年学的高书林，在部队学习文化、军事科学知识和革命道理，使一个穷苦孩子成长为能够为党和军队建设做奉献的正团职干部。

高书林现为军休二所党总支部委员、第四党支部书记。他始终坚持退休不褪色，保持我党我军的革命传统，牢记自己是一名受党培养教育几十年的老党员，他怀着一颗感恩的心，教育家属、子女不能忘本的同时，总是提醒自己要尽力为社会和干休所的建设，做一些力所能及的工作。

他性格耿直，快言快语，总是满怀热情地向党组织和同志们敞开心扉，从不隐瞒自己的观点。开会时，坚持畅所欲言积极建言献策；在会下坚决宣传贯彻会议精神和所里有关规定，旗帜鲜明地反对会上一套会下一套。

作为党支部书记，他坚持以身作则。开展共产党员献爱心、送温暖等活动时，他每次都是积极响应、带头参加。高书林曾做过几次手术，患有冠心病、风湿性关节炎和三节腰椎间盘突出，但只要是参加所里的活动,他就把自己一身的疾病忘到了九霄云外。不论是打扫所里的卫生区,还是铲冰除雪,他总是跟同志们奋战在一起。

平时,高书林最喜欢和周围同志聊天。一来,能分享战友们的友好情谊;其二,通过互相打开心扉,对大家的一些想法和实际需求,有了进一步的了解;并尽力地把有的军休干部和家属的诉求及时向所领导反映汇报,积极起到上传下达、下传上达的桥梁纽带作用。

二所里有不少耄耋之年的军休干部,有的同志前些年还都动手写些稿件,近年来随着年龄的增长,动笔写作有些困难。身为总支宣传委员的高书林,克服文化程度低等困难,总是要求自己抱有真诚朴实的态度,积极帮助大家抒发对党、军队和国家的深厚情感。

高书林平时注重读书看报看《新闻联播》,学习宣传贯彻党的路线方针政策,牢固树立"四个意识""四个自律"及"两个维护",弘扬正能量,积极参与宣传报道工作,在他看来,这既是本分,也是责任。多年来,高书林连年被丰台区军休办评选为宣传报道工作先进个人,受到同志们的衷心爱戴。

★ 谢 玲 提升自己 服务社会

🏠 丰台区第三休养所

　　谢玲原是军事医学科学院的专业技术干部，二〇一二年退休后她感到自己依然身体健康、精力充沛，欣喜地开始了人生的第二次起航。

　　谢玲很早就喜爱心理咨询工作。她感到通过与来访者的交谈，共同拓宽视野，探讨对人和事物的认识，消除或减少来访者的一些烦恼，是非常愉快的事情。为了做好心理咨询工作，她自费参加了多项培训。经过辛勤的努力，谢玲现已获得有关机构颁发的心理咨询师证书，成为中国心理卫生协会会员，担任心理咨询公司首席咨询师等工作。

　　谢玲经常参加一些公益活动，她建立的"心之助"微信平台每周一次为五百余人，讲授心理学方面的知识，为他们答疑解惑。还先后在多处就职场压力缓解、新员工拓展培训、医护人员的心理健康与维护等方面进行咨询，受到了有关单位的好评和欢迎。

为了让更多的人关注自闭儿童，使更多的孩子享受快乐的时光，她积极参加关爱自闭症儿童的活动。为了让这些孩子能得到有针对性的治疗，她认真查看人员登记表格，配合有关专家制定出详细的支持方案，为十余个家庭提供心理支持工作，得到了不少家长的好评。

作为北京电视台生活频道的心理专家，她经常参加电视台节目的录制。每次录制结束后，观众们都会聚集在她的身旁问这问那。此时的她又成为深受大家喜爱的"知心大姐"。

谢玲不仅仅热心公益活动，还对干休所的精神文化建设努力起到带动作用。二〇一四年新成立的腰鼓队，作为队长的她，利用自己空暇时间在电脑上查到的鼓点套路资料和常规知识，反复在家揣摩练习新学的舞蹈，有了真切的感受后就分享给队员们，并常常组织大家在一起切磋技艺。腰鼓队的活动内容不但丰富起来，而且形成了舞蹈、秧歌等多个分支的文艺队。大家在一起唱歌、跳舞，生活过得多姿多彩。她常说："虽然我退休了，但精神没老，我们应该走出家门，融入社会，奉献社会，为军休和谐尽一份心，出一份力。"

她热心公益、服务社会的过程，也是她自我人生观、价值观和世界观提升的良机。她常说："爱心其实就是一盏灯，一经点燃，既温暖自己，也会照亮周围所有的人，给他人带来生活更美好的希望。"

谢玲现在还在不断学习心理知识与技能，继续努力服务社会，她要谱写出更丰富多彩的退休生活新曲。

夕霞正满天

★ 张民智 "五好"军休干部

🏠 丰台区第三休养所

被大家赞誉为"五好"军休干部的张民智,在工作岗位上是个尽心尽责的好干部,在近百岁老母亲面前是个尽心尽孝的好儿子,在相识、相知、相爱五十余载的妻子面前是个好丈夫,在学业有成、工作出色的一双儿女面前是个好父亲,在活泼可爱的孙子、孙女、外孙子面前是个好爷爷,在这个四世同堂的大家庭里是个称职的顶梁柱。

张民智七岁丧父。他深知没有母亲一生的无私奉献,就没有他今天的一切,他把孝敬母亲作为自己一生的责任。从小懂事自立,学习、工作从

不让母亲为自己操心；凡事力求做好，让母亲放心。自他参加工作有了收入后，他一直奉养母亲，让母亲各方面有保障。他关心母亲的身体健康，母亲一有病，他立即寻医问药，寻找适合的医院和医生。母亲八九十岁以后，老年性的偏执日趋严重，他和全家人理解、包容他的母亲。为了照顾日渐衰老的母亲，他及时找到耐心周到的家庭服务员。平时只要天气好、老太太有兴趣且身体允许，他一有时间就带着老人外出游园观景。

张民智深知婆媳两人一生都很不容易，他孝顺母亲的同时，竭尽全力疼爱妻子。他常常谢绝领导和同事的邀请，晚上和休息日尽量不去外面参加活动，力求在家多做一些家务事。他关心妻子的娘家，当得知岳母因资金不够不能购买比较宽敞的住房时，就主动拿出多年攒下的钱款送给岳母，帮助岳母实现了美好的心愿。

张民智为人正直，谦虚谨慎，给子女做出了好榜样。他们两个孩子上学期间，家庭的经济情况并不乐观，他和妻子节衣缩食，给孩子买回了那个时期家庭里不多见的计算机。儿子发奋读书，考入了心仪的清华大学物理系。女儿大学毕业后想到国外深造，知道家里没有可供她留学的费用，就连续两年打工赚出了自己出国留学的费用，顺利地到加拿大攻读硕士研究生。后来，孩子们都有了自己的子女，张民智毅然辞掉了退休后的工作，像当年母亲支持自己一样，和妻子一起帮助儿女带孩子。他和妻子远渡重洋到异国的女儿家，帮助买菜做饭，培育外孙子达半年之久。张民智夫妇帮了女儿后，赶紧回到国内，夫妻俩又开始全天候地帮着儿子儿媳带孩子。

张民智作为第二党支部组织委员，他热心关心休养所的建设，积极参加休养所组织的活动，及时反映群众要求，尽力做好党支部委员和党小组长工作。

张民智总是表示，一定要无愧于这个"五好"军休干部的称号，让自己的生命对党有益，对社会有益，对家庭有益。

白霞正满天

★ 贾长富　胸有全局谋大事　亲力亲为勤奉献

🏠 丰台区第四休养所

二〇〇九年年底，丰台区第四休养所开始接收管理第二炮兵机关，以及所属单位的五百多名退休军休干部。起初阶段，休养所突出问题是组织不健全，渠道不畅通，军休干部处于难以融入社会和组织的两难境地。贾长富退休前，长期在二炮作战部门工作，积累了丰富的组织指挥经验，他与广大军休干部一起，豪情满怀不辞辛劳地积极配合休养所，在短短的几年时间里，先后组织协调成立了管委会、业委会、监事会和物业公司。

为使广大军休干部早日融入社会，组织成立社区居委会意义重大。贾长富代表管委会并与业委会同志一起，在休养所大力支持下亲自起草请示，并向卢沟桥社区积极汇报，经丰台区政府确定，休养所干部和家属从二〇一七年起先由望园居委会代管；二〇一九年年初正式成立的欣园社区居委会，对其进行直接领导与管理。至此，休养所六大直接和相关组织全部建立，各组织按照各自职能和职责进行有效运行，为军休干部和家属融入社会提供了条件和保障。

贾长富积极协助休养所成立了十六支文体活动队伍，明确了各队领导，制定了活动计划，安排了活动时间，有三百余人常年能参加各种文体活动。二〇一八年八月底，贾长富刚参加完市军休机构星级考评，又在休养所和军休战友们的大力支持下，亲自组织两百余人编练节目，利用短暂的二十多天时间，圆满完成了庆十一活动的演出。

平日里，他还主动负责制作院内宣传栏工作，从宣传栏的筹划、运作、拟稿、摄影、设计、制作、上栏等一系列工作，都有他工作的身影。几年来，他先后制作一百三十期专栏，通过宣传表彰、交流思想、活跃生活、提高品位，极大地激发了正能量，受到了广大军休干部的好评和赞扬。

贾长富从二〇一一年起连任三届休养所管委会成员，二〇一七年被聘为北京市首届军休干部服务管理工作咨询委员会委员，二〇一八年被邀参加北京市军休干部服务管理机构星级评定工作，二〇一八年被休养所党组织评为优秀共产党员。他还多次被选为小区业委会、监事会换届筹备组领导和成员，为小区物业管理做出了突出贡献。他多年为小区绿化、环境建设和内部管理谋划发展贡献力量，得到了军休干部和家属的广泛认可。在休养所两轮星评活动中，贾长富坚定地支持休养所工作，亲自设计、编写、制作汇报的录像片，规划、设计、布置创星的成果展览室，与休养所共同研究起草汇报材料，总结先进经验和做法，使休养所的工作得到全面呈现，两轮星评均获得北京市军休机构五星级休养所光荣称号。

贾长富时刻不忘习近平总书记在党的十九大报告指出的："中国共产党人的初心和使命，就是为中国人民谋幸福，为中华民族谋复兴。"作为一名军休干部，只要有利于大家的事他就干，只要有利于大家的活他就做。

★ 任起福　深情常记　热心助人

🏠 丰台区第五休养所

任起福常常想起结婚时，正赶上三年自然灾害的困难时期，他由义务兵刚提成干部，老家上有老下有小，经济状况很紧张，也没有时间照料家庭。夫妇俩两地分居达九年之久，有了第三个孩子时，妻子常是拉着大的，背着二的，怀里抱着吃奶的老三。后来老伴和孩子随军了，他在警卫部队，紧张的军训、战备、三保卫、国防施工、生产、带兵，特别是紧急集合和野营拉练等紧急任务时，全部家务就又立刻都扔给了老伴。

"做女人，真不容易；女人嫁给军人，更不容易。"一直以来，他对妻子怀着深深的感激、敬佩和歉疚。退休后，他下决心尽心尽力回报妻子回报家庭。他从点滴小事做起，用养生保健小妙方呵护妻子的身体。对待孩子，老两口觉得年轻人工作忙，要支持他们的事业，给他们充足的时间和更自由的空间，尽量不干扰他们的正常生活习惯，尽量不干涉他们管教子女，而只在家务上给孩子们默默地帮忙。他们夫妇俩对老人更是关心备至，对老人的穿戴爱好不仅记在心上，连营养品、保健品、家用品，还样样齐全地给买来。

他的老伴因病住院，二十天内全麻做了三次大手术。其间，送水喂饭、端屎倒尿、翻身擦澡，儿子儿媳、女儿女婿，三个月不分白天黑夜地照顾，毫无怨言，总是热情细致侍候。子女们的行动也教育了孙辈，三个孙辈对长辈非常孝敬和爱戴，一家人享受着幸福的天伦之乐。

自一九八七年退休后，他下决心做点自己喜欢且有益于社会的事。他先后在多家医院和红十字门诊等单位，连续工作了十五年之多，抢救危重病人达数百人，在地方单位受到"先进工作者"的表彰。

三十年间，任起福热心支持所里的各项工作，还利用自己的医学特长，为大家排忧解难，并积极参加所里的宣传报道工作，连续多年被评为丰台区军休办宣传报道积极分子，受到军休办干休所及广大军人干部的一致好评。他先后荣获了丰台区军休办"长寿杯"台球比赛第八名和优秀奖。在建党九十周年之际，经"颂歌献给党"全国征文大赛组委会评审，他的文章荣获一等奖。

任起福觉得赶上了这样美好的时代，党和政府特别照顾军休干部，晚辈们孝顺上进，军休战友们团结友善，自己要继续发挥余热，努力为社会多做奉献。

★ 邵继清　注重实际　以所为家

🏠 丰台区第六休养所

邵继清是党支部副书记，他始终关心休养所的全面建设，心系所内军休干部的困难，充分发挥桥梁纽带作用，在加强休养所党组织建设，团结联系所内住户，维护所内安全稳定，加强休养所全面建设等方面发挥了积极作用。

丰台区休养六所是全国唯一一个由退休志愿兵人员组成的休养所，休养所老同志年龄偏大，文化程度相对较低，人员居住得比较分散，联系不畅，开展党支部工作难度较大。邵继清作为支部委员、支部副书记，建议利用每月一次军休干部交药费人员较集中时，组织开展党支部集体学习，开展丰富多彩的学习交流活动，解决了党支部集中学习困难的问题。

在党支部具体工作中，他注重加强自身的学习，无论是学习党的路线、方针、政策以及党的十九大精神，还是参与、组织党的群众路线教育实践活动等，他总是身先士卒，努力做到先学一步，学深一点。他注重紧扣军休老同志的思想和生活实际，积极探索休养所基层党建工作的新模式新课程。他注意广泛听取意见，了解实际情况，做到及时下情上达，迅速回应军休干部提出的各种问题，结合他们的思想实际讲好政策，收到了很好的效果。

邵继清把休养所当成自己的家。他十分重视休养所环境建设，建所初期，所院规划比较混乱，他向休养所所长、总支和管委会提出意见和建议，为所院规划献计献策。近年来，针对休养所院内各种设备设施日渐老化，影响到军休老同志的生活，他和大家积极主动提出意见和建议，使所院环境不断得到改善。

在休养所历次开展的安全隐患排查、清理、整治活动中，邵继清同志都同休养所工作人员一道，积极参与其中。每逢重大节日和首都重要整治活动日期间，和其他军休党员一道共同参与社区治安巡逻，邵继清更是义不容辞。

邵继清对党和政府给予军休人员的政治待遇、生活待遇，始终抱有感恩之情。他对遇到困难的群众非常同情，他常说：一人有难，大家帮助，这才是一个老党员应尽的义务。每当看到有受灾地区需要帮助时，他都会第一时间带头捐款，并常年参加每年"七一"共产党员捐款献爱心活动。历年来，无私捐款奉献爱心不计其数，彰显了一名老军人、老党员为党分忧，为国分忧的高尚情怀。

"老牛自知夕阳晚，不用扬鞭自奋蹄。"年已八十多岁的邵继清，始终没有停下前行的脚步，依然在孜孜不倦地追求着。

★杜桂林 "约法五条"的军休生活

🏠 丰台区第七休养所

曾多次立功的杜桂林，二〇〇一年住进丰台区第七休养所时，为自己规定了"约法五条"。

第一，放下架子。过去在部队的职务与辉煌已成为历史，在职时不摆架子，退休后更要谦虚谨慎，要以普通群众的态度对待人和事，与同志们和谐相处。

第二，摆正位子。在休养所自己是一名普通军休干部，要自觉地接受休养所的领导，执行休养所的各项规定，尊重休养所工作人员，理解休养所的难处，支持休养所的工作。

第三，做好样子。自己是一个老党员，要做到退休不褪色，共产党员的政治本色永远不能褪，认真学习党的路线方针政策，牢记并自觉践行入党誓词，在政治上、思想上、行动上与党中央保持高度一致。

第四，过好日子。把家里的生活安排好，家庭和睦，教育好第二代第三代，教育家人热爱祖国，热爱共产党，热爱社会主义，遵纪守法，做个好公民。

第五，养好身子。退休后注意保重自己的身体，做到：心态愉悦、营养平衡、适度运动、生活规律。

在杜桂林持之以恒地坚守"约法五条"的自我修为下，虽然已是八十多岁高龄的他，依然是身体健康、精神矍铄。

二〇〇一年，在丰台区军休七所第一次党员大会上，杜桂林全票当选本所党总支书记，在任的三年时间里，他在休养所所长、党总支书记、管委会主任三者的关系中，找准自己的位置，既努力工作，又始终把自己摆在所长的"参谋"和"助手"的位置，协助所长做好所里的工作，所长不便说的话他来说，所长不便处理的问题他来处理，并随时向所长反映军休干部的意见、要求和建议，供所长参考。

杜桂林努力与时俱进，跟上时代的步伐和形势的发展。现在，看电视、读书、看报、写日记、看微信，是他每天生活中必不可少的内容。

"三位一体"的领导班子把体贴军休干部，急大家所急，帮大家所需，当作重中之重的工作。凡是军休干部因病住院，他们都带上慰问品到医院探望慰问，还不定期地走访军休干部家庭，力所能及地帮助他们解决生活中的困难。而对于大家实际生活中的问题，杜桂林总是跑前跑后勇于担当。

在军休生活中，努力用共产党员的理想与追求，严格要求自己，杜桂林也获得了同志们的交口称赞。

★ 于铁山　勇担困难　乐于助人

🏠 **丰台区第八休养所**

　　于铁山在部队曾长期从事文化宣传工作，退休后，他视休养所为自己的家，对所里的各项建设倾心尽力。

　　建所初期，整个大院百废待兴，他马上拿出两千元钱用于大院道路的平整，并和工作人员一起拔草修路。添置礼堂设备时，为少花钱多办事，他不顾老父亲病重住院，连续在市场考查设备性价比，当得知老父报病危后才从外面急忙赶到医院，但父亲已深度昏迷，并在当天离开了人世。

　　几年前初冬的一个晚上，寒潮突袭京城，室内温度降至摄氏十四五度,几位年老体弱的军休干部有点扛不住了,而此时所长恰巧公出,老于感到事不宜迟,他不等不推,立即联系军休办房管所领导,不到半小时问题就得到及时解决。

二〇一四年在暖气管更新改造工作中,军休干部希望增装一个设备,但无预算,房管部门又不同意改变原设计,一度陷入了停工状态,所领导和老于冥思苦想积极讨论后,终于找到了一个"多赢"之策,调整了施工方案而使问题得以解决。

为开展"争先创星"活动而进行的院容院貌硬件大改造,老于首先主动拆掉自家门前已建成五年的小花园,为顺利施工起到了带头作用。随后,他们又成立了五人硬件改造小组,于铁山冒着酷暑亲自测量提出可行性改造建议,还奋战在施工现场随时检查施工质量。

二〇〇九年,于铁山患了癌症,体重直降二十多斤,但他并没有被癌魔吓倒,在积极治疗的同时,他照样写作、摄影、摄像,从不同视角宣传军休群体丰富多彩的生活。

所里,他是热心肠;家中,他是"大孝子""好外公"。于铁山的父母在世时,他不辞辛苦,做到饮食花样常新,老人穿着得体、住得舒适;老人家病重期间,他任劳任怨,日夜陪护,直至老人安详辞世,"大孝子"的美称也在邻里间传为佳话。老于对身边的两个外孙疼爱而不溺爱,在教育上用心良苦,他潜移默化地强化孩子的品德意识,使两个外孙在德智体几个方面都得到了全面发展。

奉献爱心的公益活动中,他多次捐衣被四百余件,并长期资助一名宏志中学高中生完成学业。当得知十五年前在家做保姆的甘肃籍小慧家中遇到困难时,老于立即汇款两千元时还寄去百余件衣被。

荣获"北京军休榜样"荣誉的于铁山,他视敬老爱幼的传统是自己的传家宝,把帮助别人当成一种享受和幸福,把服务大家当作自我价值的重要体现,是广受大家赞扬的军休干部。

★ 周　福　学习喜　笔耕乐

🏠 丰台区第八休养所

一九八九年退休的周福，为人谦和低调，从不张扬自己。担任第一党支部书记和第三届、四届总支副书记期间，他积极协助所长工作，努力为休养所的建设和安定团结做贡献。

平日里，周福酷爱学习。他把读书学习既当作补充精神食粮的加油站，还把它作为一种美好的休养，一有空就会手捧书报认真阅读，每天坚持两三小时的学习后，还记录下自己的读后感。

在家学习之余，周福还做好计划，哪天早上去公园跳舞健身，何时提着书包去上老年大学，什么时候学诗词、练书法，哪天参加单位合唱队唱歌，他都是按部就班有条不紊。买菜、下厨、参加社会活动等，他见缝插针进行，他的生活过得有滋有味其乐无穷。

背不驼、耳不聋、眼不花、行动自如的周福，良好的身体条件，使他成为一名退而不休、老有所学、老有所为的"达人"。虽说退休后，他也遇到一些酸甜苦辣，但他深知人生在世难免会遇到不顺心的事，只有自己胸怀豁达开朗才能让日子充满色彩。

作为一名入党五十多年的老党员,老周热爱党,关心国家大事,拥护宣传党的改革开放政策。他坚持动口动笔,颂扬伟大的党,讴歌新社会、新时代。他把读书学习的心得体会、对世事的观察、对人生的认知与感悟,倾注于笔端。从二〇〇二年至今,为《军休之友》《军休通讯》等刊物撰写了一百二十余篇文章和诗词等稿件。

他兴趣广泛,爱收藏,他收藏的连环画、世界各国的钱币、五十六个民族图案的地铁乘车票,以及四十多年前两个女儿出生时的医院住院床头卡、四十多年前参加国庆欢礼的观礼请柬,都完好地保存到现在。北京电视台曾对他进行过采访,播出后受到大家的一致好评。

他多年被丰台区军休办评为宣传报道先进个人。他分工负责通讯报道工作后,严于律己认真负责,经常召开小组会传达军休办对报道工作的要求和不同阶段的重点,并充分发挥报道小组成员写稿和投稿的热情。八所的宣传报道工作,还被军休办评为先进。

"党的恩情永不忘"的周福,不仅用文章抒发他内心深处对党的感激之情,在国家和人民遇到困难的时候,他积极响应党的号召交纳特殊党费,向灾区人民捐款捐物。

已年过八旬的周福,每日仍坚持读书学习,坚持笔耕,他要把十几年来写作的文稿汇集成册,留给后人。他不求惊天动地的壮举,却总是怀着一颗慈爱之心,点点滴滴续写着对军休生活的美好情怀。

晚霞正满天

★孔彩云　舞动自己　乐享众人

🏠 丰台区第九休养所

曾多次被部队评为优秀共产党员和先进工作者、荣立过三等功两次的孔彩云，原来一直忙忙碌碌，退休后猛地一闲下来，有许多不适应的同时，也面临着如何安排自己生活的大思考题。是碌碌无为虚度光阴，还是坚持学习，继续发挥余热，组织大家过有意义的生活……性格开朗的她，很快就调整好了自己的心态，鼓励自己时刻保持一颗积极向上的心，做一个快乐、健康、幸福的军休干部。

孔彩云在武警工程学院工作时，在院政治部宣传文化处担任副处长期间，组织全院参加总部各项文体活动时都取得了不少好成绩。退休后，她凭借多年的组织能力及文艺特长，继续发挥余热。

孔彩云退休前工作繁忙，只能把从小热爱的舞蹈作为业余爱好。退休后，她渴望利用自身的舞蹈特长，在休养所这个的舞台上继续发挥余热。

她先是下载一些舞蹈教程，随后制订了详细的学习计划，又报名参加社会上的舞蹈培训班，一丝不苟地学习起来。通过一系列的系统学习，她的舞蹈鉴赏能力及舞蹈的基本功都得到了很大的提高。一天傍晚，孔彩云在小区里散步时，她看见一个人在悠扬的乐曲声中翩翩起舞，舞姿十分优美。孔彩云被深深地吸引住了，于是她主动上前打招呼，结识了这位休养所一名退休干部的家属常柳恒。

从此，两个人结伴，每天晚上七点，她俩的身影准时出现在小区。姐妹俩优美的舞姿及健康向上的精神面貌深深感染了大家，在她俩的带动下，不少姐妹纷纷加入这个大家庭中。大家还为这支舞蹈队起了个好听的名字叫"警嫂舞蹈队"。舞蹈队于二〇一二年三月正式成立后，大家风雨无阻积极锻炼身体一直坚持至今。

每当休养所组织丰富多彩的文化娱乐活动时，孔彩云只要是看见休养所的工作人员在张罗，她就立刻主动加入帮忙的行列。她总是热情洋溢地充分发挥自己的组织特长，举办文娱活动时，从策划到会场的布置再到实施，她事无巨细全程参与；军休干部体检时，到了报名截止日期，她发现有个战友的遗属还没来得及报名，就主动替她报名，并替她交上报名费用；平时，谁家有个大事小情，她也是随叫随到，十分热情。

孔彩云就是这样，总是勉励自己时刻保持一颗积极向上的心，做一个快乐、健康、幸福的军休干部。她总是走到哪里，哪里就响起她爽朗的笑声。

★ 金凤浩　美丽心灵　快乐歌声

🏠 丰台区第九休养所

金凤浩是武警政治部文工团的退休干部，二〇〇八年十二月移交丰台区第九干休所安置。他是我国著名的朝鲜族作曲家，曾任武警文工团艺术指导、中国音乐家协会第四届常务理事等。他创作的《延边人民热爱毛主席》《红太阳照边疆》《金梭和银梭》《美丽的心灵》等歌曲，以强烈的时代气息、鲜明的民族风格而深入人心久唱不衰。他为繁荣我国的音乐创作做出了突出的贡献。

金凤浩生长在延边朝鲜族自治州一个普通农民的家庭，初中毕业后考入和龙县文工团。他没有受过专业的音乐教育，也没有上过音乐学院，是在工作和实践中自学成才并取得了卓著的成就。他经常说：没有党组织的培养，没有党的民族政策的关怀，就没有我的今天。

他不仅创作了大量本民族歌曲，而且还创作了大量汉族和其他少数民族的歌曲。在创作《金梭和银梭》《美丽的心灵》这类汉语歌曲时，他将朝鲜族的音乐元素巧妙地融入其中，使音乐形象更具特色，更加丰满。在创作壮族歌曲《壮家妹》、苗族歌曲《苗家的银项圈》等其他少数民族歌曲时，他虚心向当地音乐工作者学习和请教，努力体现该民族音乐的精髓。金凤浩把中华民族大家庭中各个民族的美好音符，共同汇集成中华民族幸福生活的五线谱。其虚心学习和永不满足的精神风貌，也是他才思泉涌、永葆艺术青春的重要因素。

  退休后，金凤浩积极参加所里的各项活动，他不计名利，不以名人自居，始终保持着健康平和的心态。有不少年轻的演员经常到他家里来寻求作品，他从不跟人家讲价钱，经常是义务提供作品，义务指导年轻人的创作。一些单位邀请他担任评委或创作歌曲，他也从不跟人家讨价还价。他经常外出采风或是参加社会活动，作为公众人物，他尊重工作人员，对生活上的安排，他总是力求不给接待单位出难题、添麻烦。凡是与他交往过的人都会对他的谦和、低调、平易近人印象深刻。

  金凤浩心地善良身体健康。他深知作为一名军休干部，已不可能再为军队建设身先士卒，也不能在社会主义经济建设中直接参与第一线工作，但是，他积极参加公益活动，在所里组织的多次赈灾捐款中，他都带头伸出援助之手，为灾区人民献上自己的爱心。

  金凤浩不仅以骄人的业绩、成就，赢得了社会的认可，而且在干休所的建设、稳定、和谐中做了大量工作，得到了广大军休干部和工作人员的尊敬和爱戴。

★常婉莹　学习是加油站　助人为常青藤

　　🏠 丰台区第九休养所

　　常婉莹退休前是原武警吉林省总队医院副院长，她不仅治愈了很多妇科疑难杂症，还结合临床实践，或自己或团结大家共同完成七项科研课题，分别获得武警部队科技进步二等奖两项、中国人民解放军科技进步三等奖两项，获中国专利技术博览会银牌奖和第七届发明展览会铜牌奖。其中两项科研成果是国内外的全新成果，达到国际水平，有三篇论文在国际医学界产生轰动。

　　常婉莹退休后，依然保持着军人的本色，不忘加强学习。她认为老年人学习，是永葆青春的"加油站"。退休以来，她仍孜孜不倦地遨游在书籍的海洋里。为了保持思想常新，与时俱进，她非常注重政治理论的学习，依然继续刻苦学习医学方面的新知识。并用所学到的知识和多年积累的医学经验，为群众义务举办各类医学知识讲座，普及健康常识，帮助身边的人。

　　常婉莹总是放不下她为之奋斗多年的医疗事业。返聘回医院继续为社会发挥余热后，工作中的她，依然一切为病人着想，一切以病人为中心地工作着。对待患者，她耐心细致、不厌其烦；诊断病情，小心翼翼而谨慎作结论。遇到不清楚的问题，她就虚心求教、查阅资料。常婉莹还主动培养学生，把自己在医学领域的经验无私地传授给学生。

不久前，常婉莹在睡梦中被一阵急促的敲门声惊醒，原来是邻居家中的孩子发高烧。常婉莹二话不说，披上衣服，带上听诊器直奔邻居家。忙碌了大半夜，直到孩子病情稳定，她才拖着疲惫的身躯回到家中，而类似的事情在她身上数不胜数。

作为一名老共产党员，常婉莹积极关心休养所的建设，主动支持休养所的工作。经常给所里建设提合理化建议，当好所长及工作人员的参谋。她常讲：休养所是军休干部的一个大家庭，这个家操持得如何，不仅仅是在职工作人员的事，老干部也有责任有义务为这个家分忧解难。

军休干部住在一个休养所里，整天在一起，时间长了，难免会为一些家庭的、邻里的、子女的大事小事产生一些摩擦。每当遇到这些情况，常婉莹就不顾自己年事已高，主动找到当事人双方去聊一聊，问明事情的来龙去脉，不厌其烦地摆事实、讲道理，春风化雨般地帮助双方解开思想疙瘩，增进理解和沟通。

常婉莹现在依然每日辛勤地为干休所的建设默默地奉献着。她说："人活到老，就要学到老，干到老，就是要为社会做点力所能及的事。"她也因此赢得了人们的尊敬和爱戴。

★ 潘传芬　一颗火热心　满腔关爱情

🏠 丰台区第十休养所

个头不高、身材瘦小，但干起工作、操持起家务来，却有一股使不完劲的女军休干部潘传芬，入住军休大院后，她家连续多次获得"五好家庭"称号。

潘传芬是党支部委员、党小组长，并兼任楼门长。作为楼门长，无论卫生、环保、安全、邻里互助等方面的什么事情，她总是处处带头，不辞辛苦，不怕麻烦。

每次下雪之后，她总是早起带头挥帚抡锹清除积雪，常常累得汗湿衣衫，有一次还因扫雪得了肺炎。一个单元住着十几家，其实就是一个大家庭，潘传芬就像这儿的大管家。休养所多年前就开始给各单元配备了门帘，冬天防寒是棉帘，夏日防蚊蝇挂的是塑料帘。一到换季的时

候,潘传芬便及时叫上老伴或其他同志,手持老虎钳,脚踩四方凳,一块一块地摘挂起来,这个活儿对这个年岁的人来说,不是个轻松活。

潘传芬本人的身体并不太好,左股骨头曾换过两次,身上开过七次刀,家住在五层,每天上下爬楼买菜、做饭、洗洗涮涮、拖地擦桌……家务事本已够多的了,加上近年来年老体弱也曾想把一些工作推出去,减少些负担,但看到周围同志都上了年纪,便又默默地继续干着。

她只要是走在路上,总会满面春风地主动与人打招呼。她嗓门大,笑声朗,别人老远就知道她来了。有的邻居身体难免有个不舒服,对此,她总会登门入室嘘寒问暖。有人住院时,她还会带上水果前去探视慰问,安慰的话语格外暖和人。

有位邻居是个遗属,因患帕金森症,卧床已五六年,孩子不在身边,仅靠一位小保姆照料,潘传芬就经常去她床前看望,介绍长卧病人应注意的事项,提醒小保姆每天帮其翻动身体防止发生褥疮。当了解到她想阅读《军休之友》后,老潘便到所里,每月领取一本送到床头,并长年不断。

多年前,为了丰富军休和社区文化生活,潘传芬与几位同志商量,把"十所女声小合唱队"组织起来,提倡"不问水平高低,重在大家参与"。如今这支队伍已发展到近二十人。二〇一二年,为了展示当今老人的亮丽风采,在所领导的支持下,潘传芬又与同志们一道商议,组织起一支"十所老年时装展示队"。现在,这两支文艺队伍,每逢"迎七一""金婚庆典""欢度新春"等活动,都积极参加登台演出,受到大家的鼓励和欢迎。

为照顾邻居跑上跑下、为排练提前到场摆放座椅、为调剂演出服装四处求借、为通知队员参加排练不断打电话、为让大家排练好每日提前用电壶烧好开水等等,这些看似是平凡小事,但她长期坚持,她助人为乐的心总是火热,因此,她总是富有朝气地快乐着、幸福着。

★ 王锡麟　推己及人　奉献社会

🏠 丰台区第十休养所

一九九〇年，王锡麟从原解放军后勤学院退休后，接受中国人民解放军原总后勤部军史资料丛书编辑委员会的聘任，担任特约编辑，与三位同志历时三年合作撰写成五十五万字的《中国人民解放军历史资料丛书·后勤工作大事记》，于一九九七年由解放军出版社出版发行。之后，王锡麟又先后接受北京几家出版社的聘任，做了四年多编辑工作，其中以副主编署名出版的《中国社会主义市场经济英才》四册，每册约百万字。

王锡麟有一个智力低下的儿子。三十多年来，他和家人承受着常人难以想象的苦痛和折磨，多少次以泪洗面。王锡麟通过与其他病人及其亲友的接触和交流，深知他们都有着与自己相同或更加不幸的遭遇和困难。他们虽然乐观进取、自尊、自信、自强、自立，但仍有许多自身解决不了的困难和问题，需要社会的同情和理解，渴望各界朋友的支持和帮助。一九九八年开始，王锡麟积极投身于扶残工作，默默地奉献着爱心。

一九九八年，在北京市残疾人联合会第三次代表大会上，王锡麟被选为北京市残疾人联合会评议委员会委员，随后又被增选为北京市残疾人联合会主席团委员。几年间,在市残联的领导下,他先后到过北京市十二个区(县),深入到街道社区、残疾人康复中心、培智学校、托养中心、助残基地和残疾人家庭调查研究,了解残疾人的需求和意见。市残联领导对王锡麟反映的意见都很重视,很多建议被采纳,使很多残疾人受益。他参与的调查报告,受到了北京市残联领导的高度重视和支持。

作为党总支副书记和所在支部书记,王锡麟和大家根据老同志的实际情况,出主意想办法,与大家一起解决实际问题。他常说:"老干部工作无小事,要干好,必须认识到位,感情到位,工作到位,服务到位。"

工作中,王锡麟常遇到休养所工作与市、区残联兼职的扶助残工作,产生时间上的矛盾。于是,他把有时白天干不完的工作,就安排在晚上加班加点干。他老伴多年来含辛茹苦任劳任怨,主动包揽了家务和照顾智力残疾儿子的重担,她对王锡麟的工作十分体谅,也时常疼惜地提醒王锡麟说:"你可是已经退休的人啦!得多注意身体!"

王锡麟矢志不渝积极进取,先后被中共北京市丰台区军休党委评为优秀共产党员、全国先进军队退休干部。在工作中取得良好成绩的同时,也赢得了领导和同志们的好评。

★ 张武英　三抓　三勤　三并举

🏠 丰台区第十休养所

张武英担任党总支副书记和七楼党支部书记，在建所初期，他就是宣传报道组的负责人。工作中，他既是"指挥员"又是"战斗员"。在宣传报道的工作实践中，他与同志们在组织领导方面力求"三抓"，即抓早、抓紧、抓实；在写作形式方面要"三并举"，即大小并举、长短并举、多种体裁并举；宣传骨干写作要"三勤"，即勤学习、勤动手、勤分享。这些好的思路和做法，较好地促进了休养所宣传报道工作的不断深入发展，《军休之友》还把他们的做法和体会予以了报道。

张武英不仅组稿，还积极带头写稿。十多年来，他写的稿件在《军休之友》和《丰台军休通讯》分别刊载六七十篇和三百余篇，他也是全所刊稿量最多的人。他还积极参加民政部、北京市军休办、丰台区军休

办、《军休之友》等组织的征文活动，有多篇文稿被选入征文集，其中三篇被评为优秀奖。从二〇〇〇年开始，张武英还被聘请为《丰台军休通讯》的编辑，负责养生保健栏目的编辑工作。他认真组稿和编辑，十余年来出版编辑了三百多期的近千篇稿子，对宣传养生保健知识起到了积极作用，受到了广大军休朋友的好评。休养所连续十余年被丰台区军休办评为宣传报道先进单位，张武英本人连续多年被评为丰台区军休办和九所（现为十所）宣传报道先进个人。

作为曾参加过抗美援朝战争的老战士，张武英担任所党总支副书记和七楼党支部书记以来，热情支持所里的工作，除了认真做好本楼党支部的工作外，还主动积极协助所长做了许多工作。无论在政治学习、宣传报道、作风建设、日常服务管理等方面都积极献计献策，很多工作还亲自动手协助办理，如协助制定所的年度工作计划和撰写年终工作总结等。在筹备举办所里纪念建党九十周年演唱会和纪念建军八十五周年"诗歌演唱会"等大型活动时，从制定方案、准备到实施，他都认真协办积极参与，使得这几次活动都取得了良好的效果。有段时间，创建星级干休所是所里的重点工作，张武英高度重视这项活动，积极宣传这项工作的目的意义，协助所里拟写了给全所军休干部和家属的一封信，还帮助所里完善有关措施，制定相关制度，为争创星级所做了许多有价值的工作。

张武英长期坚持热情关心和支持休养所工作，全所工休人员深有感触，称他为干休所的好参谋，爱所如家的好榜样。

晚霞正满天

★ 张东行　九旬不老松　义务管理员

丰台区第十一休养所

年已九旬的张东行，虽然年龄大、资格老，但待人总是谦和诚恳，处处严格要求自己和家人，深得所里同志们的尊敬。他不忘入党初心，至今仍以志愿者的身份，坚持在所阅览室义务管理员的岗位上工作着。

离休后的张东行，依然把关心党和国家大事当作重中之重，他坚持每日阅读报纸，及时了解掌握党和政府的方针政策，并在和所里老同志的交谈中传播正能量。

第十一休养所刚刚组建时，为满足老干部对精神食粮的需求，很快就成立了报刊阅览室。张东行看到所里工作人员少，日常工作繁忙，就主动请缨承担了所里报刊阅览室的管理工作。一年三百六十五天，他风雨无阻，就像离休前上班一样，每天按时到岗，把所里订阅的三十多份报纸和多类杂志刊物，送到三楼阅览室。他把旧的撤下来，再把新的放入报夹、书架，分类整理存放。有些报刊有重要新闻报道，他还特意地把它们在报架上多留几天，以便于同志们查找阅览。为方便老同志，他还细心地配备了放大镜。他就是这样尽心努力地把阅览室管理得井井有条，受到大家的一致好评。

张东行患白内障住院做手术时，病中的他还惦记着阅览室。刚出院，他眼睛防护罩具都来不及摘下，就到阅览室查看，并动手整理报刊。如今休养所阅览室每天来阅读报刊的约二三十人次。阅览室已成为宣传党的方针政策开展"两学一做"学习教育活动和传播正能量的阵地。所里的同志们都深深感谢倾注大量心血的张东行这位义务管理员，敬佩这位老同志持之以恒的辛劳与坚韧，他的满腔热情和周到服务，也获得

了党总支、党支部的多次表彰。

　　他关心社会公益事业和所里的工作。每次有献爱心活动张东行都积极参加。他虽然没有参加所里的合唱团，但有次合唱团演出时道具中需要海军的白色军用皮鞋，张东行知道后，立即想方设法帮忙，经多次努力协调，终于找到了这种皮鞋，按时送到合唱团，保证了演出顺利进行。

　　张东行所做的工作看起来似乎平凡，但作为年近九旬的老党员来说，其持之以恒和甘于奉献的敬业精神，已成为十一所的宝贵财富和大家赞扬的榜样。

★ 周绳武　温情助战友　热心为大家

🏠 丰台区第十一休养所

周绳武退休前是原海军后勤部总工程部高级工程师，现在是第二党支部组织委员。

长期以来，他积极助人，尽自己所能帮助年岁大、体弱多病的空巢军休干部。退休干部邱永富癌症晚期，当了解到能够办理房产证的消息后，却因为重病在身自己不能办理。周绳武得知后便同另一位军休干部商量，应该尽力满足老战友的临终愿望，不能让邱永富带着遗憾离开人世。于是他们不辞辛苦地多次到开发商、医院、银行等单位协调，终于

将房产证办妥，亲自交到邱永富手里，圆了老战友的生前愿望。

　　一九九八年十二月周绳武经检查，查出患了胃癌，幸运的是，在做了大手术和六个化疗疗程后，现在病情已经稳定。他老伴儿身体原本就不好，几年前又患了牙龈癌，三次动手术期间，周绳武和孩子们一起，想方设法照顾好老伴，使她得到了较好的恢复。即使家里有这么大的困难，但却丝毫没有影响他在每次共产党员向贫困地区捐款时的热情，他总是第一个捐款，捐款数额也是尽自己最大的能力。

　　他把休养所看作是战友们共同的大家庭，他把自己原来珍藏的有海军特色的一些模型和工艺品，长期摆在所里供大家欣赏。他还为所里置办了一个小药箱，购置了十多种药便于大家急用。来所里服务的外来单位同志，他也总是热心帮助。遇到医生来所里义诊，他跑前跑后主动为他们提供基本保障，医护人员十多天的吃饭问题，他自己掏钱把他们安排在小饭桌就餐。他还常常把所里的好人好事，积极向《军休之友》和《军休通讯》等刊物投稿，深得大家好评。

　　来到休养所这个大家庭后，周绳武同志身体力行、率先垂范、助人为乐、视所如家，积极投身休养所的建设，热心服务军休干部，得到了大家的拥戴。他先后被评为海后先进离退休干部、海后"五好"离退休干部党员、海后机关老干部支部"五好"离退休干部党员，他的家庭也被评为所里的"五好"家庭。

★宋一鸣　友爱珍细节　宣传求新意

🏠 丰台区第十一休养所

宋一鸣退休后担任所里党总支副书记，他觉得休养所刚成立，万事开头难，就积极协助所领导开展工作，并配合所党总支尽快地把各支部成立起来，使所里的工作开展得很顺利。

老宋在工作中既有温情又注重细节。八十多岁的老干部老路，得了半身不遂后走路说话都有些困难，他刚交到所里的时候，家里没有座机电话，其子女多次申请都因为条件的限制没能马上解决。所长和老宋上门看望他并了解到了这个情况后，就积极帮助解决，老宋先后跑了三四次，使老路家终于安上了电话。老宋又担心老路孤独，他就联系上了老路原来的多位战友，一边把电话号码逐个地抄录给老路，一边动员老路的老战友轮流上门跟他聊天。老宋跟所长还把老路战友的号码输进"亲

情电话号码簿"中,以便于彼此随时联系。老路感动地说:"党组织的关怀,让我心里真暖和!"

老宋为人正派诚实守信,家庭关系和谐,与友邻、同志相处融洽,经常助人为乐。春游时,他看到一位腿骨折刚好的老同志行动还是不太方便,便主动帮忙照顾。有位老战友病情恶化、行动困难,老宋跟所长等同志一起,多次到他家里看望。那个老战友希望能在临终之前拿到房产证,老宋就和所领导及所里同志一起多方奔波,终于满足了这位老战友的心愿。老宋就是这样,积极发扬党的光荣传统,及时把党的温暖送到有困难的群众身边。

十一所成立后,老宋还担任了宣传报道组组长,满腔热情地跟所领导一起物色人员,积极动员,多次召开骨干会议,请《军休之友》的编辑讲座上课。在抗战胜利七十周年、长征八十周年等重大纪念日时,他们都积极组织大家写纪念诗文,及时配合党的宣传工作。现在宣传报道小组平均每一年写稿两百多篇,很多作品都被报纸、杂志刊登,队伍也由七八人扩大到二十余人,干休所每年都被评为优秀宣传单位。

纪念海军建军六十七周年时,老宋还跟大家一起策划了一期别有新意的特刊。特刊中,既有回忆录又有老照片。刊物结集后又召开座谈会,畅谈人民海军由小艇走向航母,由鱼雷火炮走向电子尖端兵器的成长经历。通过这次活动,使大家真切感受到人民海军前进的每一个阶段,总是在党的光辉照耀下前行,激励大家不忘初心更好地为国防建设发挥余热,更加热爱党和祖国。

平时的每个纪念日,也是老宋和大家一起积极献计献策,积极开展各项文体活动。宋一鸣团结战友热爱军休事业,大家都说:"老宋是个好战友、好党员、好书记。"

★ 宋后军　传承文化竞风流

🏠 丰台区第十二休养所

宋后军一九九〇年元月从原总后勤部技术岗位上退休，现任丰台区军休干部老年大学名誉校长兼顾问。

宋后军自少年起就酷爱书法，十六岁在照相馆当学徒，打下了摄影的基础。他说，是部队这所大学校为他的书法、摄影艺术插上了腾飞的翅膀。

宋后军的书法首先是写给战友和人民。一九九一年七月，他冒着摄氏四十度的高温，在老山前沿主峰上，为炮兵连队题写了"老山第一炮"的纪念碑碑文。凡有大型义捐活动，他也总是慷慨捐款，送字献艺。

挥毫书写凌云志的宋后军，还坚守着"身背相机走天下，不获佳作心不甘"的初心，退休后重走长征路，再访革命老区，积极传承红色基因，努力讲好中国故事。为拍好革命摇篮井冈山，他脚踏峰峦，在雾气中久候，阳光普照的瞬间他按动了快门，拍摄到了流泉飞瀑与七色彩虹交相辉映的景色。

上世纪九十年代初，宋后军圆满完成总后老干部大学的筹建工作后，一九九八年十一月，宋后军同千余户离退休干部迁居丰台区北大地十六号院，正处在移交过渡期的军休干部

迫切需要一个文化养生的平台，关键时刻，宋后军自己任名誉校长兼顾问的"丰台枫林老年大学"，开始服务干部与群众。

宋后军在三尺讲台上，辛勤耕耘了二十多个春秋。现在的丰台区军休干部大学的影响力辐射全区各所，所设课程有书法、诗词、篆刻、花鸟、山水、摄影、英语、手工艺和葫芦丝九个专业十二个教学班。不少原先是门外汉的学员成了内行，而原来的内行学员因为教学相长和互相切磋的环境，又有了长足的进步。丰台区军休老年大学已成为军休干部的精神乐园、文化养老的载体，更成为党和政府联系军休干部的桥梁与纽带，也是丰台区军休工作中一张靓丽的名片。

宋后军是中国摄影家协会、书法家协会的早期会员，二〇〇二年五月，原国家人事部就授予他"杰出艺术家"称号。二〇一七年十月二十八日，全国老龄委授予他"全国老有所为先进典型人物"荣誉称号，受到民政部领导的亲切接见，还当选为"北京军休榜样"。

对于未来，八十多岁的宋后军爽朗地表示："我的初心永不改！只要手不颤，脑不乱，就将继续行走在艺术追求的广阔天地中，就将永远为军休事业而奉献。"

★ 吴守勤　夫妇恩爱久　热心助人长

🏠 丰台区第十二休养所

曾被评选为"优秀党员"的吴守勤曾任后勤学院政治教员，退休后任党小组长的十余年间，不仅积极宣传党的方针政策，团结全组党员，同党中央保持一致，还处处以身作则，严格要求自己，受到大家一致好评。

最让大家称羡不已的是他的家庭。吴守勤是达斡尔族人，他在民族学院当老师的老伴曲梅是藏族。两个民族的人组成一个家庭，互相尊重非常和睦，他们不仅善于团结人，而且热心助人，堪称家庭民族团结的典范。

他们所住的楼房内没有电梯，有的老年人行动困难，上下楼不便，买点菜很难提上楼。他俩只要遇到这种情况，总是热情帮助。有的出远门的邻居还常常把家中钥匙交给他俩，请求老吴夫妇帮助照顾家中之事。有的战友去医院急诊下不了楼，吴守勤、曲梅夫妇便主动帮助把病人抬上120救护车。在这栋楼里，他们"不是亲人胜似亲人"的感人行动，深深地感动着大家。

冬天只要一下雪，夫妻俩准是早早起床打扫门前的积雪。有时，雪下个不停，吴守勤、曲梅夫妇便不厌其烦地多次及时清扫，在他们的心里，总是怕冰冻的路上有人滑倒摔伤。每当受到大家的赞扬感谢时，他俩总是谦逊地说："这是应该做的，我们腿脚灵活，力气也大。"

在吴守勤、曲梅的带动下，大家互相帮助互相效力，整个楼地上无污渍，楼道无杂物，经常保持着清洁整齐畅通无阻。外来客人进出楼门都称赞这里卫生好。楼门上挂的防止蚊虫进入楼内的门帘，稍有破损时他俩就及时修补；清洁扫雪的工具大多由他俩统一保管。大家称赞他们是楼门专职的"清洁员"。

吴守勤虽有糖尿病，由于他长期坚持合理饮食，生活规律，又有老伴精心的照顾，血糖值经常保持在正常范围内。他每天早晨五点半开始步行有氧运动一小时，下午三点骑自行车运动六十分，使身体经常处于健康状态。夫妇俩比翼双飞，但习练在两个空间。也是体育运动爱好者的曲梅，她每天上午八点打太极拳一个小时，下午三点练太极剑六十分钟，身体非常健康。大家都称赞他们夫妻是银发族的健康榜样。

战友们有诗赞曰："双族夫妻好恩爱，相偕共话乐开怀。热心公益神姿美，舞剑驱车筑未来。"

★陈荣超　把一切献给人民

🏠 丰台区第十三休养所

丰台区第十三休养所军休干部陈荣超，一九三二年十二月出生。一九八八年七月退休之后，他情注希望工程，和老伴儿一起坚持数十年热心公益事业，累计捐资一百一十余万元，建立了两所希望学校、三十五个爱心书屋，先后资助四十八名贫困学生完成学业，充分体现了一名共产党员强烈的宗旨意识、一名老军人的优秀品质、一名老干部的思想境界。

退休后本可以赋闲在家的陈荣超，不愿躺在功劳簿上吃老本，总想着退休后还能为党和人民做点什么？一九八九年一次偶然的机会，让他觉得参与希望工程、捐资助学兴教，对更好地培养祖国的接班人，实现富国强军之梦意义重大。

二〇〇〇年十月，陈荣超夫妇拿着省吃俭用攒下的二十万元，在四川省雅安市芦山县龙门乡捐建了一所"晨阳希望学校"后，又赠送三百多张教学光盘、数十种教学参考书籍和中外经典名著，以及一台二十九英寸彩电。之后，还捐赠一万五千元作为奖学金，并每年捐出一万元，资助该校六名贫困生上中学。二〇〇五年，他和老伴儿又捐资二十万元，在内蒙古乌兰浩特市义勒力特

镇捐建了一所希望学校——晨阳中心校，又为该校购买大量图书并订阅十五种报纸杂志，还添置了相应的图书柜和桌椅板凳。近些年，陈荣超将捐资助学重点转向捐建爱心书屋，每攒够三五万元就捐建一个，积极为孩子们阅读课外图书提供方便。二〇〇六年以来，他们累计捐赠图书八万二千余册，先后在川、滇、赣、陕及内蒙古二十五所农村学校中捐建了爱心书屋。在积极奉献社会的过程中，他常年为社区的党员干部和青少年作报告、讲党史、战史等，用自己的言行忠实践行了社会主义核心价值观。

就在他努力攒钱建希望小学的同时，却要面对家庭生活的困境：儿子因病下岗、孙子还在上学，三口之家仅靠儿媳妇每月六百元的工资生活。陈荣超一方面承担了孙子上学和生活所需费用，想方设法为儿子治好病，并帮他找了临时工作；另一方面老两口在自己身上"节流"，继续筹款捐建希望学校、爱心书屋。陈荣超一有空闲，还踊跃参加休养所合唱队的活动，讴歌快乐幸福的军休生活。

他三次被民政部、原总政治部表彰为全国先进军队离退休干部，先后获得了"中华慈善奖""全国道德模范提名奖"和"首都十大公德人物""北京军休榜样"等荣誉，还受到了习近平总书记等中央领导的亲切接见。

从军营到休养所，不管到哪里，陈荣超都坚持为党和人民奉献出光和热的理想和信念，坚守"离岗不离志、退休不褪色"的坚强意志，他始终不忘初心，牢记入党誓言，永远以一个普通党员的身份严格要求自己，奉献社会、奉献人民。

晚霞正满天

★ 王润国　理想有热度　品格赢人心

丰台区第十四休养所

由于部队精简整编，"早退"的王润国曾一度有些壮志未酬的失落感。二〇〇〇年七月进入休养所后，他才又有了归属感和发挥余热的舞台。

防控"非典"刚进入尾声的二〇〇三年五月，他应邀参与了市军休办《共产主义是我终身信仰，回报社会是我一生追求》一书的编审工作。阅读着一篇篇军休老前辈、老战友们"离岗不离党，退休不褪色"动人事迹的过程中，使他更加坚定了一个信念：退休是新生活的开始。

当年七月社区换届，王润国全票当选为丰台街道东大街社区居民委员会委员，治保主任的担子落在了他的肩上。上任后，他和大家办的第一件实事，就是完成了对东营里小区自建路的改造。

该路长六百五十米、宽六米，沿路五个单位，有人用无人管。七十三个地井盖与水箅子多半没了去向，垃圾遍地无人扫，夜晚黑洞洞一片，还曾发生多起抢劫案件。王润国他们通过各种机会向社区、街道和区人大代表积极建议，上下斡旋，最终将五个单位的负责人约在一起，经过反复协商达成了共识，对东营里小区实行了封闭式管理，

安装了大门和岗亭，配上了保安和保洁员。市政部门协助安装了路灯，重新铺设了路面，使东营里小区面貌焕然一新。居民高兴地给这条路起名为"平安路"。

为了有效地开展社区工作，王润国和大家努力从服务入手，特别注意让外来人员感到第二故乡的温暖。两名外地来京的青年求职不成反被骗，王润国慷慨解囊帮他们克服困难；东升玻璃店的老板因急着回家过年而加班抢活，裁料时不慎将左手五根手指锯掉了四根，因未能在指定医院治疗，相关的保险遇到了麻烦，王润国就为他出具了社区证明；南方人对煤炉取暖缺乏经验，他就逐门逐户上门宣传预防煤气中毒的科学知识，并亲自动手帮助他们把炉具、烟囱、风斗一一装好。王润国所在的治保会被评为北京市先进单位，他本人也被评为先进治保主任。

王润国被选为社区党委副书记后，还兼任第四党支部书记。活动中，他们注重满怀温情讴歌典型。张德茂义务维护本院的垃圾站已十二个春秋，王润国就以"岁近黄昏人更忙"为题整理出他的先进事迹，还编入了《丰台街道党员先进性教育教材》，使党员们心灵受到了震撼。

十年前，王润国又承担了丰台区"政风行风热线"网站工作的重任。他借助新手段，整理编撰出《办件辅导》电子刊物，供办件人员学习参考，深受大家的好评。丰台区"政风行风热线"在全市区县考评中名列前茅，为社会的和谐稳定做出了应有的贡献。

"繁霜尽是心头血，洒向千峰秋叶丹。"奉献的岗位无论如何变换，王润国始终满怀温情，用自己的人格书写充实的军休生活新篇章。

★李瀛洲　牢记初心志　永远跟党走

🏠 丰台区第十五休养所

李瀛洲在职工作和退休后，始终把党的宣传工作当作自己的终生事业。

在海政宣传部新闻处工作时，他在完成对部队组稿任务的前提下，自己挤出时间采写了二十多万字的新闻报道和文章，在军内外报刊上发表。在参加编写《当代中国海军》一书时，李瀛洲根据毛主席关于帝国主义侵略中国大都是从海上来的论断，编写了《帝国主义从海上入侵中国大事记》，由海军出版社出版下发部队作为进行爱国主义教育的参考

材料。

一九八六年李瀛洲退休后，他的好友劝他好好休息，不要再写了。但是他认为，共产党员退休不退志，不能坐享党和政府给自己的优厚待遇，要继续为党工作。为了不断提高自己，李瀛洲还参加了丰台区老年大学，学诗词，学摄影，学电脑，开博客，写博文。多年来，他先后在《军休之友》《丰台军休通讯》《中国老年杂志》等报刊上发表诗文一百二十多篇，其中在《军休之友》刊登五十二篇。李瀛洲多次被评为休养所和丰台区宣传报道先进个人，他把这些荣誉看成是组织对他的鼓励，是自己继续为党工作的新起点。

"你是灯塔，照耀着黎明前的海洋，你是舵手，掌握着航行的方向，伟大的中国共产党，你是核心，你就是方向，我们永远跟着你走，人类一定能解放，我们永远跟着你走，人类一定得解放。"

这是李瀛洲在一九五一年七月一日晚，为纪念建党三十周年时在全校文艺晚会上唱的一首歌。这首歌，既是他发自肺腑地对伟大中国共产党的歌颂，也是他决心永远跟党走的誓言。

一九五一年李瀛洲在湖南衡阳市师范学校就读时，本来准备到湖南衡山去考师范大学。就在这时，美帝国主义侵略了朝鲜，并把战火烧到我国鸭绿江边。李瀛洲告别母校踏上征程，按照组织的安排，在海军某快艇中队当文化教员。一九六四年，李瀛洲被调到海军政治部宣传部做新闻工作，海军报聘他当了特约记者，其间李瀛洲还曾荣立个人三等功。

始终做党的宣传员，是李瀛洲几十年沧桑岁月中坚定不移的信念。他常常思考：一名高中未毕业的知识青年，如果不是党的教育和培养，他就不可能成长为解放军一名师职干部。他只有一个坚定的信念：在自己有生之年，永远跟党走，做到生命不息笔不止，乐将余热报党恩。

★李长铎　乐享摄影　热心助人

🏠 丰台区第十六休养所

李长铎，在部队刚入伍时就非常喜欢摄影。二〇一三年他从地处大西北的原总装备部某基地退休后，迅速加入了所里的摄影爱好小组，并与许多兴趣相投的军休干部成了好朋友。在干休所组织的各项活动中，他和大家拿起相机为老干部们拍下一张张幸福的照片，还常常为年龄大的老干部免费打印照片之后，挨家挨户送到老同志的手中。

二〇一六年，李长铎同志被选为管委会副主任，他一方面继续发挥摄影特长为军休干部热情服务，另一方面积极关心干休所的建设。每年"七一"共产党员献爱心活动中，他总打头阵第一个到所里积极捐款，奉献自己的爱心。

退休前，李长铎是原总装备部某基地医院的放射科主任。休养所附近的长辛店镇社区服务中心从长辛店医院剥离出来后，正处于起步阶段，该中心聘请李长铎承担起筹备、组建放射科的繁重工作。他在工作中不辞辛苦，克服困难，终于办理好了《辐射安全许可证》和《放射诊疗许可证》等各种手续，并马上开展工作，受到了中心领导和大家的赞赏。李长铎还

自己出钱购买了听诊器、血糖仪、血压仪、电子秤等一些医疗仪器，热心服务社区居民。

社区内创建了军事科普体验厅后，李长铎主动与社区领导联系，为军事科普志愿者和青少年传授普及科普知识，同时用相机记录下了青少年参加活动时的身影。

二〇一三年园博会期间，李长铎每天早早地安排好自家的事情后，总是第一个来到居委会，忙前忙后地帮助社区工作者拿展板，推宣传车，搬椅子。随后，他迅速来到先锋岗，支起园博会宣传展板，有路人咨询园博票价、路线问题，他就协同社区工作者热情予以解答。

居委会换届选举工作中，李长铎一如既往地发挥模范带头作用。在选举调研前期，他不顾劳累，牺牲个人的休息时间，逐户进行调查走访，为居委会提供了一份十五户生活基本不能自理及生活完全不能自理的居民名单，为居委会精确掌握社区个人情况和投票准备工作做了铺垫。为此，选委会开会同意后还设立了流动投票箱，受到了社区居民的广泛好评。他的事迹多次受到的长辛店街道的表彰，二〇一六年起连续两年被街道评为志愿服务先进个人。

李长铎用自己平凡朴实的行动践行着习近平总书记的话："希望广大老干部珍惜光荣历史，不忘革命初心，永葆政治本色，继续做全面从严治党的坚定支持者与模范践行者。"

★ 刘兆海　家庭和谐喜　热心助人吉

🏠 丰台区第十七休养所

一九三一年出生的刘兆海身体硬朗，风趣幽默，平和亲切，时时处处总想着照顾他人。

刘兆海的家是个四世同堂、老少十多口人的快乐健康大家庭。他们夫妇结婚近六十年来，老伴从年轻时就不管理解不理解，总是以他的工作为重，自己在家任劳任怨带好孩子，一直支持他的工作，从不拖他的后腿。

既是家中顶梁柱，更是孩子们发奋工作坚强后盾的刘兆海，在日常教育子女时，总是以德育人、以理服人。现在，事业各有所成的孩子们都已经成家单过。已经走上领导岗位的大女儿虽然上班很忙，每次休息都买好菜回到娘家后进门就洗衣做饭。她一个人包饺子，做熟饭端上桌，自己或者后吃或者不吃，总是先去晾晒好衣服，等父母吃了饭后立刻洗好碗筷，把卫生打扫干净就走，就这样年复一年日复一日地坚持照顾年迈的父母。刘兆海的老伴生病住院时，儿子立刻从河北省赶回来照顾母亲，直到康复出院才返回。小女儿一退休就申请考取了国外的一所大学，攻读研究生学位，继续深造学习。大家深感惊叹：五十岁

的年龄了，这样阳光上进！

　　刘兆海始终牢记父母的教诲：要做忠厚、善良、诚实、朴素的人。有一次，有个电梯工人在工作中把右腿摔成骨折，当时只有这个工人兄弟的女儿在场，可是她一个人扶不动自己的父亲，所里的同志打电话找刘兆海帮忙，他当即叫来儿子、儿媳帮忙开车把人送到医院，他们一起推着患者楼上楼下跑来跑去，照片子、化验、各种检查……一直忙到次日凌晨两点半，完全安排好了才回到家。有个门卫的孩子从外地到北京来做心脏病手术，向刘兆海借钱，他二话没说就给拿来了两万块钱，让孩子及早得到了救治。

　　刘兆海自己热心助人，家人孩子也是见义勇为。该所军休干部大多居住在一栋高层建筑里，有一天正赶上停电，电梯停运了。有位军休干部行走不便的老伴儿有病，预约好了去医院，可是坐轮椅下楼受阻。刘兆海的孙子得知后二话没说，跟着爷爷一起到了那位老同志家，把那位奶奶背下楼，按时送到医院接受治疗。

　　刘兆海常说："国家无小事""先有国，后有家"。每当所里组织为灾区、贫困地区以及失学儿童捐款捐物时，刘兆海总是在第一时间赶到所里，献上自己的一片爱心。他还和所里的支部委员刘辉等人一起，把爱好唱歌的老同志和家属集中起来，组建了所里的合唱队。近十年的时间里，他们学唱了一百多首歌，大家心里都充满了快乐。

　　先后数次被丰台区军休办评为"先进军队退休干部""优秀共产党员"的刘兆海，一直坚定地认为："只有每个人都真心地将爱的火炬传递下去，家才会更温暖；只有每个家庭都和谐幸福了，咱们的社会才会更加和谐，健康发展。"

★ 吴振杰　仁心有仁术　勇者无畏惧

丰台区第十七休养所

在一堂养生保健课上，一位七十多岁的老人突然从座位上摔倒在地，意识丧失、呼吸心跳停止。幸好有个人立即给予了心脏复苏支持。因为抢救及时，病人很快有了意识，为120急救车的到来后的抢救赢得了宝贵的时间。

这位施救者就是退休前一直工作在原北京军区第二六一医院的吴振杰。从医几十年，"急病人之所急，想病人之所想，帮病人之所需。"是他的座右铭。他曾先后成功抢救了数以百计的危重病人，并使数以千计的伤病员恢复了健康，重返工作岗位。由于工作成绩突出，他曾荣立三等功。

退休后，身体虽然欠佳的吴振杰，好像焕发了第二次青春，以乐观的态度、豁达的心情愉快地生活着，成了一个闲不住的人。

他经常给所里的老同志及家属看病，并普及常见病的相关知识。虽然他行医几十年，已积累了较为丰富的临床经验，但他并不满足于现状，仍在不断地学习和提高，并把所学到的新知识毫不保留地传授给他人。为了扩大宣传面，他还写了不少这方面的科普知识，分别刊登在了《科学时报》《健康参考》和《丰台军休通讯》上。

吴振杰作为军休干部，他人老雄风在，仍然保持着军人的凛然正气。二〇〇〇年的一个下午，他路过一个菜市场，突然从他身边急匆匆地跑过两个男子，接着一个一手拿着菜刀，一手拎着铁棍的男人紧紧在后边追赶。跑出不到五十米，前边的那个人突然跌倒了，追赶的人跑到跟前举刀就砍，一连砍了三刀，接着又用铁棍猛打，伤者在地上"救

命啊！救命啊！"地喊着，声音越来越低。吴振杰看在眼里，急在心里，凛然地急步向前，在离他们十米远时，他大喊一声："住手！人都快死了！"经他这么一喊，打人者一愣神，拿着刀和铁棍快步走开了。当吴振杰上前正在查看伤者的情况时，又追来一个女子，手里拿着一把铁铲还要继续打，又被吴振杰制止了，使一桩可能的人命案被避免。这类见义勇为的事，在他绝不是一桩一事。

吴振杰对诗词、书法有着浓厚的兴趣，挥毫泼墨成了他生活中不可或缺的一部分。他是所里宣传报道小组的成员、骨干，他非常热爱和重视这项工作。只要所里组织老同志们开展活动，他就及时报道表扬所里的新风正气。仅仅几年间，他投出的稿件被刊登的已达三十余篇。按他的话说，写诗、撰稿，不仅能宣传党的方针政策、弘扬正气、表彰好人好事，而且还能锻炼脑子、提高写作能力。只要还能动笔，就将继续写下去。

吴振杰在住进干休所的十多年里，为所里和为老同志们做了不少好事儿。为此，他先后被丰台区军休办评为"先进军队退休干部""优秀共产党员"和"军休宣传工作先进个人"。

★ 刘方银　尽心修路慰乡情

🏠 丰台区第十八休养所

参军的几十年间，刘方银很少回过家乡。尽管心里总是想念家乡，但他身不由己，不能为家乡人民做点事，在他心里总有种对不住父老乡亲的感觉。

山东省郓城县侯咽集镇刘庄村是刘方银的家乡。自从退下来，他经常回到故乡照顾年迈的父亲，特别是老人家患癌症后，他更急迫地担当起尽孝的义务。所里的张绍武、张艳荣尤其了解他的心情："陪伴老父亲，让老父亲快快乐乐走完人生的最后一段路。虽然尽心尽力侍候了老父亲，但他感到还是对不住父亲。以前由于工作的特殊很少在家住，每次回家都来去匆匆。自己退下来了，有时间陪父亲了，可父亲又得了绝症，欠家人、欠老父亲的太多了。"

刘方银带着自责和悲痛的复杂感情送走了慈父。他在老家陪父亲的这段时间里，看到家乡经济发展状况很不平衡，甚至有的地方还很落后，他在思索：家乡人民是那么勤劳，怎么就是跟不上其他经济发达的地区呢？

通过多次与村两委班子及乡亲们进行沟通后，问题的所在是家乡的道路状况较差，没有一条能跑机动车的道

路，遇到连阴天小道泥泞，人行都很困难。农副产品和土特产尽管好，运不出去销售是最大的难题，这种状况一直困扰着朴实而善良的乡亲们。为了改善这种状况，当地村两委班子终于想出一个良策，那就是集资修路。想到乡亲们的日子并不富裕，村两委班子成员积极联系家乡的在外地工作或做生意的有经济能力的乡亲，提出为家乡"捐助修路资金"的想法。

修路的费用不是一笔小数目，回到家与家人商量时，老伴儿说："是郓城的水土养育了你，才有了咱们的今天。出来几十年了，以前因咱家上有老、下有小条件不太好，没有能力回报家乡。如今孩子们也长大了，也成家立业了，我们的退休金每年也在增长，生活比以前好了，应该为家乡和社会做贡献。这是好事，我支持你！"老两口把此事向儿女们说明后，孩子们不仅愿意捐助，连小孙子都拿出了压岁钱。就这样全家齐心协力凑足十万元，作为修路捐助款。十万元，对刘方银家不是个小数目。他在职时工资一直不高，退下来后靠退休养老金生活，孩子们也是工薪阶层，这一点一滴积攒起来的十万元却深深地感动了乡亲。

在刘方银的带动下，乡亲们纷纷慷慨解囊，特别是那些有经济能力的乡亲。就这样，几十万的捐款使郓城县侯咽集镇通往刘庄村的道路工程很快竣工。

秋收时，乡亲们告别了那条崎岖不平的泥泞小道，个个洋溢着喜悦的笑容，机动车道上车车装满丰收之果。刘方银笑了，他相信他的老父亲若在天有灵，也一定是微笑着的。

夕霞正满天

★刘汉杰　倾心尽力爱人民

🏠 丰台区第十九休养所

出生于一九三二年、一九四四年离开家乡到延安的刘汉杰离休后常和老伴姚玉芝商量：是革命老区养育了自己，可是至今有的老区人民还没有摆脱贫困，怎么样才能为老区人民做点事。

一九九四年五月，房山区教育局了解到老刘夫妇的心愿后，把该区霞云岭乡上石堡小学五年级的陈红霞推荐为资助对象。刘汉杰辗转十几里去她的学校交学杂费时，进一步了解到陈红霞的窘况：她的父亲多年患病，三个月前去世，还有一个读初中二年级的哥哥，全靠母亲劳动维持生活。刘汉杰把三百五十元捐给了陈红霞一家的同时，并表示愿意一直资助到一九九八年陈红霞初中毕业走上工作岗位。

四年中，老刘夫妇捐助给陈红霞家近三千元、几十件衣物和不少图书等。陈红霞在感谢信中说："我们素不相识，但你们送来一盆火，你们的恩情让我铭记终身……"

一九九六年六月，刘汉杰夫妇了解到，河北省山区一个老解放区的十几名老师工作努力出色，但每个人的报酬每月只有一百多元，老刘夫妇决定先资助其中最困难的两位老师。其中的臧永彬老师家住山区，妻子残疾，儿子有病不能干活，女儿因照顾母亲和弟弟也没能参加工作。臧老师虽然家庭非常困难，但工作非常勤奋，年年评为县先进工作者，还培养出一名获奥林匹克竞赛奖的学生。刘汉杰就每年给他寄钱，至二〇一〇年共捐助两千元和二十二件衣物等。

据《北京日报》报道：刘汉杰和老伴姚玉芝还曾汇款一万元，给河北省山区唐县牛眼沟白求恩希望小学送"福包"。为给贫困师生治病，刘汉杰不仅支持近两千元，还到几所大医院咨询后，早早起床赶第一班车，冒着寒冷的北风去挂号。

除此之外，刘汉杰夫妇从二〇〇三年春季开始，十几年中年年参加北京的植树活动和内蒙古多伦绿化治沙活动。

多年来，刘汉杰夫妇捐出了多少钱，支持了多少人，他们夫妇不愿意告诉别人。若不是被他们善行深深感动的常守建同志，对上述扶贫助学情况写了两千多字较详细的报道，以及《空军报》对相关人员的采访，这些义举无从知晓。前不久，他们得知家乡医务室的医疗条件和文化建设有困难，又立刻寄去五万元，以用于改善相关设施。

奉献社会的刘汉杰夫妇一家，被评为丰台区文明家庭、绿色家庭的同时，他的老伴姚玉芝还被评为北京教育系统关心下一代先进工作者等。

离休后，刘汉杰应组织之约，撰写出《抗美援朝投笔从戎》《抗日地下小交通员》等回忆录，自我结集《丹心颂》。二十多年来，刘汉杰继续尽心竭力做对党对人民有益的事情。他说："只要生命不息，就要继续做一些力所能及的好事，为人民服务终生！"

★ 马炳礼　虎胆闯市场　慈爱敬家人

🏠 丰台区第二十休养所

　　一九九二年，五十岁的马炳礼退休了。他先是在丰台区民政局当了一年文书，随后在金盾出版社干了十年发行工作。

　　做发行工作，他一个人独来独往，风险大困难多。他靠着一双铁脚板和满腔热情闯开了市场。二〇〇一年他所负责的地区，图书发行量在全社排名第一，他还被评为先进工作者。

　　进入休养所后，他连续多年担任党支部宣传委员。为了更好地服务大家，他还走进了老年大学，课堂上他认真听讲做好笔记，课下登门求教，是授课老师家里的常客。休养所里，谁的学问高、文章写得好，他都不耻下问甘当小学生。他认为生活中处处有素材。除了在刊物上登载了讴歌军休干部的两百多篇文章外,他个人还出版了二本诗集《晚晴放歌》《乐龄情韵》。他还连续十多年被丰台区军休办评为宣传报道先进个人。

马炳礼的岳母王水芝二十多岁时守寡。他结婚后,岳母帮助他们照看三个孩子,与马炳礼一起生活了四十多年。几十年来,老人患过子宫瘤、乳腺癌等疾病,几乎没有一天不吃药,长年累月遭受疾病熬煎。每次得病,他和家人都会全力救治精心照料,一次次把老人从死亡的边缘拉回来。老人家脚生鸡眼,整天拄着拐杖步履艰难,他看在眼里疼在心上。为了缓解岳母的病痛,马炳礼到丰台区一家修脚店修了一次脚,默默学到了一些修脚技能,他买了一套修脚工具,回家后小心翼翼给岳母修起"金莲"来。修过之后,老人家的疼痛减轻了,后来他就常年坚持为她修脚。他老伴和孩子们看在眼里喜在心上学在行动中,在父母的影响下,孩子们对老人也关怀备至,一家人其乐融融美满幸福。

二〇一一年十二月,他老伴突发脑梗,半边肢体不能动弹,也说不出话。经过抢救、治疗、康复和锻炼,有一定疗效,但至今生活仍不能自理。从此,老伴的衣食住行、看病、住院等,他随时随地脚跟脚地照料。他一天到晚帮助老伴端水端饭、洗脚洗澡、按摩,老伴有时大小便失禁,他刮屎擦尿毫无怨言。由于疾病折磨,老伴的性格难免变得古怪,有时因为一句话、一点小事就冲他发脾气,他都理解承受。他唯一的心愿是要尽好丈夫的职责,使老伴尽早康复与他共度幸福晚年。

马炳礼虽然家中有着多种困难,但每当看到献爱心的通知,他都会捐款捐物。二〇〇八年四川汶川大地震,除了捐款,还交了一千元的特殊党费。二〇〇九年三月,马炳礼的家乡要修路时,当地已经筹集了八十万元,但还差三万元无法开工,他得知后,立刻就汇去了三万元,使施工得以及时展开。

马炳礼昂扬地焕发着第二青春。天天学习、天天写作,讴歌我们伟大的祖国,讴歌伟大的军队,也为家庭继续奉献着孝悌、慈爱与温暖。

★ 任乃德　年老志不衰　手勤不懈怠

🏠 丰台区第二十休养所

任乃德性格开朗、乐于助人、爱好广泛，担任丰台区军休老年大学工艺美术班老师十余年，在工艺班举办的"工艺班十年作品回顾展"上，展出作品千余件，受到参观者的一致赞扬。

一九九一年，刚刚五十岁的任乃德脱下穿了几十年的绿军装后，觉得整天闲在家里无所事事，心里特别烦恼。她经过反复思考，规划出了退休后的生活：要做自己喜欢的事，好好充实自己。她先后参加总后组织的健身队、秧歌队，每天和大家一起娱乐，还学会了打桥牌，她和老伴参加在军博举办的军队驻京单位桥牌比赛时，多次获得好成绩。

任乃德最感兴趣的是篆书书法，尤其喜欢许慎著的《说文解字》。近万字的小篆，她专心临摹了一遍又一遍。凡是能找到的小篆字帖，

她也都专心练习。她先后临摹了一千八百个小篆"福"字和"寿"字。她的小篆作品在总后机关老干部大学首届书画展中获得一等奖，写有一千八百个"寿"字的八尺横幅被东坡书院收藏。她也成了"中国老年书画研究会"等老年书画研究会的会员和研究员。

她爱好写诗填词。外出旅游时，每到一处，她都注意观察，搜集素材，灵感闪烁时的词句，她立刻记下来。有时躺在床上，灵感来了的时候，马上起床写下来。二十多年来她创作了诗词两百多首，还出版了自己的诗集。她的诗作获得了中国国际出版社举办的"首届东方之光中国当代中老年诗、书、画家作品大赛"特等奖。

独乐乐不如众乐乐。任乃德住进丰台区休养所不久，就被丰台军休老年大学聘为工艺美术班教师。她谦虚地说："自己退休前是名基层单位的医生，只能是边学边教，现学现卖。"十余年来，她凝聚集体的力量，发挥大家的作用，工艺美术班学员中有谁会做什么作品，她就请这个学员为大家上课，互帮互学。

她自己的手工制品和事迹在《中国老年报》《中国编织》、中央电视台生活频道、北京人民广播电台播放过。现在她是全国妇联工艺美术研究会会员，还被聘为北京市工艺美术学会堆绣专业委员会常务理事。被评为市先进军休干部的任乃德，还举办了个人《书法、诗词、工艺作品展》。展出书法作品五十多幅、手工作品三百余件，作品布满整个礼堂，参观者都赞不绝口。

任乃德表示："虽是年老志不衰，脑勤手勤不懈怠，学习能使人年轻，要让生命更精彩！"

★ 符策云　丹心鸿雁　温情老兵

🏠 丰台区第二十二休养所

对于很多年轻人来说，书写传统信函的人越来越少了。但对于不少中老年人来讲，信函依然有着无法替代的意义。特别是对于围绕着"八一电影制片厂"这个光辉品牌周围的演员和观众而言，意义尤其重大。

符策云二〇〇〇年退休，入住休养所后，坚持为社区居民义务投递信件十余年，共投递各类积压信函近八万件，受到广大人民群众的一致好评。

符策云所在的八一电影制片厂社区，收发室里只有一名女临时工，平时只负责挂号邮件和报刊的分发工作，因时间和精力的关系，积压下来一大堆平信。符策云了解情况之后，一有时间就到收发室整理信件，给收信人打电话或碰到熟人后请他捎过去，这样断断续续做了三四年，还是没有完全解决信件的堆积问题。

符策云意识到，如果能把这些积压的信件投递到各家各户，既疏通了八一厂的邮路，又解决了居民收不到信的困难，这是一件很有意义的事。他根据积压信件的工作量，做出了每周投递一次、每次百

余信件的计划。每逢元旦、春节，各种信件大幅度增加，一个节日收到的五百多封信函，三天才能完成投递。因此，过年期间正是他最忙碌的时候。

八一厂大院里同名同姓的人不少，送错信的情况时有发生，还闹出过一些笑话。对此，他将这些容易出错的同名同姓人员的住房情况加以区分和登记，并对照信件上的地址投递，误投现象明显减少。

十余年来，符策云四个记录本上密密麻麻地记满了收信人的姓名、性别、现住房与原住房情况，送信用的各类布袋就磨烂了六个。对于无人来取的挂号信，符策云就主动帮忙送件到户，有时好容易爬到六楼，一敲门家中无人，只好下次再来。为投一封信，有时竟往返三四趟，他再累也无怨言。

在他的热心协助下，收发员的责任心和业务技能也得到了提升。邮局的投递员看到符策云装信的布袋又小又易磨坏，还从邮局为他申请了一个正式的邮袋包。老厂长等老同志还给符策云送书题词，充分肯定他助人为乐的精神，感谢他为大家的服务，他乐呵呵地说："只要能帮大家解决难题，苦点累点没关系。"

符策云有一个幸福美满的家庭，他的老伴也是社区的志愿者，在包揽了全部家务事之外，还经常为他出谋划策。每次送信出发前，老伴都要反复叮咛注意安全。返回后，老伴端上热饭热菜同他一起用餐。孩子们也常说："老爸，只要您快乐，我们就全力支持您！"有了家人的理解和支持，符策云义务投递的信心更足了。

符策云投递时最喜欢唱《接过雷锋的枪》和《唱支山歌给党听》这两首歌曲，他常说："让这优美的旋律伴随着我的送信之路，我要一直快乐地走下去。"

★ 于业华　心存善念敬岳母　影拍奇兵颂英雄

🏠 丰台区第二十二休养所

退休前为解放军八一电影制片厂导演兼编剧的于业华，也是中国电影家协会会员。由他编剧并导演的故事片《蛇谷奇兵》《神龙车队》及话剧《春风送暖》等获得多项大奖，他凭借不俗的业绩入选《中国电影电视艺术家辞典》。

于业华的岳父五十多岁去世，岳母马秀卿膝下育有五女一儿。在岳母最艰难的时候，大女儿谭玉坤与母亲一起支撑着这个家。

谭玉坤随军后，家乡的老母成了她最大的牵挂。于业华对妻子深情地说："玉坤啊！孩子的姥姥辛苦操劳大半辈子，现在应当让老人家享享清福了。咱家的生活条件是姐弟当中最好的，就把老人接到北京来，咱给她养老送终吧！"

从一九七三年接岳母进京至今，于业华夫妇时刻牵挂着老人家的衣食冷暖。他们给老人单设了房间，让老人自在地绣花、看电视、休息，每顿饭都按照老人的口味营养配餐。老岳母牙口不好，他和妻子就把水果打成果汁给她喝；吃鱼时先把鱼刺择净再送到老人面前；妻子有事时，他就担负起照顾老岳母的全部责任。谭玉坤说："老于对待我妈，比我这亲闺女还亲哪！"他们的儿子说："老爸是我的楷模！"

马秀卿老人有时说出"这么大岁数了，还老活着干吗！"的话，细心的于业华想到这是老岳母在"探口风"，说明老人虽然已融入这个家庭，但还缺乏相应的尊严和自信。于是，他带头从一言一行上去尊敬老岳母；逢年过节的第一杯酒要敬给老岳母；家里来了亲戚朋友，先领客人去拜见老人家；老人过生日，发动家乡的亲友们电话祝福；生日宴席上还请邻居和战友来家,像"众星捧月"一样为自己的老岳母祝寿。细腻的于业华知道老岳母常常怀念故乡,还经常把拍摄的家乡录像播放给老人看,使年逾百岁的老岳母还能看到、听到她所熟悉的老村、老屋、老街坊。于业华四十大几的儿子于清在姥姥身边长大,下班回来,经常搂着姥姥"撒娇"。

老人在老家有一套老房子,新农村改造时被列为拆迁房。为处理好这件事,于业华专程回家乡一趟,向舅子哥转达了暖心的意愿,房产得以妥善处理,老人家深深敬佩着于业华在处理房产中的无私情怀。

二〇一二年于业华被全国敬老爱老主题教育活动组委会评为"全国孝亲敬老之星",二〇一七年他家还被中华全国妇女联合会在"寻找最美家庭"活动中推选为"全国最美家庭",在社会上引起强烈反响。于业华敬老孝亲的良好品德,也得到了军休干部们的由衷赞叹。

★董兴喜　精心收藏　传承雷锋精神

> 丰台区第二十二休养所

曾是八一电影制片厂文职干部的董兴喜，是唱着"学习雷锋好榜样"的歌曲长大的，他敬佩雷锋，也热爱雷锋。他以学习、宣传、研究雷锋精神为己任，也把收藏相关雷锋的资料作为传承雷锋精神的重要手段。

三十年来，董兴喜不仅跑遍了北京的大小旧货市场，还利用出差、外出拍片的机会到全国不少旧货收藏市场搜集、寻觅一切与雷锋相关的各类物品，至今共计有万余件藏品。

董兴喜将其收藏的雷锋专题精品三百多件，先后向湖南雷锋纪念馆、抚顺雷锋纪念馆、原沈阳军区雷锋纪念馆、辽阳雷锋纪念馆、北京雷锋小学、北京西城区实验小学、天津市雷锋小学、湖北省宜昌市雷锋中学等十二个馆校作了捐赠，并举办了五十多次个人雷锋收藏展。

第一部分

二〇〇三年在毛主席发表"向雷锋同志学习"四十周年之际，由董兴喜提供全部相关雷锋主题藏品的展览受到北京市委宣传部的大力支持。由北京市委宣传部、北京市文物局作为主办单位，中国收藏家协会、中国雷锋精神研究会、中国集邮报社作为协办单位，在北京大钟寺古钟博物馆联合举办了"纪念雷锋 收藏雷锋——中华魂系列展·雷锋精神展"。一件件鲜活的物品，让众多观展者进一步感受到真切的雷锋风采，带给大家更鲜活的立体感，深深打动了观展者的心灵，受到了热烈的欢迎。人民日报海外版、解放军报等三百多家新闻媒体先后对董兴喜做了采访和报道。

为了时刻宣传雷锋精神，二十多年前他在家中还专门设置了一间"雷锋书屋"。二〇一二年三月，在解放军出版社的大力支持下，他精选三千多幅雷锋专题藏品图片，编写出版了《榜样雷锋》。这本图文并茂的雷锋专题收藏集锦填补了红色收藏中的空白。

董兴喜作为中国收藏家协会红色收藏委员会副主任、全国雷锋专题藏友联谊会会长、八一电影制片厂集邮协会会长，三十多年来坚持雷锋文化文物收藏，热心举办雷锋藏品展览，积极传播雷锋精神，先后被北京雷锋小学、西城实验小学、湖北宜昌雷锋中学聘为校外辅导员，被辽阳市弓长岭高中、江汉大学雷锋精神研究会聘为名誉校长和顾问等。二〇一五年元月，董兴喜获得了中国社会福利基金会学雷锋基金管委会和中华雷锋文化促进会颁发的"弘扬雷锋精神贡献奖"。

董兴喜是一个以学习雷锋好榜样为情怀的军休干部，因为他的精心收藏而使得雷锋精神的宣传充满了更丰富的色彩。

晚霞正满天

★ 杨健民 关爱祖国未来 相助军休战友

🏠 丰台区第二十三休养所

  杨健民退休前期，就常常思考在军休时期怎样进一步为国家和人民，做有意义的事情，让自己生活得更有价值。他觉得：如果能积极参加青少年教育和生态环境保护工作，既有益于当下，更关乎祖国的未来。他积极响应国家海洋知识进校园、进课堂、进教材的号召，深入研究精心备课，二〇一八年四月，应邀为海南省两所中学近千名师生讲授的海洋权益专题课，反响和评价很好。

  近年来，他想方设法多多接触大海，通过实地考察调研和查阅大量资料，用了三年的时间参加撰写出了十余万字的海洋知识教育系列图书：

《大海，我的家》。二〇一七年六月海洋出版社在北京海洋馆举行出版发行和赠书仪式，清华大学附属小学等十所北京地区重点小学的师生，在第一时间阅读到由军休干部参加撰写的图书，对祖国的海洋资源、海洋环保、海洋权益有了新的认识。为此，杨健民对自己传播"关爱海洋生命，保护地球家园"正能量知识，也感到由衷的自豪。

杨健民是第四党支部的副书记，长期重视政治学习。即使是在山东海阳度假时，他也不忘把自己置身于党的组织中，及时主动与当地社区取得联系并参加学习。他时刻以党员的标准要求自己，积极参加社区组织的活动，办展览讴歌党的领导，捐书法作品弘扬传统文化，不遗余力地尽一名党员的责任和义务，深受当地群众的赞扬。二〇一五年纪念抗战胜利七十周年期间，海阳市电视台和广播电台都对他作了深入的采访和报道。

杨健民积极参加北京市军休摄影活动和丰台区军休老年大学的书法学习。通过几年的不懈努力，他的书法和摄影水平提高很快，并成了丰台区军休书画研究会理事。他用自己的实际行动说明，只要肯学习，什么时候"学艺"都不晚。他的作品常常发表在《军休之友》上，市、区军休办组织的书法、摄影展览上总有他的作品。杨健民更把为老干部、为社区、为群众服务当成最大的幸福，写春联、送"福"字活动中，总有他的身影。

了解到有不少军休干部想出回忆录或书画专集，杨健民就热心地帮助他们策划、选编、校对、出版，成为军休干部的知心朋友。社区授予他"公益之星"的荣誉，大家也对他由衷地赞扬和感谢。

杨健民继承老一代优秀党员的良好品质，紧跟时代步伐，展现出了新一代军休干部的风采。

★骆小宁　情系老区捐学校　敬老爱老有义举

丰台区第二十四休养所

骆小宁退休后有了充裕的时间,他先是多次到其父母当年搞地下工作的地方,了解他们的革命事迹,搜集回忆报道有关他父母革命实践的资料,后又多次向其父母健在的战友了解情况,马不停蹄地辑录撰写了十几万字的材料。

他在参加干休所组织的扶贫救灾工作中发现,自己革命老区的老家当地教育事业比较落后,小学教室是二三十年前的破平房,连图书馆和电教室都没有。为此,骆小宁和他的兄弟姊妹共同出资捐助了十几万元,随后汇集有关单位捐赠的几十万元,在上个世纪末,建成了一座有三层教学楼的希望小学。

骆小宁及家人又为学校完善了电教设备、图书馆和计算机室。为了提高教学质量,还建立了学生奖学金、教学奖金制度,每年由骆小宁及兄弟姐妹共同出资一万元,作为学生和老师的教育奖金。通过这些努力,学校面貌发生了巨大的变化。目前,该校的教学质量在镇内二十几所小学里名列前茅,还连年被县里评为教育系统先进单位。

骆小宁父母生前曾雇请了一位保姆廖玉梅,她出生于一九一〇年,年轻时曾结过婚，无子女，丈夫早年去南洋谋生，一直杳无音信。老骆一家人多年来跟廖老太相互间建立了很深的感情。一九八九年，老骆双亲去世后，老骆的兄弟姐妹五人及其爱人，一致作出"养老送终，负责到底"的决定：老人家的生活费、医药费等由五兄妹分担，老骆父母去世后留有的银行存款分文不动，将钱全部留作廖老太养老急需之用。

从一九八九年到二〇一〇年廖老太去世，二十一年来骆家五兄妹及其爱人一直信守家庭会上的承诺。骆小宁的爱人庞书德是医生，她定期为廖老太检查身体，生病时大家陪老人家看病拿药。在廖老太生命的最后两年多住院的时间里，骆小宁全家为她支付了所有治疗费、医药费、营养费、保姆费。廖老太以一百零一岁高龄去世后，骆小宁夫妇及家人又为其料理后事，将其安葬在长城脚下的凤凰山陵园。

骆小宁在退休之后的一次身体检查中，被检查出患了癌症。他在治疗过程中，始终保持着乐观镇定的情绪，积极配合医生科学治疗，取得了很好的治疗效果。两年后的检查结果是：已经治愈。对此他体会到优秀的心理素质、良好的生活习惯、适当的身体锻炼和科学的健康饮食，是保持身体健康的重要经验。

担任所党总支副书记、支部书记的骆小宁，积极参加北京市和丰台区的征文活动，数篇文章获奖。其中，在二〇一四年十月，他的《实现中国梦 凝聚军休情》一文，获北京《军休之友》"中国梦·军休情"征文三等奖。他被北京市军休办评为"优秀军休干部"，他们家也被社区评为"和谐家庭标兵"和"五好家庭"。

★尉正言　三十六年如一日　患难与共情相依

> 🏠 丰台区第二十五休养所

尉正言一九六一年来到北京装甲兵司令部，在护士学校住校学习后，因成绩优秀被分到了第二坦克兵学校化学室工作。在这里，她与才华横溢的李文明相识相爱，结为夫妻。

可是天有不测风云，一九八二年八月，李文明突然晕倒，经医院诊断确诊为突发脑溢血。虽然治疗很及时，但刚出医院时，李老师不能说话、识人不清，在进一步的治疗和尉正言的精心照料下，他才渐渐好转起来。尉正言一边照顾因突发脑出血导致半身不遂的丈夫，一边努力工作，工作中表现突出成绩优异，还荣立了三等功。二〇一二年她与丈夫李老师一同退休入住休养所。

近四十年来，尉正言用自己永不降温的真挚之爱照顾着老伴儿。她每天清晨第一件事，就是把高大魁梧的李老师从床上搀起来，一日三餐变着花样为老伴儿做他喜欢吃的食物，熟练地使用康复器械帮助老伴儿做康复训练。天天洗澡搓身、清洗衣服，晚上还要起来两三次照顾他，这么多年来，在她的精心照料下李老师从未起过痱子、褥疮。

"从他生病后，我就没睡过一个囫囵觉，要说不累是假的，但我

不能不管他，我得做他的依靠。"尉正言真诚地说。这几年病魔也缠上了她自己，但她从未想过让其他人来照顾李老师。她说："疗养院不一定有我照顾得好，我是最熟悉他的人，我要做到我做不动的那天为止。"在他们几十年的婚姻中，李老师患病四十年，这个可爱可敬的老人毫无怨言地照顾着患病的老伴。

退休这些年来，无论生活多忙碌，尉正言都会坚持和老伴儿一起认真学习，为他读书读报。休养所开展党组织生活时，尉正言推着老伴一起参加。有时老伴儿不方便参加活动，她就一人参加，回家后及时向李老师讲清组织生活会的内容，让他觉得自己虽然有病在身，但没有离开党组织生活。"参加党组织活动，离开家的时间也就一个多小时，走之前，我就把水和水果给老李放在桌子上，把拐杖放在他身边。"尉正言说，即便这样还是让她放心不下，活动结束后就尽快回家。

作为一个有着四十六年党龄的老党员，她有着党员的质朴风范，与丈夫几十载的相依相扶，书写了患难与共不离不弃的美好篇章，她以自己的实际行动影响着周围的人，为青年人树立了道德楷模的榜样。尉正言年轻时因工作成绩突出，就曾立功受奖，而在这夫妻扶持的三十六年里，她又成了家里的"劳模"，悉心照料重病老伴，不辞辛劳、任劳任怨，始终保持着平和乐观的心态，向身边的人传播着正能量。

军休干部们都说：尉正言是模范妻子，这对儿老人是模范夫妻，在他们的身上，人们看到了什么是婚姻的责任和担当。在婚姻中，对自己负责，对伴侣负责，对家庭负责，这才是我们应该推崇的人生观和价值观。

★张振强　文艺达人 "业余"主任

🏠 丰台区第二十六休养所

张振强是二十六所全体工休人员以全票通过的民选管委会主任。广大军休干部都称他是"业余主任""文艺主任",然而就是这位业余干部,在休养所的各项工作中做出的奉献却是"专业的"。他在原部队打下了坚实的文艺基础和理念,在休养所先后组建了"战鹰合唱团""精英舞蹈队""欢乐腰鼓队""京剧队""模特队""乐器队",现任总领队队长和合唱团团长。

早在二〇〇九年时,休养所有位老干部写诗说:

（一）老张今年六十八,不老青松人人夸。
　　　合唱团里唱京戏,舞蹈队里也见他。
　　　带领大家来参与,自编自演是行家。
　　　载歌载舞获好评,他把功劳归大家。
（二）老张今年六十八,二十六所人人夸。
　　　管委会是一把手,大事小事他牵挂。
　　　邻里矛盾他先知,千方百计化解它。
　　　好人好事心中记,宣传报道随时夸。

二〇一三年《丰台军休通讯》第六期有文章报道说,听"战鹰合唱团"的歌声,使人有种回到青春岁月的感觉;看了"精英舞蹈队"的演出,让人有种马上要参与的冲动;听"欢乐腰鼓队"的鼓声,有股催人奋进的力量……

张振强为了把团队建设好,花费了大量的心血。他们克服了诸如经费、服装、教员、教材、器材、乐器选购等一个又一个困难。他亲自带队参加在北京市军休办、北京水立方、北京工人体育馆、北京广播电台等多地举行的会演,应邀参加原部队、街道办、居委会的演出,说不清的是表演场次,但可数的是一等奖、二等奖、三等奖共八次,获奖证书六本与奖杯六个,还有无数次的掌声。

张振强热爱军休家园,由他倡导、组织并在休养所大力支持下的,"迎新春"六项文体比赛已经举办了十余届,由老干部、家属、小孩参加的正月十五元宵节游戏活动连年开展,大大地活跃了军休干部、家属的文化生活和精神生活。

张振强是二十六所名副其实的文化带头人、传播者,更是服务者,他舍小家为大家的事情不胜枚举,令大家人人佩服个个敬仰。一次,他儿子从国外回来探亲,为了给父母一个惊喜,在网上订好了全家去黄山旅游的机票和饭店,万万没有想到的是老张正赶上要带领"战鹰合唱团"去参加重要比赛,张振强虽牵挂亲情但还是毫不犹豫地放弃了旅游。使儿子因为网上订票不能退票,而损失了不少钱……

张振强为休养所三百多名离退休干部、家属,努力奉献,为创造和谐、美好、幸福、安全的军休家园,一直在发着他的光和热。

夕霞正满天

★ 梁如英　热心人　喜　助人者　乐

🏠 丰台区第二十七休养所

梁如英退休后仍然保持着良好的精神状态，他继续关心国家大事和时事政治，工作中依然既讲政策还坚持原则，深受同志们的尊重。他常说：人虽退休了，但党性、觉悟不能退，对自身要求丝毫不能降低。被选为丰台区军休二十七所支部书记后，他更是积极主动组织广大军休干部开展活动，学习文件。他热心助人，竭力促进所在支部军休干部的和谐，使大家充分享受到了老有所乐、老有所养的乐趣。

梁如英是个性格开朗的人，他走到哪里不仅把欢声笑语带到哪里，更把善意和关爱带到哪里。所里不少老同志在工作岗位时都担任过领导职务，每个人也都有自己独特的个性。少数的人有时难免与他人产生摩擦，日子久了既影响自己的心境也很容易影响团结，对整个集体产生不好的影响。遇到这类事情的时候，梁如英就甘做这几个老同志间维护团结的"大使"。当发生了邻里矛盾或者有人因为鸡毛蒜皮的小事有些矛盾时，他总是热心向前，讲几句暖心话，下几盘和平棋，喝几杯静心茶，经过他耐心劝说，矛盾总会迎刃而解，欢乐和谐的气氛又会萦绕在大家中间。

集体活动时，梁如英总是在第一时间赶过去张罗忙活。每当党支部组织活动时，大家也总是期盼着梁如英能够出现。他平时非常注重学习有关政治理论，思考现实问题，对党的方针政策和形势研究得又深又透又及时。不少老同志遇到难题或者比较抽象的问题时，总是愿意和他沟通畅谈，在由浅入深的开怀畅谈中，大家彼此更加准确地理解了党和政府的方针政策。

梁如英不仅关心跟前的人，也不忘住在所外的同志。不管是谁生病了，他都会立刻出现在病人面前，嘘寒问暖鼓励他们早日康复。在募捐活动中，他也总是带头踊跃捐款捐物，体现了一个老同志对社会的责任心和无限的爱心。

他积极配合干休所的工作，努力协调军休干部与干休所之间的关系，在做好老同志思想工作的同时，他也非常注重做好军休干部家属之间的团结稳定工作，鼓励大家互助互让。

热心的老梁，还代管着老干办的活动室、阅览室、棋牌室和乒乓球室，每天早起打扫卫生，晚上很晚来锁好门窗，年复一年毫无怨言地为所里军休干部提供服务。

努力追求与时俱进老有所为的梁如英，总是热心为大家服务，也在为他人服务的过程中，收获着助人的喜悦。

★ 申金仓　疾病何奈伟志　浓墨但书奇篇

🏠 丰台区第二十八休养所

二〇一一年四月，解放军三〇二医院为庆祝全军唯一的传染病专科医院建院六十周年，聘请申金仓参加院史馆筹建工作。

曾在唐古拉山兵站当过战士、退休前任解放军三〇二医院政治部主任的申金仓，考虑到这是落实军委指示、加强医院文化建设的大事，忍受着癌症术后左腿淋巴水肿和双手风湿变形等病痛的困扰，接受返聘忍痛带病"出山"。

在刚退休两年时间里，他就曾先后编著出版了《五味人生》和《悬壶人生》，这是两本记述两位德艺双馨老一辈传染病专家的传记。当时由于条件所限，他的写作只能在一个简陋阴暗的小仓库中进行。当兵时多年的艰苦环境，使他不幸患上了风湿性关节炎，十指中四个已变形，采访、编著近四十万字的两本传记，困难可想而知。

院里筹建院史馆的使命光荣，但难度着实不小。为寻找建院初期一位从延安中央医院走来，且早已去世的业务副院长的家庭住址，他先后走访了最早来院的十余位同志，终于找到了这位副院长的老伴。老人家从床底下拉出了一个旧皮箱，里面存有的大量珍贵资料，再现

了艰难而辉煌的往昔。

二〇一三年八月，申金仓又参加了《院史》的撰写工作。担任副主编的他，积极建言献策，提出了重要的撰写设想，并列出了全书的提纲，做出了明确分工。为弄清该院前身——中央人民政府人民革命军事委员会直属机关医院，当年召开成立大会和门口挂牌的情况，他们先后登门采访了已九旬高龄的老院长和多位老领导、老同志。一位老同志送来了一张一九五二年在门牌前的合影，申金仓如获至宝地立即收入《院史》，还及时放大送院史馆展出。二〇一五年年初，他们基本完成七十四万字新版《院史》的统稿、校对任务。

写作是申金仓始自青少年时期的爱好。在部队工作期间，先后发表新闻、作品等千余篇，荣立过三等功。退休后他更是以写作为乐。他创作的群口快板《喜相逢》，参加建院五十周年文艺会演时获一等奖。他还接受院里安排担任副主编，参与创办《三〇二医院报》，并受《军休之友》编辑部的邀请，担任清样校对的工作。

二〇〇七年七月上旬，申金仓被查出患"鳞状细胞癌"，并有周围淋巴结转移，住院做了手术切除。术后放疗二十五次、化疗四个疗程，导致半年后左腿和左脚出现了严重的"淋巴水肿"。该所熊伟同志曾记述道："在坚强的忍耐中，他靠写作来增加人生乐趣，用'转移疗法'应对'怕癌复发'的顾虑。只要发现了好的素材，他就绝不会停笔。"

不畏惧疾病，坚持写作的申金仓，多次被丰台区军休办及所里评为"宣传报道先进个人""优秀共产党员"和"先进军休干部"。他豪迈地表示：只要生命不息，就要记述辉煌不止。

★ 邓玉文　偕贤妻照料同事　有疾病坚持服务

🏠 丰台区第二十八休养所

一九四四年出生的邓玉文是原总后卫生部的退休干部。多年来，他发扬助人为乐精神，与妻子一起悉心照料一位因颈椎损伤而生活不能自理的老同事，天天准时为其准备可口午餐，从而让这位同事的妻子安心住院治病、子女工作无后顾之忧，受到老同事以军休战友们的好评。

邓玉文几年前曾患前列腺癌，手术后恢复期需要带着尿不湿才能走路。但是，他得知对门同事老祝因颈椎损伤，生活不能自理；而老祝的妻子也患结肠癌，正在住院治疗；他们的子女上班离家较远，白天基本上处于无人照料状态，特别是午饭没有保障。

他主动与爱人一起担当起照料老祝的工作。每天中午都是做好两菜一汤送到老祝的餐桌上，招呼他吃好、吃饱，然后收拾干净。还经常征求老祝的意见，了解老祝的口味，不断变换饭菜花样，使老祝能够准时吃到可口的午饭，老祝非常高兴地说：比自家的饭菜更香、更可口。同时，邓玉文像老祝家人一样地接过钥匙，以方便随时进出老祝家，查看老祝的生活需求，陪他聊天、解闷，鼓励老祝增强战胜疾病的信心。由于老邓的主动帮衬，不仅使老祝的妻子能够安心住院治病，而且，解除了老祝子女外出工作的后顾之忧。这使得老祝及其家人感动不已。

老邓还十分热心于所内党支部的工作，负责收缴党费事宜已有十年之久。这个支部的党员，从最初的二十七人增加到六十六人，居住得很分散，在家与外出也无规律可循，加之党费缴纳标准计算起来不是一件容易之事。因此，每年的收缴党费工作十分费时、费力。每到此时，他总是亲自书写张贴通知，选择适宜的日期，把自己的家当作临时"办公场所"，首先进行定点、定时的集中缴纳；然后，他再对未能及时缴纳的人分头电话通知，直至亲自登门造访进行收缴。由于他的韧劲和不懈努力，使他分管支部的党费缴纳总能及时、足额，从而受到所里的称赞。

老邓对支部内的退休人员，总是满怀温暖热情关注，每逢有人生病住院，他都热心地到医院或家里进行探望和慰问。管委会选举时，邓玉文众望所归地被推举为管委会副主任。他认真负责、热情服务，协助主任工作，颇受好评。

邓玉文虽自己身患疾病，但与贤妻热心助人，积极服务大家的义举，得到了所内外广大干部、群众的交口称赞。

★ 孟铜英 "银球"为媒贤伉俪 舞姿绰约谱新曲

🏠 丰台区第二十九休养所

孟铜英从重庆原第三军医大学医学系毕业后，担任军事经济学院校医。一九七九年在北京军医学院任校医，一九九一年开始教授医学伦理学直至退休。退休后，舞蹈唱歌成了她军休生活的主旋律。

她快乐的生活和孟铜英丈夫的支持密不可分。他们本是中学同学，孟铜英曾是乒乓球二级运动员，他们在一次球赛中互有好感，是"银球"为媒成伉俪的一个传奇。其丈夫曾在内蒙古军区文工团工作，他们艺术上共同的爱好把两人系得更牢。

因为艺术上的特长与爱好，孟铜英一到休养所，马上就与老干部开展起了唱歌跳舞等活动，在丰台区军休办新中国成立六十周年合唱比赛一炮打响之后，正式成立了所内的"阳光合唱团"，从此由业余化走向了"专业化"，由零散化走向规范化。孟铜英任合唱队总策划、声乐老师、指挥，她根据每个人的特长和特点因材施教、选歌、编排。有时遇到孟铜英有急事或者不舒服，其丈夫"自动顶上"代课。在大家的齐心配合下，终于拿出一个个像样的舞台节目：大合唱《英雄赞歌》《共和国之恋》《送你一缕阳光》《天路》等，并实现了从开始单声部齐唱到多声部合唱的飞跃。

孟铜英还常常组织

大家下基层演出，歌颂祖国的大好河山和退休后的美好生活。同时，她还在北京市舞鹰拉丁舞表演队、总后老年大学舞蹈队、丰台军休办舞蹈队中任教。孟铜英带领丰台区军休办舞蹈队八对十六位军休干部，以一曲《快乐的恰恰恰》，取得北京市军休办舞蹈大赛第一名，并将此舞蹈带到中央三套《歌声与微笑》和中央五套《健身舞起来》节目中，得到电视台和观众的一致好评。

她参加的演出数不胜数，获得首届国际标准舞城市公开赛拉丁舞业余组的第一名、全国国标舞大赛拉丁舞老年组冠军等。

孟铜英家的墙上挂着一张全家人的合影，幸福洋溢在每一个人的脸上。作为一位曾经的医务工作者，"非典"时期，孟铜英主动申请到一线。她争分夺秒地在一天内将医务室的全部器具配备到位，帮助职工进行预防消毒，对发热头痛者严密观察，有效保障了大家的健康和用药安全。二〇一六年被解放军总医院评为"先进老干部"。她外出演出时丈夫主动承担家务；她一回到家中，买菜、做饭、打扫卫生、照顾孩子，孟铜英就忙个不停。家人的理解支持成就了她对艺术的追求，艺术上的不断进步，又升华了家庭的和睦。他们全家将艺术的激情融入生活中，打造完美的人生。

在丈夫和家人的支持下，干练热情的孟铜英以火热的情怀，不仅书写了自己军休生活的新篇章，也带给大家幸福健康的新生活。

★ 虞以新　怀揣遗嘱搞科研

🏠 丰台区第二十九休养所

从军事医学科学院退休的虞以新教授，退休后依然在科研工作第一线继续他热爱的事业。目前，世界上发现的蠓有六千余种，被赞誉为"中国发现细蠓新种第一人"的虞以新发现了六百六十八种，其中的五百余种是在他退休之后发现的。危害人类健康的蠓，仅有芝麻粒的三分之一大小，近九十岁的虞以新在显微镜下依旧能娴熟地解剖出它的受精卵，并把各个部位做成生理切片，这一高超技能在同行中首屈一指。

二〇一四年时起，仍在第一线从事科研的虞以新，怀里一直装着一份写好的遗嘱，内容是："我已年过八十五岁，实属高龄。机体老化时有危机，一旦突然终亡，请目睹贤达通告家人。若在外地，请目睹贤达告知当地医学院校捐赠我尸以供教学，若无接收院校就按当地习俗简易处

置，骨灰撒田野；所需费用向我家人索还。谨致谢忱！"

二十多年来，虞以新先后数十次受邀，为国境口岸卫生检疫人员进行培训，他每年都要分别到河北、新疆、福建、海南、浙江、云南、广西等口岸一线，帮助指导开展口岸媒介生物的监测与种类鉴定。在他的指导下，至今全国已在口岸区域发现各类螨百余种，丰富了我国口岸医学媒介生物名录，填补了我国口岸医学媒介生物监测与控制的空白。

虞以新还担任《中国国境口岸医学媒介生物鉴定图谱》的技术总顾问，该图谱已在全国口岸系统和科研院所、大专院校广泛应用，为口岸一线人员提供了简便易行的鉴定工具书，实现了他"要为国门站好岗"的心愿。凡听过他讲课的学员，都以称自己是虞以新教授的学生而自豪。

虞以新桃李满天下，科研成果无数。但在指导帮助的过程中，从来没有收取过任何报酬，反而担心自己给党和国家、协助单位、同行、弟子增加负担。目前，虞以新在实验室里完成了数十万样本的鉴定与标本制作，主编专著和教材二十三部，近期又出版专著《中国重要吸血螨类》，在《大自然》杂志上受邀发表科普文章二十余篇，在国内外杂志期刊发表论文一百五十多篇，审定学生论文两百余篇。他还将采集到的数以万计的昆虫标本，以及全国各地卫生检疫检验局、疾病防控中心和旅游开发区送来的样品，在实验室的楼上建起了世界级的医学昆虫博物馆。他所承担的二十四项科研项目，先后荣获军队及国家科技进步奖，其中的一个课题还荣获全军科技进步一等奖。

虞以新被授予"全军优秀共产党员"的称号，一九九一年起享受国务院政府特殊津贴，还获得了"北京军休榜样"的荣誉称号。

★刘学理　爱妻子做伟丈夫　促和睦当好爷爷

丰台区第二十九休养所

刘学理的妻子一九九四年患胃癌，胃部切除了四分之三，面对突如其来的灾难，刘学理深深体恤着妻子的身心，他承受着巨大的压力，挑起了家庭的重担。

边工作边陪妻子做各种治疗，既买菜又做饭，又辅导孩子学习又治疗他本人也患有的心脑血管疾病，这一切都需要刘学理一个人面对。为了妻子他温柔细腻沉着应对，每天都为咨询医生、搜集治疗偏方、改善妻子的饮食冥思苦想；又为照顾孩子和家庭亲力亲为。在妻子治疗疾病的过程中，他耐心地做着妻子的思想工作，解除她的思想顾虑和恐惧心理，让妻子愉快开心地生活。在刘学理的精心呵护下，他妻子的病情得到了有效控制，健康逐渐得到恢复。

在妻子愈后的日子里，他们又要应对新的挑战。有资料表明，季节更替时，一般做过胃肠大手术的人较容易发生肠梗阻，一旦发作起来将会疼痛难忍，一般只能靠输液度日。为此，刘学理辞去了某杂志社的主编工作，集中精力陪护妻子的起居生活，改善妻子的饮食习惯，有效地预防和减少了发病次数，使妻子的健康得到了很好的巩固。在刘学理的支持下，妻子积极参加了丰台区武术协会太极拳培训并获得三级教练证书，参加了丰台东大街家委会组织的快乐健身队后，还经常随大家外出参加公益演出。

刘学理的家共有六口人。作为一家的顶梁柱和枢纽，他特别注意协调维护好婆媳关系，他认为这是促进整个家庭和谐的关键。他常说：人生是一场缘分；不是一家人，不进一家门；进了我们家的门，就是一家人。

但起初磨合阶段，误会和摩擦又总是难免。如果碰上婆媳有不顺心的事，刘学理从不当场理论。等婆媳娘俩心平气和后，他才分别问明原因，对婆婆称赞儿媳的长处，向儿媳介绍婆婆的优点。他认为：家，首先是个讲情的地方；随后，才是说理的所在。在家庭建设中，他始终坚持不遮掩、不袒护、不偏向、只补台不拆台的原则。

儿媳进门十几年来，婆媳真心相待关系越处越好。婆婆像对待亲闺女一样对待儿媳，特别是有了第二个孙子后，婆婆为了让媳妇安心上班，更是里外忙得不可开交：喂孩子、看孩子、送孩子上学，每天早早起床做饭，就是为了让儿媳多休息一会儿。儿媳妇也像对待自己的妈妈一样对待婆婆。只要下班一回家，先是嘘寒问暖，随后不是照看孩子就是下厨房帮婆婆做饭，尽量减轻婆婆的负担。一有亲朋好友来往时，婆婆总是自豪地表示："我多了个闺女！"

二十多年来，领导和同事们的关怀和帮助，也让幸福和睦的刘学理深深感动，他一有时间就积极参加到休养所的活动中，为大家的幸福生活贡献出自己的一分力量。

★ 马 铬 刻苦学习 笔耕不辍

🏠 丰台区第三十休养所

马铬一九五〇年出生于河南省汤阴县,一九六九年入伍,相继任原总后基建营房部宣传处干事、总后政治部宣传部干事,其间在中央党校学习,后任总后直属分部政治部副主任、总后丰台综合仓库某部队政治委员。

几十年来,马铬非常重视政治学习。除在中央党校脱产学习马克思主义哲学两年,并积极参加在职干部学习外,还养成了自学的好习惯。从马克思《关于费尔巴哈的提纲》、恩格斯《反杜林论》《路德维希·费尔巴哈和德国古典哲学的终结》等马克思主义原著,到党的十一届三中全会以来重要文献选编和习近平总书记系列重要讲话,他都认真学习。

他不断扩大读书范围,阅读了大量古今中外的文史名著,从国外的《理想国》《物种起源》《战争论》《忏悔录》《拿破仑法典》,到《史记》《资治通鉴》《古文观止》等中国著作;从鲁迅及后来的红色经典《革命烈士诗抄》等,到改革开放以来的名著,如《地球的红飘带》《昨天的战争》《平凡的世界》等,他的阅读既有广度更有深度。

马铬读书,更在意"知行合一"的"学以致用"。退休后,他被

《中国食品药品监管》杂志聘任为执行主编、编审，工作中学习的成果得到了进一步的延展。他还先后撰写了《大师的巅峰时刻——军事家卷》《永远的雷锋》等二十余部书，分别由解放军文艺出版社、作家出版社出版发行，其中八部获得国家级、省部级和原总后勤部的褒奖。学习中，他牢记毛主席的教导："学习的敌人是自己的满足。"以此作为自己的座右铭，树立"时时学习、处处学习、终身学习"的观念。

马辂二〇〇七年突患脑中风，因治疗及时生命无虞，但在语言表达、左侧肢体方面留下了后遗症。在老伴和子女们的帮助下，他从头练习发音，一个字一个字"学"念，一句话一句话"学"写。刚一好转，就在老伴的帮助下克服困难，积极参加休养所组织的各项学习、"献爱心"捐款等活动。同时，还积极参加宣传报道工作，并担任休养所《军休园地》副主编。因工作成效明显，他多次被丰台区军休办评为军休宣传工作先进个人。

马辂在病中，还撰写出了一部三十八万字的《胥光义将军传》，由金盾出版社出版后，他拒收报酬，说："为老首长、老战将写传，为的是教育现在的年轻人，出点力、不收报酬是应该的。"军休战友们请他修改文字材料，他总是愉快接受，认真负责地义务帮助修改。

被大家誉为"退休不褪色、有病不泄劲"的优秀共产党员马辂，被丰台区军休办评为二〇一四年度、二〇一六年度、二〇一七年度宣传报道工作先进个人。二〇一七年十一月，北京市丰台区建设学习型城区工作领导小组办公室评选马辂为"丰台区首都市民学习之星"。

★ 梅德宝　敬业服务温情暖　带病奉献感动多

丰台区第三十休养所

梅德宝总是勤勤恳恳、任劳任怨地为军休干部做好各项工作，受到大家的称赞和好评。

他被推选为第三党支部书记后，就提出了对自己和军休干部的二十四个字的要求，即"加强学习、遵守法纪、服从组织、搞好团结、养好身体、欢度晚年"。同时希望大家教育管理好家属子女，人人都要遵纪守法，不参加社会上非法组织的活动，保持全支部的安全稳定。

他们支部每年都要召开党员会议对工作进行小结，对好人好事进行表扬，对出现的问题提出改进的意见和要求，力求把管理工作落到实处。他自己以身作则，不管大事小事都做好周密的计划和安排，对每项工作抓得扎实。

为让每位军休干部及时收到休养所发放的报刊、工资条、学习资料、体检表、体检结果等，梅德宝自己配置了能打开各户报箱的钥匙，以便及时投放。同时他们还在宣传栏上发出通知，以便让大家及时收取。

为方便军休干部学习、开会和文娱活动，梅德宝把军休干部活动室大门钥匙放到自己手中，党小组、党支部和大家有活动时，他主动及时提供方便。

梅德宝积极配合休养所完成各项工作。像收缴党费,三支部共有三十五名党员,不少人住得比较分散。附近党员的党费,他就骑自行车上门收取;居住在外地的党员,就发短信微信、打电话让他们从银行汇出。多年来,第三支部总是最早完成党费交纳,多次受到所领导的表扬。

他是老干部的知心人。只要有老同志生病、住院,他马上打电话了解情况后,并配合休养所领导上门看望慰问。过年及老干部过生日时,梅德宝都和所领导一起上门走访慰问,把组织的温暖和自己的情谊送到老同志们的心中。有一次干休所给每位老干部发放购物车,尽管冬季风大天冷,他还是执意和大家把每一部车的轮子都安装好再发出,受到老干部们的好评。

梅德宝被检查出患了淋巴癌后,他并没有被病魔吓垮,在积极与病魔作斗争的同时,仍然继续关心和支持休养所的工作,他拖着带病的身体,穿梭在第三支部的每个军休干部家中,继续为军休干部发放学习材料、工资条、体检表等,依旧积极参加休养所的宣传报道工作,以超乎常人的毅力创作诗歌、投送书法作品等,进一步为休养所创办的每月一刊的《军休园地》丰富了内容,受到大家的好评。由于成绩突出,他被丰台区军休办评为二〇一七年度军休宣传工作先进个人。

梅德宝在休养所和军休干部之间,真正起到了桥梁和纽带的作用,既是休养所的好帮手,也是军休干部的知心人。他几十年如一日,特别是患病后笑对困难继续为军休干部服务,令大家在感动中深深敬佩。

★ 陈小龙　忙实事正事　暖军休战友

🏠 丰台区第三十一休养所

退休前在空军后勤部机关工作曾多次立功受奖的陈小龙，退休后以满腔的热情，成了休养所的"大忙人"。

陈小龙是个热心肠的勤快人。院内的绿化丛中，有他自制的提醒大家爱护花草的告示牌。不少人如果是在院里看见他，他不是与物业人员一起提着水桶为小树浇水剪枝，就是背着喷雾器打药。自行车棚里的车摆放不齐或有倒地的，他主动地就会扶起摆放整齐。有一段时间，门口保安人手一时不够，他还主动戴上治安袖标，替换保安换岗吃饭。军休干部老黄的爱人在院内突发脑出血，其家人恰好外出不在家。小龙见状，立即打电话，联系救护车，并掏钱预付车费，一直在现场忙碌协调，直至病人入院脱险。事后老黄向他致谢，他暖暖一笑说："谁遇上都

会这样做！"

陈小龙是个能歌善舞多才多艺的能人。京剧唱得有韵味，每逢演出必亮嗓儿。他太极拳打的精湛，在所领导大力支持和战友们的积极参与下，他牵头组织了"三队一团"：太极拳表演队、扇舞队、剑术队和合唱团。他兼任了太极拳队和剑术队的教练和队长。演出服装，自筹；训练计划，自订。不分春夏秋冬，不论白天夜晚，常年坚持练习。遇到区街道办事处组织会演或重大节假日表演时，更是加班加点整合动作。太极拳队代表社区参加了丰台区举办的太极拳万人表演，受到了有关单位的表扬和奖励。扇舞表演队和剑术队，也被社区选中，多次代表社区、街道参加各类会演和比赛，都取得了比较好的成绩，社区领导还专门到休养所表示感谢。合唱团由原来的十几个人发展到现在的四十多人，团员全部是所里的军休干部，年龄最大的八十一岁，最小的也六十多岁，大家训练情绪高涨，参加表演时总会赢得热烈掌声，观众们讲：老兵不老，兵味十足！

军休三十一所共有军休党员干部二百一十六名，大部分集中住在一个小区。在所党总支的领导下，陈小龙同志积极制定全所宣传教育工作计划，做到了年年有政治理论学习规划，每季有教育主题目标，月月安排讲读书学习心得，交流体会例会，每周进行总结讲评，每天阅读当日报刊。为了使理论学习更广泛深入，他自己上网查资料写讲稿，与所领导一起为大家上党课和专题教育课。他还走出干休所到有关部门联系专家，为大家上法制课、形势教育课。

在支援灾区、进行公益慈善工作时，每次他都积极捐款捐物，带头响应号召。他所在的支部每次捐款捐物都名列前茅。陈小龙自建所以来，年年被评为优秀共产党员和先进党务工作者，得到了老同志的认可和支持。

大家说陈小龙很忙，但忙的都是正事和暖心事。

★葛桂秀　欢乐的歌声唱起来

🏠 丰台区第三十二休养所

在原军事医学科学院二所工作的葛桂秀，性格开朗、待人热情、爱好广泛，脸上常常挂着和蔼的笑容，干起事儿来总是精神百倍。

军休三十二所成立不久，葛桂秀就有了成立军休干部合唱队的想法。她原来在军事医学科学院老年大学就是声乐班深受大家欢迎的班长，积攒了不少经验。所里非常支持她成立合唱队的想法，并建议她亲自担任队长，她爽快答应了。

成立合唱队并不是件容易的事，报名登记、分声部、请指挥老师、安排伴奏、选出声部长、制订教学计划，一系列工作在她的精心筹划下陆续展开。为了减轻休养所工作负担，报名工作她亲自负责，姓名、性别、住址、联系电话,她一一登记在册。对于电脑的使用,她虽然是初学,但她硬是细致地打好了花名册和考勤表。为了加强管理,每次上课前,她都提早半小时到教室,为队员们摆放椅子并点名签到记录考勤。由于队员多,印歌篇儿成了一项重要工作,一印就是几十份,她还要一个人一个人发下去。下课后,她和大家把椅子码放整齐,又是最后一个离开。现在的合唱队已经有八十多名队员了,规模不小,多次参加社会演出,在各种文艺演出中广获好评。多年来,她为合唱队倾注了许许多多的心血,虽然非常辛苦,但她乐在其中。

除了合唱队队长,葛桂秀还担任绘画班的班长,又和大家陆续组建了三十人的太极拳队、十五个人的戏曲班和二十五人的广场舞队,极大丰富了军休干部的晚年生活。早晨六点半,太极拳队就开始练功,晚上八点,综合楼里广场舞队还在排练。

葛桂秀积极向上,努力传播正能量。所里组建志愿者服务队,她第一个报名。她所在的支部党员有五十七人,平均年龄八十岁,且高龄、空巢、重病、瘫痪、独居的军休干部不在少数,作为支部委员,她深感责任重大。除了平日里见面嘘寒问暖,节假日里她都会上门探望,了解他们的生活情况,并提供必要的帮助。她把爱心奉献给了需要帮助的人,却常常顾不上照顾自己的老伴。她老伴高沛永非常理解葛桂秀是个爱帮忙的热心人,支持她为休养所和大家服务。二〇一七年春节前,她老伴因为心脏病住了院,赶巧所里有太极扇的演出任务,她上午去医院看望老伴,下午在所里负责排练,这样一连七八天。大家劝她自己身体要紧,别硬撑着。她说没事,扛得住,家庭重要演出也重要,照顾老伴是我的责任,完成好演出任务也是我的责任。

葛桂秀就是这样对生活满怀着热情和希望,坚持不懈地支持休养所文化建设,用实际行动践行社会主义核心价值观,为军休事业持久地奉献着自己的力量。

★ 杨炳武　热心助人献温暖

🏠 丰台区第三十二休养所

原在军事医学科学院生物工程研究所工作的杨炳武，精神矍铄、仁和友善。他助人为乐、热心公益，是个闲不住的热心人。

休养所成立之初，工作人员少工作量大。杨炳武总是主动到办公室询问有什么事情要做，能不能帮上忙。起初大家不好意思，觉得他是军休干部、是大家的服务对象，可他总是要帮着做点什么，工作人员也就不客气地把他越来越当成了自己人。这样一坚持，杨炳武就是两年多中的风雨兼程。一次他出门不小心摔伤了，医生让他回家静养，可才好点没多久他又来了。大家劝他回去休息，他说："你们为老同志服务这么辛苦，我能尽点力，为你们减轻点工作负担，我高兴。"

每当休养所有重大活动，他更是"不请自来"地帮助工作人员干这干那，搬椅子摆桌子提前布置会场。每月工作人员在活动室报销军休干部药费时，他总是早早来到所里做好准备，给军休干部又是发工资条，又是发《军休之友》和党员学习材料，成了一名名副其实的工作人员。

杨炳武同志是第四支部的组织委员，他工作非常认真，一丝不苟。每年的三月份是整个干休所党总支收缴党费的时间，他们支部党员人数多，有的年龄大下楼不方便，有的同志在外忙事情晚上才能回家，白天无法到办公室交党费。了解这种情况后，他就利用几个晚上的休息时间上门一户一户收缴党费，确保按时完成收缴党费的任务。每次支部开会学习，他都准时积极参加支部活动，支持干休所党组织建设。

所里成立志愿者服务队后，杨炳武主动报名参与。看望住院病号、节日慰问、上门家访，他都不辞辛苦。他们支部有个年近九旬的军休干部，老伴去世早，平时也不喜欢下楼，杨炳武平时总是主动去其家中看望，询问他有什么困难和需要，帮助他解决一些生活上的小问题，定期把《军休之友》等学习材料送到他家里并和他聊聊天，让他不再感到孤单寂寞。有位军休干部长期心脏不好，他也时常去看望，问问有什么可以帮助的。现在这两位军休干部是杨炳武专门的服务对象，建立起了深厚的情感联系。

被北京市军休办评为先进军休干部的杨炳武虽年近八旬，还有腰腿痛的毛病，心脏也不好，可他的心里总是牵挂着休养所这个大家庭，牵挂着他的两个重点服务对象。他助人为乐无私奉献，总是带给大家持久的温暖和共同奋进的动力。

高学生 干"小事" 追求人生大作为

丰台区第三十三休养所

高学生在部队服役期间，多次立功、受奖，是海军机关有名的好党员、好干部、技术尖子、模范工作者。他退休后，一直还保持当兵时的情怀。

入住海丰家园干休所后，小区建设尚未完工，到处是杂草丛生，碎砖破瓦遍地，环境亟待改善。正在这时，习近平总书记发出了"打赢蓝天保卫战"的动员令。高学生就像当兵时听到了冲锋号，立即行动起来，他找来王联名、赵荣耀等几位老战友，共同商议如何先搞好家门口的绿化，为住有一千六百多户的小区做个示范。战友积极响应，他们说："植一棵草，就给地球增一点绿；栽一株花，就为祖国添一份美；种一棵树，就为蓝天保卫战加一粒子弹！"在他们的感召下，许多老干部和家属都行动了起来。

在大家的努力下，海丰家园十二号楼前出现了一个小小的花园。一位年近八旬的老人写了一首诗，挂在了含苞待放的玉兰树上：

万楼丛中一点红，十二楼前春意浓。

业主出资搞绿化，男女老少齐响应。

挥汗如雨干劲足，公益之举感天公。

昔日杂乱不毛地，今朝草绿花更红。

高学生和大家认为：生活无小事，只要大家共同献出对社会的热情和行动，不仅天会更蓝，而且人们的心灵也会更蓝。

"向雷锋同志学习"纪念日来临前，高学生和大家走家串户访查理发高手、磨刀内行、修理巧匠，动员他们在纪念日时"出山"为民服务，大家积极响应。纪念日这一天时，理发的、磨刀剪的、家电修理的"摊儿"前，都排起了长队。"巧匠们"都说："今天，我总算找回了当年学雷锋的感觉！觉得自己突然年轻啦！"

二〇一七年的中秋节和国庆节同期而至，如何过好这两个节日呢？高学生针对海丰家园大多是同时进住，却"对面不相识，同楼如路人"这一特点，决定搞一次"邻里同桌餐"活动，每家拿出一道拿手菜汇集到一起同桌进餐，共享欢乐。这天，来的人特别多，瞬间拉近了大家的距离。大家说："高学生，抓的是小事，干的却是大事！"

随后的元宵节，高学生又精心策划了一场"猜灯谜"的文化"大家宴"，许多老干部带着大人拉着孩子前来参加，出现了大人笑、小孩跳，欢天喜地好热闹的空前盛况。

他为大家服务，深深得益于家人的支持。他的老伴对他经常参加公益活动非常支持。他去义务栽树，爱人同他一起参加；他去主持联谊会，爱人就去当服务员；他想出资买露天条椅，老伴出钱资助；他有公益活动，不能接送孙子、外孙子上下学，老伴就主动承担。

高学生感激地说："我之所以能干点事，完全靠老伴的大力支持，到老了我才真正体会到军功章有我的一半，也有她的一半的真正含义。"在他们夫妇的影响下，儿子、女儿好学上进，品德优良，爱国爱家，支持公益；孙子、外孙人小志大，决心做爷爷奶奶那样的人。全家人洋溢在幸福的生活中。

夕霞正满天

★孙运生　植绿荫共建幸福所院　行胜言培育良好家风

🏠 丰台区第三十四休养所

　　党龄已经有五十五年的孙运生总是严格要求自己及家人，他密切联系群众，为群众办好事，退休移交到地方后更要发挥余热，传递正能量。

　　四年来，每到了植树造林的时节，孙运生总会带着杜仲树树苗，挖树坑、扶树苗、培土、浇水，干劲十足。这些杜仲树大多是孙运生亲自培育的种苗。五十二株小树，参差错落，是孙运生对休养所的深情寄托，也是他老有所为的幸福见证。

　　孙运生有四个女儿，个个正直无私。他在教育孩子方面，既注重言传更注重身教，以自己的实际行动践行着党员应尽的义务和责任。他引导四个女儿"莫问收获，但问耕耘"。平时父女间聊天时，孙运生常说："现在的幸福生活，三四十年前根本无法想象。现在的生活，是前辈们努力奉献的结果；而你们今天的努力，既使得你们现在的生活有价值，更为后人的幸福奠定了基础；生活好了，更要懂得勤俭，更要努力奉献……"

　　他的女儿们非常喜欢听这些道理，更敬重她们的父亲在平时生活中的行动。她们看到的是：党员献爱心捐款等活动时，每次父亲捐的都很多；父亲的衣服成年累月穿的就是一件

军绿色的裤子。特别是夏天的穿着更是简朴，半袖都洗得发白。有时破了洞，缝补后他还是一直穿在身上，舍不得丢弃。"一粥一饭当思来之不易，半丝半缕恒念物力维艰"——孙运生总是以实际行动教导孩子勤劳俭朴无私奉献，不奢侈浪费。现在他的四个女儿都在各自的岗位上为党和国家做着实实在在的奉献。

孙运生积极参加学习，更在行动中追求做合格的党员。在发现有白色垃圾时，他就带上个大口袋，围绕休养所院墙里里外外清理掉；周边小区发生盗窃事件后，为了避免院内发生类似问题，孙运生就每天早起，围绕整栋楼遛弯，见到可疑的人都会询问一番，值守着大家共同的家园。

孙运生因为有着一身绿化、育苗、种植的好本领，在日常生活中经常指导军休干部及家属们如何种植花草，如何对花草进行保养、移植，深受人们欢迎。他也在日常的聊天中，及时发现了邻里间存在的问题、矛盾，把问题解决在萌芽状态，促进了休养所的和谐稳定。

脚踏实地的孙运生，总是以牢记誓言不忘初心的情怀，在埋头苦干中。他在院中，为大家种下了一大片绿，也在家里培育出很多美丽的花。

★段学深　凝聚人心出良策　多方协调促和谐

丰台区第三十四休养所

段学深退休前曾较长时间担任党支部书记，具有丰富的基层工作经验。移交休养所后，他当选为第一党支部书记，他牢记党的使命，努力做到退休不褪色，离职不离志，决心从感情深处把全支部军休人员的心凝聚在一起，使老干部老有所乐、身心健康。

因为是最近距离地接触党员同志们，他总是觉得作为一个基层党支部书记的责任很重大。他首先严格要求自己并从自己做起，工作从细处着手。段学深和支委一起研究后，共同认识到首先要采取各种方式接近不同类型的军休干部，了解他们所关心的重点和难点问题。

三十四所的军休干部年龄跨度大，身体状况也各不相同。有的体弱

多病，行动不便；有的人喜欢与电视为伴，很少参加休养所的有关活动；有的照看孙辈婴孩，忙里忙外，自主时间不多；有的在发挥余热，比退休之前还要忙碌奔波……对于身体不好的军休干部，他们就入户慰问，对外出工作的同志就利用节假日问询。经过一段时间的调查了解，较深入地了解了本支部全体军休干部的生活状况和思想动态。经过支部研究，一些具体好办的问题很快得到解决，有些难点问题也尽快向上级有关部门汇报后，普遍有了答复。

由于休养所成立时间不长，相应的家委会和业主委员会组建的条件还不成熟，在这种情况下，许多与大家切身利益相关的日常事务性工作就由党支部来承担完成，段学深积极主动地听取群众意见，把同志们的困难当成自己的困难，又把上级组织的政策和措施与大家共同学习和理解。

段学深和大家一起通过基层支部的细致工作，努力落实党的各项军休政策，激发了全所干部爱所建所的正能量，营造了和谐上进的新局面，涌现出了越来越多的好人好事。

★ 陈金龙　默默无私奉献　持之以恒服务

🏠 丰台区第三十四休养所

几乎所有的军休干部都有读书看报的好习惯，休养所书报阅览室的日常管理看似小事，可经年累月做起来就是个大事，陈金龙自告奋勇承担起义务管理书报阅览室的工作，几年来深受大家的赞扬和爱戴。

三十四所里看报、看书的军休干部热情高，因此报刊的按时摆好就显得尤为重要。每天陈金龙总是按时把新的报纸装在报夹里，把新的刊物摆放到位。一段时间后，再把过期刊物整理归放，同时，每天还要坚持打扫阅览室的卫生。看到书报凌乱时，他就及时整理，对破损的图书，他也想法修复。几年来，他默默而又坚持不懈地不怕麻烦与辛苦，按时开闭阅览室。

其实，他的家务活不少，爱人身体欠佳，他要买菜、做饭、照顾孩子，有时也要会亲访友。陈金龙却总是先大家后小家，只有把阅览室的工作安排好，他心里才踏实地去办自己的事。如果他要外出办事，他总是先把钥匙委托他人代管刊物报纸，返回后自己再亲自过目收拾一遍。有的时候他身体不适，爱人疼惜地劝他休息几天，但他依然坚持到阅览室。一个人做点好事并不难，像他这样勤勤恳恳日复一日，义

务坚持做好阅览室的管理工作，耗费了大量的时间和精力，实属不易。

  陈金龙不仅是图书室的义务管理员，还是第二党支部书记，他总是尽心尽力从感情深处把全支部军休人员的心凝聚在一起。为了活跃退休人员的文体生活，陈金龙亲自组织，身体力行，带头参与包括象棋、扑克、台球、乒乓球等多项活动的开展和比赛，还积极参与制定相关比赛规则、赛程。大家在参加文体娱乐活动的同时，不忘交流思想，谁遇到什么高兴不高兴的事，大家就积极出主意、想办法，或分享快乐或分忧解愁。他不辞劳苦地耐心听取群众意见后，认真进行梳理，积极做好协调工作，他那种诚挚的感情、细致的工作，赢得了同志们的充分信任。

  陈金龙退休以来，继续牢记责任恪尽职守兢兢业业，为休养所的建设和发展，做出了自己最大的努力，他以持之以恒的无私奉献，使得三十四所军休干部每个人都洋溢着幸福和快乐的笑容。

★ 沈廷来　丹心卫护社区　巧匠扮靓家园

石景山区第一休养所

二〇〇八年在北京举办奥运会期间，在石景山某小区有位老同志发现两个陌生人，先后进入社区后四处鬼鬼祟祟地张望，顿觉他们形迹可疑。他马上通报同组的巡逻员张芳茹继续监视后，自己向八角派出所报告，赶来的民警盘问后当场将两人扣留。经审查两人是盗车团伙成员，因为发现及时，保护了社区居民的财产安全，为此八角派出所和八角北路社区分别给予了表扬和奖励。

这位预防了一起居民财产损失的好人就是军休干部沈廷来。他先后担任社区卫生委员、治保主任和治安巡逻小组长等职务，工作一直兢兢业业成绩显著。

为营造小区的美好环境，老沈在楼前认领了一块绿地，自买锄头、耙子和化肥等，悉心种植花草树木。他栽种了紫薇、串红、月季、米兰、海棠、吊兰、君子兰、鸡冠子、万年青、菊花等十余种花卉，另外还栽种了杨树、杜仲、松树、香椿、槐树、花椒、常青树等树木。他常提个筐子捡拾路边及草丛中的狗粪，用来堆肥浇灌花木，这样既有利于清除社区的污染物，又使园地获得了优质的有机肥料，因此老沈"小花园"里的花木都长得格外的好，常吸引周围群众驻足欣赏。

老沈一贯重视邻里互帮，住在老沈隔壁的地方铁路退休干部老两口，去美国探望女儿一年多，临行前，他们将家里的钥匙及住房证、财产保险单等都交与沈老，并委托其代交房屋的各种费用。住在老沈对门独身老太太的生活不能自理已经数年，老沈一直帮其代领工资、取药、买菜。有一次，老太太不慎摔在地上，沈老得知后就和自己老伴、儿媳等亲属一起将老人抬上床；每逢半夜刮风下雨，沈老都要起来替这位老人关窗，还帮她疏通下水管道。老人生前曾感激地说："老沈对我的照顾真是比亲人还要亲呐！"

老沈一直是社区聘请的民情联络员，共负责七十二户居民的民情民意调查与反馈。他还担任本楼门组长，几十年如一日对左邻右舍亲如一家。社区规定每月的周末为全民清洁日，他除组织动员各户都出来打扫楼道和楼前环境卫生外，还自己找了辆三轮车拉来沙石，垫平楼前的凹凸之处，以方便车辆停放和路人行走。这些看似极平凡的小事，却折射出他高尚可贵的奉献精神。

沈老虽年过八旬，还身患糖尿病、青光眼，但他却壮志不减当年，二十多年来一直情系社区，营造和谐，为八角北路社区荣获全国模范社区的殊荣增添了光彩。他曾多次被八角街道和石景山区评为先进个人，还被北京市授予治保先进分子光荣称号。

★马久义　处处阳光诗文　翩翩婀娜伉俪

石景山区第一休养所

退休后的马久义年近八旬，但耳不聋，眼不花，腰围不增，依然走路生风，话音响亮，依然是军人的挺拔姿态。这一切都该归功于他的好心态。

进休养所过退休后的第一个八一建军节时，他思念部队，便去植物园散步，当走进樱桃沟时，一下子被那束束的光柱，穿透水杉折射到小溪中而闪烁着的点点星光迷住了，不由想起骆宾王"林虚星华映，水澈霞光净"的诗句，即兴吟出《平字歌》："平民百姓平常心，平和心态平静神。平实待人平等处，平淡生活平安人。"诗作被《长寿俱乐部会刊》刊登后，更激发了他对诗歌的更大兴趣，特别是他加入军休一所的宣传小组后，又为他的创作插上了起飞的翅膀。

他写诗文的时候，总是被火热的激情激荡。北京市给老年人发优待卡，他很快写出诗歌《老年优待卡》，其中"上下五千年，古今第一卡。源于国富强，惠民政策佳……"抒发了他的感恩之情，被《老年博览》当月刊出。他面对祖国的大好河山，放飞心情，写出一篇篇激情豪迈的诗篇；他亲身感受到所在社区的变化，创作出《香椿情》《社区黑板报》《苹果园今昔》等反映社区文化的诗文。他的诗被《中华诗词大全》选编了八十首。

随感而发，自享其乐，是他的风格。他的小孙子出生后，儿子发短信，说拟起名"马 澈"。"澈"，正符合老马的心境。他兴致勃发，别出心裁地给儿子发了首头尾相接的字谜："星星汇成天河水，水气聚集朵朵云。云霞托起空中月，月下育儿习诗文。"句尾四字正好是个"澈"字。儿子收到短信心领神会，非常高兴。

他针对一些人看事物不够全面，结合自己阅读纪晓岚的《阅微草堂笔记》里的"石兽哪里寻"的感悟，写了《洞悉天下事，须知一二三》，被《军休之友》刊登。

退休后，他也有了更多时间享受跳舞这一乐趣。他和老伴儿先后学习了国际标准舞、国际社交舞等舞蹈，多次参加北京和全国的国标舞、交谊舞大赛，获得大小奖项三十多次。他和老伴儿曾获北京市交谊舞大赛的"伉俪杯"；七十岁那年，又参加了北京市"快乐武林"交谊舞大赛，以区赛第二名的成绩进入决赛，并获奖牌。他享受着"燕尾翩翩舞，鸵羽团团旋，身随流光动，心伴金曲甜"的快乐。他们夫妻外出旅游，也不忘带上播放舞曲的随身听，无论是在泰国，还是在美国，随时翩翩起舞，常常赢得掌声一片。

老马在舞蹈中享受着健康与快乐，并且把这种快乐传导给他人。他还利用自己的特长，走向社会，在街道、居委会教大家跳舞，先后有上千人跟他学过舞。不管集体授课，还是个别辅导，他从没收过一分钱。在社区教广场舞，常常汗水湿透衣衫，他总是一丝不苟，耐心教大家。书法家为他写了条幅"舞出高雅"和一个大大的"舞"字中堂，更使他受到鼓舞。

★李佩贤　年高弥坚英雄志　善心长存助人乐

🏠 石景山区第二休养所

功臣模范李佩贤先后获军内外奖项共四十五次，获师以上先进集体奖励共十八次，荣立过二等功。他的离休令下达后，因是某课题的总体设计者，在岗位上又继续工作了三年后才离职休养。

二〇一三年，八角北里小区开始进行老旧小区改造，对于在楼体外墙增加保温层的问题，老同志们疑虑重重，如果墙体嵌入了铆钉，大家都担心会影响到墙体的坚固度。李佩贤找到有关专家，虚心请教安全性。得到安全没问题的答复后，他及时地向大家认真地解释，细致地说明，消除了大家心中的疑虑，使工程顺利实施。

李佩贤一贯坚持正义，路见不平时，总是挺身而出。有一年的大年初二，他与爱人在西安乘坐公共汽车时，他发现一偷窃团伙在车上窃取大量现金后慌忙下车。见此情景，他冲下车去，一把揪住窃贼将巨款夺回。被窃的年轻人拾起散落在地上的成捆现金，趁乱走掉。而他却被团伙围攻，后在司乘人员的协助下，盗窃团伙见势不妙才仓皇逃走。

生活中的老李为人耿直热情和善，以助人为最大快乐。他所在的单元楼四楼的一名老同志患急病，需立即送医院急救。他见状立刻背起病人，一口气背到救护车上。随车医生说："我做急救二十多年，从未见过这么大岁数、满头白发还帮助人的，一口气从四楼背这么重的老同志上车，我太感动了！"

二〇一二年初冬的一个晚上九点多，李佩贤家中的电话突然响了起来。李老急忙拿起电话，听到对方紧张地说："是老李吗？老胡忽然全身发抖呼吸困难，我不知道该怎么办，您快来一趟吧！"老李着急地说："赶快打120！"说完，穿着睡衣就跑到相隔三层的离休干部老胡家中。看到老胡平躺在床上脸色发青呼吸困难浑身发抖，双手冰凉……李老心急如焚。一会儿，120急救人员来到家中给老胡做了检查，打上点滴。医生说："亏你们打电话及时，快送医院！"可老胡因有腰疾走不了路，只能抬着下楼。老李不顾年老体弱，共同把病人抬上救护车，到了医院他又是跑前跑后，经过救治，老胡转危为安。

助人为乐的事儿，老李记不清做过多少，他常说："楼里谁要帮忙，就给我打电话，随叫随到。"其实老李的身体并不好，七级伤残、高血压Ⅱ级，还有心动过速等慢性疾病。就是这样的他，一直把"帮助他人，快乐自己"作为生活的座右铭。

大家常常会看到，担任石景山区军休总管委会主任、军休二所管委会主任的老李在路上、超市里帮人提米、提面，协助体弱老人拿重物，大家由衷赞佩年届九旬的功臣模范李佩贤："居功不自傲，平易常微笑；年高志弥坚，热心助人难。"

晚霞正满天

★常占文　暖心助人的老支书

🏠 石景山区第二休养所

离休干部、第五党支部书记常占文对其党支部所属的四个楼门小黑板，一直是爱惜备至保护如新。他及时宣传党的方针政策，更新生活小提示等，已坚持了二十余年。

老常时常到老同志家中问候聊天，了解情况，及时向所反映存在的问题，并帮助协调解决。每当有老同志和家属生病住院，他就骑上自行车，风尘仆仆地赶到医院看望，详细问明情况后给予安慰和疏导。寒来暑往，风雨几十载，他把党的关怀送到每一位患病的老同志的心坎上，令大家温暖而又感动。离休干部老贺生病住院时，老常不顾天气炎热多次看望，感动得老贺热泪盈眶。某军休干部临终前，紧紧地握着老常的手托付道："老常，请你多照顾我患病的老伴儿！"军休老同志之间、军休干部子女之间有了矛盾时，老常就是个温暖的长者，总是耐心地调解，温和地说服，有效地化解了不少矛盾。

一天半夜，有一家的热水器出现漏水，水浸到了楼下的住户。他得知后，急忙敲门叫醒热水器漏水的住户。故障虽然得到了及时的排除，但楼下住户的牢骚和不满情绪也确是情有可原，他耐心地进行劝导并积极地调解，两户人家又和好如初。老常辛苦的工作，赢得了大家的信赖，同时也树立了威信。

他性格开朗爽快心直，说话又幽默还热心助人，总能和大家融洽相处。每年他组织的大年初一支部集体大拜年，既热闹又喜庆。大家穿上艳丽的节日服装，互致祝福，场面感人。有些行动不便的老同志即使在子女的搀扶下，或坐着轮椅也要来参加团拜会。他热情真挚地发表新春贺语，更加增添了节日气氛。随后，他和大家还到因病不能参加团拜的老同志家中拜年问候，军休大家庭美满而和谐。

休养所开展"邻里互助"活动时，他更是积极响应。他带头在老同志们中宣传互助活动的好处，动员和鼓励老干部和家属积极参与到互助活动中来。他主动帮助行动不便的老同志取药报销，代领代缴各种日常食品和费用，带头清扫楼门楼前卫生、铲冰除雪等。

老常几乎每天五点即起，多年来坚持练习长穗剑。他的剑法龙飞凤舞柔中带刚，自得其乐时还给别人带来美的享受，他多次在干休所组织的活动中表演，很受大家欢迎。他还自备音箱，组织一些老同志在雕塑公园跳舞，也带动了附近群众的健身活动。在他的影响下，不少老同志参与其中，大家锻炼了身体，增添了乐趣，丰富了军休生活。

被北京市军休办评为先进离休干部的常占文舍小家为大家，心系公益乐此不疲。他豁达乐观健康而阳光，总给大家带来一片欢声和笑语。他离而不休，数十年如一日地继续保持和发扬优良传统和作风，践行着"首都军休精神"，彰显了一个老兵的风采，展现出新时期军休干部的特有魅力。

★ 高金海　传播正能量　晚霞翰墨香

🏠 石景山区第三休养所

担任所党总支书记的高金海，注重抓党的思想建设，使总支工作取得优异成绩；他以自己热烈的情怀，用笔墨酣畅的书画回报社会。

他被选为党总支书记后，为强化服务观念发起制定出了三个服务项目：一是在干休所与老干部子女之间建立电话联系制度，及时掌握老干部的身体情况；二是由所里给老干部子女写一封信，鼓励子女多尽孝道；三是发给每个干部子女一本敬老参考书，供大家学习践行。

高金海还提出休养所与八角北里社区共建精神文明的建议，结成共建对子后，他和三所的同志为老人贴心服务，在生活环境整治、制定楼门文明公约、创建和谐军休家园方面，都收到了良好的效果。

一位患病多年的军休干部家庭财产有了纠纷之后，高金海和所领导、该楼门党支部书记多次进行法律咨询，经过一年多的调解，最终经法院裁定，维护了监护人和军休干部的合法权益。

在他和大家的共同努力下，二〇一三年该所被北京市人民政府评为"敬老爱老为老示范单位"，高金海被北京市评为先进军休干部。他们的先进事迹还被石景山区军休党委、军休办拍成电视片《笑看晚霞翰墨香》。

高金海作为石景山区军休办的"公益模范",他利用自己书画特长,倡导正能量营造好环境。为迎接北京奥运会,他主编了《石景山区军休干部书画摄影作品选集》,成为全市十八个区县军休系统向奥运会献礼的第一部书画册。他还应北京奥组委有关部门之邀,绘制书写了纸扇五十把,分赠给二十六个国家和地区的媒体记者。

多年来,高金海担任石景山区军休干部书画协会常务副会长兼秘书长,还是市军休干部书画研究会的常务理事,他主持石景山区军休办书画展和参与北京市书画展十余次,主编的《石景山区军休书画册》等作品还获得了北京市优秀奖等奖项。其中《中华腾飞》等,受到广泛好评,被编入《中国书画家大辞典》。他还为石景山区军休办等办公场所,和社会有关单位奉献了两百余幅作品。

为满足军休干部学习书法的愿望,高金海办培训班义务授课近两百次,他无私的奉献精神,受到了大家的热烈称赞。他对人亲切和蔼,不论是耄耋之年的老翁,还是风华正茂的年轻人,求他写书写对联、条幅、扇面,他都毫不推辞一丝不苟。为了表达对军休战友的敬意,他还赠送给全所七十岁以上的军休干部每人一把寿扇。

一位军休干部对高金海的书画作品由衷喜爱,更敬重其为人,写下了藏头诗:"高天作锦帐,金笔绽辉煌。海阔汁无量,尊君效二王。书行龙凤舞,画启桂菊香。超越平生梦,人格耀彩光。"高金海正如诗中写的那样,以他高尚的人格和美好的艺术作品,为军休干部战友和社会奉献出善良和优雅的翰墨之香。

夕霞正满天

★赵 晶 多彩主持人 慈爱好祖父

🏠 石景山区第三休养所

军休干部高金海曾创作书法作品,赞誉在八角地区很有名气、多才多艺的赵晶:"幽默而不觉其滑,浪漫而不逾其节,丰富而不乏其味,夸张而不失其真。"

赵晶的退休生活既充实又绚丽,因为他不仅有幽默乐观的生活理念,还有善良助人的快乐行动。

上世纪九十年代初,八角街道秧歌队在市里的比赛中获金奖,筹备庆功活动时,大家一致推举赵晶做主持。他把大家在训练中的好人好事、比赛中的风采、团结互助的气氛及节目的内容,"珠联璧合"地串在

一起，第一次就获得了成功，得到了满堂喝彩。自此以后，赵晶一发不可收拾，受街道、军休、晚霞网等多方邀请，几乎月月都有主持。石景山区老龄委主办的老年艺术节，已连续举办十几届，每年每届的多场演出，都是由他主持的。老龄委主任说："赵晶的形象、风度、口才、办事认真，真了不起！"在全国晚霞网老年春晚做主持时，他还两次荣获了"最佳主持人"的称号。

赵晶曾在蓝天上翱翔了近三十年，笔挺的腰身和优秀的悟性，使得他舞步娴熟、舞姿翩翩。在市军休机构主办的首届交谊舞比赛中，他荣获了华尔兹舞第一名。除此之外，太极系列的剑、棍、拳以及秧歌等，他可以说是十八般武艺样样都会。武的，他出彩；文的，他也锦绣。二〇〇九年每月出版一期的《石景山军休报》创刊，至今发表他的文章有三十余篇。

生活中他是个善良满怀的人，对于战友、同学、亲戚中有困难的人，他也总是会施以援手。当祖国有的地区发生自然灾害时，他和老伴都在第一时间分别慷慨解囊相助。

退休后，他还一直担任楼门组长、社区老龄协会副会长、业主委员会委员等，努力服务社区三十年的同时，赵晶还不间断地为他挚爱的孙子赵梦写了一本"成长记录"，记录下孙子童年的天真快乐，少年时期的烦恼，以及青年时期自立自强的辉煌。现在小伙子已完成了硕士学业，工作既很顺利也到了谈婚论嫁的年龄。他的孙子在接受《新京报》记者采访时说："爷爷奶奶对我的爱无处不在，对我的成长有极大的帮助，这笔财富比什么都宝贵。"

赵晶，老有所乐老有所为，把自己的才华和热情贡献给军休事业，贡献给社区。他所到之处，处处有笑声，人人脸上都洋溢着微笑。

★ 冯玉林　养老有己见　健康重行动

石景山区第四休养所

被石景山区军休办评为"健康之星"的冯玉林，热爱生活，处世乐观，与人为善，他既喜爱运动，生活作息又很有规律。

他觉得从奋斗了几十年的岗位上逐渐退出，而且从家庭生活中的抚养者、助人者，逐渐变成了一个被人帮助或抚养的对象，如果不能适应这种角色的转换就会生出许多烦恼。

冯玉林说：我不怕老，也不怕死，对待老年的来临和老去的那一天，应有足够的思想准备；但也绝不因此而倚老卖老，消极地等待死亡的来临。"当下"依然可以利用自己拥有的丰富阅历和经验优势，为他人、社会和家人做力所能及的贡献。

冯玉林总是提醒自己：要学会永远地融入社会大家庭，要适应社会环境，克服自己与社会生活不协调不适应的缺点和弱点。为此，这就需要经常地提醒自己追求：自我完善、自我提高、自我改造。他觉得保持乐观向上的心态特别重要。凡事都尽量地往好处想，多一些宽容少一些计较，不以物喜不以己悲，在物质上不要有攀比的想法，在物质生活方面，应更多地想到"比下有余"的一面。不要老是想着自己对社

会、对别人的付出，总觉得世道不公，而要多想想社会和他人给予了自己的一切，要多想生活中愉快的事。多做好事、善事，对人坦诚以待，让善良永远存于心中。

老冯认为健康长寿主要要靠自己，他觉得个别人有一个误区，就是生病后过分地依赖医生和药物，而越来越不肯相信自己；特别是有的人，宁肯相信那些药可以解决自己的病痛，而不肯改变自己不良的生活恶习；应做到有病就治，无病也防，以防为主。

冯玉林认为保持良好的心态是健康长寿的前提，但"行动是关键"。要做到合理膳食，既要考虑身体需要又要考虑自己的经济条件，还要在市场上容易买到，制作又相对简便，并且是自己喜欢吃而食后又无不良反应的食品。只要吃得下能吸收排得出就吃，不强求忌口，但要遵循粗细搭配、荤素搭配的膳食结构，食物的选择应该多样化、平衡化。在这样的理念下，冯玉林即使在逢年过节美味佳肴丰富的宴席上，也不贪食，对油炸、烧烤和腌制食品以及过甜过咸食品，严加控制。他不吸烟，酒只是平时喝一点。他认为科学膳食是健康长寿的条件。

冯玉林还为自己制定了六条健康追求：体健、脑清、眼明、耳聪、筋骨活、血气通。他积极参加北京市长征长跑队组织的各种活动和比赛，曾荣获马拉松男子组比赛第六名、海直举办的长跑三千米男子组比赛冠军，并编排了用于跑完步锻炼身体的五节放松运动操。

冯玉林把继续坚持为干休所的事业发挥余热当作最大的乐趣，也以与广大军休战友的和谐相处为最大的快乐。

★ 菅孟周　不忘初心　良育青年

石景山区第四休养所

菅孟周退休后，被北京某民营教育机构聘任继续发挥余热十余年，先后任班主任和两个系支部书记、校党委委员等职。

在普遍教育的基础上，菅孟周从不轻视个别生的教育工作。如有一个同学性情暴躁做事鲁莽，因酗酒惹事曾被其他的学校开除过。进入菅孟周所在的学校后，他又因酗酒后打骂老师摔坏桌椅，学校要将其开除。菅孟周想：如果就这样把他推向社会，他向何处发展很让人担忧，于是菅孟周找到校领导建议暂时留下，加强教育试一试。他了解到：该生家庭温暖少，中学期间沾染了许多坏习气耽误了学习。菅孟周决定牺牲休息时间，本着尊重人格的原则，用不歧视不急躁不说过头话，以理服人以情感人的方式，与该生在建立感情的基础上进行深入沟通。

中秋节时，菅孟周送给这个学生一个大瓶可乐饮料，他写上了四个大字——"以乐代酒"。平时，菅孟周联系学习好的同学和他结对子，帮助他逐步改掉了坏习惯，树立了人生向上积极学习的态度。结业时该生大专十五门科目国考全部通过。毕业前，该生亲自到菅孟周和校长面前鞠躬感谢，认为是学校的理解和包容挽救了他，给了他圆满完成学业的机会。

这期间他带了三届学生，毕业专科文凭取证率在全校名列前茅，本科取证率达到百分之九十五。任休养所党支部组织委员的菅孟周,在他们教育机构的党支部里还培养出了二十二名党员,其中一人被评为北京市"十佳青年"志愿者,两人成为海淀区青年岗位能手;留校任教的九人中,三人晋升大学教师及副教授。他任教的班,在全校一百零三个班级"青春之歌"大合唱比赛中,荣获特等奖。

在部队长期做思想政治工作的菅孟周有着丰富工作的经验,更宝贵的是他总是把温暖的爱心,作为教育工作的出发点和归结点,他结合每届学生的相同点和不同点,紧紧围绕着:如何做人做事,怎样树立正确的人生观开展教育,他对思想道德方面的闪光点抓住不放,及时宣传;对典型的人和事,用专时专讲专论。

他们还以"学雷锋,树新风,送温情"等为主题,奉献丰富多彩的义务活动,激发学生们关爱他人的热情,用群众褒奖青年的美好评价激励学生们的道德感、自尊感。他们深入汽车站、养老院、民工子弟小学,积极参加每年的维权宣传活动。二〇〇八年奥运会时,全班多人放弃暑假休息,积极投身志愿服务,受到院团委的通报表彰。班长张立林学雷锋做好事更为突出,双休日很少休息,为困难同学、灾区捐款两千余元,捐物二十多件,多次无偿献血。由于事迹突出,被评为北京市青年志愿者"十佳青年"。

对教育事业无限热忱的菅孟周,几十年来为军队和国家教育事业做出了贡献,受到工作人员和军休干部的好评,还被评为石景山军休办"魅力之星"。

★敬万合　万重山水七彩梦　合力共拍入佳境

石景山区第五休养所

年轻时就喜欢摄影的敬万合，退休后看到军休干部之间互相关爱、帮助，过着美好的生活；看到国家发生的翻天覆地的巨大变化；也觉得家里的经济条件也越来越好，他觉得：实现"摄影梦"的时机到了。

随着到北京中艺影像学校和北京摄影函授学院高级班的深造，虚心向有经验的摄影高手学习取经，又取得了中级摄影师证书，摄影技术进一步提高后，敬万合从起初玩"傻瓜"，开始逐步更新摄影器材。他还从零开始一步一步学起电脑、打字、图片编辑，不懂就请教孩子，每天练到深夜，凌晨四点起床又开机学习，作品渐渐被业内接受，在《人民日报》《中国摄影报》《石景山报》等报刊先后发表图片数千张。家人在他的带动下，也成了摄影之家，荣获"北京市文化艺术家庭"称号。

干休所的许多老同志求知欲非常高，十多年前成立开设了摄影班，敬万合任教员，他把自己的摄影知识毫无保留地传授给大家。为了让大家学得快记得牢，他还把新知识编成简化摄影读本复印给大家。为提高大家的学习兴趣，在教学中他把课堂搬到野外边讲边练。十多年

来，他为干休所老年学校摄影班授课近百次，学员也由起初的几个人发展到四十多人，学员的作品不仅在各种报刊上登载，还在摄影评选中取得了名次。

敬万合认为："搞摄影的人，要有一种强烈的社会责任感和奉献精神，摄影既是文化艺术爱好更应该成为先进文化的传播工具，去弘扬社会主旋律。"他立足于石景山区改革开放的时代气息中，记录下经济、社会和环境多角度的无数美好瞬间，在石景山区文委主办的"敬万合石景山印象——摄影图片展"中，他记录石景山区发展变化的近两百幅彩色照片，获得主办者和观众由衷的赞叹。

敬万合的拍摄坚持公家的事不请主动到，个人的事有求必应。有人请他拍照时，他总是满足大家的要求服务到"家"。有的战友来了客人，他就登门拍一张"喜相逢"；有的战友家庭团聚他就上门拍一张"全家福"；有的战友挥笔书画，他就上门拍张"写真照"。干休所两百多名老干部，他几乎都存有大家证件照片的资料，大家对他这样的热情服务都极为感动。但他总是说："能为大家拍照，大家也让我拍照，这是我最大的快乐。"

十多年来，敬万合有近两千幅图片先后刊登在区、市和全国性报纸杂志上，其中两百多幅作品在区、市和全国性比赛、展览中获奖。他被聘为北京市军休摄影研究会常务理事，先后加入中国老年摄影家和北京摄影家协会，并被民政部、原总政治部表彰为全国先进军队离退休干部。

敬万合一直在努力追求"摄影既可以强身健体，又可以陶冶情操，还能给自己、家人和他人带来无限的快乐"的美好境界，给自己和军休干部们记录下了无数的幸福瞬间。

★ 万苏建　身怀特长　爱心绵绵

🏠 石景山区第五休养所

先后被评为区优秀共产党员、北京市"身边雷锋标兵",被民政部、原总政治部表彰为全国先进军队离退休干部的万苏建,退休后担任北京市石景山区红十字会常务理事、区红十字绍家坡康复医院院长。

万苏建是医学气功专家、教授。四十多年来,他用自己的专长解除、减轻了众多患者疾患的同时,十多年来还以培养传统医学接班人为己任,用自己的薪金、奖金,先后从孤儿和贫困地区失学的学生中,选拔了一批批优秀青少年,捐助他们参加学习。

护士长丁智炜从小失去母亲,当她拿到大学录取通知书时,因无力解决学费而要放弃学业。万苏建得知后,资助她继续学习。"非典"疫情时,她以志愿者的身份,不顾生命危险,先后两次进入抗"非典"一线,被评为"首都抗击非典先进个人"。

万苏建资助的孤儿党云在汶川抗震救灾中表现非常突出。回北京后,党云在人民大会堂作报告并受到党和国家领导人的接见。她婉言谢绝了大医院的招聘和国外富家医生的求婚,毅然回到了抚育她成长的家乡——大同市散岔孤儿村,用自己学到的医学技能,为那里的孤残儿童、父老乡亲服务。

万苏建从最初学气

功治病到创立红十字康复医院，从没有把自己的发财致富当成目的，而是要发扬红十字"人道、博爱、和平、发展"的精神，更好践行共产党员"全心全意为人民服务"的宗旨。

在山西省大同市东北四十多千米的采凉山下，有一个贫困的小山庄——散岔村，这里收养了被遗弃的孤残儿童三百二十多人，有的患有脑瘫、脊髓裂、先天性心脏病等。这么多孩子的吃、穿、医疗，困难重重。万苏建听到消息后，在北京市红十字会和宋庆龄福利基金会的大力支持下，率领全院医护人员常年投入志愿服务行列。十多年来，这些孩子通过他们的精心治疗，情况得到了很大的改善。现在这些孩子有的考上了大学，有的参加了工作。

汶川地震后，万苏建组建了十四个人的石景山区红十字应急救援队前往灾区。在抢救现场，有一位解放军战士被滚落的石板砸伤，造成严重的腰椎骨折和胸廓挤压，万苏建立即组织展开急救，并迅速用他们的急救车将受伤战士向原成都军区总医院转送，在车上对他进行液体和急救药物支持的同时，还把自己四百毫升的O型血输给了受伤的战士，挽救了这位战士的生命。

他领导的红十字康复医院被中国红十字会、北京市政府多次评为先进集体，并获得首都抗击"非典"先进集体、首都医疗系统赴汶川抗震救灾先进集体、北京奥运会志愿服务先进集体等荣誉称号。

万苏建因为长期超负荷工作，身患多种疾病，但他每次住院只要病情好转就立即出院投入到公益事业中去。他说："我将继续为军休干部群体争光，把自己的医疗特长继续奉献给社会。"

★ 孙书林　先尽爱心　再伸援手

石景山区第六休养所

孙书林每次动身去参加军休党委会前，都要先吃下止痛药片，然后拖着病腿扶着楼梯，忍着疼痛一步步登上四楼会议室。这位原北京卫戍区警卫一师农场场长、三次立功、多次获奖的军休干部，退休十几年来，一直关心热爱着集体，热爱着公益事业。

十几年来他始终坚守一个信念："先尽一份关爱之心，再伸一双援助之手。"特别是开展"邻里互助"活动以来，干休所周围的街道、社区、居委会处处都留下了他的身影和足迹。左邻右舍哪一家因琐碎小事闹了矛盾，孙书林都会在第一时间到现场热心调和，并不厌其烦地摆事实讲道理，直至平息、化解矛盾后，他才肯放心离开。他常说的三句话就是："退一步海阔天空，学会换位思考，珍惜来之不易的幸福！"

由于他患有腿病，走路不方便，居委会组织的各类社会公益活动时，他总是人未到心先到，自己不能去的，就让老伴代替他履行义务和责任。遇到干休所组织捐款活动时，他总是想方设法也要排在队伍的前列。

二〇一二年,孙书林当选为石景山区军休办党委委员、半壁店支部书记。每次支委会上,他们都要切合实际地提出一些加强服务与管理方面的建议和意见,孙书林尤其关心干休所的安全工作,节假日经常去地下室检查消防器材摆放是否到位和达标,查看水电暖安全使用情况。

干休所原来的活动场所是地下室,夏季潮湿闷热通风不畅,面对老干部爬楼梯困难这一现实情况,孙书林和大家向石景山区军休办反映的同时,积极联系协调相关单位,在共同努力下,终于把地面上的车棚改建成活动室。改造后的活动室,棋牌和会议并用,文体娱乐设施配套齐全,阳光明媚通透一体,深受军休干部的喜爱。如今老干部们天天在室内开展娱乐活动,个个笑逐颜开,提起此事,人人伸出大拇指,赞扬孙书林和支部为干休所老干部们着想,办了一件大好事,结束了长达十多年在地下室开展文体活动的日子。

孙书林认真地履行着党委委员的一份责任,为推动石景山区军休工作科学发展积极的建言献策,并以实际行动,诠释着一个老党员对军休工作无限热爱和无私奉献的崇高精神。

★韩瑞芬　慈爱"兵妈妈"　社会好心人

🏠 石景山区第七休养所

原北京军区司令部计生办主任韩瑞芬二〇〇八年退休。她从一九九一年开始，在每年新兵入伍后不久，都要驱车千余里，跑遍系统内的新兵连，围绕"履行新使命、迈好军营第一步"，和过好"想家关、吃苦关、心理调适关、组织分配关"为新战士们授课辅导，二十多年如一日从没有间断过，退休后依然一如既往。

二〇〇四年五月，曾与被战士们称为"韩妈妈"接触过的新兵谈子民，在工作中左手手指受伤骨折严重，韩瑞芬两次为他联系原北京军区总医院的骨科专家给他做手术，并在做手术的当天一直在医院陪伴，还几次到医院照顾他。第二年韩妈妈多次找他谈心，鼓励他考军校，并在家里做了丰盛的饭菜来款待他，进一步激励他树立信心。二〇〇六年九月，谈子民最终考上了解放军理工大学，在他的人生路上韩瑞芬给了他很多很多，让他全家都很感动。

为退伍老兵开展心理疏导组织慰问演出，鼓励他们光荣返乡再创辉煌，也是她从一九九一年开始的"爱兵之旅"。退休后，她每年还要在复退期间下部队看望退伍老兵，激励他们不忘军人本色，

奋发进取走好成长之路。多年来，她还积极帮助官兵解决婚姻、工作等实际问题，先后为近二十对青年人牵线促成了姻缘，为近三十名专业干部和退伍老兵联系安排了工作。

汶川地震后，她牵头组织了"兵妈妈慰问退伍老兵演出队"和"兵妈妈爱心志愿者服务队"，在全国妇联、四川省妇联和华北制药集团的大力支持和慷慨解囊下，共筹得二十万元的款项和价值四万元的药品，到四川汶川、都江堰等受灾严重的地区慰问了一百户军属，为绵阳市游仙区妇幼保健院赠送了一辆健康快车。返京后，她带着录有战士亲属嘱托的录像片到部队播放，并拿出两千多元捐给了七户受灾的战士家庭，使官兵和军属很受感动。

不仅如此，她还在多地建立爱心基地，发起组织军区司令部志愿者服务队扶贫济困，组织到捐款七十余万元，连续十多年救助河北省临城县五百三十余名失学儿童和一名河北省赞皇县高考状元。

韩瑞芬荣登中央文明办评选的"中国好人榜·助人为乐"榜单，还受到了很多表彰。社会各界对她的褒奖让她感到幸福和光荣，但最让她开心的还是战士们寄来的封封来信和失学女童邮来的句句心语。

韩瑞芬的爱兵之路，她越走越有劲；爱心之旅，她越行越宽广；退休生活，她越活越快乐。她说：就是要把"日行一善，天天快乐"的助人之举，永远为战士和社会做下去。

★ 张尔彬 平凡见伟大 坚持现真心

🏠 石景山区第八休养所

"共产党员生活的地方，就是为人民服务的最好平台"——这是张尔彬退休二十多年来，对自己严格的要求。他被人们亲切称为"活着的雷锋"，并在退休十七年后再次被部队评为优秀共产党员，受到隆重表彰。

一个秋天的早晨，他在晨练的路旁看到了一个蓝皮的小本子，拿起来一看，原来是一个驾驶证，里面夹有百元现金和汽油加油票。证件显示，司机是二十一岁的柏某某，家住河北省固安县的一个乡村。张尔彬猜测他应该是来京的打工人员，很可能是前一天晚上给某家送货时不慎将此证丢失，他立刻想到此证的丢失意味着失业，担心起这个青年一家人生活可能受到的影响。他随即开始了对周围邻居的走访，但一时很难寻找到准确线索。无奈之下，他只能翻开驾驶证，按照家庭地址给他家发去了落款为"一位老军人、老共产党员"的一封信。半个月后一天的上午，小伙子出现在张尔彬的面前，羞怯又感动地接过他丢失的"宝物"，千恩万谢地离开了他的恩人。

每当大雪过后，张尔彬都会马上准备好三轮车、铁锹和笤帚，到锅炉房装上满满的一车煤渣，从离家门不远一所学校的大门前到周边大马路撒上百米煤渣；之后，他立刻再装了一车煤渣直奔敬老院，开始第二场"战役"。

大年三十这样的日子，很多军人无法和家人团聚，在这样的时刻他总是要做些什么。在职的时候，他会替卫兵们站一站岗，让他们去参加部队的晚会。退休多年来，他总会在除夕、初一去走访警卫排、水电班、卫生队、炊事班和为部队供暖的工人们，带上家中过年最好的糖果、花生等，走访、拜年并感谢他们一年来的辛苦奉献。

在他心中，"三十多年的戎马生涯，很少有精力管理家事，在他们最需要的时候，也没能尽孝，没能顾家，一直是个心结"。退休以后，张尔彬下定决心要尽心尽力去弥补。他首先把父母接到了部队，让老人们和孩子团聚，彻底解决了老人们吃、穿、住、行和看病的不便等问题。而当天气不好的时候，他就陪老人在家打牌、看电视……

鹫峰山下的北安河地区盛产樱桃，但由于地处偏僻、壮劳力常年外出打工，所以五六月份樱桃成熟期时，个儿大味美的樱桃销售常常受阻。张尔彬同志看在眼里急在心上，他上门了解各家各户的樱桃种植情况，并详细地记下信息，然后自做了一个"义务导摘"的牌子挂在自行车前，帮果农们销售樱桃。

类似的好事，在张尔彬身上数不胜数。大家感谢他，大家亲近他，大家更赞扬他。他却总是说："我现在老了，但还能为社会再做点什么，也还能有这样的机会为你们做点事，我感到有价值很幸福，每天过得也踏实！"

★ 刘长胜　竹韵雅颂军休情

🏠 石景山区第八休养所

刘长胜是原北京军区联勤部的退休干部，他积极参加军休办组织的文化活动，发挥自己会说快板的特长，认真演唱自己拿手的段子，被人们称为"快板大王"。

人们喜欢他的表演，还有不少人找他学习，年龄最大的已经八十多岁。只要找他学，他总是来者不拒。起初有的人对快板一窍不通，连竹板怎么拿都不会。刘长胜就一个动作一个动作地教，打错了再一个动作一个动作地纠正，不厌其烦地一遍遍地讲解示范。每逢有演出，他总是带着几个能演唱的"徒弟"上台演出，几年来在他身边已经建立起一支四十多人能打会唱的快板队伍。

在代表石景山区民政局参加由民政部在西安组织的全国文艺会演前，刘长胜和他的三位搭档先后六次，参加北京市民政局军休办组织的演出，送去了他们自创自编自演反映石景山军休老干部先进事迹的群口快板《军休续曲》，受到领导和观众们的高度赞扬，并在会演中获得由民政部颁发的优秀奖奖牌。

二〇一三年元月，刘长胜参加北京市第四届快板邀请赛时，他凭借社区创作的段子《刘奶奶下楼》和自己精彩的演出，捧回了北京市文化艺术活动中心颁发

的优秀奖和奖金。快板大师李润杰的高徒、快板名家张志宽先生，还为他亲笔写下寄语，社区的老人们更是感到非常自豪和高兴。

二〇一四年十一月，刘长胜带着编排的两个节目，参加在北京市东城区第二文化馆举办的第六届北京市快板邀请大赛。不巧的是，邀请赛倒计时的关键时间，选在了十一月二十八日。这一天，却恰恰是刘长胜母亲去世三周年的祭日。如果弃权，几个板友的汗水白流心血白费，无疑会打击他们的积极性；而且单位上下对于他们的参赛寄予厚望。如果不去给母亲做周年，乡亲们或许会指手画脚说三道四，可能还会落下个不忠不孝的骂名。两难之中，怎么合理解决？最后他采取提前回家乡先祭扫，做好乡亲们思想工作，随后马上回来参加比赛的办法，真正做到了忠孝两全。

刘长胜和队友们参选的两个节目，分别获得了由北京市文化艺术活动中心和北京市东城区文化艺术中心颁发的特别奖和三等奖。先后参加市区比赛荣获六个一等奖，一个二等奖，三个三等奖。

二〇一七年十一月，刘长胜参加第四届"艺韵北京"群众曲艺大赛中，参赛快板作品《英雄连队英雄兵》荣获一等奖。

刘长胜先后教授了一百多名学生打快板，二〇一八年北京市组织的第二十四届中小学生才艺展示，十四个学生参赛，五个快板荣获二等奖，五个三等奖；为青少年奠定了传统文艺的深刻影响。二〇一八年十二月，刘长胜和队友们参加了第十届北京快板邀请赛暨京津冀快板邀请赛，演唱的群口快板《英雄飞夺泸定桥》荣获一等奖。

多年来，刘长胜噼里啪啦的快板声、干脆利落的唱声，不仅响遍军营，还为社区送去欢乐，为军休干部增了光、添了彩。门头沟区"星火工程"文艺下乡演出中，他给偏远山区的观众送去快乐。只要是为群众服务他就乐此不疲，每场演出都受到观众们的赞扬。

老伴心疼他，怕他累着，他就把快板轻轻地打给她说："竹板这么一打，百病它就不生。谢谢我的老伴，与你幸福同行！"

★刘河水　做事先做人　爱所胜爱家

🏠 门头沟区军队离休退休干部休养所

有一天，一个老人在门头沟桥东街军休干部活动站中擦擦这里、摸摸那里，嘴里喃喃地说："老了，要跟孩子住一块去了，以后就换人打扫你们了！"这位对休养所依依不舍的老同志就是刘河水。

门头沟干休所为了方便桥东街社区军休干部的学习和活动，在二〇〇五年建立了桥东街军休干部活动站。从建站的第一天开始，刘河水同志就主动找到所领导，要求为军休干部服务、管理军休活动站，这一干就是十多年。

十几年间的每个活动日，他总是第一个到活动站打扫卫生、开窗通气、打开饮水机，准备好活动用具或者学习材料。每次活动后，他又是打扫卫生、收拾报纸杂志和活动器材，再关上电器后才离开。

第一部分

那年"7·21"特大暴雨那一天,工作人员正要去安全检查,突然老刘冒着大雨快步走了进来。看着他满头的雨水和湿透了衣服,工作人员又气又心疼地跟他说:"下这么大的雨,有事给所里打个电话就可以了,要是着凉感冒了怎么办?"他却说:"活动站是老楼,下雨就容易墙体漏水,几年养成习惯了,一下雨就要过来看看,改不了了!"朴实的言语,深深地感动了当时在场的所有工作人员。就这样,他一直管理活动站十年,一直到了他的孩子为他买了带电梯的房子,他才不情愿地交出了"管理权"。

多年在部队的历练,使刘河水养成了自立自强、朴实善良的优秀品格,他总是说:"要想做好事情,首先就是要学会做人,要想孩子们有一个好的品行,我就先要给孩子做一个榜样。"他仁厚善良的子女,见人总是彬彬有礼,不管谁家有了困难,老刘还没有到,"小刘们"就先捷足先登,伸出温暖的援手。他所居住的小区的邻里们,大家无不赞叹他治家有方。

在公益活动中,老刘不管是捐款、捐物从不落后,每次都是积极参加,对此有的人也有些不理解,问道:"老刘,你为什么不给孩子们多留着点呀?"他笑着说:"不能养成孩子等、靠、要的生活习惯,这些钱是帮助那些有真正困难的人的。"

刘河水退休后,始终把理论和时事政治学习当作生活的重要组成部分。他每天不论有多忙,都要抽出一定时间看书看报学习,而且永远以高标准要求自己。有一次在民政局开全体党委会,由于会议时间较长,为了照顾老同志,准许他们提前退场,但是老刘从下午两点钟一直坚持到晚上快七点钟,实在有些支撑不住时,才跟工作人员要了块糖吃,当工作人员再次劝他休息的时候,他感谢大家的好意但还是坚持说:"我还要跟其他的老同志讲呢,自己都不明白,那还不讲错了?"

他不仅在学习和活动中支持干休所的建设,还努力成为军休干部与工作人员的沟通桥梁。他总是以温暖的情怀和勤劳的付出,为军休干部服务,为休养所尽力。

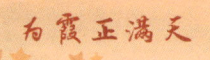

★ 白万春　乐在门球助康健

🏠 门头沟区军队离休退休干部休养所

上世纪八十年代退休的白万春，与疾病抗争，不向疾病屈服，从挂着拐棍到现在的健步如飞，不知道摔了多少次，也不知道让老伴和子女有了多少的疼惜，但他总是说："我不能就这样废了，我要走起来，如果疾病就把我打倒了，那我现在就等于已经没有用处了。"

在锻炼过程中，他逐渐喜欢上了门球这项运动，但是他只能用右手握住球棒，为此他就以右手为主左手为辅刻苦练习。功夫不负有心人，经过虚心向有经验的同志请教，他从入门到熟练渐渐成了一名高手，外行变成了个内行，现在还被大家选为门球队的队长。

他在自己锻炼的同时，还耐心教新队员打好门球，他把打门球的规律总结出自己独到的心得：三点一线，瞄准对正，注意两控（角度、方向）。他还把打门球的技巧编成顺口溜教给新队员，为此门头沟区干休所的门球队水平大有提高，在全区老年门球比赛中还获得了第一名的好成绩。

老白虽然腿脚不是那么方便，但热心服务却不打折扣。他常常到黑河门球场打球，早晨四五点就起床步行到球场打扫卫生。有时一人推着一米多高的大垃圾箱去两百多米以外的垃圾站倒垃圾，回来还要整理场地，经常是汗流满面，衣服常常湿透。他为人热情，和其他队的人关系也十分融洽，他如果有一天不去球场，大家就都关切地问：老白没有来呀？

老白不仅爱打门球，干休所组织的其他文体活动，如打台球推沙壶球打扑克等，也有他的身影。他不计较输赢，输了也高兴，赢了更开心。他说："大家在一起乐和乐和就达到目的了，老有所乐就是自己找乐儿，乐儿多了身体才能健康。"

所里开大会小会，白万春都积极参加认真记笔记，对所里布置的各项工作都是认真照办、坚决执行。他还积极给领导提建议，当好领导的助手。只要是对大家和集体有益的事，他总是走在前头干在前头。清扫门球场的积雪，改造门球场时筛沙子、垫球场的现场，总有他都和大家忙活的身影。

老白多年来都是管委会的干部，经常把群众呼声和意见，及时和领导沟通，他主持公平兼顾大局，维护干休所领导的威信，积极促进老干部和干休所工作人员的团结。白万春数年如一日，无论严寒酷暑，总是任劳任怨，就像老黄牛那样，不图名不图利地奉献着。

★ 王景春　国家门球一级教练趣话

🏠 房山区军队离休退休干部第一休养所

王景春退休后成为国家门球一级教练，说来话长。

他刚被安置时，每当看到所里门球队队员们在球场上兴高采烈练球时，就按捺不住羡慕的心情。在他的请求下，球队答应他跟着队员们练习。虽然不是正式队员，可是他对自己的要求一点都不放松，队员们训练、上理论课、外出比赛，他一次不落都跟着。市里组织门球课的讲座，不知道谁疏忽忘了通知他，他就自己悄悄跑去听。

当时门球场地使用率高，为了能错开练球的"高峰期"，他每天早晨五点多就出了家门，见缝插针练到天黑才回家。在部队时，射击是王景春的强项，通过研究他发现门球和射击有异曲同工的窍门儿。功夫不负有心人，有一次队长对他说，球队要外出比赛，你也跟着去吧。就这样，他终于修成"正果"，成了一名正式的门球队队员。

十几年前，房山区干休所和房山区城关第二小学结为军民共建单位，学校成立了少儿门球队。干休所认为王景春基本功扎实，派他去教孩子们打门球。可家长对孩子参加这项运动并不支持，他就规定：作业没完成不练球；实行"积分制"：根据队员的表现打分，谁不遵守规则、上课打闹就扣分；掌握一项技术要领就加分。有的队员学得慢，他手把手耐心地教，在这种又竞争又温暖的氛围中，队员们都越来越上进、越来越认真。

王景春不光教队员们打球，还教孩子们讲文明懂礼貌，家长们见到他都说："您是用了什么魔法，我家孩子现在知道给老人夹菜、倒水，会干家务活了。"家长们再也不担心了，都愿意把自己的孩子托付给王景春。

球队三月成立，八月参加第二届全国少儿门球赛，王景春带领的第二小学队获得了全国第五名的好成绩，还获得了道德风尚奖。随后这支队伍获得第三届全国少儿乙组门球赛亚军，再一次刷新了房山区的纪录。很快全区有十七八所中小学校都组建起了少儿门球队，房山二中、黄辛庄小学……他都去指导。他带领的房山区少儿门球队，还在北京市少儿门球赛中两次摘得冠军。

　　王景春的优秀执教业绩，使他成了国家门球一级教练。当年的全国第一届农民门球赛上，他带领的磁家务农民门球队取得了第七名的好成绩；房山区老年门球队参加全国老年体育健身大会门球赛，获得金奖。他带领房山区女子门球队，代表北京参加全国女子门球公开赛，一举拿下冠军，创下了房山区门球在全国赛事中的最好成绩！

　　从家人对他初打门球时的"冷落"，到现在连孙女也蹦蹦跳跳地跑过来和他比奖牌，他的精神头越来越足，他的退休时光充溢着满满的幸福。

★ 刘雯清　二十年的特殊临时工

🏠 房山区军队离休退休干部第二休养所

铁道兵出身的离休干部刘雯清坚持天天学习，摘记、剪报，不断开拓新思路，时刻保持共产党员的进取精神，他坚持"老有所为"的崇高追求，用自己的所长为国家和社会贡献余热。

一九五八年，刘雯清被借调到原国家人口计生委办公厅参加信访工作，一干就是二十年。他摆正位置，放下架子，从头学起，边干边学。二十年来，他接待全国各地进京上访信访人员一万三千多人次，阅处来信来电三万余件，整理《信访摘报》《信访信息》三千六百余件，对维护首都安全稳定做了许多具体工作。他坚持做到"为民、务实、清廉"，在

平凡岗位上，再现了离休后的自身价值。二〇〇五年六月八日的《中国人口报》报道了他的事迹，时任国家人口计生委的领导赞扬他："呕心沥血，勤奋工作，甘于奉献，成绩显著"。

刘雯清乐观向上离岗而不休，服务社会笔耕不辍，他追求老有所为的价值观，让自己的军休生活过得丰富多彩。他离休后积极参加干休所各项活动，从事业余文学创作，为军休工作以及人口计生工作留下了宝贵记录。他在国内二十余种报刊发表新闻、通讯、影视评论等一千多篇。他撰写的《行者路无涯》一书，一篇篇生动的文章，记录了他的工作、生活历程和人生感悟。他的《火车开到三八线》《苦乐年华二十年》两篇文章，还荣获了民政部全国征文的三等奖。他曾十多次被评为市、区通讯报道先进个人，还荣获"北京军休榜样"的荣誉称号，并被民政部、原总政治部表彰为全国先进军队离退休干部。

刘雯清作为房山区"红色宣讲团"成员，把传播党和军队的优良传统作为一项义不容辞的政治责任，他去学校、社区、医院进行传统教育活动，多次为良乡一小、琉璃河中学宣讲抗美援朝期间，革命先辈抛头颅洒热血的英雄故事，为良乡医院宣讲战争年代救死扶伤、抢救伤员的感人事迹。

"浓情挥毫书忠诚，笔耕不辍写华章"的刘雯清，牢记公仆意识，保持晚节，保持本色，有一分热就发一分光。他在日常生活中做平凡的人，干平凡的事，保持平凡的心，做一名务实的军休干部，总是踏踏实实做贡献。

★范玉民　社区热心人　军休好榜样

🏠 房山区军队离休退休干部第二休养所

范玉民在部队时曾荣立三等功两次，还被评为先进工作者，退休后使命感和责任感依然在激励着他：努力发挥余热，继续奉献社会，使自己的晚年生活过得精彩有意义。

二十多年前，所里成立了理发小组，范玉民主动加入。他边学边干，每周为大家义务理发，对年龄偏大、行动不便的军休干部，他还带上理发工具到家中为他们理发。截至目前，为老干部和群众义务理发达四千余人次。

小区由于历史原因没有物业管理，下水道堵塞的情况时常发生。所

里居住的军休老干部人数比较多，不少人年事已高，行动不方便，范玉民就和老年志愿者服务队队员们一起，常常为老干部家疏通下水管道。

范玉民所在党支部的老干部多为独居空巢家庭，遇到老干部突发疾病时，老范总是第一时间前去探望。他曾先后将患脑血管病、心脏病突发的三位同志及时送往医院，为病人得到及时的抢救赢得了时间。有时碰到老干部匆忙中没带住院押金，他就积极与医院协调，等老干部亲属到医院安排妥当后才离开。

小区安装天然气前，军休老干部换液化气罐儿是件大事，老范亲自安排并落实人员有序为军休干部换气罐，几年间共为大家换了两千多罐。他热情关心本支部老同志的同时，还时常帮助军休干部家属及周边邻居。有户邻居夫妇双双下岗，其中一位还是一名残障人，他不仅经常到邻居家激发他们增强生活的勇气，还找到居委会帮他们办理了低保，并鼓励两个人参加社保局失业人员技能培训，帮他们走上了新的工作岗位。看到那家人欣喜的表情，范玉民比自己家有了好事都高兴。

范玉民被选为第三党支部书记后，他和党支部成员们一起，连续多年开展评选"五好楼门、五好家庭、五好休养干部"等多项活动，有效地提升了军休干部的道德情操和文明素养。

退休二十多年来，范玉民多次被评为房山区民政系统"优秀共产党员"，被拱辰街道办事处推荐为北京市"健康老人"和"文明使者"，还两次被民政部、原总政治部表彰为全国先进军队离退休干部。

作为一名有着五十多年党龄的军休干部，能继续为党和人民做些事情，他总觉得是应该做的，也总觉得怎么做也做不够。他总在思考的，就是怎么样有一分光就发一分热，怎么样继续做到离而不闲、退而不休，怎么样为群众和社会多做贡献，怎么样永远做一名发光发热的军休党员。范玉民不仅仅这样想，而且一直在这样做。

★崔文生　誓言总不忘　老骥自奋蹄

🏠 房山区军队离休退休干部第二休养所

崔文生时刻牢记自己是一名中国共产党党员。他常说，作为一名共产党员，没有职务可以，但是不能没有任务和工作岗位。在部队时，由于他突出的成绩，先后六次荣获三等功，多次被评为优秀共产党员，数次受到嘉奖和表扬。

退休后，崔文生仍被原部队医院聘用十七年，多次受到军、师两级首长的肯定和赞扬。为了推广他的先进事迹经验，上级专门召开了两次现场经验交流会，肯定他对原北京军区后勤医院的文化建设起到的明显推动作用。

二十多年来，崔文生为休养所和社区撰写了六十多万字的文字，是休养所文体活动的主要策划者，特别是他为休养所游艺会倾注了大量时间和精力。每次游艺会的上百条谜语，他先是拟写出谜面，再用毛笔抄写在彩纸上，这是一项很细致的工作，但他总是一丝不苟地按时完成。

被拱辰街道聘为文化顾问的崔文生，通过和大家的共同努力，他所在的社区被评为先进社区。凡是社区交给他的任务，他都兴高采烈地接受，保质保量地完成。因为社区老楼房要拆迁，前些年他搬到了另一个社区居住，虽然社区变了，但他为社区服务发挥余热的精神没有变，仍然继续同时为两个社区服务。

崔文生和老母亲共同生活了三十余年，母子、婆媳关系融洽，老伴儿一直把婆婆当作自己的亲妈，婆婆也把儿媳看成是自己的亲闺女，直到老人家九十二岁因病离世。他们家敬老爱幼的良好家风，在原部队单位就被传为佳话，退休后，又成为军休干部们学习的典范。他们一家被

北京市评为"尊老敬老和睦家庭",还被民政部评为"和谐军休家庭"。

幸福的家庭,也哺育了优秀的子女。二〇〇三年春非典猖獗之时,崔文生积极鼓励在医院工作的女儿走上抗击非典的第一线,同时以《一辈子不能忘记的誓言》为题,撰写出了为祖国和人民奉献的征文,该文被民政部评为特等奖。

他担任休养所党支部书记期间,积极加入房山区民政局组织的红色宣讲团中,多次深入社区基层进行宣讲。他经常说:"退休后能继续为党和人民做些力所能及的工作,是我莫大的荣幸。"退休生活中,他不忘的是初心,是继续前行;忘记的,是自己是一个做过左肺全切手术的肺癌病人,忘记的,是自己同时身患疝气、青光眼等多种疾病。他总是情绪饱满乐观豁达地面对现实,勇于同疾病作斗争,科学调理,坚持锻炼,尽最大努力,使自己以最好的状态,持续为人民服务。

★ 杨振殿　温情如细雨　爱心总绵绵

　　🏠 大兴区军队离休退休干部休养所

　　杨振殿从大兴区武装部退休后，继续坚持"树立共产党员的良好形象，实现人生价值"的目标追求，多年担任休养所管委会主任，为大兴区休养所的工作发挥余热。

　　二〇〇七年，所里的一位军休干部不幸突然离世。因为病情变化突然，家中一些具体事宜没有来得及作出相应的安排，子女们因为家中财产分配问题发生争执。杨振殿得知消息后，与当时所里的副所长共同商讨问题的解决办法，并五次入户到几位子女家中做工作，讲道理，谈感情，使老干部遗属和几位子女都十分感动，最后这场因家庭财产引发的纠纷，在杨振殿和休养所领导的共同努力下圆满解决。事后老干部遗属及其子女，一同真挚地到所里表达对休养所工作人员及杨振殿的感谢。

杨振殿常常说:"服务无小事。要真心真意对待老干部,时刻把老同志生活的小事放在心中。"每年逢大的节日,他都与休养所的工作人员一起走访慰问老干部家庭。他认为:慰问老干部,这是党和国家对老同志的一种礼敬;对昔日的战友,这是同志们间的关爱和友情。而对于青年干部,这也是一种向老同志们学习的机会。平时,遇到老同志生病、住院,他和大家也会及时带上慰问品探视,并时常打电话询问身体状况。对因病或生活确有困难的老同志,他积极和所领导沟通并提出建议,根据政策给予一定补助。

杨振殿自己的身体也不太好,患有心脏病、脂肪肝、高血压等多种疾病,多次住院治疗。但只要是服务大家,他立刻就有了使不完的干劲儿。他理解大家的心理,常常以一名曾经的军人身份,与有着深深军队情结的老干部们谈心,共同回忆过去部队的生活,帮助他们打开心结。对刚退休的"新"老干部,他又以一位已经脱掉了军装、赋闲在家、享受幸福军休生活的老人身份,与他们一起聊家常谈生活讲爱好,帮助他们尽快地适应新的生活。

杨振殿始终保持着部队的良好传统和军人的优良作风,二〇一二年参加了大兴区关工委组织的老干部志愿团后,更是尽心尽力为"关心下一代"事业奔波忙碌。他认真学习,总结当下有关青少年特点,深入了解青少年犯罪的相关知识,思考犯罪"年轻化"的诸多因素,倡导建立有利于青少年成长的社会环境,鼓励青少年积极发挥爱国热情,为此还撰写出五千多字的《青少年应有爱国之心和报国之志》的心得体会和发言稿。杨振殿即使在生病住院的情况下,依然积极参加关工委的培训和学习,为做好"关心下一代"工作献计献策。

二〇一五年,北京市军休干部服务管理机构"星级"评定中,大兴区军队离休退休干部休养所被评为四星级服务机构,杨振殿和每一位为此作出贡献的干部和工作人员,都沉浸在喜悦中。

晚霞正满天

★李生雨　红色基因的传播者

🏠 大兴区军队离休退休干部休养所

李生雨是开国上将、共和国第一任石油部部长李聚奎之子。为了宣传和弘扬红军精神，他与一批老红军的后代一起组成了"红军后代授课团"，传承革命红色基因，追忆前辈人生坐标，共同坚定理想信念。几十年来，共讲课百余场，听课人员万余人次，受到了听众的广泛好评。

讲课对于退休前曾是医学教授的李生雨来说本不算难事，但是作为红军后代来讲述父辈的故事传承红军的精神，到底应该讲什么怎样讲，这却让李生雨感到了前所未有的压力。

李生雨认为，讲述父辈的故事不是为了给自己的父亲扬名立传，而是为了让大家了解老一代共产党人走过了怎样的苦难历程，在他们身上又有哪些值得世代传承的红色基因。针对每次听课人员的不同特点，李生雨为自己的授课定下了几个原则：首先要真实严谨地尊重历史，不渲染不夸张，让听众觉得真诚而令人信服；第二要朴实亲切，通过描述儿子眼里的亲情家事，来折射父辈坚定不移的理想信念；第三要充实厚重，不讲空洞的大道理，用一个个生动感人的故事串起父辈们的人生亮点。

每次上课前，他总是诚惶诚恐地准备和练习，唯恐年纪大了脑子一时短路而出现差错，为此他常常要备课到深夜两三点钟，有时甚至通宵达旦。每当他登上讲台，讲稿上的文字就变成了他对父亲鲜活的回忆，变成了对红军英烈深情的祭奠。说到悲壮惨烈之处，李生雨常常几度哽咽难以自制，台下的听众也鸦雀无声，同他一起动情流泪。他的课讲到精彩之处时，时常被听众热烈的掌声所打断。

李生雨身患甲状腺机能低下、高血压、高血脂、动脉硬化等多种疾病。二〇一七年十月，李生雨因长期在外授课，积劳成疾住进医院进行手术治疗，尽管很快好转，但家人都担心他外出时发生意外，劝他不要再讲了，可他却执意不肯"下课"。他说："老人没给咱们留下房子留下地，留下的只有这种精神，我们是离红军最近的一代人，只要能动，讲到哪天算哪天……"

在讲课间隙，李生雨还注重自身的学习"充电"。李生雨说："我不是作家，也不是演说家，但要讲好每一次课，必须把功夫下在平时。"为此，他先后学习了革命领袖的有关论述和《心理学》《教育学》等相关知识。不断地学习，也使他的讲课在古今结合、远近结合、新老结合等方面，总是有新的营养在不停地注入。

"苍龙日暮还行雨，老树春深更着花"，李生雨用自己的实际行动，体现着发挥余热奉献人民的人生价值。他在久远地传播着红色的真实故事的过程中，也使得自己的军休生活充满着幸福。

★吕冀蜀　不忘初心　情系国防

🏠 通州区军队离休退休干部休养所

吕冀蜀在部队工作时曾四次荣立三等功，担任清华大学军事理论课教员期间，他锐意教学改革创新，为提高军事课质量作出了积极贡献。先后被评为北京市学生军训先进个人和全国学生军训工作先进个人。

吕冀蜀退休后，根据清华大学的要求，从二〇〇二年起被聘为清华大学军事教研室副主任、征兵工作站副站长，负责全校军事理论教学和国防教育工作。他负责全校每年三千多名新生军事理论课课程的筹划安排，主讲三个课题的课程，每年担任三百多学时的课程教学任务。还开设了四门军事选修课，每年选修课上课学生一千余人，所授的课程年年被评为清华大学优秀课程。他还荣获清华大学教学一等奖及北京市教学成果二等奖等，多次被评为北京市优秀军事理论教员。

他负责清华大学学生征集义务兵工作，主持制定了《清华大学学生应征入伍优抚待遇规定》，积极做好征兵的政治思想动员和各项事务性工作，帮助他们办理各种手续，使参军同学顺利走向军营。还确立了与入伍同学所在部队加强联系的共建共育机制，他每年到部队看望服役中的同学，激励他们练兵习武勤奋学习努力工作，为部队建设作贡献。这些入伍的学生，在部队时都表现优

秀，全部被评为优秀士兵，有三十八人在部队立功，其中一人荣立一等功，四人荣立二等功，三十三人荣立三等功，成为全国高校入伍学生中立功受奖比例最高的单位。

入伍同学中涌现出很多在全军全国有影响的先进典型，他们的事迹也被《解放军报》、中央电视台军事频道等多家媒体追踪报道。这些同学在服役期间的表现得到所在部队首长及战友的充分肯定，退役后更是将在部队中锻炼养成的良好作风带回校园。截至二〇一八年年底，已有一百三十四名同学退役返校复学，他们用满腔报效祖国的热情，激发着自己更加努力地学习。其中有六十多名同学获免试推送读研究生资格，二十八名退役同学担任学生辅导员，七名同学转为国防生重返军营，四人被评为全国和清华大学自强之星，二人担任清华大学学生会副主席。吕冀蜀也因此多次被北京市和海淀区政府评为征兵工作和人民武装部先进个人。

吕冀蜀还多次为其他大学、中学作国防教育报告，他主编的《大学军事教程》获得清华大学优秀教材二等奖，为使更多的学生参与军事选修课程，他从二〇一六年开始面向全国开设了《高技术与现代战争》的大规模在线开放课程，每学期选课人数近两万人，深受学生欢迎，收到较好的效果。被教育部评为"二〇一八年国家精品在线开放课程"。

吕冀蜀四次被评为清华大学"清韵烛光"学生最喜爱的十佳教师，被北京市聘为国防教育讲师团讲师，还被国家国防教育办公室列为师资库专家。

吕冀蜀还常常以一位老军人的国防视野，为军休老干部、休养所干部职工开展《海洋权益与国家安全》等知识讲座，受到了大家广泛欢迎的同时，也幸福地享受着自己的军休生活。

★任友贵　平谷区休养所的大能人

🏠 平谷区军队离休退休干部休养所

任友贵从部队退休后不忘发挥余热，在平谷区峪口镇磁性材料厂做了一名厂医。他凭借着自己的医术，协助该企业创办了医务室，全厂三百多名的工人也由此得到了很好的医疗保障，使得工人们一般疾病不用出厂，并用自己的仁心仁术为广大工人节约了很多开支。

多年前，他为了方便周围群众做理疗扎针灸，还开了个诊所。他的诊所不以营利为目的，用自己的诚心对待每一位患者，任友贵被周围群众亲切地称作"仁医生"。

"活到老学到老"，这是老任的人生信条。作为一个乐于接受新鲜事物、时尚的人，他利用业余时间自学了电脑和摄影知识，当他有了第一台相机后，就跟随着老伴儿的秧歌队到处照相拍摄，用手中的相机记录了一个又一个美好的瞬间，并为大家刻制了很多张光盘，他也成了秧歌队中明星般的人物。

随着时代的进步，摄像机又开始走入平常百姓人家。老任觉得动态记录比照片更有吸引力，十多年前他又买了一台摄像机。二〇〇八年奥运会时，平谷区军休办组织老干部参观鸟巢，他完成了第一个作品。老任知道，虽然摄像技术不难掌握，好像是一学就会，但真要拍出好的作品也不是一件容易的事。摄像不是比画比画就可以的，必须要把握好平衡。于是，他就像当年举枪练习射击一样，连续坚持十多分钟双手端稳摄像机进行练习。随着对摄像技术和设备的进一步了解，老任开始不断地从人与自然、主画面与背景、动与静等关系方面，逐步升华自己的摄像主题、技巧和表现。每次在行动前，他总要先在脑子里进行策划，根据策划取景、拍摄。他知道一个作品的好坏关键在于最后的编辑，他不断揣摩研究，从摄像到剪辑、配乐、试放，都要经过几次翻来覆去的检验更正。在别人看来枯燥、烦琐的事情，老任却乐在其中。每次看到自己亲手制作出来的片子得到大家的认可，他都感到由衷的欣慰。

无论老任有多少爱好，但他都放不下自己能为大家服务也是自己最喜爱的医术。近几年，他经过潜心研究，对于急性腰椎间盘突出症，采用松解术、针刺等手段的早期治疗更有了心得。

任友贵作为一个老有所为、追求活到老学到老的军休干部，凭借着一颗感恩人民回报社会的心，不图名利地从点滴做起，从身边做起，用自己所学的技能丰富着自己的人生，更像老黄牛一样默默地为群众做着奉献。

★ 韩顺通　永把人民放在第一位

🏠 顺义区军队离休退休干部休养所

韩顺通是一位参加过抗日战争、解放战争和抗美援朝战争的老兵，穿越过枪林弹雨，经历了生死离别后，韩顺通对幸福的理解反而更加简单。从离开军队那天起，他就将离休视为人生第二起点，决心在生活中不居功自傲，只做实实在在普普通通的人，依旧和在部队时一样要用军队的纪律严格要求自己。

二十世纪九十年代初，顺义区建新北区小区刚刚建成，绿化工作一时无人管理。老韩就主动地担负起小区北侧八百五十平方米绿地的义务管理任务。才建完的楼房前有很多的砖头瓦块，他天天不辞辛苦，把石

头、砖瓦收拾出来，然后垫上土种上花草。不知不觉中，建新北区小区整片绿地都"变"成了美丽的花园。这十多年，他年年被评为绿化美化标兵，直到小区绿化有了专门的人员负责管理，他才卸下这副担子。

他觉得草地的花草美丽了，人们的心里也应更美丽，书与报就是人们心里的花草。从一九九五年元月开始，韩老就主动承担起了顺义区建新北区第二居委会二十栋楼、一千四百多户居民的报纸、杂志、邮包的义务投递工作，这一送就是三年四个月。可又有谁知，此时的他是高血压、心律不齐等多种老年疾病的患者。无论严寒酷暑，刮风下雨，他的投递总是风雨无阻，这对一位曾在战场上八次负伤、年近古稀的老人来说，困难可想而知。但老韩不怕苦不叫累，他把全心全意为老百姓送报为乐，也把投递工作当成新的战斗任务来完成。

被评选为"北京军休榜样"的韩顺通，戎马生涯几十年，参加大小战斗二十余次，荣立七次战功、一次大功。他愿意将自己革命生涯中的故事讲给孩子们听，因为他知道，只有让孩子们牢记那段历史，才能更加珍惜眼前的美好生活，才能开创更加灿烂的明天。

他曾是顺义区关心下一代协会第一批会员、区第五中学校外辅导员。不管是盛夏酷暑，还是风雪严寒，不管社会各界是谁，只要是有需要，韩顺通都义不容辞地去讲革命传统，做思想教育工作。特别是每年的寒暑假，韩顺通为小区里的孩子们讲战斗故事，成了他们居委会的一个保留项目。他参加过大小各种演讲活动几十次，他的革命乐观主义精神和艰苦奋斗、不屈不挠精神，深深地激励和感染着一批又一批的听众。

二〇一五年九月三日，韩顺通作为老兵方阵的一员，参加了在天安门广场举行的"纪念中国人民抗日战争暨世界反法西斯战争胜利七十周年"大阅兵活动。韩顺通幸福地说："多亏党和政府，我能活到这么大岁数！习近平总书记日理万机，心里还装着我们这些老战士。我要努力为人民继续服务！"

★ 张俊祥　休养所里的热心人

🏠 顺义区军队离休退休干部休养所

党支部副书记张俊祥是个热心肠。

那年军休办组织去雾灵山旅游，他听说老刘由于没记清乘车时间是上午八点，早晨五点多就往集合地点走去，他怕老人去得太早而受凉，就去追她。来回跑了一千余米，才把老人追了回来，累得够呛。

邻里互助的事儿，张老记不清做过了多少，他常说："楼里谁要帮忙，就给我打电话，随叫随到。"他常年帮助行动不便的几位军休干部代拿药品，还常常帮着他们推轮椅，陪着聊天晒太阳。至于帮助邻里代交水、煤气费，购买日常生活用品等，在他更是不在话下。在他的带头和感召下，军休干部邻里互助蔚然成风，和谐美好温馨的故事层出不穷。

张俊祥的好心肠由来已久，早在部队服役时，他曾任医院三所指导员，上世纪八十年代初，因为所长被调去执行其他任务，所里又没有副所长，领导便指定张俊祥既负责抓业务，又抓管理和思想政治工作，一年的时间里他很好地完成了各项任务。年终评奖时，从院领导到各所负责人一致同意给他记三等功，他坚决不要并说："要给我立功，先把我调出三所，不然我无法开展工作。"就这样，立功的事就这样被他自己推开了。

警卫三师交到顺义休养所安置的退休干部和军工加起来有几十人，不少人大事小事都愿找他商量，大家都认为他热心肠、责任心强、办事认真，社会上有不少单位有事也愿意找他帮忙，像区老干部局、社区、居委会等组织文艺活动都请他帮忙，学习太极拳、太极剑、太极扇等也都愿意请他执教，他总是呵呵一笑地欣然"听命"。

老张作为战争年代的见证者，总是愿意将革命的故事讲给孩子们听。每年寒暑假为部队大院里的孩子们，讲战斗故事成了他的保留课程。

老张在每一次灾害和社会需求面前，他总是用自己的爱心行动诠释着奉献的含义。汶川地震期间，他第一时间捐款；玉树地震后，人们再次看到他捐款的身影。

慷慨贡献社会的张俊祥，自己和老伴的生活却十分节俭。走进老张的家中，看不到一件值钱的电器，翻遍了房间也找不出一件像样的衣服。旧军装就是老张的最爱，一年四季他几乎每天都穿着干净整洁的旧军装。

张俊祥说："我从十几岁就开始当兵，在军队干了一辈子，在部队上受到的教育，就是要把人民时时刻刻放在第一位，对人民有好处的事儿一定得多干，没好处的事就坚决不干。人活着，就要为党多干点事！"他逢人便露出朴实的微笑，见人就说着温暖的话语，幸福总是写在他的脸上。他总是用他的热心，让人感受到一种润物无声的力量。

★李焕琦 无私奉献 永不褪色

🏠 怀柔区军队离休退休干部休养所

退休前任原怀柔县人武部政委的李焕琦，二〇〇三年三月被选为怀柔休养所党支部副书记兼管委会主任。十多年以来他和大家共同努力，使怀柔区休养所成了一个讲政治、讲正气、讲奉献，团结和谐充满正能量的集体，休养所党支部和休养所多次被评为先进党支部和优秀休养所。

李焕琦患有高血压、心脏病、关节炎、腰椎间盘突出等疾病，但他一直带病坚持工作，一心扑在工作上从不计较个人得失。他遇到身体不好、行动困难时，在去休养所的路上，他就是拄着拐杖拿着马扎，实在走不了的时候就坐下来歇一会儿，也要尽最大努力参加各项活动而不耽搁工作。

多年来，李焕琦顾不上自己的身体状况，总要坚持亲自探望慰问住

院或行动不便的老同志，把组织的关怀和温暖送到了老同志的心坎上。他把每个老干部都当作是自己的亲人，热情为老干部服务，谈心解惑排忧解难。有的老干部家里闹矛盾，他就同主任等人多次去老干部家里调解，促进家庭和睦；有的老干部因病常年出不了门，他有时就用手机视频与老干部聊天。有一名伤残老同志，老伴没有工作还因患哮喘需要长年吸氧，老两口生活基本都不能自理，还有失去亲人的悲伤，生活十分困难。李焕琦积极向上级组织反映该同志的情况后，得到了怀柔区委组织部、民政局党委的高度重视，他们专程带着慰问金去探望，市军休办还为该同志增发了护理费。

怀柔区军休办连续两年推荐出的两位抗战老兵，先后参加抗日战争胜利七十周年纪念活动和抗战胜利大阅兵，受到了习近平总书记的亲切接见和检阅。李焕琦和大家请两位老兵讲述受到习近平总书记接见和检阅的感受，使全体老干部深受鼓舞，认为这是党和国家对军休干部最高的政治待遇。

李焕琦和大家积极发挥正能量，树立军休干部的良好形象，每年都组织老干部参加共产党员献爱心、救助贫困地区等公益活动。支部组织老干部捐款、购买学习用具和食品，到怀柔区儿童福利院给孤残儿童送温暖等活动，进一步树立了军休干部的良好形象。李焕琦还积极支持老伴参加社会工作，做促进邻里和睦助人为乐的好事，他们家还被社区评为先进个人和五好家庭。

一个人做一件好事并不难，难的是十几年如一日，持之以恒不为名利，默默地无私奉献。特别是对于李焕琦这样一位身患多种疾病的老同志，更是难能可贵。现在，他虽然从支部书记的岗位上退了下来，但他仍然像以前那样，严格要求自己，他要做一个忠诚于党永不褪色的合格党员，当一个在无私奉献岗位上永远战斗的老兵。

★ 赫守云　大功老兵书新篇

🏠 **怀柔区军队离休退休干部休养所**

参加过抗日战争、解放战争，先后经历了无数次大小战斗，曾荣立过大功一次、小功五次的军休干部赫守云，始终像是一面旗帜，走到哪里就将"红旗"插到哪里。二〇一五年九月三日，中国人民抗日战争暨世界反法西斯战争胜利七十周年阅兵式上，他登上了受阅车，接受了习近平总书记和全国人民对抗战老兵们的检阅。

居住在怀柔区泉河街道滨湖社区的赫守云，当了二十多年社区义务清洁员，为保持环境清洁，他不分寒暑，每天在小区内捡拾丢弃的垃圾。当看到小区内有人乱扔废弃物时，他便及时上前好言相劝；当他看到不法分子在城区内到处张贴的小广告后，他每天早上四点钟就起床，拿上小水桶、小扁铲，和城市清洁工一起清除小广告。很多次，张贴小

广告的不法分子,堵在老赫的家门口对他进行谩骂,有的还企图殴打老人家,一身正气的老赫高声喝道:"老子日本鬼子都打过,国民党匪兵也被我们赶到台湾去了,就你们几个小毛贼?放马过来!"面对大义凛然的老赫,不法分子灰溜溜地跑了。对于他热心公益的做法,家人疼惜,也有不少人虽然敬重但也不理解,可是赫守云执着公益从不动摇,二十几年如一日锲而不舍地坚持着,深深地感动了邻里和家人。

为加强小区治安环境治理,他还申请担当起了治安巡逻员,无论刮风下雨还是酷暑严寒,每天坚持义务巡逻。由于他为社区两个文明建设、人文和谐、社区环境卫生做了大量工作,多次受到社区表彰,二〇一二年北京电视台记者专程采访了他,并在《晚晴》栏目播发了他的事迹。

与赫守云住的地方相距不远的十多位离休干部,有的人身体不太好,常年不能出门。对此,赫守云主动承担起照顾他们的责任,每天做完城市保洁后,便来到这几个老战友家中帮助打扫打扫卫生,陪老战友聊聊天唠唠家常。有的老战友住院时,他还在家炖好鸡汤,熬好小米粥送到医院,使战友在浓浓的情谊中倍感温暖。有时哪家婆媳之间有点儿小矛盾时,也愿意来找他评评理;哪家小孩儿无人看管,也来找他照看……赫守云几乎成了这几家的义务勤务员,他们离不开他,他也离不开他们。

荣获"北京军休榜样"的赫守云常说:"一人有困难,大家来帮忙,这是一个老共产党员应该做的,尤其是作为一名军队离休老干部,就更应该永远为人民服务!"淡泊名利、甘于奉献、不善言辞的赫守云是这样想的,也是这样做的。

★仇有臣　老有所为　永远奉献

怀柔区军队离休退休干部休养所

曾荣立过四次三等功的仇有臣，退休后在任支部书记期间，带领支部一班人发扬良好的工作作风和为人民服务的精神，使党支部的战斗力和凝聚力越来越强，并成了休养所的战斗堡垒。他们认真负责任劳任怨，不计较个人得失，深得全体党员的赞誉。

军休支部时时事事想军休干部之所想，急军休干部之所急，帮军休干部之所帮，尽一切可能为军休干部提供便利，从小事入手，搞好服务。在市军休办的大力支持下，所里积极争取资金，为军休干部家里报装了煤气，使军休干部告别了靠煤气罐儿做饭的烦琐。与此同时，他们还整合资源，对室内电路、一楼下水道都进行了改造。

硬件设施的逐步完善，使得大家在注重军休干部身体健康和文化养老方面，有了更大的兴趣和动力。他们积极与有关部门协调，为军休干部办理了几所大医院的优诊证，并和区内几大旅游景点积极沟通，为大家争取到免费游览证。在市军休办的支持下，还增加了不少的运动、娱乐设施。

先后成立门球队、沙壶球队、合唱队、太极拳队、摄影组等文体组织后，仇有臣和支部的同志们一起，积极配合休养所有组织地开展活动，不但丰富军休干部的生活，还极大地提高了军休支部的战斗力、凝聚力和号召力。

党支部多年坚持每周一次有支部书记、管委会主任和所长参加的碰头会，通过支部实实在在的工作和服务来体现支部的核心作用。为进一步提高党员的素质，支部把政治理论学习，作为落实军休干部政治待遇工作的主要内容和重要环节，并常抓不懈。仇有臣和支部成员根据老同志的特点，采取集中学习和自学相结合的学习方式；学习内容上，把理论、时事政治和爱国主义教育相结合；在形式上，采取集中学习、分组讨论、相互交流、组织参观相结合。先后开展了"保持共产党员先进性教育""社会主义荣辱观教育"、观看中华人民共和国国史系列纪录片、参观抗日战争纪念展览和怀柔区新农村建设等活动，用丰富多彩、立体教育的方式，树立军队离退休干部党员的良好社会形象，提升军休党员干部的整体素质和党支部的工作水平。

在大家的共同努力下，军休干部安心休养，工作人员热心服务，工休关系融洽，思想稳定，各项服务管理和建设在党支部的配合下，均有进一步提高，使支部工作有序开展，从而有效地推动了军休服务管理各项工作的顺利进行。仇有臣虽然由于身体等原因，几年前不再担任支部书记的工作，但他仍以一颗愿为军休干部服务的热心，依然在为大家奔忙服务中。

★ 王延承　生命不息　奉献不止

🏠 密云区军队离休退休干部休养所

在密云休养所，只要提起离休干部、老共产党员王延承，所里的工作人员和休养干部没有一个不伸大拇指的，称他是自觉奉献的好党员、军休干部的好榜样。居民小区的人都认识他，对他赞不绝口，说他是小区的老寿星，更是小区的"活雷锋"。

王延承参加过解放战争、抗美援朝战争，由于作战勇敢，在解放战争中曾荣立大功一次，小功两次，在抗美援朝、保家卫国作战中，荣立小功四次，一九九〇年光荣离休回到家乡密云后，始终保持和发扬人民军队的优良传统和作风，发挥共产党员先锋模范作用，严格要求自己。他每天不管步行还是乘车，都要到休养所准时参加各种活动。无论是台

球比赛，还是象棋比赛，还是组织联欢活动，老王阵阵不落。平时在阅览室看书看报，一坐就是半天。所里组织的政治学习，他更是准时参加，戴着老花镜认真记录并积极参加讨论。

他常说："休养所是我的第二个家，一天不去，心里总觉得空落落的。"老王在休养所担任过多年的党小组长，他对工作认真负责。每次无论是所里布置的工作，还是党支部布置的任务，他总是一丝不苟坚决完成，只有提前从不落后。他定期组织小组生活会，进行专题讨论学习。小组成员中哪个生病了，他都要到家中或医院看望，了解病情，问寒问暖，并及时向休养所领导通报情况。小组里的一名离休干部在遛弯儿时不慎摔伤住院，一住就是三个多月，老王每天都要到医院看他、陪护他，这位老干部感动地流下了热泪并连声道谢。走进老王所住的小区，只要提起他，小区居民都会称赞不止："老王不但人和气，一点都没有架子，而且特勤快，经常打扫楼道内外的卫生。老王还特关心别人，平时谁家中困难，他都主动帮忙。"有一户姓郭的邻居，妻子已去世多年，本人身体也不好，老王就经常到他家同他一起看书、看报、下棋，帮助解决一些生活中的困难。

所里成立"关心教育下一代协会"分会时，老王积极报名参加成了第一个会员。他经常跟随"县关协""所关协"穿梭于县城和农村的中小学校，给学生讲传统做辅导，讲自己的童年和自己的战斗经历，揭露旧社会国民党的黑暗与腐败，歌颂在中国共产党领导下我国发生的巨大变化和改革开放所取得的丰功伟绩，受到师生的好评。他还经常自己购买书、本等学习用具，送给家庭生活贫困的学生。

他的事迹也得到各级组织的肯定和表彰，连续多年被休养所评为先进军休干部，多次被区民政局党组评为优秀共产党员。二〇〇五年被评为"全国关心下一代先进工作者"，获得由中国关工委、中央文明委颁发的奖章，还被评选为"北京军休榜样"。

★李相华　勤奋笔耕编纂军事志

🏠 昌平区军队离休退休干部第一休养所

一九九四年夏,李相华应昌平县人民武装部的邀请,参加昌平县地方志书编纂工作。经过二十多年的不懈努力,至二〇一四年,先后参与完成《北京市昌平县志·军事编》《北京百科全书·昌平卷》中部分军事条目和《北京市昌平区军事志》的编纂工作。为了解、研究昌平历史上军事活动、军事文化发展,为驻昌军警部队建设和国防后备力量建设作出了贡献。李相华曾连续三年被评为县志编纂工作先进个人,得到北京卫戍区军事志办公室的数次表彰,还被民政部、原总政治部表彰为全国先进军队离退休干部。

编纂地方志,最难的就是搜集资料。搜集、摘录具有地方特色的军事资料,更是难上加难。接受任务后,李相华开始频频出入昌平、首

都、国家图书馆及各类书市，查阅、核实、摘录了众多历史资料。一年以后，整理并编纂了十一万字的初稿。经进一步加工整理、修改、补充，数易其稿后，至一九九九年完成了共计六万字的《北京市昌平县志·军事编》。

继完成《北京市昌平县志·军事编》后，他开始拟订军事志编纂方案。历经四年，查阅史料约五千万字，撰写志书文稿三十万字，初步形成昌平区军事志的基本框架。前后历经九年，多次调整、删减、补充，编纂完成了六十万字的《昌平区军事志》。

李相华虽体弱有病，但始终恪守"寻找困难、顽强战斗"的格言，把自己的热情献给社会。他到昌平区精神卫生保健院，为全院医务工作者讲述建军九十周年来的历史片段，将红色教育带进医院。讲座精彩生动，受到在座医生的一致好评。医生们纷纷表示，爱国绝不是一句空洞的口号，更应该树立理想，坚定信念，弘扬民族精神，为祖国的发展和强大作出自己应有的贡献。

李相华不熄坚持拼搏奋进前行的思想火花，始终保持为社会作贡献的诚心，持之以恒地为党为人民做工作，令人肃然起敬。

★ 王国巨　种绿"北京国际友谊林"

🏠 **昌平区军队离休退休干部第二休养所**

今天，当人们从京张公路五孔桥头俯瞰"北京国际友谊林"时，眼前一眼望不到头的林区，就像无数只开了屏的绿孔雀。北京市的领导称赞说："千亩林地的创建，王国巨当数头功。"这张由王冀昌拍摄的《垦荒造林》照片，就是记录王国巨种植国际友谊林时喜乐而生动的瞬间。

为增进中国人民与世界各国人民的友谊，北京市决定在昌平十三陵创建"北京国际友谊林"。一九八四年三月五日，昌平区驻军两万多指战员、政府官员、社会各界人士和几百台机械车辆，参加了北京国际友谊林破土动工仪式。应地方政府的邀请，部队推荐王国巨参加，他二话没说，扛起背包就去了十三陵水库上游河道，在寸草不生的沙石滩上安营

扎寨，没想到这一干就是二十多年。其间，他带领大家开垦荒山一千多亩，植树六万多株，成活率达百分之九十六。

"北京国际友谊林"每年都要接待数千人植树和参观，每一次都需要做大量细致的准备工作。特别是有外宾来植树前，要将树坑提前挖好，根据客人的要求选好树种，把签到簿、铁锹、镐头、水桶等一一准备齐全并随时满足来宾提出的一切要求。待客人离去后还要及时挂上标牌，并定期为新栽的树培土、浇水。来一个人，这样准备，来一百个、上千个人，也这么准备。为了林区管理和方便来宾查询资料，他们还要给树林里的每棵树建立完整的档案，详细记录下树的编号、名称、品种、栽种时间、栽种人姓名、所属国籍、长势情况等内容。二十多年来，从未出过任何差错。

林区的管理是一项专业性很强但又十分烦琐的工作，对于王国巨来说，搞机械、土石方是"内行"，但"伺候"树木却是个"门外汉"。为了掌握林木管理的过硬本领，他长期订阅了《中国环境报》《北京环保周刊》《为了地球》等报刊，还买了百余册有关树木种植和管理的书籍，利用晚上时间在灯下逐字逐句认真研读。功夫不负有心人，经过几年的潜心研究和实践摸索，在经常请教行家里手的同时，他基本完全掌握了选择树种、栽培技术、修剪防护和除虫施肥等多方面的知识。

"北京国际友谊林"是王国巨退休后的事业，也是他的生命。这些年，他几乎每天都待在林子里，从早到晚不是拔草除虫就是剪枝浇水，每天做一次饭吃三顿，吃饭根本就没个正点。他的努力和付出，党和政府没有忘记。王国巨先后八次被北京市评为绿化美化先进个人，六次被昌平评为绿化美化劳动模范，还被评选为北京军休榜样，并被民政部、原总政治部表彰为全国先进军队离退休干部。他说："我年纪大了，但为党增光添彩的心愿没有老，只要还有一口气，我就要把汗水洒在友谊林、纪念林的土地上。"

★ 邢羽豪　自觉当好人民的一员

昌平区军队离休退休干部第三休养所

邢羽豪军旅生涯五十载，随部队驻海岛守边疆，先后立过三次三等功，被部队授予"先进工作者""优秀共产党员"等荣誉称号十多次。移交到休养所后，他热情支持配合休养所的工作，继续发挥余热，自三所成立以来，一直担任总支书记兼二支部书记，直到二〇〇八年因病辞去了总支书记职务后，仍任总支委员兼二支部书记。

邢羽豪因为曾因急病住过院，他深知住院期间的寂寞与苦闷，非常盼望组织、战友、家人常来看望。在任支部书记期间，他除积极配合休养所领导开展各项工作以外，对卧床不起和生病住院的同志坚持经常亲临家里和医院探望慰问。

平日里，邢羽豪作为支部书记积极参加休养所的各项文体活动，在扑克组和合唱组成为组长，他们总能在比赛中取得较好成绩。他深深了解文体活动对军休干部幸福生活的重要意义。上世纪五十年代初就入伍的他，深知和平生活来之不易，亦如当年紧张的军事生活经历，使他深刻地感受到：今天军休生活的来之不易。

昔日曾经与战友们共同奋战的分分秒秒，对他在军休时代积极奉献军休工作，也有着重要意义。上世纪七十年代末邢羽豪率队赴新疆罗布泊执行核爆炸条件下的实战练兵时，飞机投下的核弹因故没有爆炸，在不明原因、核弹随时可能爆炸的情况下，他冒险带领侦察组乘车深入预设爆区查找，经两个多小时的艰苦寻觅，终于发现了斜插入沙丘的核弹，立即向指挥部报告，当胜利返回时，受到场区人员的夹道欢迎。当年的光荣与幸运，也使得邢羽豪常常能感受到不少军休战友类似的情怀。

邢羽豪退而不休，继续发挥自己的余热。他经常喜欢引用周恩来总理的一句话来勉励自己，那就是"我们要像春蚕一样，将最后一根丝吐出来贡献给人民"。年逾九旬的他，仍在一心一意、满腔热情地为大家默默地奉献着。

晚霞正满天

★ 刘宝旺　才华横溢　激情似火

🏠 昌平区军队离休退休干部第四休养所

在昌平区军休四所，工作人员都亲切地称刘宝旺为"刘老师"，因为他太极拳打得好、歌儿唱得好、二胡拉得好、文章写得也好……

刘宝旺当初在部队任职时，有组织管理和职责约束，学习、工作、生活秩序井然。退休以后，约束少了，"自由""自主"多了，他觉得如果没有追求和爱好，时光会不知不觉地从身边溜走。

如何做一名有作为的军休人呢？刘宝旺就从积极参加休养所的工作，热情似火地帮助所里解决难题，开始了自己幸福的军休生活。

作为休养所乐器小组组长，刘老师认真组织每周一次的排练活动，每次练习什么曲目，时间怎么安排等各项具体工作，他都要看似轻松，实际上绞尽脑汁地进行准备。遇有演出任务时，他更是带领小组成员加班加点排练节目。在所里组织的慰问昌平区光荣院老兵的演出中，乐器小组是表演的骨干力量，他们个个多才多艺，不仅独奏拿手，合奏时自然中有默契，还可以放下乐器，迅速"变脸"成独唱、独舞、诗朗诵的高手。老兵们佩服，老兵们感动，老兵们兴奋……不断地鼓出阵阵热烈掌声，也使得慰问的演出高潮迭起。

作为所内太极拳的推广者，刘宝旺发挥的作用也是有口皆碑，太极拳小组的不断壮大更是他辛勤付出的成果。功底深厚的他打拳动作非常规范，一招一式都虎虎生威。二〇一六年在国家体育场鸟巢举办的万人普及千人展示太极拳活动中，刘宝旺代表昌平区参加了活动，他的"左下势独立"技惊四座。所里还应市军休办之邀，约请他去推广，他将自己师出有门并潜心钻研的太极拳技术要领，毫无保留地教授给大家，受到一致的好评。

　　老刘有着丰富的舞台经验，休养所更是他充分施展才华的平台。所里组织的家庭知识竞赛、爱心演出都请他担任主持人，在他诙谐幽默妙语连珠的调动下，全场气氛高潮不断。所里举办"颂诗词　温党史　感党恩——纪念建党九十七周年诗词朗诵会"上，刘宝旺更是一显身手，朗诵了他的原创诗歌《复兴在前方》，抒发了坚定跟党走的决心和崇高的理想信念，场上气氛热烈感染了在场每个人。

　　多年受部队严格教育的刘宝旺坚持以严谨的态度，积极参加宣传小组学习和交流，认真撰写的稿件总能产生积极的影响，他的作品以诗词、散文等文体在《连心桥》《军休之友》上发表后，很多军休战友都争相阅读……

　　刘宝旺始终保持和发扬优良传统和作风，不改初心地对党无限忠诚，他以自己的热情与才华，精神饱满地弘扬正能量，为军休干部奉献服务，也在快乐的军休生活中展现出自己的价值、责任和担当。

★李广怀　疼妻爱弟总善意　推广太极强身体

🏠 延庆区军队离休退休干部休养所

在部队曾荣立三等功两次，多次被评为优秀共产党员和先进工作者的李广怀，也是爱妻护弟促进家庭和睦的好人。

李广怀和他的爱人李菊梅既同岁又同乡，李菊梅有个弟弟叫李小社，从小得病形成智力缺陷，生活不能完全自理，长期需人照顾。李菊梅父母因病去世后，照顾弟弟的重任便落到了李广怀夫妇俩人身上。他们把弟弟从老家接到自己家中，细心地照顾着他的生活起居。李广怀常年为他理发、洗澡、搓背，陪他说话。他总想：内弟只有妻子这一个亲人了，一定要照顾好他。

但天有不测风云。二〇一四年十月九日，内弟被人诱拐后走失，李广怀找了一天一夜也没有音讯，报警后他一边继续在县城寻找，一边在

电视台做寻人广告，还打印寻人启事五百多张。后经好心人告知：当天看到一流浪乞讨人员把他内弟带上公交车向北京市区方向走了，李广怀便到延庆公交车站、南菜园火车站反复多次寻找。延庆没有，昌平没有，再到北京城区里找……李广怀那段时间里，只能在夜里休息一小会儿，每天早上四点就起床出去寻找，每天都是超负荷的状态。

功夫不负有心人，经过五个多月的艰难寻找，李广怀夫妇终于在石家庄救助站见到了走失的弟弟，一家人团聚后抱头痛哭，李广怀那颗悬着的心才终于落了地。

二十多年前，健康的强身运动逐渐受到重视。李广怀通过自费买书、光盘、参加培训班等，认真刻苦地学习了太极拳、太极剑、交谊舞、秧歌等多种强身健体的运动项目，并考取了"太极拳国际一级教练员"的证书。学成之后，他立刻给所里的军休干部们当起了义务老师，带领大家一起练习，既强壮了大家的体魄，又丰富了大家的文体生活。

李广怀还关心小区建设，积极为大家服务。延庆区的老旧小区，楼里没有天然气管道，居民生活很不方便。他向居委会反映后得到的答复是：你们自己去联系燃气公司吧！他经过多次到燃气公司协商后，经理提出安装天然气管道的条件是：最少得有二十户以上同意安装并交钱后才能施工。李广怀挨门挨户征求意见后，全楼五十多户预付了款项，顺利安装了天然气，使得居民生活得到了极大的方便。

抗击"非典"时期，李广怀主动为本社区站岗值班一个多月；"迎奥运倒计时一百天太极大练兵"活动时，他积极参加。十多年来，社区的事，他都积极。李广怀先后四次得到了该街道办事处和街道工委的表彰，获得"优秀党员"和"先进工作者"的荣誉证书。

李广怀总是说：作为一名共产党员能有机会为党为人民多做工作是我的福气，因我在入党时在党旗下宣过誓，要为共产主义奋斗终生，只要党和人民需要我一天，我就干一天，而且坚持干好。

第二部分

★ 郑银堂 热心公益 无怨无悔

🏠 北京市军队离休退休干部清河休养所

曾任管委会副主任、业委会主任的郑银堂，团结大家兢兢业业热心公益事业，他不辞辛苦，不怕麻烦，不图报酬，不计恩怨，为三百多名军休干部和一千二百多户业主做了大量好事、实事。

为了改善小区居住环境，确保安全，郑银堂协同所里的主任以及管委会成员，以管委会名义，积极争取到相关单位的支持，在二号楼前小广场周围修建了一个半月形的休闲花架和坐廊。又为三栋楼改装了地上一层单元防盗门，并加装了门禁。

小区出口路窄，马路两边乱停车问题突出，导致小区进出困难，经常发生拥堵现象，影响小区居民的正常生活。郑银堂就联系物业、开发商和业委会去交通队协调，得以在小区进出口道路中间设置了地桩，分上下道通行，确保了出行的安全和通畅。这个问题得到了解决后，他们又去积极解决人防通道不畅通的隐患、车库配电间和车库通道堆放着大量归属不清的废品杂物等难题，在郑银堂和大家共同努力下，经过协调开发商、物业、车场管理等单位，经过两年努力，最后终于得以彻底解决，消除了安全隐患。

因为政策的调整，原来的门诊部撤出后，大家看病的问题变得很不方便。所领导高度重视这一问题，郑银堂又立即同主任一起，迅速联系到北京市福利医院在所里设立了新的门诊部，使之迅速得以解决，让广大军休干部既满意又感动。

入住小区不久，郑银堂就发现本小区孩子上学是个大问题，经过了解后，得知是因为开发商未到相关单位备案，所以孩子们上学的问题遇到了困难。郑银堂和胡炳武等同志一起，多次向相关机构反映，使小区孩子上学的问题得到了解决，受到大家的广泛赞扬。

不论是小区自来水管、污水管、暖气管等发生的问题和隐患，还是业主和开发商存在的多种利益冲突，郑银堂和胡炳武等多位同志，首先是广泛征求大家的意见，并立刻把群众的呼声向相关机构反映，积极依靠上级单位的大力支持。同时，他们还认真学习法律知识，坚持依法维权。

但无论如何，事情总要有人用心张罗，才有可能积极推进。在这样的时候，为了广大军休干部的幸福生活和广大居民的利益能够得到保障，郑银堂等同志就总是冲在前面。

郑银堂实实在在做工作，默默无声做贡献，充分体现了共产党员的高尚情怀和无私奉献精神，深受广大军休干部和业主的尊敬和赞扬。不少同志钦佩地说："他就是我们身边的活雷锋！"

★ 王同康　英雄赞歌　永远高唱

🏠 北京市军队离休退休干部清河休养所

十多年前，很多军休干部在得知王同康决定做一个遗体捐献志愿者的消息后，对老王有了由衷的敬佩。

二〇〇〇年时，王同康的老伴罹患口腔癌入院治疗。治愈后，他们从电视等媒体得知，由于受入土为安等传统观念的束缚和影响，我国捐献遗体的志愿者非常少，医学教学事业又急需人类遗体进行解剖教学，于是萌发了捐献遗体的想法。

经过商量，老两口共同做出决定：百年后捐献遗体，支持医疗事业。当时，人们的思想观念对于身后事的处理还相对保守，如何取得家人的理解和支持成了他们夫妇二人考虑最多的问题。于是，他们四处搜集遗体捐献的相关资料和报道，力求向家人做好宣传解释工作，并想通过举行一次家庭会议表达这个想法。征求意见时，儿女们虽是依依不舍，但最终还是"很有觉悟"地没有太反对，这让老两口儿感到比较满意。

二〇〇五年十月，两位老人来到北大医学部签订了遗体捐献协议书，办理了遗体捐献手续并在市公证处进行了公证。

长期以来，最让老王夫妇引以为豪的是，孩子们在他们的言传身教和严格要求下，都取得了一定的成绩。儿子、女儿和孙女、外孙女都毕业于重点大学，成为国家建设的有用人才。一家人相互关心、相互体贴、相互尊重、相互支持，是一个和睦幸福大家庭。老王一家还被海淀区评为"五好文明家庭"。

王同康新中国成立前后从广东参军入伍，曾随部队参加粤桂边战役和进军大西南、川南剿匪等战斗，荣立二等功一次。一九五〇年十月，参加中国人民志愿军赴朝参战，他先后参加了五次战役和上甘岭阵地防御战，荣立三等功一次。长期以来，他就是个坚定的革命战士。

退休后，老王担任合唱队的队长兼指挥，他和大家最爱唱的，就是《英雄赞歌》《我的祖国》《志愿军战歌》等革命歌曲，这些歌曲总是有种让大家仿佛又回到了年轻时代的感觉。

十多年前，原部队要举办军史展览，老王夫妇将珍藏多年的七件抗美援朝珍贵纪念品全部捐献出来。其中一件是老王最为珍惜、写着"最可爱的人"的搪瓷杯，那是一九五三年贺龙元帅率领祖国人民慰问团赴朝慰问时发给他的纪念品。

王同康平时没有什么豪言壮语，也从不主动谈及自己辉煌的经历，但他却总是以实际行动，展现着军休干部爱党爱国爱军队爱人民的深深情怀。

★罗育强 温情助人暖 热心促团结

🏠 北京市军队离休退休干部清河休养所

有一天，有位军休干部在凌晨四点多给罗育强打电话，说他老伴身体状况不乐观，罗育强迅速请来医生和工作人员一起赶到这位同志的家里，做了妥善的处置和安排。

又有一次，一位单身军休干部晚上八点多钟给老罗打电话，说她身体特别不舒服，希望快来帮忙看看！老罗立刻与杨志和医生取得联系，一起去探望。杨医生说她需要立即送医院治疗，但这时求助者家里没有现金，老罗扭身回到家拿来了第二天准备给孙女交托儿费的一万元钱，并打电话叫来急救车，把她送到医院。

像这样的事太多了。不少老同志遇到困难的时候，常常首先想到的是跟罗育强沟通。他于二〇〇一年七月当选管委会主任，同年十二月当

选为休养所党总支副书记。他提出了建设服务型党支部和"保本色，保健康"的目标，和支部一班人在"自我教育、自我服务、自我管理"方面为人表率，他和大家经常自我提醒，怎么样时时刻刻、尽心尽力地为军休干部党员群众办实事、解难事。

当大院有的同志出现矛盾时，他从不回避，认为不对的该批评就批评。有时别人不理解，老伴也心疼他说："都八十岁的人了，生一肚子气，管那么多闲事，也不考虑自己的身体！"但是他总是说："战友们都是好兄弟，就是得真诚相待！"他的善良、热心和耿直，总能赢得大家的认可，大家都由衷地信任他。现在不论是军休干部还是家属有什么事情，依然总是愿意找他先聊聊。

考虑到家属和子女对军休干部的影响，老罗非常注意有针对性地做好家属子女的工作，充分调动多种积极因素，营造和谐的气氛。对军休干部反映的问题和困难，他和支部同志们总是深入调查研究，积极正面地反映军休干部的合理诉求并提出解决办法，及时同休养所沟通协调，为军休干部排忧解难，得到了军休干部和休养所领导、工作人员的一致认可。

罗育强患有冠心病，但他正视疾病，每天都高高兴兴地为同志们做好事、做善事。二〇〇八年时，他的老伴得了淋巴癌，住院的三个多月期间，他仍然坚持在休养所先把工作安排好后，再赶到医院照顾陪伴老伴，他总是力求先把公事做好的同时，再做自己的家事。

罗育强积极参加社区建设，担任社区合唱团团长十五年。从二〇〇四年起协助社区连续六届改选工作，担任选委会主任，主持社区换届选举大会。因为长期以来的努力奉献，他先后被市民政局党委、市军休办党委八次评为优秀共产党员、先进离休退休干部，还被海淀区授予拥军优属模范，在二〇一四年被民政部、原总政治部评为全国军休系统先进离退休干部。他的行动感动了很多军休干部和工作人员，获得了同志们的尊重和爱戴。

为霞正满天

★ 郑德荣　丹青染枫叶　浓墨书豪情

🏠 北京市军队离休退休干部小营休养所

　　原解放军二六一医院医务处副主任技师郑德荣，一九五六年在家乡河北省徐水县参加县里举办的青少年绘画比赛时，荣获了少年组一等奖，从此埋下了一生热爱绘画艺术的种子。

　　当年一次偶然的机会，他得到了一部《芥子园画谱》，他爱不释手地悉心研读醉心临摹，逐渐跨进了绘画艺术之门。参军后，他在干好业务工作的同时，利用业余时间刻苦钻研绘画笔耕不辍。他先后拜胡光、黄胄等著名画家为师，深入研究山水画、花鸟画的技艺，艺术水平有了大幅提高。在四十一年的军旅生涯中，他屡次参加军地举办的书画比赛和展览，多次荣获大奖。

退休后有了充裕的时间,他更是把全部的心思和精力用在绘画事业上,不断攀登艺术的高峰。他秉承"自然乃艺术生命之源泉"和"读万卷书行万里路"的创作理念,为继承和发扬传统艺术,他坚持深入生活和大自然写生创作,先后游历了黄山、泰山等许多名山大川,在身临其境中感悟艺术的真谛。二〇一四年五月三十一日《中国书画家报》用整版篇幅刊登了他的多幅作品,深度介绍了他的艺术追求和成就。

郑德荣还身兼中国书画家联谊会理事、监事长、军休书画研究会常务副会长等职。二〇〇一年进入小营休养所后,他先后担任文体活动书画摄影组组长、休养所管委会委员、军休干部第三党支部书记。他发挥自己的艺术特长,亲自给大家讲授书画、摄影课,从理论到实践耐心讲解、手把手指导,而且从来都是义务教学。在他和大家的共同努力下,书画摄影组的老同志艺术水平都有了长足进步,多人多次参加市军休办、市活动站举办的书画摄影展,受到广泛好评。

他经常提醒自己并鼓励大家,要淡泊名利地以"玩儿"的心态,渐悟艺术真谛。为了使大家的"玩儿"从"独乐乐"变成"众乐乐",玩儿得更有意思,对于有潜力、有特长的老同志,他积极鼓励,并广泛宣传扩大影响。军休干部李桂轩的书画水平进步成效显著,尤其是餐巾纸书画和根雕艺术别具一格很有亮点,他积极向到市文体联合会、市属活动站推荐。《军休之友》杂志彩页上,发表了李桂轩的四页餐巾纸书画作品后,郑德荣和李桂轩还在活动站进行了讲座,北京电视台《晚晴》栏目对此还播出了专题片。

郑德荣始终严格要求自己恪守军人的本色,树立和展示老党员、老军人的良好形象。他的出色表现,赢得了军休干部和艺术家们的一致高度评价,他因此还获得了"德艺双馨国画家"和"文化使者"的称号和赞誉。有位老同志专门写诗赞颂他:"俯下身子拉直套,抬起头来看方向,与时俱进向前走,成绩面前不松套。"

★ 王 坚 以身许国 壮心不已

北京市军队离休退休干部小营休养所

一九二八年十一月出生的原总参防化学院教授王坚常说:"和我一起参加核试验工作的不少战友过早地离开了人世,常常怀念他们……我很幸运,现在身体尚好,这或许与我在试验场接触辐射时,严格、科学地执行核防护规定有关。"

在缅怀逝去战友的同时,王坚总是觉得:现在也老了,已不能冲向现场进行工作,但还有一副久经射线考验的躯体可供医学研究。经与子女们商量,他和老伴贺荣青共同决定"以身许国":在走完生命的旅程之后,将自己久经射线照射、与射线作斗争的躯体捐献给社会,供医学研究,算是对社会作出的最后一点贡献吧。二〇一二年十一月十七日,王坚和老伴去北京市长安公证处办理了遗体捐献公证,并报红十字会备案。

一九八九年四月,他从防化学院教学岗位上退了下来。尽管退了休,但他依然心系我国的核防护事业,发挥自己的知识优势、阅历优势、经验优势,为国家和军队的核防护事业贡献智慧、培育人才。

他结合自己的切身经历、工作经验和实测数据,编著了近四十二万字的《核武器效应与防护》一书,系统阐述了核武器爆炸后产生的外观景象、杀伤破坏效应和对它的防护

措施，填补了相关领域的空白，在业内受到广泛推崇，该书出版后，被列为全国高等学校推荐的"兵工类规划教材"。

他还多次应军队院校和地方大学的邀请，到防化学院、清华大学等学校为学生做报告，讲述参与"两弹一星"研制、试验的特殊经历，畅谈自己人生的深刻感悟，激励后来者以国为念发奋学习，为国家振兴、军队强盛建功立业贡献力量。

二〇〇四年，他应邀参加了中央电视台少儿频道——"青春献给戈壁滩"的主题访谈节目，他和他的战友及其亲属精彩的讲述，给参加节目的中学生及观众留下了深刻印象，产生了广泛的社会影响。

退休后，他积极参加退休干部的活动，被推选为防化学院退休人员支部的支部委员和副书记后，热情组织军休干部开展老有所学、老有所教、老有所乐、老有所为等多种活动，和大家一起为社会传播正能量。

壮心不已、笔耕不辍的王坚，不久前又花了两年多的时间，以自己的亲身经历撰写出版了近二十万字的《核化人生》一书，被列入"防化兵老战士回忆录丛书"，成为记录我国进行核试验、核防护的珍贵资料，也成为他留给后来者的宝贵精神财富。

王坚曾为共和国的"两弹一星"事业舍生忘死，曾荣立集体一等功两次、集体二等功一次、个人二等功两次、三等功两次，并享受国务院政府特殊津贴。二〇〇九年，原总参谋部召开新中国成立六十年来"英雄模范代表大会"，王坚作为防化学院"两弹一星"的英模代表，光荣地出席了大会，并受到通报表彰。

夕霞正满天

★张玉琴　用爱诠释人生真谛

🏠 北京市军队离休退休干部和平里休养所

张玉琴在北京市军队离休退休干部和平里休养所可是一个响亮的名字。她热心公益事业、帮贫助困、爱心捐赠的感人事迹不仅在社区广受赞颂，甚至在朝阳门地区乃至整个东城区都受到交口称赞。

张玉琴对党和人民充满了无限的热爱，她时刻把这份热爱倾注在她所从事的事业之中。一九四二年四月，她的母亲从华北平原的一个小村子，带着年仅七岁的张玉琴上前线寻找父亲，四百里寻亲路上，经历九死一生终于找到八路军的历程，在她幼小的心灵里，也种下了一颗理想的种子——立志要当一名救死扶伤、时刻为人民服务的医生。从军、行医、为人民服务，她的理想一步步实现了。

退休之后的张玉琴，主动向社区领导提出"发挥自己的专业特长，为社会多做一些事情"的要求。从此，每到晨练，既是张玉琴集中"办公"的时间，也是她最忙碌的时候。凡是有人咨询相关医药和身体健康方面的情况，她都会热情、耐心地进行讲解；周围的老人如果有身体不适的话，只要她得到消息，她就会在第一时间上门服务，送去慰问、关心和支持。张玉琴居住的社区有十几户五保户和鳏寡老人，她主动承担起义务为他们做定期体检的工作，她还为生活不能自理的老人建

立了病历卡，按计划定时定点上门量血压、扎针灸、做推拿，解除他们的病痛。

热心助人的张玉琴，在邻里和休养所工休人员的印象里，她自己的生活十分简朴，可她为灾区和困难群众解囊相助时，却显得很慷慨。

二十世纪六十年代，河北省邢台发生大地震，她将两个月工资寄往了灾区；唐山大地震发生后，她第一时间将大部分积蓄连同两个月的工资捐献给了唐山人民；二十世纪九十年代，我国南方部分地区持续旱灾和洪涝，张玉琴积极响应组织号召捐款捐物，将家里的新衣服几乎全部拿出来后，又去购买了新棉被捐给灾区，捐款数额也是当时单位里最多的一位。汶川大地震后，她又是在第一时间捐款五千元向灾区人民伸出援助之手，并积极响应组织号召，主动缴纳特殊党费两千元，还在社区里带头捐款三千元；四川雅安地震她捐款一万元。张玉琴时时积小善为大爱，像涓涓细流永不停歇。

作为一位首都居民，张玉琴还把首都人民的热情献给外来务工人员，她凭借自己的专业特长，免费为社区外来人员量血压、扎针灸，帮助他们到相关医院进行检查。她常说："全国人民都是一家人。"

荣获"北京军休榜样"荣誉称号的张玉琴心里总是想："我是党的人，在党的培养教育下走过了几十年，帮助别人是我生命中重要的组成部分。"张玉琴不仅仅是只这样想，她也总是这样做的。

★刘汉臣　居民"好院长"　妻子好老伴儿

🏠 北京市军队离休退休干部和平里休养所

在前门街道前东社区热闹的街头巷尾，人们经常会看到一位老人忙碌的身影，见到他的人都会亲切地打声招呼，有的说："好院长好！"有的说："扫把大叔辛苦了！"这位老人既不姓"好"，更不姓"扫"，他是和平里休养所的军休干部刘汉臣。

他所居住的卫戍区前门宿舍是老建筑，因年久失修隐患重重。二〇一〇年秋，政府资助维修改造，但需要征得所有居民的同意和配合，还希望由居委会的人来牵头协助施工。这是一个苦差事，也是一块硬骨头，其人既要敢于担当，也要善于协调，更要肯于付出。营房处长上门跟刘汉臣协商，他二话不说就把关系到九十多户居民安危的任务接了下来。整整六十多个日夜，他内管居民出入安全，外管施工矛盾调解，没有离开工地半步。他的认真、负责和敬业感染了所有人，工程质量着实令人称好。院里居民评价说：老刘是有历史功劳的"好院长"。

大事如此，许多平凡的生活小事，他也总能从点滴入手一管到底。他曾多次帮助下岗人员完成再就业，帮助干部子女解决上学入托等生活困难。大院里一位从私企下岗的中年妇女,生活一度陷入困境,连儿子上大学的学费都有了困难。他看在眼里急在心上,两次主动拉着社区主任去她家上门走访,几经努力终于解决了问题:母亲被安排在街道社保所工作,有了稳定收入;儿子的学业得以继续,一个深陷困境的家庭有了生机和希望。

他在实际生活中真切体会到:在地方政府和群众眼里,军人是普遍受到尊重和信任的。因而,他倍加珍惜军休干部这个概念,并用自己的实际行动来维护和发扬。他居住在一楼,却常年包管一楼到六楼的楼道打扫,楼梯扶手他总是一气儿擦到六楼。扫院子、捡垃圾、维护公共卫生,以及认养花池绿化美化的事情,都被他主动承包了下来。于是,"扫把大叔"的称号就逐渐在社区居民中传开了。

多年来,刘汉臣用亲情感染老伴教育子女,齐心协力前行。他的老伴患一型糖尿病三十多年,在漫长的岁月里,他日夜相守陪伴,生活上体贴、精神上支持,通过细心照料来回报老伴儿千辛万苦养育一双儿女的深情。退休后的老刘,学会了做饭炒菜,就连洗衣服等家务也受到了妻子和家人的赞扬。他们的孩子们也格外孝顺,共同和老父亲把母亲照顾得舒舒服服。

刘汉臣全家和他本人先后被评为首都和谐家庭、首都治安志愿者标兵等称号,还被全国妇联授予"全国五好文明家庭标兵户"荣誉称号。二〇一六年十二月十二日,第一届全国文明家庭表彰会在北京京西宾馆举行,刘汉臣作为北京文明家庭的代表,光荣地参加了表彰会,受到习近平总书记的亲切接见,再一次为家庭、为社区争得了荣誉,也为广大军休干部和休养所争得了荣誉。

★薛利坤　助残事业中的"领舞者"

🏠 北京市军队离休退休干部和平里休养所

薛利坤退休后，谢绝了地方文艺团体的高薪聘请，辞退了社会教学工作，积极发挥自己舞蹈教学和编导专长，到朝阳区残疾人艺术团做一名志愿者，给残疾人当舞蹈老师和编导。

他原以为教残疾人舞蹈困难不会太大，可上课的第一天就遇到了一个大难题：和聋哑人没法用语言沟通，这可怎么教课排练呢？于是，他迅速开始学习手语，将日常手语、舞蹈用语画在小本子上随身携带着，一有空闲时间就拿出来不停地记、不停地练。他回到家里与家人聊天时，也是用手语比画，弄得家人哭笑不得。在他的努力下，仅用了两个月时间就学会了常用手语，队员们目睹这一切纷纷向他投来信任的目光。

聋哑人学舞蹈不能直接感受音乐的节奏，这是更大的难题。他试探着伴随音乐的旋律用手掌有节奏地拍打地板，让孩子们通过振动感受节拍，这一招果然收到了意想不到的效果。

二〇〇五年，由二十四人表演的舞蹈《祖国你好》，参加了第二届北京新秧歌广场舞电视邀请赛，荣获三等奖并给评委留下难忘的印象。他们的舞蹈在二〇〇八年奥运会和残奥会期间，还在为各国运动员展演时获得了无数掌声，那一刻，薛利坤流下了幸福的眼泪。

舞蹈队中有名队员父亲早逝、母亲常年生病，全家仅靠妹妹一人微薄的工资维持生计。贫寒的家境、窘迫的生活，严重影响着她的情绪。薛利坤了解后，鼓励她树立生活的信心，并每月从自己报酬中拿出三百元资助她。他还多次用自己的工资为队员们购买午餐、巧克力、饮料等营养食品，他的善举让大家倍感温暖和感动。

薛利坤为助残事业奔波忙碌内心欣慰的同时，也心生愧疚。因为排练和演出，他在家的时间很少，家里的大事小事，甚至操办女儿的婚事，全靠爱人一个人撑着。特别是二〇〇七年，他的爱人不幸患了乳腺癌，手术和几次化疗期间都赶上舞蹈队有演出，而每次演出薛利坤都必须到场指挥，否则无法演出。此时，他爱人总是对他说："舞蹈队，是几十个人的事，不能耽搁，你快去吧！"

十多年来，他为朝阳区残疾人艺术团创作编排了二十多个舞蹈节目，先后在市、区文艺比赛活动中，取得了创作一等奖、表演一等奖、创作特别奖等优异成绩。二〇一六年八月，在北京市扶残助残表彰大会上，薛利坤获得了"扶残助残先进个人"的称号。

作为一名军休干部，薛利坤在热心残疾人事业的同时，也一直关注休养所的发展和建设。休养所组建的舞蹈队，他欣然担任了舞蹈队"总教头"，薛利坤把大家"自由散漫"、跌跌撞撞的脚步，整合成神采飞扬充满朝气的步调，一起在越来越大的舞台上舞动着幸福生活的旋律。

★谢东强　壮我军威　精心策展

🏠 北京市军队离休退休干部亚运村休养所

　　谢东强一九七〇年六月参加工作，在原二炮部队服役期间，经常代表其部队参加全军组织的军事装备展览布展工作。曾经在全军连续组织的两次武器装备大展中均获得第一名，荣立二等功一次。退休后，他经常受到军内外单位聘请，为部队和地方的军事、文化、科技类展览项目提供策划、设计和布展服务，在军队和地方博物馆的展览展示行业中具有很高的知名度。

　　谢东强退休后，继续努力为全军武器装备陈列馆二炮馆、全军武器装

备维修成果展览总体馆、二炮馆、兵种部馆等，出谋划策积极工作。并为全国农村妇女"双学双比"成就展览、火箭军军史馆、火箭军工程大学兵器陈列馆、一江山岛登陆战纪念馆、张爱萍故居陈列室、四川达州神剑园总体规划及达州红军文化陈列馆等，贡献了自己的力量。

长期以来，谢东强总是无私奉献、热心公益、爱所敬业，从不计较个人得失。从二〇一六年九月开始，在周恩来精神和"两弹一星"精神感召下，他利用自己的特长和优势，全程义务筹备"纪念周恩来总理诞辰一百二十周年"系列活动，从立项到前期策划，从素材搜集整理到大纲撰写，从各分项目具体执行到落实，谢东强全身心地自觉投入、主动作为。他精准严选、创新展示，做了大量默默无闻、艰苦细致的工作。

作为"两弹一星"历史研究分会文史项目部主任的谢东强，也是"世纪伟人腾飞梦——周恩来与两弹一星全国巡回展"的执行策划，他介绍说：该展览标题之所以名为"世纪伟人腾飞梦"，实际是概括了周恩来总理的一生。因为"青年时期的周恩来，就曾跟志同道合的朋友相约：'愿相会于中华腾飞世界时'，晚年时期的周总理更动情地讲过：'新中国成立后二十年我最关心两件事，一件是水利，一个是上天'。上天，就是指新中国的'两弹一星'事业。"

该展览自二〇一八年四月十二日，在北京民族文化宫展览馆开幕以来，二十余家央级媒体和地方媒体做了相关系列报道，引发各界观众的强烈反响，并在观众的强烈要求下，展览时间由原来的计划七天展出，延长到十四天。

"世纪伟人腾飞梦——周恩来与两弹一星全国巡回展"，产生了广泛的社会影响，深受社会各界好评，有关部门赞其为"近年来少见的好展览"。谢东强所受到的广泛好评，也为亚运村休养所和军休干部争得了良好赞誉。

★ 于宗明　慈亲孝老　柔情万千

🏠 北京市军队离休退休干部阳光休养所

恪守着君子"入则孝"敬老原则的于宗明，始终以"羊羔跪乳""乌鸦反哺"之情侍奉着双方父母，用实际行动诠释着慈亲孝老的美德。

尊敬老人是中华民族的传统美德。千百年来以"孝"为核心内容的文学、戏曲、童话传说激励和鼓舞新一代的中国人。继承和发扬"孝"的精神。传承着中华血脉。但随着时代的发展，家庭结构变化和多种复杂原因，这种传承几百年的美德，也发生了变化。特别是党的十八大以来，以习近平同志为核心的党中央，更加强调文化自信，为全国人民树立了榜样，增强了信心。怎样才能更好地继承发扬"孝老"的传统美德，于宗明认为：尊敬老人是做人的基本准则。人们常说：为人处世还不如畜生的话，那就枉为人生。

于宗明退休后总是在想：当了多半辈子的兵，因工作性质决定，多数时间不能侍奉在老人身边，自己在照顾老人的事情上尽的孝心太少了。年轻的时候自己当兵在外，现在自己退休了，应该好好回报一下父母的养育之恩。退休十多年里，他把主要时间和精力，全部用在照顾老岳母和老母亲身上。

于宗明的老岳母在七十多岁时，开始跟随他们一起生活，

第二部分

二〇〇九年老人不慎摔伤造成腿骨折，卧床不起，此后的七年多时间吃喝拉撒都在床上。一年三百六十五天，他们夫妇天天都是换着样儿做，就怕老人吃得不顺口。为了让老人能多吃一点儿，于宗明陪着哄着一口一口地送到嘴边。老人家身上穿的用的也都是他们精心准备的，就想让老人穿着用着都舒服。为了不让老岳母感到无聊，他一有时间就陪老人说说话，聊聊有趣的事儿。二〇一五年年底的冬天，老岳母的病情突然加重了，住院期间，他白天又陪护又给老人做饭送饭，晚上还陪床照看。他觉得只有自己在老岳母身边心里才踏实，就这么默默地奉献着自己的孝心，直到他的岳母最后安详地离开人世。

这期间，所里安排的疗养、春秋游，老于一次也没有参加过。他说：如果我出去玩了，老人没人管或者出了问题怎么办？

他的母亲也是近九旬的老人了，随着年龄的增加，老年痴呆的病情更加严重了，生活已经不能自理，全靠于宗明夫妇照顾护理。夏天，借用轮椅推老人到室外放风。冬天播放音乐为老人按摩。为了更好地照顾母亲，他就在母亲的床旁边搭了一张床，每天和妻子一起共同帮着母亲穿衣、洗漱、喂饭、按摩、烫脚、通便……在他们的精心照顾下，老人百岁之际，安详地离开人世。

有一次，于宗明已经给老人做好了饭，但端上来后老人怎么都不肯吃。老于弯腰高声在老人耳边问母亲："您是不想吃这个吗？您想吃什么？面条吗？"老母亲没有任何反应。他又问："饺子呢？"老母亲的眼睛看向了他，于宗明瞬间明白了母亲的意思。二话不说，于宗明夫妇立刻就又给母亲包起饺子来。那次老人家吃了好几个，吃得很开心。

怀着一颗孝顺之心、体贴之心、关爱之心，于宗明用自己的实际行动践行着为人子、为人夫、为人父的高贵品质，在平凡的生活中演绎着点点滴滴的亲情故事，写下了一篇篇感人至深的尊老诗篇，奏响了一曲曲令人钦佩的敬老乐章。于宗明也在兄弟姊妹中树立了榜样，赢得了街坊邻居的称赞。

475

★ 邸乃庸 漫天彩虹 未来之光

🏠 北京市军队离休退休干部阳光休养所

一生致力于祖国航天事业的邸乃庸，退休以后用永不停歇的脚步，继续为航天事业播撒火种。他借助我国航天事业快速发展的大好形势，以"载人航天"为切入点，结合自身经历和感受，讴歌我国航天科技发展的特色和模式，作报告、写文章、编图书，积极开展航天科普教育工作。他深入北京、天津、广州等地的许多中学、大学、科技馆及网络平台作报告，很

多报告会结束后，听众都不愿离开会场，层层围拢过来研讨、请教问题，广受欢迎。

退休这十几年来，邸乃庸写的科普文章《图解世界载人航天发展史》，在《太空探索》杂志上连载数十期。他还出版了《迈向太空》《走出太空舱》《人在太空》《到太空去》《航天百科》等多部科普著作。其主编的《梦圆天路》，获得了我国图书最高奖。他倾心向青少年介绍航天知识，特别是载人航天知识，努力培养青少年了解载人航天和探索太空的浓厚兴趣。有的学生在读后感中写道："未来的航天事业，将掌握在我们新一代少年的手上，更多优秀的航天工作者会在我们中间涌现，我们一定要为祖国航天事业作出更大贡献。"

年近八旬的邸乃庸，满怀激情地为航天科普教育工作积极发挥余热，把他对航天事业的热爱传播到各个角落。二〇一二年作为"太空授课"专家组组长，通过讨论、研究，最后确定太空授课项目更多的内容是物理实验，这些实验项目能够比较明显地呈现太空失重环境与地面重力环境的不同，使学生更加直观了解失重条件下物体运动的特点、液体表面张力的作用，加深对质量、重量以及牛顿定律等基本物理概念的理解。其所确定的各个授课项目可视性好，又便于航天员讲解和演示，受到航天员和观众的好评，达到了预期效果。他参与过多次航天知识竞赛活动，包括出题、评奖以及给参赛人员讲课和辅导。对大学生、研究生撰写航天方面的论文，他还积极提供相关参考材料，进行辅导并给出合理的建议，受到青年人的衷心感谢和热情欢迎。

邸乃庸在近四十年的工作期间，获得过国家科学大会奖、国家科技进步三等奖、"突出贡献者奖"，并在二〇〇四年元月，获得"国家科技进步奖特等奖"，还获得了"北京军休榜样"等光荣称号和荣誉。但邸乃庸从不居功自傲，他把对祖国航天事业不断贡献的新篇章，不断书写在崭新的军休生活中。

★ 汤志荣 善意满怀 笔耕不辍

🏠 北京市军队离休退休干部阳光休养所

汤志荣从解放军原总装备部退休，是一个有着四十多年党龄的老党员。二〇一三年十一月被诊断出患了结肠癌，经过手术治疗后，逐渐康复。其间，各级领导多次的关怀慰问和众多战友亲人的温暖关爱，使汤志荣进一步增强了抗癌的信心。他坚信：只要科学治疗、精神不垮，就能战胜疾病继续为党的宣传事业做贡献。

汤志荣在部队曾从事军事新闻宣传工作近三十年，承担并圆满完成我国首次载人航天飞行发射等重大活动的宣传策划和现场报道任务，采写的重大典型人物《圣洁继母情》《残者壮歌》等报道引起强烈反响，一百多篇新闻作品获得军地新闻奖，汤志荣先后四次荣立三等功。

退休后，汤志荣积极发挥宣传人的专长优势，把基层作为"新闻富矿"，积极采写反映军休工作的稿件，《创新思路惠军休》《用新思维解决新问题》《这里的家园和谐又温馨》等报道先后被《军休之友》刊登，收到了"工作出报道、报道促工作"的效果。同时，他撰写的学习理论体会文章《退休老同志也要无愧新时代有新作为》《实现"中国梦"没有"旁观者"》《让百姓尽享"绿色生活"》等，都

在相关报刊发表后，获得好评。

汤志荣紧随时代，学习和接受新事物，充分利用手机微信新媒体"传播面广、受众率高"的特点，热心为单位和战友传播美文。他在把制作美篇作为"讴歌新时代、传播正能量、学习新知识、加深战友情"的载体同时，还巧妙地借此平台营造"与人为善、和谐相处"的新型人际关系。

有一天晚上在一个微信群里，两名群友因转发一条微信，搞得互不愉快。汤志荣马上编写了一条《体会分享》的微信发到群里，旁敲侧击"暗示引导"了对"转发"的几点建议：过滤式转，要避免转发微信的随意性；跳跃式看，如果认为没有什么教育和借鉴价值的微信，就一"看"而过；快速式删，认为是"不良"的微信，就快速删除；难舍的藏，认为某条微信确实对人的思想有启迪、对做事有借鉴、对生活有指导的，就及时收藏。《体会分享》发出后，不但两位"争论不休"的群友不再"发声"，而且引起了众多群友的广泛好评，称赞汤志荣是"热心肠"。

汤志荣不但利用微信媒体传递温情，还常常把关爱送到军休战友家里。有位七十岁的军休干部，老伴去世多年，唯一的孩子生活工作在国外，一人独居深感寂寞和孤独。汤志荣得知后，不仅与他常来常往，处处关心，还当起"红娘"牵线搭桥，给他介绍了一位老伴。这位军休干部感动地说："我身边虽然没有亲人，但随时都能感受到浓浓的亲情。"

为了帮助贫穷地区农民脱贫，北京市朝阳区奥运村街道与河北照阳河镇共同谋划"我在康保有只羊"公益扶贫活动。汤志荣虽然组织关系不在本社区，但他认为做扶贫公益事业不能有"关系归属"之分，他"跨组织"认养了一只羊，为这里的农民脱贫致富奉献了一分力量。当地对扶贫者返赠的一只全羊，汤志荣又实施"第二次帮困"，慷慨地分别捐献给了北京朝阳区北沙滩社区的六个困难户，使他们感受到了爱心的温暖。

汤志荣不向疾病屈服，热爱宣传事业，关爱战友和群众，让自己的退休生活绽放出璀璨的光芒。

★李旦生　绿化阿拉善　共建世纪林

🏠 北京市军队离休退休干部恩翠休养所

李旦生曾长期担任阿拉善军分区司令员，退休后继续执着地植树造林，绿化腾格里沙漠，他用脚步丈量大漠，为沙漠编织绿色屏障。

众所周知，阿拉善是沙尘暴的源头，在阿拉善治沙植树，就是为了挡住继续南侵的沙化，遏制生态的恶化。这是一个为了挽救人类生存环境恶化的大梦想，也是令李旦生和曾任内蒙古军区司令员的黄高成以及也曾任阿拉善军分区司令员的张新华和李德海四位老军人魂牵梦绕的一个信念。

二十一世纪之初，李旦生在阿拉善军分区任司令员期间，见到了来西部考察、也曾当过军人的深圳证券交易所理事长的陈东征。时值沙尘暴肆虐，黄沙遮日，白昼如同黑夜。陈东征看到阿拉善军分区官兵正奋战在"绿化大沙漠、遏制沙尘暴"的生态战役中，了解到当地军民要在沙漠边缘植

起一道"绿色长城"的梦想，但技术和资金都遇到了很大的困难，这成为制约这项战略工程的瓶颈。深受触动的陈东征握住李旦生的手，签订了一份"共建青年世纪林"的合作意向书。

这项合作使得沙漠戈壁更加热闹了起来，几位老军人朝气蓬勃地牵头，深圳证券交易所积极推动，上百家上市企业、数千人共同涌进腾格里沙漠，为绿色的梦想接力耕耘。

植树期间，几位老同志整天满脑子装的都是跟种树有关的事：雇工人植树，挖坑，购置树苗，还要打井、管理、培育树苗，每分钱怎么样花在刀刃上等等。为此，他们还创新出"容器植树"和"高压水冲植树"等方法，使原来通过漫灌种活一棵树需要十五公升水，变成了现在只需注入八公升水，就能保证树苗的存活。

经过多年的努力，绿色的梦想正在一点点成为现实。牧民巴依尔对此深有体会："自从军分区官兵和深交所的员工到这里种树以来，雨水一年比一年多。"阿拉善军分区驻地巴彦浩特，原来因为多年来干旱少雨、人口增加等原因，水源地的供水量已无法满足日常用水需求。种植"青年世纪林"后，经勘查其所涵养的近八千七百万平方米地下水源水质较好，已达到了水源地的标准。

更让农牧民们欣喜的是，紧邻"青年世纪林"五十千米范围内的三个五十公顷左右的沙漠湖泊水量也明显增加，其中一个湖泊的水量达到了三百公顷，周围的梭梭、沙枣、花棒、刺槐、沙柳、杨柴等多种植物已经形成规模。由于当地小环境的改善，植被覆盖率明显提升，对遏制土地沙化、改善地区生态起到了显著的促进作用。

现在放眼望去，连绵起伏的沙丘被成片的绿色植被所阻隔，腾格里沙漠边缘形成了一条几十公里长的绿色屏障。荣获"北京军休榜样"的李旦生，现在继续和大家在一起奋进，把绿色植被种植到更广阔地区的梦想，正在变成现实。

★ 方金容　温情满怀　共创辉煌

🏠 北京市军队离休退休干部恩翠休养所

连任第五党支部书记十四年的方金容，虽然身体一直不太好，但在各方面对自己要求都非常严格，处处事事以身作则地为大家做表率。这些年来，他们从抓学习、抓思想、抓骨干入手开展工作，取得了较好的成效，多次得到上级的表扬。所在党支部多次被恩翠休养所、市军休办评为先进党支部，方金容还被民政部、原总政治部表彰为全国先进军队离退休干部。

方金容在职时就严格要求自己，退休后仍不放松对自己的要求，他要求大家做到的，自己首先做到；要求别人不做的事情，他坚决不做。他把解决同志们的实际问题当成自己的职责，对于自己能解决的问题想办法办实事；对自己不好解决的问题，就多方协调积极反映，不少问题得到了积极的回馈。在他和大家的共同努力下，像十六号楼的漏雨、十号楼下水道经常堵的问题，都在他们的抓细抓实中得以解决。

他常说，退休了也要坚持学习脑子不能空，要时刻关心国家大事，要看到国家的大好形势，这样才能更加热爱我们的党和我们的国家。在这种精神的感召下，整个支部风清气正，支部的六十八名党员都能自觉地严格要求自己，注意学习并体现在行动中，使得邻里互助的好人好事层出不穷。包括在外继续奉献余热的十八名同志也非常注意学习，不少同志成了业务骨干，有的同志还得了奖立了功。

他们力求把支部建设的细节，体现在开展多项活动中，已连续多年组织举办的春节联欢晚会，不仅增添了节日的气氛，也促进了军休大家庭的和谐，还把离退休干部与总站永定路五十六号院的在职同志团结得更加紧密。因为交往密切，彼此感情越来越深厚，支部工作越来越多地得到了大院职工的帮助和照顾。这都与方金容和支部同志们平时的工作态度、协调处事的能力，和温暖的人格魅力密不可分。

第五党支部的委员和党小组长们总是在研究，怎样进一步开展好思想工作，如何更加深入地充分调动大家的工作积极性。他们把工作的开展从制度化执行入手，他们坚持每月一次的支部扩大会制度，严格认真地组织学习上级的有关精神，并在认识统一、步调一致上检验实效。支部委员、党小组长个个积极工作，大家共同努力完成支部交给的任务。由于每个同志都认真负责任劳任怨，起到了骨干作用，得到了大家的拥护和好评。

作为一个军休干部党支部，方金容与支委、党小组长和全体党员，十几年如一日地秉持着共同为大家服务的思想，为大家营造了一个和谐、舒适的军休大家庭。军休干部们纷纷表示，退休后还有这么好的一个集体，有这样的好带头人，是自己军休生活的一大幸事。

★郝文连　一心为民促和谐　满身正气写春秋

🏠 北京市军队离休退休干部恩翠休养所

退休后放弃舒适的生活，投身社区建设的郝文连，二〇〇九年六月进入社区居委会担任社区主任，从二〇一二年开始，还同时担任社区党委书记兼社区主任。

郝文连所在的休养所里离退休老干部多，空巢、高龄的人数不在少数。郝文连和大家成立了老年互助社和帮扶队，号召党员志愿者坚持走访慰问制度，不定期到老干部家中了解情况，努力解决他们的实际困难，力求通过不断提高服务管理质量，让党的阳光温暖每一个角落。

对帮扶对象，他们坚持每天打一个电话、一周上门看望一次，定期

帮助老人打扫卫生。为成立老年食堂，他们东奔西走地把为老服务理念体现在细微之处。他们不仅细致服务老同志，更热心帮助社区残疾人，在春节、三八妇女节、助残日等特殊日子上门慰问，并积极为符合条件的居民申请低保，为有能力工作的居民介绍就业机会。与此同时，郝文连和大家还千方百计帮助特困家庭、下岗职工、孤寡老人等解决生活中的实际问题，把温暖和爱心送给广大居民，让他们真切感受到党和政府的关心。

在工作中高度重视党风廉政建设的郝文连，不仅及时组织社区工作者和党员，对中央八项规定、市区相关文件进行学习传达，而且凡是涉及社区的大事都及时召开党员、居民代表大会进行研究表决，规范党务公开、居务公开、财务公开，在各项工作中自觉接受党员和群众的监督。

为了提升活动品质，郝文连和大家还对社区各个文艺团队进行优化，整合资源后成立了社区艺术团。艺术团分别成立了舞蹈队、健身队、戏曲队、太极拳队、合唱队、篮球队、手工艺班等十一支队伍，并实行团长负责制的管理模式。为了扩大社区艺术团的影响力和号召力，大家积极利用三八妇女节、五一劳动节、九九重阳节等各种节日开展文体活动，每次活动所有的节目都是社区艺术团自编自演，每次参与居民都多达几百人。社区艺术团的成立，在社区弘扬了正气，为活跃社区文化奠定了良好的基础，极大地促进了社区的精神文明建设。

多年来，郝文连团结大家，立足社区，情系居民，默默为居民的大事小事操劳，心贴心地提供服务，受到了居民的信任和拥戴，也得到是上级组织的肯定和赞誉。社区党委先后被评为区先进基层党组织，社区还多次被评为海淀区"魅力社区"、慈善行为楷模奖先进单位，以及北京市"充分就业社区"、首都文明社区、北京市先进居委会等。

多次被评为海淀区优秀共产党员、先进居委会主任的郝文连，以一身正气团结同志，共存温情广泛开展服务，受到大家一致好评的同时，也让自己的军休生活充满着幸福旋律。

★李世铭　邱贤烈　"幼儿基本体操事业"的开创者

🏠 北京市军队离休退休干部莲花池休养所

　　李世铭和邱贤烈是莲花池休养所里有名的两位"老体操达人",也是中国幼儿基本体操运动的开创者。邱贤烈既当过体操专业运动员又当过教练员、国际裁判,还是中国关心下一代工作委员会幼儿基本体操促进会会长。李世铭是新中国培养的优秀运动员、著名体操教练,还担任中国关心下一代工作委员会幼儿基本体操促进会副会长兼秘书长。两位体操达人,虽然都是因病放弃了竞技体操事业,却开创了中国幼儿基本体操事业,经过二十多年坚持不懈的努力,共同开创了一个崭新的体育项目——幼儿基本体操。

人们生活水平提高的三十多年，我国城乡青少年中体重超重和肥胖的比例也在增长，从二十世纪八十年代的百分之十左右，到本世纪之初已达近四分之一。李世铭和邱贤烈深刻地认识到，这种状况对我国下一代的健康构成了极大的威胁，影响着未来国民体质、体型体态的健康发展，同时也使得我们国家体操专项运动的人才根基受到挑战。他们剖析其原因，这既跟人们生活水平的日益提高相关，又跟现在大部分家庭都是独生子女有很大关系，他们还意识到长期以来培养体操运动员的业余体校，大多是按照专业体操的训练模式进行，孩子们在体校很难真正体会到练体操的快乐，学习体操的人越来越少有关系。这一系列的问题，都让李世铭和邱贤烈感到忧心忡忡。

他们积极探求解决这一问题的意愿，与国际关系学院的刘英教授的思路"不谋而合"。经过多方努力，"北京市幼儿基本体操比赛"，在一九九〇年的"六一儿童节"尝试开展，在成功地举办了北京市的大会后，他们又提出了举办全国幼儿基本体操表演大会的设想，当即得到了全国体操界的热烈响应。

表演大会举办了五六年之后，邱贤烈和李世铭感觉思路还需要做些调整，因为当时的主要目的还是过多倾向于培养专业运动员。他们觉得还是应该让更多的小朋友参与进来，只有让孩子们体验、享受到体操的快乐，才会对孩子们的身心有益处，也只有在群众体育运动的基础夯实后，更多的好苗子才会出现。

调整后的幼儿基本体操表演大会有了四个新的特点：一是场地限定在十二平方米之内，不能出界，这样的规定是让孩子们从小懂得规矩；二是每支代表队的表演时间为不超过四分钟，通过这种潜移默化的教育，培养孩子们更精准地考虑问题、处理问题的能力；三是表演大会要求每支代表队必须由十二个小朋友参加，只有大家的行动统一起来，整合出的队形和图案才会完美一致，以培养小朋友们的团队意识；四是培养孩子们音乐感、艺术感以及形体美的统一协调。

一九九五年在柏林举行的第十届世界大众体操节上，中国幼儿基本体操代表队的精彩表演，受到了极高的评价。随着进一步的普及和推广，现在全国各地的幼儿园，越来越认可和重视这种幼儿基本体操，参加表演的队伍也越来越多。直到现在，每年的儿童节期间，都要举行全国性的幼儿基本体操表演大会。

幼儿基本体操这个新生事物的成长，自然不会一帆风顺。"一切结论的产生应该在调查研究的末尾！"邱贤烈和李世铭认为应该根据科学数据限制难度动作，坚定不移地把握"规格质量第一"的大方向，让这项活动在科学的管理下健康开展。在广泛调研的基础上，他们组织撰写了《一九九四年全国五六岁幼儿基本体操表演者的身体形态研究》，获得了"世界华人重大学术成果奖"。一九九七年他们在全国各地体育、教育、科研部门的大力协同下，调查测试了十五个省市、五个民族地区数以万计的幼儿身体形态和身体素质数据，组织专家撰写了《一九九八年中国3—6岁儿童体质现状的研究》一书，填补了空白。根据这项调查的结果，他们又撰写出《3—6岁儿童健身方法一百例》，为各级各类幼儿园补充了在新理论、新观念指导下的儿童体育新教材。

幼儿体操不仅对儿童的身体有益，它也是治疗"独生子女综合征"的辅助办法之一。体操锻炼中的"皮肉之苦"，对一些娇生惯养的独生子女更有意义。从小养成锻炼习惯，培养孩子们的审美情趣，使他们不只懂得什么叫美，还能通过自身的形体表达出美，这对一个民族的精神状态，对我们祖国的精神文明建设都有重要意义。二十多年的活动下来，他们没花国家一分钱，每年六一的"全国幼儿基本体操表演大会"，成了一项全国性的体育赛事，而且越办越火，成为儿童节期间一道亮丽的风景线。

参与组织这项运动的每一个人都没有工资。邱贤烈介绍说："像我们的副会长兼秘书长李世铭，已经八十多岁了，比我年龄还大。而且他还是

一位患癌症多年的人，他不但勇敢地与病魔抗争，为了工作方便，他六十岁学会了电脑，促进会很多文件都出自他的手。这样的例子实在太多了。促进会的人每个月只有百元左右的车马费，开会的时候每个人只有一个盒饭，尽管条件艰苦，但没有一个抱怨的，因为大家的目标一致，那就是让每个孩子的身体都壮壮的、好好的，培养一些对国家和社会有用的人。我们虽然在经济上没有什么所得，但收获的却是很多很多，因为我们有那么多孩子。参加过第一届的表演大会的小朋友现在都已经成年，他们也是我们的孩子。有这么多好孩子，我们的收获大不大呢？我们促进会的工作人员都是退休的老体育工作者，这些老同志都非常好……"

截至目前，直接参加全国幼儿基本体操表演大会，以及参加通讯评比的幼儿园小朋友已经超过三百万人次，参加地方省市、区县组织的幼儿体操表演大会，和通讯评比的小朋友全国已近千万人次。甚至美国、马来西亚、泰国等国的幼儿体操团队，也来参加中国的表演大会。

获得"北京军休榜样"荣誉称号的李世铭和邱贤烈，现在仍以昂扬的精神风貌，沉浸在快乐的军休生活中。

★ 焦光国　实实在在做奉献

🏠 北京市军队离休退休干部莲花池休养所

连续两届被推选为管委会成员，二〇一六年起担任管委会主任的焦光国，心系军休干部的困难，充分发挥桥梁纽带作用，在为休养所的全面建设中，用温暖的实际行动，展现了一名老军人、老党员的风采。

建所初期，莲花池休养所分为东、西两院管理。东、西两院被一堵墙隔开，造成东、西两院军休干部来往的不便。老焦与管委会成员、各支部书记积极向所里提出意见和建议，为大院规划献计献策。在大家的共同努力下，终于拆除了隔离东、西两院的墙，此举不仅打通了东、西两个院，也打通了军休干部心中的"墙"。

焦光国作为管委会主任，经常深入军休干部和群众中间，倾听大家的呼声和需要，为军休干部办实事、办好事，积极解决军休干部实际困难。二〇一六年，所里一名军休干部因历史遗留问题，造成医疗报销出现问题。该军休干部本人及家属多次向所里反映情况，老焦得知这一情况，主动向休养所服管科、军休干部本人深入了解情况。掌握实际情况后，多次向中央军委政治工作部有关部门反映并协调解决问题。经过多方努力，该军休干部的医疗报销问题得到了妥善解决。老焦还十分关心军休干部第三代的入托和上学，积极与中央军委政治工作部有关部门、八一电影制片厂幼儿园、丰台区教委协调联系，彼此结成共建单位，为军休干部及家属解除后顾之忧。

莲花池休养所军休干部人数多、平均年龄偏高，西院军休干部居住的住宅楼没有电梯，出行难成为一大难题。为解决这一难点问题，多年来，焦光国同管委会成员及各支部书记一起积极奔走，通过多种渠道，向原部队和北京市积极反映后，得到高度重视，二〇一六年年底，莲花池休养所被列为北京市加装电梯试点单位。老焦得知消息后，第一时间召开专题会议统一思想，分头做好军休干部的思想动员工作，为加装电梯工程顺利实施奠定思想基础。为详细了解加装的电梯细节，年近八旬的老焦与工作人员还一起赴泉州的生产企业进行考察调研。在调研现场，焦老留意加装电梯的每一个细节，有疑惑的地方现场问、现场记、现场拍照并留存资料，向技术方反复询问施工的细节，研究施工方案。返回北京后，他立刻撰写调研报告，及时通报调研情况。在加装电梯的施工过程中，他总是出现在现场第一线为军休干部进行政策宣讲和技术解答。通过全所的共同努力，为莲花池休养所加装电梯试点工作奠定了坚实基础。

焦光国工作态度诚恳，为军休干部服务热情，他经常说："作为一名军休干部，我就是想实实在在为大家做点事。"他用自己的实际行动，展现了一名老共产党员、老革命战士的风采。

★ 陈云见　热心助人"活雷锋"

🏠 北京市军队离休退休干部北苑休养所

作为冬储菜义务联系人、小花园里的义务种花匠、助人为乐的好心人、重病妻子的陪护员和集体活动的带头人，陈云见是大家心目中的"活雷锋"。

起初，所周边交通不便，没有菜店，老陈是个细心人，军休干部冬天吃菜怎么办？于是他萌生了一个服务大家的念头：他跑市场，去批发点，马路上拦运菜车辆，调查了解冬季蔬菜的情况。他选品种，看质量，论价钱，凭他二十多年军需工作的经验，总能让大家买到价廉物美的冬储菜。

休养身心、陶冶情操的养花种草，是老年人十分喜爱的一项活动。所里决定在自行车棚旁开辟一个约四十平方米的小花园，成立个养花小组，大家一致推举陈云见当组长。在这个小花园上，陈云见下了大功夫，他和工作人员小汪取走垃圾，挖地、换土、施肥，种上花草忙了一个春夏，正要建成时，由于武警学院的水管破裂，大水冲垮了小花园。陈云见没有泄气，跟大家共同开始了重建。小花园再次种上了不少的奇花异草，大家还陆陆续续奉献、寄存了些花木，看见五颜六色的美景，大家的心里也都乐开了花。

种上花草后，他又有了新的方向。陈云见自购了辆残疾人用车，把它当成了为大家服务的交通工具。小区周边不通公交车，出租车也不多，没有商店，没有医院，生活看病办事十分不便，他把这辆残疾人用车当成了为大家服务的"好帮手"。军休干部老高患了气管炎，陈云见得知某中医院治疗气管炎有专家，就劝老高去试试，并为他预约挂了专家号，第二天用他的残疾人专用车把老高送到医院，看完病又接了回来，就这样前前后后连续三个月，每次看病都车接车送，直到老高治愈。

陈云见在外服务满心欢喜，也得益于他的妻子老孟是他的贤内助，她相夫教子把家里的事安排得井井有条，大家都说老陈有个幸福的家。可是，二十多年前老孟却不幸得了直肠癌，这对全家是个沉重的打击。在这个突如其来的打击面前，陈云见鼓励她在精神上正确对待疾病，在治疗上积极配合医生治疗，他从生活上倍加关心，白天拉着妻子去公园游玩，夜里精心护理。老孟的病不仅没有复发，原来就有的糖尿病、冠心病也得到控制，全家又回到幸福的岁月中。

陈云见曾在部队拉练时因车祸负了重伤，经过很长一段时间的治疗，虽保住了生命，但却落下了三等乙级的腰部伤残，每逢刮风下雨或过度疲劳，都有较强的疼痛反应。退休后本来可以好好休息，但他总是闲不住，休养所里的各项活动都积极参加。冬天每当大雪后，陈云见总要立刻出去扫雪，他不仅扫自己家门前的雪，还扫别人家门前的雪和马路上的雪……

乐于奉献的陈云见，在为别人服务的时候，自己也收获着幸福。

★ 张好久　于"小事"处献爱心

> 🏠 北京市军队离休退休干部北苑休养所

张好久是第四党支部副书记、休养所管委会主任，他总是以积极的姿态投入到为大家的服务中。

北卫家园位于北苑路与北五环交叉的东南角，出门就是北苑桥和高速路，大家外出买菜或购物需要过桥；人们要乘公交车购物时，距离车站又较远，出行很不方便。老张看在眼里，急在心上。他就和战友们一起与蔬菜进社区工程指挥部联系，成功地将蔬菜进社区工程引进北卫家园大院，店家每周两个上午到大院销售，让军休干部不出大院就能买到新鲜的蔬菜，解决了住户买菜难的问题。

军休干部所住的北卫家园大院，不仅有军休干部，还有其他行业、单位的居民，因为相互间没有隶属关系，所以管理工作难度不小，有一度盗窃案件时有发生，军休干部和其他居民都感到没有安全感，很有意见。理顺管理关系，做到有人管和管得了，成为大家的共识，成立一个管理机构，就成为重中之重的大事。为此，老张顶着烈日冒着酷暑骑着自行车，一次又一次往返在居委会和有关单位之间，在得到地方认可同意在大院单独成立居委

会后,又与大院物业公司联名写信给原部队营房部门反映建立居委会的必要性,终得军地双方领导的支持。

二〇一四年一个秋天的早上,沉闷的秋雷,不幸击中了大院的变压器,三幢新建楼突然停电,不仅电梯停止运行,而且不少家庭的电器被损坏,有的还短路冒了烟。老张联系电力公司抢险,对方答复:"不是我们管的范围!"经多方奔走,才在物业公司的配合下,更换了变压器,恢复了用电。很多老干部看到老张为了大家不辞辛苦,都深受感动。大家说:"大院里多亏有个老张,太用心了啊!"

新建楼的住户入住后,很多人反映订不了报刊、收不到信件,寄来的挂号信还得跑到邮局去取。向老住户询问时,大家都说:"大院早就通邮啦!"原因在哪里?只有人提而没人管,通邮的事一直拖着没有进展。张好久听到大家的反映,向投递员了解情况后,又直接联系了邮局,终于把不通邮的问题解决了。

这块新建三幢楼的土地,是北京市政府为了接收安置、军休干部依法依规征得的,但相邻单位以各种借口不让开启大院的南大门。无奈之下,只好临时开了个西门。但西门出门便是北苑立交桥,只有单行机动车道而无人行道,人员出入只能紧靠墙边走,交通事故的隐患很大,住户们的困难不小,意见更大。

经过大家研究,又是在张好久和物业公司经理跑了多次相关单位,获得法律依据后,才解决了多年没有解决的大难题。

张好久为了群众的利益,总是不知疲倦地把看似小事的事情当作大事来对待。大家赞扬感谢他,但他总是说:"在军休时代,还能为大家尽点心、办点事,说明我还有价值。再苦再累,我乐意,我高兴!"

★ 刘洪儒　学习创辉煌　热血献祖国

🏠 北京市军队离休退休干部安立休养所

刘洪儒原在总参某部从事信息分析研究工作，任助理研究员、副研究员。退休的二十多年，是他坚持学习的二十年，也是他勇于开拓、服务社会的二十年，更是他人生收获的二十年。

刘洪儒退休后，应聘到中国科协《中外管理》杂志社任记者、编辑长达十五年。刚开始做这项工作时，他十分吃力，因为不懂企业管理，抓不住要害。为了掌握企业管理这门学问，他用半年多时间废寝忘食地学习，学习世界先进的管理理念，深入研究世界著名企业的成功经验。在此基础上，他对现代企业管理的一些主要问题，如：企业战略管理、质量管理、文化管理等，一个专题一个专题地学习、研究、总结，搞清问题的本质和关键，从而走进企业管理的大门，取得了与企业家平等对话的"资格"，先后采访了海尔、华为等国内外众多成功企业。在采访海尔集团总裁张瑞敏后，他连续发表了三篇文章，介绍和推广著名企业的成功管理经验，为提升中国企业的管理水平作出了贡献，受到了企业广泛的好评。

与此同时，刘洪儒还参与组织策划培训工

作，每月开办一次培训班，每年十月召开一次年会，这些培训都是邀请国内外的一些著名专家授课。针对社会上一些人道德滑坡、价值取向紊乱的现状，他围绕人生成长问题进行研究开发，他认真学习中国传统文化和现代成功学的基本理念，研究总结一些成功人士的经验和失败人士的教训，并结合自己一生的感悟形成了基本思路。课程内容始终贯穿"人生是小胜在智，大胜和善终靠德"这条主线。这些学习研究成果，贴近企业实际，因此在培训中受到欢迎。他还应邀在中国工业经济联合会举办的高级研讨班、中国人民大学工商管理研修中心举办的创建学习型组织高层论坛、石家庄市大讲堂《燕赵讲坛》等单位进行演讲，受到了广泛的称赞。

刘洪儒的课程内容得到广泛认可，很多企业家还希望他将讲课内容以图书形式呈现，以便于随时学习。为此，他在床头放着纸和笔，晚上入睡前或早上醒来后，对构思中浮现的一些思想火花，立即开灯记下来，有时一晚上要记录多次。他每天六点前起床，学习到八点以后，保证每天早上有两个小时的学习时间，并坚持多年已形成习惯。学习缘于热爱，热爱和兴趣使他从"苦学"变成了"乐学"，为了研究思考一个问题，他散步、吃饭、睡觉都放不下，几乎达到痴迷的程度，真正是物我两忘，乐在其中。人生是几分耕耘，就有几分收获。他先后出版了《重塑心灵》《成功人生的九商修炼》《人生成功的五项核心技能》《跨越成功》和《24种成功品格——中外名人论人生》等著作。这些著作，受到广大读者的欢迎。

刘洪儒还常常给小学生、中学生作《青少年的成长与成才》讲座，给大学生作《如何追求人生真正的成功》讲座。有的家长将上大学的孩子带到他的家中，请他给予指导，他从构建目标、勤奋学习、学会自律、珍惜时间、养成良好习惯等方面启发孩子，孩子和家长都深感受益。他还参加休养所科普协会的组织工作，前后长达五年，热心为军休干部服务，受到军休干部的好评。

★ 王传贵　仡佬族名医　情系人民

🏠 **北京市军队离休退休干部安立休养所**

在全国五十六个民族中，仡佬族儿女中英才辈出。王传贵这位仡佬族名医，不仅以仁心仁术服务群众，更以自己对祖国对社会对家乡的热血豪情，展现出军休干部的崇高美德。

一九五〇年九月，王传贵的家乡解放了。刚满十六岁的王传贵，徒步到革命圣地遵义参加了解放军，转年又加入了中国人民志愿军，雄赳赳地跨过鸭绿江，在野战医院当上了卫生员，为保家卫国和朝鲜人民奉献青春。一九五三年年底，在朝鲜战场上多次与死神擦肩而过的王传贵回国后努力学习中国传统医学，同时吸纳和借鉴西医中的精华，很快成为中医名家，活跃在首长和普通群众身边。

"人的一生，只要树立了正确的人生观，抱着坚定的信念不畏艰难，朝着心中的目标勇攀高峰不断进取就能实现目标，干出一份事业取得成功，从而实现人生的价值。"这是王传贵的座右铭，他更是用实际行动践行着对人民和事业的承诺。

在国外进行学术交流期间，王传贵崇高的品德和优秀的医疗水平，博得了广泛好评，当地的多名专家及机构力求他留在国外工作。优厚的待遇、先进的设施，却无法动摇他对祖国、家乡和亲人的眷恋。在首都功成名就、家庭幸福的王传贵，每次回家乡心灵都会受到震撼，特别是退休后频繁地回到家乡的过程中，更真切地感受到故乡孩子们的求学困难，特别是有的少数民族大学生学费的窘境，对他来说，能为乡亲排忧解难才是自己人生最大的价值所在。

王传贵夫妇辗转难眠后决定，要积极和地方政府共谋家乡教育事业的发展，他们把多年积蓄的十万元，捐给他的家乡玛瑙村期望建一所希望小学；又捐出一万美元，以作为奖励那些发奋读书、成绩优异孩子的资金。

县领导感动地紧紧握着王传贵的手，说："您用行动实践了仡佬族人的名言：要走就不怕远，要干就不畏难。您的高尚医德和精湛医术为仡佬族争了光，是家乡人民的骄傲；您支持家乡教育事业情系桑梓的义举，全县人民向您表示感谢！"

一九九七年玛瑙希望小学建成了。崭新的教学楼里，孩子们的读书声萦绕着大山。王传贵设立的奖学金，针对文理科学生各一名，每人每年奖励三千元。自一九九六年设立王传贵奖学金以来，在荣获奖学金的三十多人中，共有十八人考入清华大学、北京大学等著名高校。许多家境贫寒的学子也因此得以完成学业，实现人生梦想。先后又增加三十万元作为奖学金。

德才兼备的军医王传贵，省吃俭用，倾力捐助家乡办希望小学，热心捐助家乡的扶贫工程，他始终以民族富强和祖国的进步为己任，是仡佬族的骄傲，也是军休干部的光荣。

★李宗信　军休暖心人　细语润无声

🏠 北京市军队离休退休干部昆玉休养所

在昆玉休养所，只要提起曾经被评为优秀党员的李宗信，大家就赞不绝口。支部的副书记刘耀群和群众委员王燕平等人纷纷说：别看老李八十多岁，但是对公益事业却是非常热心，经常操心所里的工作。

曾荣立二等功一次、三等功一次，当过毛主席住宅内警卫的李宗信，退休以前是中央警卫局政治部主任，退休后成为积极关心休养所建设的一员干将。

有个老干部介绍说：原来我当支委的时候，老李和我一起去居委会咨询开办"幸福餐桌"的事情，让我历历在目。这个事情看似是小事，但是不同的管理部门要求的可是细而又细，老李克服了很多困难积极联系了多

个管理单位,"幸福餐桌"终于在老李和同志们的共同努力下,获得了批准。

其实不仅仅是小饭桌,像老年人理发不方便之类的事情,老李也是热心人。所里筹划理发室的时候,李宗信就细心地到处向别人打听什么样的理发器具好,哪样的椅子对于老同志既安全又耐用还实惠,挺费周折。在大家的积极努力下,理发室的基本器具等硬件准备好了以后,可是理发室建立以后怎么管理又成了问题,老李没等别人表态,自己就主动自发地参加管理,从没让所里为这件事操心。

在大家心目中,老李是个热心肠。邻里之间有了矛盾、谁家有了什么事情,只要是他知道了,他就愿意上前帮忙。李宗信总是说:"老同志就应该互相关心照顾,尽力互相暖心地帮助别人解决问题。"谁要是对所里的工作有点儿意见,老李总是主动地了解情况,调解矛盾,热情地做工作。遇到有的人着了急,老李也总是劝导对方先要心平气和,然后再想办法解决问题。

老李虽然八十多岁了,幸运的是他近百岁的老岳母一直在李宗信的家中居住。老李对老岳母孝顺体贴得无微不至,老人家得病的时候,他更是忙前跑后特别令人感动。

李宗信患有甲亢等疾病,现在视力也不如以前,但只要一进入工作环境,这些困难在他都不是个问题,他的精神就变得格外饱满。他坚定不移的理想信念始终如一,积极宣传毛泽东思想的热情依然似火,他多次去首都等高校演讲,每次的讲座都受到大家的热烈欢迎。

李宗信待人总是和蔼可亲满怀善意,即使是对他有意见的同志,他也是和风细雨从不计较,事后彼此真挚沟通相逢一笑,比以往有了更亲密的感觉,大家都说他真是个退休不褪色的优秀军休干部。

★ 王明富　永做不忘初心的革命卫士

🏠 北京市军队离休退休干部昆玉休养所

二十五岁时，风华正茂的王明富被选拔为毛主席贴身警卫，井冈山、庐山、韶山都留下了他跟随毛主席左右的身影。他从解放军第三〇五医院政委岗位退休后，本可以颐养天年，却不忘初心继续战斗在红色阵地上，以坚定的信仰和充沛的精力，学习、传播和践行党的创新理论，将党的红色基因代代相传。

一九五五年五月十四日下午，王明富和他的战友们在中南海受到了毛主席的亲切接见。接见后，主席围绕"为人民服务"这个主题，为大家上了一堂课，课上既讲中国人民反帝反封建的近代史，又讲中国共产党成立、成长、发展、走向胜利的过程。

自此，王明富的内心点燃了一盏明灯，他的精神世界里飘扬起一面红色的旗帜。王明富曾在日记里写下："近百年来，以马克思主义为旗帜的中国共产党人，带领中国人民救亡图存，寻求民族独立、人民解放。现在，马克思主义依然是当今时代的思想旗帜，指引着中华民族的伟大复兴。"

特殊的人生经历，让王明富的内心积聚着无限的忠诚，也让他的身上蕴藏着强烈的家国情怀。怎么才能不忘革命传统，王明富用实际行动作出了回答，那就是自觉地坚持崇高的马克思主义信仰。铁心信马列，用心传马列。王明富用科学的态度和方法信仰马克思主义，追随学、知、信、仰、行的实践逻辑，成为马克思主义的坚定追随者。

党的十九大刚结束不久，王明富就自觉成为党的创新理论宣传员。从党政机关到街道社区，从企业学校到农村乡镇，他应邀到十多个单位对报告精神进行深入宣讲，让大家在真心信仰中维护核心、看齐追随。为了传

承老一辈的光荣传统，王明富常常将毛主席及老一辈革命家的感人事迹，在报告中"再现"，让受众既感亲切，又直抵心灵。

一些年轻人听得热泪盈眶，纷纷表示："逝者如斯不可追，但幸运的是，王老的倾情追述，让我们仍能感受到领袖的精神遗产，及其所蕴含的穿越时空的力量，激励着我们不忘初心、继续前行。"

正如王明富所讲："红色是塑造理想信念的精神内核。红色阵地不能失守，它需要薪火相传，更需要代代守护。能为这个伟大事业而奋斗，是自己一生最大的荣耀！"憧憬未来，一辈子长时间、近距离陪伴毛主席的王明富，目光依旧坚定。将党的红色基因代代相传，已融入了他的生命。

★ 张怀起　创新学习　奋进不已

🏠 北京市军队离休退休干部昆玉休养所

曾三次荣立三等功，在中央警卫局退休的张怀起，是昆玉休养所军休干部第一党支部第五党小组组长。他们党小组共有十二名党员，都是经过党教育、培养了几十年的老党员，党龄最长的六十多年，最短的也有四十年。

这些老同志都是在毛主席等老一辈中央首长在世的时候，被调到中央警卫局，在中南海内保卫毛主席等中央首长十年以上的警卫干部，其中有中央首长的贴身卫士、毛主席身边的警卫，有跟随周总理十年的随车司机，还有四名中央首长的保健专家。

昆玉休养所建所初期，党总支和党支部规定：军休干部党员每月开一

次党小组会。后来领导考虑到不少同志年老体弱,走路不便,改为每两个月开一次党小组会,有急事时另行通知开会,至今未变。

第五党小组的党员坚决执行了这一开会制度。其中原党支书、本组党员李宗信参加开会始终是全勤,没有缺席过一次。张怀起在休养所准备组织和参加党小组会一百多次,没有请过一次假,没有缺席过一次,没有误过一次开党小组会。在党小组会上,他们带头发言及时传达上级的指示精神,及时向党总支汇报党员的意见和要求。

根据老干部们的年龄和记忆特点,他们党小组始终坚持了开会用文字通知的形式,每人发一份"通知",以便于大家反复查看,与"遗忘"做斗争。文字通知中有四项内容:开会的时间、地点和议题,学习宣传落实党中央指示精神的要点提示,边理论学习边介绍"身边的共产党员"事迹以及提倡学习的新知识。

在"开会的文字通知"的书写形式上,他们细致地制定了"五项原则":内容丰富,少而精;写字正规,字体大;版面整洁,要好看;彩色鲜艳,而美观;讲究实效,受欢迎。

党小组积极提倡远学英雄,近学榜样,并在开会"文字通知"中,逐个介绍了十二名"身边的共产党员"的事迹。在每年年底总结全年的学习活动情况,表扬先进,安排新一年的学习计划。

张怀起曾在一九六〇年在北京光荣地出席过"全军文化教育积极分子代表大会",出席了"全国文教群英会",受到党中央和国家首长的接见并合影留念。退休后,他被评为休养所的优秀党小组组长,还被评为市军休办践行群众路线优秀共产党员。

他和党小组的每一位党员,在市军休办党委、休养所党总支和党支部领导下,坚决响应党的号召,积极参加集体活动,创新学习努力奋进,书写着美好军休生活的新篇章。

★吕长春　满腔热情　用心服务

🏠 **北京市军队离休退休干部安园休养所**

吕长春深受战友们的鼓励和厚爱，被推选为支部书记后，他发自肺腑地感谢战友们给他提供了为大家服务的这个平台。他也深深地感到荣幸，能为这些吃过苦、受过累、流过血汗、作出过贡献的老战友做些工作。他就是怀着这样的一份深情，开始在具体的工作中，默默无闻地埋头苦干了起来。

他深深理解共同努力学习，对于军休干部政治生活的重要意义。吕长春积极发挥支部在党的基层单位中，起到的政治核心和战斗堡垒作用，团

结和组织大家完成上级赋予的各项学习任务的同时，宣传党的路线方针、政策。

努力学习的过程中，支部特别注意在服务中贴心做实事。不论是协调社会机构进驻大院服务，还是部队职工住房的补贴问题，还是在医药费报销改革过程中，军休战友对政策的理解和自己的利益保障，支部成员坚持开展走访工作，认真倾听战友们对上级工作和日常生活中的意见、建议和要求，及时向干休所反映大家的心声，努力维护军休干部们正当权益。并把上级的政策、精神和信息，准确无误地传达给全体同志，其间，支部担当着桥梁纽带的作用，真正成为党组织和群众之间的连心桥。

吕长春和支部的同志们，始终互相提醒要在充满温情的情怀中，积极推进服务工作。在医疗看病、生活料理等居家养老问题，支部经常向有关部门建言献策，情系老战友，把大家的困难挂在心上，配合干休所开展为老人"办实事，解难题，送温暖"的工作。几年来，凡是住院的老战友，吕长春和支部的同志们都与干休所领导一起进行慰问，还经常走访、看望在家生病的老人。对孤寡、空巢的老战友，传递党组织和战友们的关爱和温暖。几年来，不管是谁家的住房维修出了问题，还是邻里间哪家有了点儿小矛盾，支部都尽可能地及时协助和帮助他们，解决实际困难并做好团结和谐工作，使"支部成为维系党组织和军休干部之间的纽带"，不是一句空洞的口号，而是带有温度的情感"热宝"。

作为居民代表的吕长春，不管居委会或是家委会，只要是分派他的工作，他都积极参加全身心投入。他总是在想，能为社会和战友们做点事，这是自己人生的光荣，也是自己的价值。

吕长春总是捧着一颗真诚的心，捧着一颗温暖的心，总在思考怎么才能不辜负战友们的委托和同志们的信任，他也在满腔热情，用心用情实实在在为战友们的服务中，由衷地感到了无上的光荣和幸福。

★ 王志国 志在祖国 为党工作

🏠 北京市军队离休退休干部安园休养所

王志国到阳光休养所后，开始担任慧忠北里一〇二号楼老干部临时党支部书记，二〇一五年六月党支部正式成立后担任党支部书记。几年来，他认真学习马列主义、毛泽东思想，学习邓小平理论、科学发展观，学习习近平新时代中国特色社会主义思想，学习党章、党规，认真贯彻执行党的路线、方针、政策和上级的决议、指示，对休养所党总支的文件、规定及时向老干部进行传达贯彻，和支部同志们一起结合老干部的实际情况，对老干部反映的问题及时提交支部委员会讨论落实。

他们首先从抓好支部委员的自身学习入手，定期召开支部委员会，发挥支部委员会的集体作用，与此同时，齐头并进地抓好老干部的学习教育工作。他们始终强调：学习的目的，就是要认真贯彻党的指示决议。特别是在老干部党员中开展的"三严三实""两学一做"学习教育活动中，老干部以自学为主，还组织老干部看录像，听讲座，开展有针对性的学习。学习的过程，也是同志们互相温暖的过程。作为党支部书记，他和支部委员们一起，注意关心每一个老干部的身体情况，对住院的老同志支部组织去看望慰问。王志国同志作风正派、诚实守信，总是严格要求自己，带头遵守各项

规章制度。面对公益、慈善工作时，他和支部委员们一起，多年带头参与休养所组织的向贫困地区捐款活动。该同志关心老干部的切身利益，在推进物业化改革工作中，协助管理处多次召开支部委员会，支部扩大会议讨论管理中的一些问题，把大家提的问题及时向上级反映，及时给老干部反馈，不辞辛苦，组织支部成员去管理部门汇报，任劳任怨。

　　王志国在担任党支部书记的同时，还担任海淀区委海淀园工委的党建指导员工作，负责非公企业的党建工作，他积极发挥其政治工作优势，把党建资源转化为市场优势。积极为非公企业党员排忧解难，帮助非公企业建独立党支部，帮助党员转移组织关系，培养入党积极分子等。

　　他和大家一起，多次深刻学习习近平总书记在民营企业座谈会上的重要讲话精神，和党中央步调一致地充分肯定民营经济的地位和作用，觉得这是深刻回答了我国基本经济制度的一系列重大理论和实践问题，其中提出的支持民营经济发展壮大六个方面的政策举措，为民营经济健康发展注入了坚定信心和强大动力。而各级党委尤其是民营企业党组织，不仅要认真学习贯彻习近平总书记的重要讲话精神，把推动民营企业健康发展作为重要职责和任务，更要切实加强和改进民营企业的党建工作，为民营企业发展壮大提供坚强保障。

　　王志国认为，自己作为民营企业党建工作的指导员，又是一名光荣的军休干部，就是要以实际行动，充分发挥党建工作在企业职工中的政治核心作用，和在企业发展上的政治引领作用，真正地促进民营企业的健康发展，把"抓党建就是抓发展"的理念，在非公企业党建工作中得到具体实践。给企业党员辅导讲课等，受到非公企业党员的好评。

　　多年来，不论是党支部一班人的自身建设，老干部们的认真学习，还是非公企业的党建工作，王志国始终在思想上、政治上和党中央保持高度一致。他为家庭、邻里、社会的和睦幸福，在军休时代奉献着自己的努力。

★ 包广贺 不拿一分钱工资的大校村官

🏠 北京市军队离休退休干部安园休养所

"不拿一分钱工资，不吃村里一顿饭，带领全村百姓走上富裕路！"这是河北省遵化市堡子店镇十八里村村主任的郑重承诺。

发出这个承诺的村主任，是包广贺。他从二〇〇三年至二〇一二年，在他的老家——河北省遵化市堡子店镇十八里村义务当村主任三届九年。

二〇〇三年春节，包广贺和妻子回老家探亲。家乡贫穷落后、负债累累、人心涣散，村里文化生活极少等情景，深深地刺痛了他的心，他们随即拿出三千元为村民举办了一场文艺晚会。

凭着对故土深深的眷恋，满怀着一名共产党员的强烈责任感，他萌生了为家乡做点事的念头。恰在此时，村民中间也正在酝酿着一个请求包广贺回村当干部的行动：近七十岁的党员段桂珍和老伴侯万水主动征求了全村三十八名党员的意见，大家一致赞同，签上名字觉得不够分量又纷纷按上了红手印。包广贺被深深地感动了："家乡有情！父老有情！能为家乡父老做点贡献，再苦再累，我也干了！"

上任后，包广贺先自掏腰包一万四千元帮村里打了两眼机井，解决了三百亩耕地只能靠天吃饭的问题；村民包

俊富在交通事故中腰部骨折，因没钱治病落下了残疾，包广贺了解情况后将他送到医院重新做了手术，他付了两千多元的医疗费。包广贺无私的奉献赢得了大家的支持，不到半个月时间，十余年的群众欠款和村集体欠村民的钱款全部还清。

十八里村穷，出村路只有一条坑坑洼洼、七扭八歪的土路。"出村路是咱十八里的形象，又是咱们村致富关键，一定得修路！"包广贺的决定，让老百姓看到了村班子的信心和决心，修路又说到了他们的心坎上，群众的热情前所未有地迸发。二〇〇三年八月，在包广贺的带领下，仅五天的时间，一条笔直的出村路便展现在老百姓的眼前。

欠账还了，路也修了，乡亲们的腰包还没鼓起来！包广贺深知只有让群众富起来，才能从根儿上改变村子的落后面貌。十八里村属沙性土壤，适于种植西瓜，包广贺同北京著名的西瓜产销联合会建立了扶贫合作关系，仅此一项，户均增收三千元。接着，栽植绿化树木、接通有线电视等一系列工作的落实，十八里村在镇里综合考评中，从全镇倒数第一迅速上升为第二位。

就这样，包广贺在家乡干了一年又一年，干完一届又一届，三届九年之后，全村由负债近四十万元到最后固定资产达千万元，他的军休生活充满着正能量。

在包广贺和大家的努力下，十八里村不仅摆脱了贫穷和落后的面貌，还成为了生态文明示范村、科学发展示范村和河北省新民居建设示范村，成为唐山市新农村建设的样板。其间，他本人也荣获唐山市劳动模范、感动唐山十大爱心人物、河北省优秀农村党支部书记、"北京军休榜样"等称号，并荣登中国好人榜。

★ 史长磊　丰富生活　继续奉献

🏠 北京市军队离休退休干部郑常庄休养所

史长磊从原二炮部队装备部科研部门领导岗位退下来后，继续勤奋学习，努力奉献。他编杂志、著图书、搞作曲，以满腔的热情投入火热的军休生活之中。

退休后，他被聘担任二炮科技委主办的《科技研究》杂志编辑部主任，他认真学习国家标准，钻研编辑业务，经过两年努力，将一个内部刊物办成了深受广大科技人员欢迎的国家正式刊物。

不久，史长磊主编完成了《第二炮兵武器装备发展历程》《第二炮兵武器装备发展大事记》近百万字的两部著作，系统论述了我国导弹核武器的发展历史和经验，为军队建设做出了贡献。二〇一三年十二月，第二炮兵成立军事专家组，他被聘为二炮军史专家。为了指导写好《火箭军装备史》，二〇一五年史长磊学习了多部史学知识论著后，编著了《写史漫谈》一书，此书也为《火箭军装备史》写作提供了参考。

十几年前，他在努力为国防事业继续作贡献的同时，开始以极高的热情谱写歌曲，参加全国性音乐展评活动，曾获金奖三次、银奖四次，还获得了现场笔会作曲奖。他的歌曲作品在《歌曲》《军营文化天他》《中国音乐生活报》《音乐周刊》《中国乐坛》等多家专业音乐报刊上发表，并被中国戏剧出版社出版的《感动中国原创歌曲·红歌作品精选》等大型歌曲集录用。现为中国音乐著作权协会会员、中国大众音乐协会会员、中国音乐舞蹈艺术家协会会员的史长磊，由他作曲、阎惠忠作词的歌曲《斑斓的花锦》入选原文化部《中国歌剧舞剧院艺术水平考级教材》，他还出版了《故乡情——史长磊作曲原创歌曲专辑》的光碟。

二〇一一年，所内开办了"老年学二胡培训班"，他自任教员并编写了《老年学二胡简明教程》。他还负责所里的摄影协会工作，为休养所和所在社区的多种活动进行摄影，积累了很多资料，为休养所和社区做出了贡献。

二〇一六年八月，史长磊接任第七党支部书记后，先是建立支部微信圈，提高支部工作效率，并继续开展爱心互助活动。他们力求从平常事做起，从身边事做起，使大家真正体会到"远亲不如近邻，近邻不如对门"的战友情。

同时，史长磊将积累多年的工作经验与他人合著出版了《新时期军队武器装备管理研究》。多年的付出既丰富了他的生活，也获得广泛赞誉。中央电视台和《中国老年报》《火箭兵报》分别报道了他写歌曲、搞摄影为社会服务的事迹，被休养所评为优秀共产党员的史长磊表示，就是要用自己丰富的生活和才华，持久地为军休事业奉献自己的努力。

图书在版编目（CIP）数据

为霞正满天：北京市军队离休退休干部多彩生活巡礼／《为霞正满天——北京市军队离休退休干部多彩生活巡礼》编委会编． -- 北京：学习出版社，2019.11
ISBN 978-7-5147-0935-3

Ⅰ. ①为… Ⅱ. ①为… Ⅲ. ①军队－离退休干部－生平事迹－北京 Ⅳ. ①K827=7

中国版本图书馆CIP数据核字（2019）第153476号

为霞正满天
Weixia Zhengmantian
——北京市军队离休退休干部多彩生活巡礼

本书编委会　编

责任编辑：向　钧
技术编辑：刘　硕
装帧设计：永诚天地

出版发行：学习出版社
　　　　　北京市崇外大街11号新成文化大厦B座11层（100062）
　　　　　010-66063020　010-66061634　010-66061646
网　　址：http://www.xuexiph.cn
经　　销：新华书店
印　　刷：北京联兴盛业印刷股份有限公司
开　　本：787毫米×1092毫米　1/16
印　　张：33.5
字　　数：450千字
版次印次：2019年11月第1版　2019年11月第1次印刷
书　　号：ISBN 978-7-5147-0935-3
定　　价：76.00元

如有印装错误请与本社联系调换，电话：010-67081356